周易正義

〔唐〕孔穎達 撰
朱瑞澤 解題

圖版 上

「十四五」國家重點出版物出版規劃項目
二〇二四年度國家古籍整理出版專項經費資助項目
「群經單疏古鈔本彙編及校理（附《論語義疏》）」成果
教育部人文社會科學重點研究基地重大項目
「儒家經典整理與研究」〔19JJD750001〕成果

群經單疏古鈔本叢刊編委會

出版說明

群經義疏初以單疏形式流傳，單疏本保留疏文較爲原始面貌，是研究經典流變、校理經籍的關鍵文獻。至宋代出現經、注、疏乃至釋文合刻，單疏本遂漸式微，傳本稀少。今存於世的宋刻單疏本僅有《周易正義》（國家圖書館藏）、《尚書正義》（日本宮内廳書陵部藏）、《毛詩正義》（日本杏雨書屋藏，存三十三卷）、《禮記正義》（日本身延山久遠寺藏，存八卷）、《春秋公羊疏》（國家圖書館藏，存七卷）、《爾雅疏》（國家圖書館和日本静嘉堂文庫各藏一部）。另有散藏中、日兩國的單疏古鈔本，或從未公開，或未在中國原貌影印，學界使用甚爲不便。

本次我社幸獲各館藏機構授權，彙編影印《周易》、三《禮》、《春秋》三傳單疏古鈔本，並附研究性解題、與存世刊本的校勘記、相關重要研究論文。各經編纂情況如下：

1.《周易正義》。影印日本廣島大學圖書館藏天文十二年（1543）鈔本，十四卷全帙，及所附《周易要事記》《周易命期秘傳略》。圖版縮放比例爲90%。北京大學朱瑞澤先生解題。附録文章兩篇：野間文史先生《廣島大學藏舊鈔本〈周易正義〉攷》（包含與廣大本與刻本之校記），由朱瑞澤先生翻譯；北京大學顧永新先生《日系古鈔〈周易〉單疏本研究》。另外附録傅斯年圖書館藏《賁卦》敦煌殘卷。

2.《周禮疏》。影印日本京都大學附屬圖書館藏室町時代（1336—1573）鈔本，全五十卷，存三十一卷。圖版縮放比例爲80%。山東師範大學韓悦先生解題。

3.《儀禮疏》。影印日本宮内廳書陵部藏平安末（十二世紀）鈔本，存卷十五、卷十六。圖版原大。北京大學杜以恒先生解題並校理。

4.《禮記正義》。影印日本東洋文庫藏十世紀鈔本卷五殘卷，並背面《賢聖略問答》，原裝爲卷軸。北京大學部同麟先生解題。圖版縮放比例爲83%。附録英藏敦煌《禮運》殘片(S.1057)、《郊特牲》殘卷(S.6070)及法藏敦煌《郊特牲》殘片(P.3106B)。

此册另附二種：《尚書正義》，英藏吐魯番出土《吕刑》殘片(Or.8212/630r[Toy.044])。《毛詩正義》：(1)《谷風》《式微》殘卷（德國柏林藏吐魯番文獻）；(2)《小戎》《蒹葭》殘卷（《京都帝國大學文學部景印唐鈔本第一集》影印件，並日本高知大學、天理大學藏本）；(3)《思齊》殘片（俄藏敦煌文獻Дх.09322）；(4)《民勞》殘卷（英藏敦煌文獻S.498）；(5)《韓奕》《江漢》殘卷（日本東京國立博物館藏本）。

5.《春秋正義》。影印日本宮内廳書陵部藏文化十二年(1815)至十三年鈔本，三十六卷全帙。圖版縮放比例爲90%。北京大學李霖先生解題。附録文章三篇：安井小太郎先生《景鈔正宗寺本〈春秋正義〉解説並缺佚考》（王瑞先生譯，董岑仕、張良二先生校）； 張良先生《跋復旦大學圖書館藏〈春秋正義〉殘帙》； 王瑞、劉曉蒙二先生《大連圖書館藏〈春秋正義〉述略》； 虞萬里先生《斯坦因黑城所獲單疏本〈春秋正義〉殘葉考釋與復原》。另外附録法藏敦煌哀公十二年—十四年鈔本殘卷（P. 3634v＋3635v）。

6.《春秋公羊疏》。影印蓬左文庫藏室町末（十六世紀）鈔本，三十卷全帙。圖版縮放比例爲90%。湖南大學郜積意先生解題，山東大學石傑先生校理。附録馮曉庭先生《蓬左文庫春秋公羊疏鈔本述略》。

7.《春秋穀梁疏》。影印北京大學圖書館藏陳鱣鈔校本，全十二卷，存七卷。圖版原大。北京大學張麗娟先生解題。

以上七經單疏本皆原色影印。附録部分的敦煌、吐魯番、日本等殘卷殘片根據圖片質量單色或原色影印。底本爲卷子者，皆裁切成頁，爲避免裁切時行間信息遺失，每頁末行在下頁重複出現； 於圖版天頭標注行數。爲便於圖文對照，解題、校理和研究文章皆另册。敦煌本解題録自許建平先生《敦煌經籍敘録》（中華書局，2006年版），德藏吐魯番本《谷風》《式微》殘卷解題録自榮新江、史睿先生《吐魯番出土文獻散録》（中華書局，2021年版），英藏吐魯番本《吕刑》殘片解題由李霖先生撰寫，日藏殘卷解題録自李霖先生《宋本群經義疏的編校與刊印》（中華書局，2019年版）。叢刊解題、校理、研究論文中的古、舊、寫、鈔、抄等術語悉遵各篇作者表述習慣，不强作統一。

叢刊由主編劉玉才先生悉心統籌、指導，各位編委、解題、校理作者傾力支持，各收藏單位、論文作者慨予授權，謹致謝忱。

上海古籍出版社
二〇二四年十月

圖版總目録

上册

廣島大學圖書館藏舊鈔本周易正義

下册

傅斯年圖書館藏敦煌本（188071）周易正義·賁卦

本册目録

廣島大學圖書館藏舊鈔本周易正義

廣島大學圖書館藏

舊鈔本周易正義

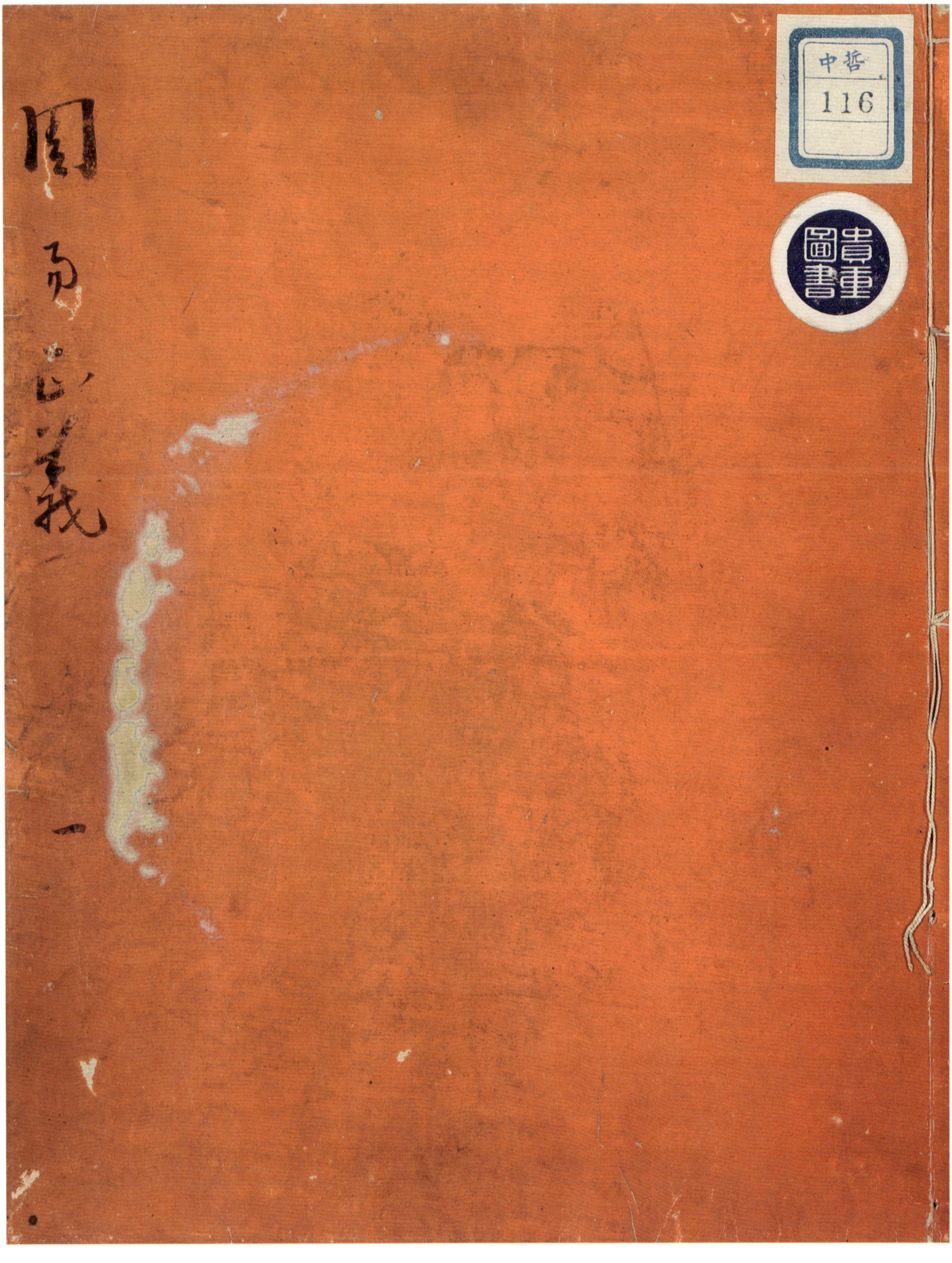
周易正義 一
中哲
116
貴重圖書

周易正義序

夫易者象也爻者效也聖人有以仰觀俯察象天地而育群品雲行雨施效四時以生萬物若用之以順則兩儀序而百物和若行之以逆則六位傾而五行亂故王者動必則天地之道不使一物失其性行必協陰陽之宜不使一物受其害故能彌綸宇宙酬酢神明宗社所以無窮風聲所以不朽非夫道極玄妙孰能與於此乎斯乃乾坤之大造生靈之所益也若夫龍出於河則八卦宣其象麟傷於

周易正義序

夫易者象也爻者效也聖人有以仰觀俯察象天地而育群品雲行雨施效四時以生万物若用之以順則兩儀序而百物和若行之以逆則六位傾而五行亂故王者動必則天地之道不使一物失其性行必叶陰陽之宜不使一物受其害故弥綸宇宙酬酢神明宗社所以无窮風声所以不朽非夫道極玄妙孰能与於此乎斯乃乾坤之大造生霊之所益也若夫龍出於河則八卦宣其象麟傷於

澤則十翼彰其用業資九聖時歷三古及秦
亡金鏡未墜斯文漢理珠囊重興儒雅其傳
易者西都則有丁孟京田東都則有荀劉馬鄭
大躰更相述非有絶倫唯魏世王輔嗣之注
獨冠古今所以江左諸儒并傳其学河北学
者罕能及之其江南義疏十有餘家皆辞尚
虚玄義多浮誕原夫易理難窮雖復玄之又
玄至於垂範作則便是有而教有若論住内
住外之空就能就所之説斯乃義涉於釋氏
非為教於孔門也既背其本又違於注若

復卦云七日來復并解云七日當爲七月謂
陽氣從五月建午而消至十一月建子始復
所歷七辰故云七月今案輔嗣注云陽氣始
剥盡至來復時凡七日則是陽氣剥盡之後
凡經七日始復但陽氣雖建午始消至建戌
之月陽氣猶在何得稱七月來復故鄭康成
引易緯之説建戌之月以陽氣既盡建亥之
月純陰用事至建子之月陽氣始生隔此純
陰一卦卦主六日七分舉其成數言之而云
七日來復仲尼之緯分明輔嗣之注若此康

成之說遺跡可尋輔嗣注之於前諸儒背之
於後考其義理其可通乎又蠱卦云先甲三
日後甲三日輔嗣注云甲者創制之令又若
漢世之時甲令乙令也輔嗣又云令洽乃誅
故後之三日又巽卦云先庚三日後庚三日
輔嗣注云申命令謂之庚輔嗣又云甲庚皆
申命之謂也諸儒同於鄭氏之說以爲甲者
宣令之日先之三日而用辛也欲取改新之
義後之三日而用丁也取其丁寧之義王氏
注意本不如此而又不顧其注妄作異端今

既奉勑刪定考案其事必以仲尼爲宗義
理可詮先以輔嗣爲本去其花而取其實欲
使信而有徵其文簡其理約寡而制衆変而
能通仍恐鄙才短見意未周盡謹與朝散大
夫行大學博士臣馬嘉運守大學助教臣趙
乾叶等對共參議詳其可否至十六年又奉
勑與前脩疏人及給事郎守四門博士上騎
都尉臣蘇德融等對勑使趙弘智覆更詳審
爲之正義凡十有四卷庶望上裨聖道下益
將來故序其大畧附之卷首尒

周易正義卷第一

国子祭酒上護軍曲阜縣開国子臣孔穎達奉勅撰定

八論

自此下分為八段

第一論易之三名

正義曰夫易者変化之揔名改換之殊稱自天地開闢陰陽運行寒暑迭来日月更出孚萌庶類亭毒群品新々不停生々相續莫非資変化之力換代之功然変化運行在陰陽二氣故聖人初畫八卦設剛柔兩畫象二氣也

布以三位象三才也謂之為易取變化之義
既義摠變化而獨以易為名者易緯乾鑿度
云易一名而含三義所謂易也變易也不易
也又云易者其德也光明四通簡易立節天
以爛明日月星辰布設張列通精无門藏神
无穴不煩不擾澹泊不失此其易也變易者
其氣也天地不變不能通氣五行迭終四時
更廢君臣取象變節相移能消者息必專者
敗此其變易也不易者其位也天在上地在
下君南面臣北面父坐子伏此其不易也鄭

玄依此義作易贊及易論云易一名而含三
義易簡一也變易二也不易三也故繫辭云
乾坤其易之縕邪又云易之門戸邪又云夫
乾確然示人易矣夫坤隤然示人簡矣易則
易知簡則易從此言其易簡之法則也又云
爲道也屢遷變動不居周流六虚上下无常
剛柔相易不可爲典要唯變所適此言順時
變易出入移動者也又云天尊地卑乾坤定
矣卑高以陳貴賤位矣動静有常剛柔斷矣
此言其張設布列不易者也崔覲劉貞簡

等並用此義云易者謂生々之德有易簡之
義不易者言天地定位不可相易變易者謂
生々之道變而相續皆以緯稱不煩不擾澹
泊不失此明是易簡之義无為之道故易者
易也作難易之音而周簡子云易者易(音亦)也
不易也變易也易者易代之名凡有无相代
彼此相易皆是易義不易者常躰之名有常
有躰无常无躰是不易之義變易者相變改
之名兩有相變此為變易張氏何氏並用此
義云易者換代之名待奪之義因於乾鑿度

云易者其德也或没而不論或云德者得也万法相形皆得相易不顧緯文不煩不擾之言所謂用其文而背其義何不思也甚哉今之所用同鄭康成之易者易也音為難易之音義為簡易之義得緯文之本実也蓋易之三義唯在於有然有從无出理則包无故乾鑿度云夫有形者生於无形則乾坤安從而生故有太易有太初有太始有太素太易者未見氣也太初者氣之始也太始者形之始也太素者質之始也氣形質具而未相離謂

之渾沌々々者言万物相渾沌而未相離也
視之不見聴之不聞循之不得故曰易也是
知易理備包有无而易象唯在於有者蓋以
聖人作易本以垂教々之所備本備於有故
繫辞云形而上者謂之道々即无也形而下
者謂之器々即有也故以无言之存乎道躰
以有言之存乎器用以変化言之存乎其神
以生成言之存乎其易以真言之存乎其性
以邪言之存乎其情以気言之存乎陰陽以
質言之存乎文象以教言之存乎精義以人

言之存乎景行豈等是也旦易者象也物无不可象也作易所以垂教者則乾鑿度云孔子曰上古之時人民无別郡物未殊未有衣食器用之利伏犧乃仰觀象於天俯觀法於地中觀万物之宜於是始作八卦以通神明之德以類万物之情故易者所以斷天地理人倫而明王道是以畫八卦建五氣以立五常之行象法乾坤順陰陽以正君臣父子夫婦之義度時制宜作為罔罟以佃以漁以贍民用於是人民乃治君親以尊臣子以順群

生和洽各安其性豈其作易垂教之本意也

第二論重卦之人

繫辭云河出圖洛出書聖人則之又禮緯含文嘉曰伏羲德合上下天應以鳥獸文章地應以河圖洛書伏羲則而象之乃作八卦故孔安国馬融王粛姚信等并云伏犧得河圖而作易是則伏犧雖得河圖復須仰觀俯察以相參正然後畫卦伏犧初畫八卦万物之象皆在其中故繫辭曰八卦成列象在其中矣是也雖有万物之象其万物變通之理猶

自未備故因其八卦而更重之卦有六爻遂重為六十四卦也繫辭曰因而重之爻在其中矣是也然重卦之人諸儒不同凡有四說王輔嗣等以為伏犧重卦鄭玄之徒以為神農重卦孫盛以為夏禹重卦史遷等以為文王重卦其言夏禹及文王重卦者案繫辭神農之時已有蓋取諸益与噬嗑以此論之不攻自破其言神農重卦亦未為得今以諸文驗之案說卦云昔者聖人之作易也幽贊於神明而生蓍凡言作者創造之謂也神農以

後便是述修不可謂之作也則幽賛用蓍謂
伏犠矣故乾鑿度云垂皇策者犠上繋論用
蓍云四營而成易十有八変而成卦既言聖
人作易十八変成卦明用蓍在六爻之後非
三畫之時伏犠用蓍即伏義已重卦矣説卦
又云昔者聖人之作易也将以順性命之理
是以立天之道曰陰与陽立地之道曰柔与
剛立人之道曰仁与義兼三材而兩之故易
六畫而成卦既言聖人作易兼三材而兩之
又非神農始重卦矣又上繋云易有聖人作

道四焉以言者尚其辭以動者尚其變以制器者尚其象以卜筮者尚其占此之四事皆在六爻之後何者三畫之時未有彖繇不得有尚其辭因而重之始有變動三畫不動不得有尚其變揲蓍布爻方用之卜筮蓍起六爻之後三畫不得有尚其占自然中間以制器者尚其象亦非三畫之時今伏羲結繩而為罔罟則是制器明伏羲已重卦矣　又周禮小史掌三皇五帝之書明三皇已有書也下繫云上古結繩而治後世聖人易之以書

契蓋取諸夬既象夬卦而造書契伏羲有畫契則有夬卦矣故孔安国書序云古者伏羲氏之王天下也始畫八卦造書契以代結縄之政又曰伏犧神農黄帝之書謂之三墳是也又八卦小成爻象未備重三成六能事畢矣若言重卦起自神農其為功也豈比繋辞而已哉何因易緯亦数所歷三聖但云伏犧文王孔子竟不及神農明神農但有蓋取諸益不重卦矣故今依王輔嗣以伏犧既畫八卦即自重為六十四卦為得其実其重卦之

意備在說卦書不具叙伏犧之時道尚質素畫卦重爻足以垂法後代澆訛德不如古爻象不足以為教故作繫辭以明之

第三論三代易名

案周禮太卜三易云一曰連山二曰歸藏三曰周易杜子春云連山伏犧歸藏黃帝鄭玄易贊及易論云夏曰連山殷曰歸藏周曰周易鄭玄又釋云連山者象山之出雲連連不絕歸藏者萬物莫不歸藏於其中周易者言易道周普无所不備鄭玄雖有此釋更无所

擬之文先儒因此遂為文質之義皆煩而无
用今所不取案世譜等群書神農一曰連山
氏亦曰列山氏黄帝一曰歸藏氏既連山歸
藏並是代号則周易称周取岐陽地名毛詩
云周原膴々是也又文王作易之時正在羑
里周德未興猶是殷世也故題周別於殷以
此文王所演故謂之周易其猶周書周礼題
周以別餘代故易緯云因代以題是也先儒
又兼取鄭説云既指周代之名亦是普徧之
義雖欲无所避棄亦恐未可盡通其易題周

因代以稱周是先儒更不別解唯皇甫謐云
文王在羑里演六十四卦著七八九六之爻
謂之周易以此文王安周字其繫辭之文連
山歸藏无以言也

第四論卦辭爻辭誰作

其周易繫辭凡有二説一説所以卦辭爻辭
並是文王所作知者案繫辭云易之興也其
於中古乎作易者其有憂患乎又曰易之興
也其當殷之末世周之盛德耶當文王與紂
之事耶又乾鑿度云垂皇策者犧卦道演德

者文成命者孔通卦驗又云蒼牙通靈昌之成孔演命明道經準此諸文伏羲制卦文王繫辭孔子作十翼易歷三聖只謂此也故史遷云文王囚而演易即是作易者其有憂患乎鄭學之徒并依此說也二以爲驗文辭多是文王後事案升卦六四王用亨於岐山武王剋殷之後始追号文王爲王若爻辭是文王所制不應云王用亨於岐山又明夷六五箕子之明夷武王覩兵之後箕子始被囚奴文王不宜豫言箕子之明夷又既濟九五東

鄰殺牛不如西鄰之禴祭說者皆云西鄰謂文王東鄰謂紂文王之時紂尚南面豈容自言己德受福勝殷又欲抗君之国遂言東西相已鄰而又左傳韓宣子適魯見易象云吾乃知周公之德周公被流言之謗亦得為憂患也驗此諸說以為卦辭文王爻辭周公馬融陸績等並同此說今依而用之所以只言三聖不數周公者以父統子業故也安礼稽命徵曰文王見礼壞樂崩道孤无主故設礼經三百威儀三千其三百三千即周公所制

周官儀礼明文王本有此意周公述而成之故繫之文王然則易之文辞蓋亦是文王本意故易緯但言文王也

第五論分上下二篇

案乾鑿度曰孔子曰陽三陰四位之正也故易卦六十四分為上下而象陰陽也夫陽道純而奇故上篇三十所以象陽也陰道不純而偶故下篇三十四所以法陰也乾坤者陰陽之本始万物之祖宗故為上篇之始而尊之也離為日坎為月日月之道陰陽之経所

以始終万物故以坎離為上篇之終也咸恒者男女之始夫婦之道也人道之興必由夫婦所以奉承祖宗為天地之主故為下篇之始而貴之也既濟未濟為最終者所以明戒慎而全王道也以此言之則上下二篇文王所定夫子作緯以釋其義也

第六論夫子十翼

其彖象等十翼之辭以為孔子所作先儒更无異端但數十翼亦有多家既文王易經本分為上下二篇則區域各別彖象釋卦亦當

隨經而分故一家數十翼云上彖一下彖二
上象三下象四上繫五下繫六文言七説卦
八序卦九雜卦十鄭学之徒並同此説故今
亦依之

第七論傳易之人

孔子既作十翼易道大明自商瞿已後傳授
不絶案儒林傳云商瞿子木本受易於孔子
以授魯橋庇子庸々々授江東馯臂子弓々々
授燕周醜子家々々授東武孫虞子乘々々
授齊田何子莊及秦燔書易爲卜筮之書

独得不焚故傳授者不絶漢與田何授東武王同子中及雒陽周王孫梁人丁寛斉服生皆着易傳数篇同授菑川楊何字叔元〻〻傳京房〻〻傳梁丘賀〻授子臨〻授御史大夫王駿其後丁寛又別授田王孫〻授施讎〻授張禹〻授彭宣此前漢大畧傳授之人也其後漢則有馬融荀爽鄭玄劉表虞翻陸績亦及王輔嗣也

第八論誰加經字

但子夏傳云雖分爲上下二篇未有經字是

後人所加不知起自誰始安前漢孟嘉易本云分上下二径是孟嘉之前已題経字其篇題経字雖起於後其称経之理則久在於前故礼記経解云潔静精微易教也既在経解之篇是易有称経之理案経解之篇備論六藝則詩書礼樂並合称経而孝経緯称易建八卦序六十四卦轉成三百八十四爻運機布度其気轉易故称経也但緯文鄙偽不可全信其八卦方位之所六爻上下之次七八九六之数内外承乗之象入経別釈此未具

論也

周易正義八論之終

天文十二癸卯暦九月十八日一条烏丸於柳原亭書之訖 [illegible] 紅

同十九日朱點了

春秋三十二才 （花押）

周易正義

二

周易正義卷第二

国子祭酒上護軍曲阜縣開国子　臣孔穎達奉

䷀

乾　乾元亨利貞

正義曰乾者此卦之名謂之卦者易緯云卦者掛也言縣掛物象以示於人故謂之卦但二畫之体雖象陰陽之氣未成万物之象未得成卦必三畫以象三才寫天地雷風水火山澤之象乃謂之卦也故繫辭云八卦成列象在其中矣是也但初有三畫雖有万物之象於万物變通之理猶有未盡故更重之而有六畫備万物之形象窮天下之能事故六畫成卦也此乾卦本以象天天乃積諸陽氣而成天故此卦六爻皆陽畫成卦也此既象天何不謂之天而謂之乾

䷋天地否　䷊地天泰　䷖山地剥　䷚山地頤　頤山止於上雷動於下順之為用下動上止故云山下有雷順　䷱火風鼎　䷤風火家人　男正位乎外女正位乎内　䷵雷澤歸妹　長男小女　䷎地山謙　地中有山謙　䷉天澤履　以柔履剛

者天者定体之名乾者体用之称故説卦云乾健也
言天之体以健為用聖人作易本以教人欲使人法
天之用不法天之体故名乾不名天也天以健為用
者運行不息應化无窮此天之自然之理故聖人當
法此自然之象而施人事亦當應物成務云為不已
終日乾乾无時懈倦所以因天象以教人事於物象
言之則純陽也天也於人事言之則君也父也以其
居尊故在諸卦之首為易理之初但聖人名卦体例
不同或則以物象而為卦名者若否泰剥頤鼎之屬
是也或以象之所用而為卦名者即乾坤之屬是也
如此之類多矣雖取物象乃以人事而為卦名者即
家人歸妹謙履之屬是也所以如此不同者但物有

踳 雜也亦舛也 亦作[illegible]

駁 六駁獸名食虎又馬色不純亦作駮今俗謂尨雜為駁 雲開曰解駁

万象人有万事若執一事不可包万物之象若限局一象不可惣万有之事故名有隱顯辭有踳駁不可一例求之不可一類取之故繫辭云上下无常剛柔相易不可為典要韓康伯注云不可立定準是也元亨利貞者是乾之四德也子夏傳云元始也亨通也利和也貞正也言此卦之德有純陽之性自然能以陽氣始生万物而得元始亨通能使物性和諧各有其利又能使物堅固貞正得終此卦自然令物有此四種使得其所故謂之四德言聖人亦當法此卦而行善道以長万物々得生存而為元也又當以嘉美之事會合万物令使開通而為亨也又當以義協和万物使物各得其理而為利也又當以貞固幹事使

物各得其正而爲貞也是以聖人法乾而行此四德故曰元亨利貞其委曲條例備在文言

初九潛龍勿用　○正義曰居第一之位故稱初以其陽爻故稱九潛者隱伏之名龍者變化之物言天之自然之氣起於建子之月陰氣始盛陽氣潛在地下故言初九潛龍也此自然之象聖人作法言於此潛龍之時小人道盛聖人雖有龍德於此時唯宜潛藏勿可施用故言勿用張氏云以道未可行故稱勿用以誡之於此小人道盛之時若其施用則爲小人所害寡不敵衆弱不勝強禍害斯及故誡勿用若漢高祖生於暴秦之世唯隱居爲泗水亭長是勿用也諸儒皆以爲舜始漁於雷澤舜之時當堯之世堯君

在上不得為小人道盡此潛竜始起在建子之月於
義恐非也第一位言初第六位言終第六位言上
第一位當言下所以文不同者莊氏云下言初則上
有末義故大過彖云棟橈本末弱是上有末義六言
上則初當言下故小象云潛竜勿用陽在下也則是
初有下義互文相通義或然也但第一言初者欲明
万物積漸從无入有所以言初不言一与下也六言
上者欲見位居卦上故不言六与末也此初九之等
是乾之六爻之辞但乾卦是陽生之世故六爻所述
皆以聖人出処託之其餘卦六爻各因象明義随義
而發不必皆論聖人他皆効此謂之爻者繫辞云爻
也者效此者也聖人畫爻以倣効万物之象先儒云

後代聖人以易占事之時先用蓍以求數得數以定爻累爻而成卦因卦以生辭則蓍爲爻卦之本爻卦爲蓍之末今案說卦云聖人之作易也幽贊於神明而生蓍三天兩地而倚數觀變於陰陽而立卦發揮於剛柔而生爻繫辭云成天下之亹亹者莫大乎蓍龜是故天生神物聖人則之又易乾鑿度云垂皇策者犧据此諸文皆是用蓍以求卦先儒之說理當然矣然陽爻稱九陰爻稱六其說有二一者乾體有三畫坤體有六畫陽得兼陰故其數九陰不得兼陽故其數六二者老陽數九老陰數六老陰老陽皆變周易以變者爲占故杜元凱注襄九年傳遇艮之八及鄭康成注易皆稱周易以變者爲占故稱九稱六所

以老陽數九老陰數六者以揲蓍之數九遇揲則得
老陽六遇揲則得老陰其少陽稱七少陰稱八義亦
準此張氏以為陽數有七有九陰數有八有六但七
為少陽八為少陰質而不變為爻之本體九為老陽
六為老陰文而從變故為爻之別名且七既為陽爻
其畫已長今有九之老陽不可復畫為陽所以重錢
避少陽七數故稱九也八為陰數而畫陰爻今六為
老陰不可復畫陰爻故交其錢避八而稱六但易含
万象所託多塗或然也

九二見竜至大人　正義曰陽処二位故曰九二
陽氣發見故曰見竜田是地上可営為有益之処陽
氣發在地上故曰在田且一之與二俱為地道二在

一上所以稱田見竜在田是自然之象利見大人以
人事託之言竜見在田之時猶似聖人久潜稍出雖
非君位而有君德故天下所瞻利見九二之大人故
先儒云若夫子教於洙泗利益天下有人君之德故
稱大人案文言云九二德博而化又云君德也王輔
嗣注云雖非君位君之德也是九二有人君之德所
以稱大人也輔嗣又云利見大人唯二五焉是二之
与五俱是大人為天下所利見也而褚氏張氏同鄭
康成之說皆以為九二利見九五之大人其義非也
且大人之文不專在九五与九二故訟卦云利見大
人又蹇卦利見大人此大人之文施処廣矣故輔嗣
注謂九二也是大人非專九五

注云出潛至五焉　正義曰處於地上故曰在田者先儒以爲重卦之時重於上下兩體故初与四相應二与五相應三与上相應是上下兩体論天地人各別但易含万象爲例非一及其六位則一二爲地道三四爲人道五上爲天道二在一上是九二處於地上所田食之處唯在地上所以称田也觀輔嗣之注意唯取地上称田諸儒更廣而称之言田之耕稼利益及於万物盈滿有益於人猶若聖人益於万物故称田也德施周普者下小象文謂周而普徧居中不偏者九二居在下卦之中而於上於下其心一等是居中不偏也不偏則周普也雖非君位者二爲大人已居二位是非君位也君之德者以德施周普也

文言云德博而化又云君德之是九二有人君之德也初則不彰者謂潛隱不彰顯也三則乾乾者危懼不安也四則或躍者謂進退懷疑也上則過亢過謂過甚亢謂亢極利見大人唯二五焉者言此擬乾之一卦故云唯二五焉於別卦言之非唯二五而已故訟卦蹇卦並云利見大人所以施處廣非唯二五也諸儒以為九二當太蔟之月陽氣發見則九三為建辰之月九四為建午之月九五為建申之月為陰氣始殺不宜稱飛龍在天上九為建戌之月群陰既盛上九不得言與時偕極於此時陽氣僅存何極之有諸儒此說於理稍乖此乾之陽氣漸生似聖人漸出宜擬十一月之後至建巳之月已來此九二當擬建

丑建寅之間於時地之萌牙初有出者即是陽氣發見之義乾卦之象其應然也但陰陽二氣共成歳功故陰興之時仍有陽存陽生之月尚有陰存所以六律六呂陰陽相間取象論義与此不殊乾之初九則与復卦不殊乾之九二又与臨卦無別何以復臨二卦与此不同者但易論象復臨二卦既有群陰見象於上即須論卦之象義各自為文此乾卦初九九二只論居位一爻无群陰見象故但自明當爻之理為此与臨復不同

䷗復

䷒臨

九三君子至无咎　正義曰以陽居三位故稱九三以居不得中故不稱大人陽而得位故稱君子在憂危之地故終日乾乾言每恒終竟此日健健自強勉力不有止息夕惕者謂終竟

此日後至向夕之時猶懷憂惕若厲者若如也厲危也言尋常憂懼恒如傾危乃得无咎謂既能如此戒愼則无罪咎如其不然則有咎故繫辭云無咎者善補過也此一爻因陽居九三之位皆以人事明其象

注處下至之災　正義曰處下体之極者極終也三是上卦之下々体之極故云極也又云居上体之下者四与五与上是上体三居四之下未入上体但居上体之下四則已入上体但居其上体之下故九四注云居上体之下与此別也云履重剛之険者上下皆有陽爻剛強好為険難故云履重剛之険云上不在天未可以安其尊者若在天位其尊自然安處在上卦之下雖在下卦之上其尊未安故云未可以安其

尊也下不在田未可以寧其居者田是所居之処又
是中和之所既不在田故不得安其居純脩下道則
居上之德廢者言若純脩下道以事上卦則已居下
卦之上其德廢壞言其太早柔也純脩上道則処下
之礼曠者曠謂空曠言已純脩居下卦之上道以自
驕矜則処上卦之下其礼終竟空曠夕惕猶若厲也
者言雖至於夕恒懷惕懼猶如未夕之前常若厲也
案此卦九三所居之処實有危厲又文言云雖危无
咎是實有危也據其上下文勢若屬夕為語辞但諸
儒並以若為如似有厲是實无厲也理恐未盡今
且依如解之因時而惕不失其幾者因時謂因可憂
之時故文言云因時而惕又云知至至之可与言幾

也是因時而惕不失其幾也雖危而労者若厉是雖
危終日乾々是而労也故竭知力而後免於咎者王（輔嗣）
以九三与上九相並九三処下卦之極其位猶卑故
竭知力而得免咎也上九在上卦之上其位極尊雖
竭知力不免亢極言下勝於上卑勝於尊
九四或躍在淵无咎　正義曰或疑也躍跳躍也
言九四陽気漸進似若龍体欲飛猶疑惑也躍在於
淵未即飛也此自然之象猶若聖人位漸尊高欲進
於王位猶豫遅疑在於故位未即進也云无咎者以
其遅疑進退不即果敢以取尊位故无咎也若其貪
利務進時未可行而行則物所不与故有咎也若周
西伯内執王心外率諸侯以事紂也

注去下体至无咎也　正義曰去下体〻極者離
下体入上体但在下体〻上故云去下体〻極注九
三云処下体〻極彼仍処九三与卄別也云乾道革
〻時者革変也九四去下体入上体是乾道革〻時
云上不在天下不在田中不在人者易〻為体三与
四為人道人近在下不近於上故九四云中不在人
異於九三也云而无定位所処者九四以陽居陰上
既不在於天下復不在於地中又不当於人上下皆
无定位所処也斯誠進退无常〻時者文言云上下
无常進退无恒是也欲進其道迫乎在下非躍所及
者謂欲進己聖道而居王位但逼迫於下群衆未許
非己独躍所能進及也欲静其居〻非所安持疑猶

豫未敢決志者謂志欲靜其居處百姓既未離禍患須當拯救所以不得安居故遲疑猶豫未敢決斷其志而苟進也用心存公進不在私者本爲救乱除患不爲於己是進不在私也疑以爲慮不謬於果者謬謂謬錯果謂果敢若不思慮苟欲求進當錯謬於果敢之事而致敗亡若疑惑以爲思慮則不錯謬於果敢之事其錯謬者若宋襄公与楚人戰而致敗亡是也

左傳僖廿二年傳云宋公及楚人戰于弘宋人既成列楚人未既濟注未尽度泓水也司馬曰子魚彼衆我寡也及其未既濟也請撃之公曰不可也既濟而未成列又以告曰未可既陳而後撃之ト云之宋師敗績公傷股門官殲焉ト云々

○九五飛龍在天利見大人

○正義曰言九五陽氣盛至於天故云飛龍在天此自然之象猶若聖人有龍德飛騰而居天位德備天下爲万物所瞻覩故天下利見此居王位之大人

○注不行至亦宜乎

○正義曰龍德在天則大人之路亨謂若聖人有龍德

居在天位則大人道路得亨通猶若文王拘在羑里
是大人道路未亨也夫位以德興者位謂王位以聖
德之人能與王位也德以位叙者謂有聖德之人得
居王位乃能叙其聖德若孔子雖有聖德而无其位
是德不能以位叙也　上九亢龍有悔　正義
曰上九亢陽之至天上而極盛故曰亢龍此自然之
象以人事言之似聖人有龍德上居天位久而亢極
物極則反故有悔也純陽進極未至大凶但有悔吝
而已繫辭云悔吝者言乎其小疵也故鄭引堯之末
年四凶在朝是以有悔未大凶也凡悔之為文既是
小疵不單称悔也必以餘字配之其悔若在則言有
悔謂當有此悔則此經是也其悔若无則言悔亡言

其悔已亡也若恒卦九二悔亡是也其悔雖亡或是更取他文結之若復卦初九不遠復无祇悔元吉之類是也但聖人至極終始无虧故文言云知進退存亡而不失其正者其唯聖人乎是知大聖之人本无此悔但九五天位有大聖而居者亦有非大聖而居者不能不有驕亢故聖人設法以戒之也

用九見群竜无首吉

正義曰用九見群竜者此一句説乾元能用天德也九天德也若体乾元聖人能用天德則是群竜之義群竜之義以无首為吉故曰用九見群竜无首吉也

注九天之德也

正義曰九天之德者言六爻俱九乃共成天德非是一爻之九則為天德也

彖曰大哉至咸寧

正義曰夫子所作彖辭統論一卦之義或説其卦之德或説其卦之義或説其卦之名故略例云彖者何也統論一卦之体明其所由之主案褚氏莊氏並云彖斷也斷定一卦之義所以名為彖也但此彖釋乾与元亨利貞之德但諸儒所説此彖分解四德意各不同今案莊氏之説於理稍密依而用之大哉乾元万物資始乃統天者此三句摠釋乾与元也乾是卦名元是乾德之首故以元德配乾釋之大哉乾元者陽気昊大乾体廣遠又以元大始生万物故曰大哉乾元万物資始者釋其乾元稱大之義以万象之物皆資取乾元而各得始生不失其宜所以稱大也乃統天者以其至健而為物始以此乃能統領於天

是有形之物以其至健能揔統有形是乾元之德也雲行雨施品物流形者此二句釋亨之德也言乾能用天之德使雲氣流行雨澤施布故品類之物流布成形各得亨通无所壅蔽是其亨也大明終始六位時成者此二句揔結乾卦之德也以乾之爲德大明曉乎万物終始之道始則潛伏終則飛躍可潛則潛可飛則飛是明達乎始終之道故六爻之位依時而成若其不明終始之道應潛而飛應飛而潛應生而殺應殺而生六位不以時而成也時乘六龍以御天者此二句申明乾元乃統天之義言乾之爲德以依時乘駕六爻之陽氣以控御於天體六龍即六位之龍也以所居上下言之謂之六位也陽氣升降謂之

六竜也上文以至健元始摠明乾德故云乃統天也此明乘駕六竜各分其事故云以御天也乾道変化各正性命者此二句更申明乾元資始之義道体无形自然使物開通謂之爲道言乾卦之德自然通物故云乾道也変謂後来改前以漸移改謂之変也化謂一有一无忽然而改謂之爲化言乾之爲道使物漸変者使物卒化者各能正定物之性命性者天生之質若剛柔遅速之別命者人所稟受若貴賤夭壽之屬是也保合大和乃利貞者此二句釈利貞也純陽剛暴若无和順則物不得利又失其正以能保安合會大和之道乃能利貞於万物言万物得利而貞正也首出庶物万国咸寧者自上已来皆論乾德自

然養萬物之道此二句論聖人上法乾德生養萬物
言聖人為君在衆物之上最尊高於物以頭首出於
衆物之上各置君長以領萬國故萬國皆得寧也人
君位實高故於此云首出於庶物者也志須卑下
故前經云无首吉也但前文說乾用天德其事既詳
故此文聖人以人事象乾於文略也以此言之聖人
亦當令萬物資始統領於天位而雲行雨施布散恩
澤使兆庶衆物各流布其形又大明乎盛衰終始之
道使天地四時貴賤高下各以時而成又任用群賢
以奉行聖化使物各正性命此聖人所以象乾而立化
○注天也至者邪　○正義曰夫形也者物之累也凡
有形之物以形為累是含生之屬各憂性命而天地

雖復有形常能永保无虧爲物之首豈非統用之者
至極健哉若非至健何能使天形无累見其无累則
知至健也乘變化而御大器者乘變化則乘潛龍飛
龍之屬是也而御大器大器謂天也乘此潛龍飛龍
而控御天体所以運動不息故云而御大器也靜專
動直不失大和者謂乾之爲体其靜住之時則專一
不轉移也其運動之時則正直不傾邪也故上繫辭
云夫乾其靜也專其動也直是以大生焉韓康伯注
云專專一也直剛正也不失大和則下文保合大和
是也豈非正性命之情者邪以乾能正定物之性命
故云豈非正性命之情者邪謂物之性命各有情非
天之情也天本无情何情之有而物之性命各有情

也所稟生者謂之性隨時念慮謂之情无識无情今擬有識而言故稱曰情也夫子為彖之体斷明一卦之義体例不同莊氏以為凡有一十二体今則略挙大綱不可事ゝ繁説莊氏云彖者發首則歎美卦者則此乾彖云大哉乾元坤卦彖云至哉坤元以乾坤德大故先歎美之乃後詳説其義或有先疊文解義而後歎者則豫卦彖云豫之時義大矣哉之類是也或有先釈卦名之義後以卦名結之者則同人彖云柔得位得中而應乎乾曰同人大有彖云柔得尊位大中而上下應之曰大有之例是也或有特疊卦名而稱其卦者則同人彖云同人曰同人于野亨注云同人于野亨利渉大川非二之所能也是乾之所行

䷌同人

䷍大有

故特曰同人曰此等之屬為文不同唯同人之象特
称同人曰注又別釈其餘諸卦之象或詳或略或先
或後故上下參差体例不同或難具解或易略解若
一一比並曲生節例非聖人之本趣恐学者之徒労
心不暁也今皆畧而不言必有其義於卦下而具説
象曰天行至不息　正義曰此大象也十翼之中
第三翼揔象一卦故謂之大象但万物之体自然各
有形象聖人設卦以寫万物之象今夫子釈此卦之
所象故言象曰天有純剛故有健用今畫純陽之卦
以比擬之故謂之象象在彖後者彖詳而象略也是
以過半之義思在彖而不在象有由而然也天行健
者行者運動之称健者強壮之名乾是衆健之訓今

天周囘三百六十五度四分度之一也
日行天而少遲
故日一周而不及
天一度

大象不取餘健為釋偏說天者萬物壯健皆有衰怠
唯天運動日過一度蓋運轉混沒未曾休息故云天
行健〻是乾之訓也順者坤之訓也坤則云地勢坤
此不言天行乾而言健者劉表云詳其名也然則天
是体名乾是用名健是其訓三者並見最為詳悉所
以尊乾異於他卦凡六十四卦說象不同或總舉象
䷂屯 之所由不論象之實体又總包六爻不顯上体下体
䷔噬嗑 則乾坤二卦是也或直舉上下二体者若雲雷屯也
䷟恒 天地交泰也天地不交否也雷電噬嗑也雷風恒也
䷧解 雷雨作解也風雷益也雷電皆至豐也洊雷震也隨
䷩益 風巽也習坎也明兩作離也兼山艮也麗澤兌也
䷶豐 凡此一十四卦皆總舉兩体而結義也取兩体俱成

同人注天体於上而火炎上同人之義也

☲☵訟

大過澤者潤養於木乃至滅没於木為大過之義也

☰☱ 兊下乾上 履

或有直舉两体上下相對者天与水違行訟也上天
下澤履也天与火同人也上火下澤睽也凡此四卦
或取两体相違或取两体相合或取两体上下相承
而為卦也故两体相對而俱言也雖上下二体共成
一卦或直指上体而為文者若雲上於天需也風行
天上小畜也火在天上大有也雷出地奮豫也風行
地上觀也山附於地剝也澤滅木大過也雷在天上
大壯也明出地上晉也風自火出家人也澤上於天
夬也澤上於地萃也風行水上渙也水在火上既濟
也火在水上未濟也凡此十五卦皆先舉上象而連
於下亦意取上象以立卦名也亦有雖意在上象而
先舉下象以出上象者地上有水比也澤上有地臨

也山上有澤咸（少女少男相感ﾆ深）也山上有火旅也木上有水井也木上ニ有火鼎也山上ニ有木漸也澤上ニ有雷歸妹（少女從長男）也山上ニ有水蹇也澤上有水節（ㇾ滿則不容為有節之象）也澤上有風中孚（ㇾ風行沢上而感于水中為中孚之象感謂感而動之）也山上有雷小過（少時故為小ㇾ）也凡此十二卦皆先舉下象以出上象亦意取上象共下象而成卦也或先擧上象而出下象義取下象以成卦義者山下出泉蒙也地中有水師也山下有風蠱（ㇾ下遇山而回則物乱是之為蠱ﾆ義壊乱之）也山下有火賁也天下雷行无妄也山下有雷頤也天下有山遯也山下有澤損也天下有風姤也地中有山謙也澤中有雷隨（少女従長男随ﾆ義也）也地中生木升也澤中有火革（水熾火ﾆ涸水相変革者之）也凡此十三卦皆先擧上象明下体也其上体是天天与山則稱下（言ㇾ天下雷行无妄之山下有澤損ﾆ類ㇾ）也若上体是地地与澤則稱中（言ㇾ地中有澤ㇾ山ㇾ謙ㇾ澤中有雷随ㇾ類ㇾ）也或有雖先擧下象稱在上象之下者

遯天在上物陽性上進山高起之物形参高起体乃止物有上陵之象止而不進天乃上進而去之下陵而上去是相遠遯避為遯去之義

若雷在地中復也天在山中大畜也明入地中明夷也澤无水困也是先舉下象而稱在上象之下亦然取下象以立卦也所論之例者皆大判而言之其間委曲各於卦下別更詳之先儒所云此等象辭或有實象或有假象實象者若地上有水比也地中生木升也皆非虛故言實也假象者若天在山中風自火出也此之類實无此象假而為義故謂之假也雖有實象假象皆以義示人惣謂之象也天行健者謂天体之行晝夜不息周而復始无時虧退故云天行健此謂天之自然之象君子以自彊不息此以人事法天所行言君子之人用此卦象自彊勉力不有止息言君子者謂君臨上位子愛下民通天子諸侯兼公

卿大夫有地者凡言君子義皆然也但位尊者象卦之義多也但位卑者象卦之義少也但須量力而行各法其卦也所以諸卦並称君子若卦体之義唯施於天子不兼包在下者則言先王也若比卦称先王以建万国豫卦称先王以作楽崇徳観卦称先王以省方観民設教噬嗑称先王以明罰勅法復卦称先王以至日閉関无妄称先王以茂対時育万物渙卦称先王以享於帝立廟泰卦称后以財成天地之道姤卦称后以施命誥四方称后兼諸侯也自外卦並称君子

○潜竜至不可久

○正義曰自此已下至盈不可久是夫子釈六爻之象辞謂之小象以初九陽潜地中故云陽在下也経言竜而象言陽者明経

之稱竜則陽氣也此一爻之象專明天之自然之氣
也見竜在田德施普者此以人事言之用竜德在田
似聖人已出在世道德恩施能普徧也比初九勿用
是其周普也若比九五則猶狹也終日乾々反復道
者此亦以人事言之君子終日乾々自彊不息故反
之反覆皆合其道反謂進反在上也處下卦之上能
不驕逸是反能合道也覆謂從上倒覆而下居上卦
之下能不憂懼是覆能合道也或躍在淵進无咎者
此亦人事言之進則跳躍在上退則潜處在淵猶聖
人疑或而在於貴位也心所欲進意在於公非是爲
私故進无咎也飛竜在天大人造者此亦人事言之
飛竜在天猶聖人之在王位造爲也唯大人能爲之

而成就也姚信陸績之屬皆以造為造至之造今案象辭皆上下為韻則姚信之義其讀非也亢竜有悔盈不可久者此亦人事言之九五是盈也盈而不已則至上九而致亢極有悔恨也故云盈不可久也但此六爻象辭第一爻言陽在下是舉自然之象明其餘五爻皆有自然之象舉初以見末五爻並論人事則知初爻亦有人事互文相通也

用九天德不可為首也

正義曰此一節釋經之用九之象辭經稱用九故象更疊云用九云天德不可為首者此夫子釋辭也九是天之德也天德剛健當以柔和接待於下不可更懷尊剛為物之首故云天德不可為首也

文言曰元亨利貞

正義

曰文言者是夫子第七翼也以乾坤其易之門戸邪
其餘諸卦及爻皆從乾坤而出義理深奧故特作文
言以開釋之莊氏云文謂文飾以乾坤德大故特文
飾以爲文言今謂夫子但贊明易道申説義理非是
文飾華彩當謂釋二卦之經文故稱文言從此至元
亨利貞明乾之四德爲第一節從初九曰潛竜勿用
至動而有悔明六爻之義爲第二節自潛竜勿用下
至天下治也論六爻之人事爲第三節自潛竜勿用
陽氣潛藏至乃見天則論六爻自然之氣爲第四節
自乾元者至天下平也此一節復説乾元之四德之
義爲第五節自君子以成德爲行至其唯聖人乎此
一節更廣明六爻之義爲第六節今各依文解之此

第一節論乾之四德也元者善之長也此已下論乾之四德但乾之為体是天之用凡天地運化自然而尔因无而生有也无為而自為天本无心豈造元亨利貞之德也天本无名豈造元亨利貞之名也但聖人以人事託之謂此自然之功為天之四德垂教於下使後代聖人法天之所為故立天四德以設教也莊氏云第一節元者善之長者謂天之体性生養万物善之大者莫善施生元為施生之宗故言元者善之長也亨者嘉之會者嘉美也言天能通暢万物使物嘉美之會聚故云嘉之會也利者義之和者言天能利益庶物使物各得其宜而和同也貞者事之幹者言天能以中正之氣成就万物使物皆得幹濟莊

氏之意以仁四句明天之德也而配四時元是物始於時配春之為發生故下云体仁之則春也亨是通暢万物於是配夏之故下云合礼之則夏也利為和義於時配秋之既物成各合其宜貞為事幹於時配冬之既收藏事皆幹了也於五行之氣唯少土也土則分王四季四氣之行非土不載故不言也君子体仁足以長人者自此已下明人法天之行此四德言君子之人体包仁道汎愛施生足以尊長於人也仁則善也謂行仁德法天之元德也嘉會足以合礼者言君子能使万物嘉美集會足以配合於礼謂法天之亨也利物足以和義者言君子利益万物使物各得其宜足以和合於義法天之利也貞固足以幹事者

言君子能堅固貞正令物得成使事皆幹濟此法天之貞也施於五事言之元則仁也亨則礼也利則義也貞則信也不論智者行此四事並須資於知且乾鑿度云水土二行兼信与知也故略而不言也君子行此四德者故曰乾元亨利貞以君子之人當行此四種之德是以文王作易稱元亨利貞之德欲使君子法之但行此四德則与天同功非聖人不可唯云君子者但易之為道廣為垂法若限局聖人恐不逮餘下故總云君子使諸侯公卿之等悉皆行之但聖人行此四德能盡其極也君子行此四德各量力而為多少各有其分但乾卦象天故以此四德皆為天德但陰陽合會二象相成皆能有德非獨乾之一卦

是以諸卦之中亦有四德但餘卦四德有劣於乾故乾卦直云四德更无所言欲見乾之四德无所不包其餘卦四德之下則更有餘事以四德狹劣故以餘事繫之即坤卦之類是也亦有四德之上即論餘事

革卦臣云革之為道即日不孚已日乃孚已日乃孚之孚然後乃得乃得元亨利貞悔亡也

若革卦云已日乃孚元亨利貞悔亡也由乃孚之後有元亨利貞乃得悔亡也有四德者即乾坤屯臨隨无妄革七卦是也亦有其卦非善而有四德者以其卦凶故有四德乃可也故隨卦有元亨利貞乃得无咎是也四德具者其卦未必善也亦有三德者即離咸萃兌渙小過凡六卦就三德之中為文不一或總稱三德於上更別陳餘事於下若離咸之屬是也就三德之中上下不一離則云利貞亨由利貞乃得亨

也亦有先云亨更陳餘事於下云利貞者以有餘事
乃得利貞故也有二德者大有蠱漸大畜升困中孚
凡七卦此二德或在事上言之或在事後言之由後
有事乃致此二德故也有一德者若蒙師小畜履亦
泰謙噬嗑賁復大過震豐節既濟未濟凡十五卦皆
一德也並是亨也或多在事上言之或在事後者履
卦云履虎尾不咥人亨由有事乃得亨以前所論德
者皆於經文挺然特明德者乃言之也其有因事相
連而言德者則不數之也若需卦云需有孚光亨貞
吉雖有亨貞二德連事起文故不數也遯卦云亨小
利貞雖有三德亦不數也旅卦云旅小亨旅貞吉雖
有亨貞二德亦連他事不數也比卦云原筮元永貞

挺 他郢切正直之 左傳襄五年 周道挺々

䷉ 履

三為履主以柔履剛 履危者也 履虎尾 尾而不見咥者 以其說而應乎 乾也 不見咥噬人 者言不見閑害也 非是人道交通 故通人

无咎否卦云否之匪人不利君子貞雖有貞字亦連
他文言之又非本卦德亦不數之同人云同人于野
亨坎卦云有孚維心亨損卦云无咎可貞此等雖有
一德皆連事而言之故亦不數所以然者但易含万
象事義非一隨時曲變不可為典要故也其有意義
各於卦下詳之亦有卦善而德少者若泰與謙復之
類雖善惟一德也亦有全无德者若豫觀剝晉蹇解
夬姤井艮歸妹凡十一卦也大畧唯有凶卦无德者
若剝蹇夬姤之屬是也亦有卦善而無德者晉解之
屬是也各於卦下詳之凡四德者亨之與貞其德特
行若元之與利則配連他事其意以元配亨以利配
貞雖配他事為文元是元大也始首也利是益利也

合和也以當分言之各是其一德也唯配亨貞爲
四德元雖配亨亦配仁義故此卦云元永貞坤六五
黃裳元吉是利亦非獨利貞亦所利餘事多矣若也
利涉大川利建侯利見大人利君子貞如此之屬是
利字所施處廣故諸卦謂仁義之利不數以爲德也
此四德非唯卦下有之亦於爻下言之但爻下其事
稍少故黃裳元吉及何天之衢亨小貞吉大貞凶此

大畜上九何天之衢亨但處畜之極畜極則通大畜以至於大亨之時何辭也猶云何畜乃天之衢亨也

皆於爻下言之其利則諸爻皆有　初九曰潛龍
勿用至潛龍也　正義曰此第二節釋初九爻辭
也初九曰潛龍勿用何謂也者此夫子疊經初九爻
辭故言初九曰方釋其義假設問辭故言潛龍勿用
何謂也子曰龍德而隱者也此夫子以人事釋潛龍

之義聖人有竜德隱居者也不易乎世者不移易其
心在於世俗雖逢險難不易本志也不成乎名者言
自隱默不成就於令名使人知也遯世无悶者謂逃
遯避世雖逢无道心无所悶不見是而无悶者言舉
世皆非雖不見善而心亦无悶上云遯世无悶心處
僻陋不見是而无悶此因見世俗行惡是亦无悶故
再起无悶之文樂則行之憂則違之者心以為樂已
則行之心以為憂已則違之確乎其不可拔者身雖
逐物推移潛隱避世心志守道確乎堅實其不可拔
此是潛竜之義也　九二曰見竜至君德也
正義曰此釋九二爻辭子曰竜德而正中者九二居
中不偏然不如九五居尊得位故但云竜德而正中

者也庸言之信庸行之謹者庸謂中庸庸常也從始
至末常言之信實常行之謹慎閑邪存其誠者言防
閑邪惡當自存其誠實也善世而不伐者謂爲善於
世而不自伐其功德博而化者言德能廣博而變化
麌姥上声
窳羊主切器空中又邪也若窳器不中也
於世俗初爻則全隱遯避世二爻則漸見德行以化
於俗也若舜漁於雷澤陶於河濱以器不窳民漸化
〻是也易曰見竜在田利見大人君德者以其異於
諸爻故特称易曰見竜在田未是君位但云君德也
九三曰君子至雖危无咎矣正義曰此釋九三
爻辭也子曰君子進德脩業者德謂德行業謂功業
九三所謂終日乾乾者欲進益道德脩營功業故終
日乾乾匪懈也進德則知至將進也脩業則知終存

義也忠信所以進德者後解進德之事推忠於人以
信待物人則親而尊之其德日進是進德也修辭立
其誠所以居業者辭謂文教誠謂誠實也外則修理
文教内則立其誠實内外相成則有功業可居故云
居業也上云進德下復云進德上云脩業下變云居
業者以其間有修辭之文故避其脩文而云居業且
功業宜云居也知至至之可与言幾者九三處一体
之極方至上卦之下是至也既居上卦之下而不犯
凶咎是知至也既能知是將至則是識幾知理可与
共論幾事幾者去无入有有理而未形之時九三
既知時節將至知理欲到可与共營幾也知終終之
可与存義者居一体之終而全其終竟是知終也既

能知此終竟是終盡之時可與保存其義々者宜也
保全其位不有失喪於事得宜九三既能知其自全
故可存義然九三唯是一爻或使之欲進知幾也或
使之欲退存義也一進一退其意不同以九三處進
退之時若可進則進可退則退兩意並行是故居上
位而不驕者謂居下体之上位而不驕者（自是十字衍文）謂居下体
之上位而不驕也以其知終故不敢懷驕惕在下位
而不憂者處上卦之下故稱下位以其知幾將至務
幾欲進故不可憂也故乾々因其時而惕雖危无咎
者九三以此之故恒乾々也因其已終已至之時而
心懷惕懼雖危不寧以其知終知至故无咎
注處一体至知終者乎　正義曰處一体之極是

到也。者莊氏云極即至也。三在下卦之上是至極。褚氏云一体之極是至者是下卦已極將至上卦之下。至謂至上卦也。下云在下位而不憂注云知夫至至之。故不憂此以人事言之既云下位明知在上卦之下。欲至上卦故不憂是知將至上卦若莊氏之說直云下卦上極是至極儻无上卦之躰何可至也何須与幾也。是知至者據上卦爲文莊說非也。然事之至而不犯咎是知至者謂三近上卦事之將至能以禮知屈而不觸犯上卦之咎則是知事之將至故可与成務者務謂事務既識事之先幾可与以成其事務与猶許也言可許之事不謂此人共彼相与也。進物之速者義不若利者利則隨發而義見利則行也義者

依違而動不妄求進故進物速疾義不如利由義靜
而利動故也存物之終者利不及義者保全已成之
物不妄興動故利不及義也故靡不有初鮮克有終
者見利則行不顧在後是靡不有初不能守成其業
是鮮克有終　注明夫至不憂也　正義曰明
夫終敝故不驕者解知終也知夫至至故不憂者解
知至也前經知至在前知終在後此經先解知終後
解知至者隨文便而言之也　注処事至无咎
正義曰処事之極失時則廢者謂三在下卦之上躰
是処事之極至也若失時不進則幾務廢闕所以乾
之須進也懈怠則曠者既処事極則終也當保守
已終之業若懈怠驕逸則功業空曠所以乾々也夫

時則廢解知至也懈怠則曠解知終也
九四曰或躍至故无咎　正義曰此明九四爻辭
也子曰上下无常非為邪者上而欲躍下而欲退是
无常也意在於公非是為邪也進退无恒非離群者
何氏云所以進退无恒者時使之然非苟欲離群也
何氏又云言上下者據位也進退者據爻也所謂非
離群者言雖進退无恒猶依群衆而行和光俯仰並
同於衆非是卓絶獨離群也君子進德脩業欲及時者
進德則欲上欲進也脩業則欲退也進者棄位欲下
欲躍是進德之謂也退者仍退在淵是脩業之謂也
其意与九三同但九四於前進多於九三故云欲及
時也九三則不云及時但可与言幾而已

九五曰飛竜至其類也　正義曰此明九五爻之義同聲相應已下至各從其類也飛竜在天者言天能廣感衆物々々應之所以利見大人因大人与衆物感應故廣陳衆物相感應以明聖人之作而万物瞻覩以結之也同聲相應者若彈宮而宮應彈角而角動是也同氣相求者若天欲雨而柱礎潤是也此二者聲氣相感也水流濕火就燥者此二者以形象相感水流於地先就濕処火焚其薪先就燥処此同氣水火皆无識而相感先明自然之物故發初言之也雲從竜風從虎者竜是水畜雲是水氣故竜吟則景雲出是雲從竜也虎是威猛之獸風是震動之氣此亦是同類相感故虎嘯則谷風生是風從虎也此

二句明有識之物感无識故以次言之備說有識所言也聖人作而万物覩者以二句正釋飛龍在天利見大人之義聖人作則飛龍在天也万物覩則利見大人也陳上類通之名本明於此是有識感有識也此亦同類相感聖人有生養之德万物有生養之情故相感應也本乎天者親上本乎地者親下者在上雖陳感應唯明數通而已此則廣解天地之間共相感應之義莊氏云天地絪縕和合二氣共生万物然万物之体有感於天氣偏多者有感於地氣偏多者故周禮大宗伯有天產地產大司徒云動物植物本受氣於天者是動物含靈之屬天体運動含靈之物亦運動是親附於上也本受氣於地者是植物无識

毛晃氤氳氣貌易作絪縕說文注元氣也

匋徒刀切瓦器也通作匋

甄稽延切陶也甄作瓦人也亦音真甄陶也又姓陳留風俗傳云舜陶河濱其後為甄氏人切真旬

漢黃星出于光魏曹公死之為之

之屬地体凝滯植物亦不移動是親附於下也則各
從其類者言天地之間共相感應各從其氣類此類
因聖人感萬物以同類故以同類言之其造化之性
陶甄之器非唯同類相感亦有異類相感者若磁石
引針琥珀拾芥蠶吐絲而商弦絶銅山崩而洛鐘應
其類煩多難一一言也皆冥理自然不知其所以然
也感者動也應者報也皆先者為感後者為應非唯
近事則相感亦有遠事遙相感者若周時獲麟乃為
漢高之應漢時黃星後為曹公之兆感應之事廣非
臣言可悉今意在釋理故略舉大綱而已

魏曹操也

周時獲麟漢高祖可起出為之故也其後麟不出高祖平人也

上九曰亢龍至有悔
正義曰此明上九之爻辭也
子曰貴而无位者以上九非位而上九居之是无位

也高而无民者六爻皆无位是无民也賢人在下位
而无輔者賢人雖在下位不爲之輔助也是以動而
有悔者聖人設誡居此之時不可動作之
注処上至其義　正義曰夫乾者統行四事者也
君子以自強不息行此四者注意以乾爲四德之主
文言之首應先説乾而先説四德者故自發問而釋
之以乾体當分无功唯統行此四德之事行此四德
乃是乾之功故文言先説君子以自強不息行此四
德者故先言之發首不論乾也但能四德既備乾功
自成故下始云乾元亨利貞　潛龍勿用至天下治也
正義曰此一節是文言第三節説六爻人事所治之
義潛龍勿用下也者言聖人於此潛龍之時在卑下

也見竜在田時舍者舍謂通舍九二以見竜在田是時々通舍也終日乾々行事者言行此知至知終々事也或躍在淵自試者言聖人逼近五位不敢果決而進唯漸々自試意欲前進遲疑不定故云自試也飛竜在天上治者言聖人居上位而治理也亢竜有悔窮之災者言位窮而致災々則悔也非為大禍災也乾元用九天下治者易經上稱用九々之文揔是乾德又乾字不可独言故舉元德以配乾也言此乾元用九德而天下治九五止是一爻觀見事狹但云上治乾元揔包六爻觀見事闊故云天下治也

注此一章至可知也

正義曰此一章全以人事明之者下云陽氣潜藏又云乃位乎天德又云乃見

天則此一章但云天下治是皆以人事說之也夫能全用剛直放遠善柔非天下至理未之能也者以乾元用九六爻皆陽是全用剛直放遠善柔謂放棄善柔之人善能柔諂顏恭心狠使人不知其惡識之爲雖此用九純陽者是全用剛直更无餘陰柔善之人堯尚病之故云非天下至理未之能也夫識物之動則其所以然之理皆可知者此欲明在下龍潛見之義故張氏云識物之動謂龍之動也則其所以然之理皆可知者謂識龍之所以潛所以見然此之理皆可知也龍之爲德不爲妄者言龍灵異於他獸不妄舉動可潛則潛可見則見是不虛妄也見而在田必以時之通舍者經唯云時舍也注云必以時之通

舍者則輔嗣以通解舍々是通義也初九潛藏不見九二既見而在田是時之通舍之義也以爻爲人以位爲時者爻居其位猶若人遇其時故文王明夷則主可知矣主則時也謂當時无主故明傷也仲尼旅人則國可知矣國亦時也若見仲尼羈旅於人則知國君无道舍其羈旅出外引文王仲尼者（兩人ハ有德位ナキ人）明龍潛見之義 ○潛竜勿用至見天則 ○正義曰此一節是文言第四節明六爻天氣之義天下文明者陽氣在田始生万物故天下有文章而光明也与時偕行者此以天道釋爻象也所以九三乾乾不息終日自戒者同於天時生物不息言与時偕行也偕俱也諸儒以下爲建辰之月万物生長不有止息与天時而俱行若

以不息言之是建寅之月三陽用事三當生物之初
生物不息同於天時生物不息故言與時偕行也乾
道乃革者去下体入上體故云乃革也乃位乎天德
者位當天德之位言九五陽居於天照臨廣大故云
天德也乃見天則者陽是剛亢之物能用純剛唯
天乃然故云乃見天則　乾元至天下平也
正義曰此一節是第五節復明上初章及乾四德之
義也乾元者始而亨者也以乾非自當分有德以元
亨利貞為德元是四德之首故夫子恒以元配乾而
言之欲見乾元相將之義也以有乾之元德故能為
物之始而亨通也此解元亨二德也利貞者性情也
者所以能利益於物而得正者由性制於情也乾始

能以美利利天下不言所利大矣哉者此復説始而亨利貞之義乾始謂乾能始生万物解元也能以美利利天下解利也謂能以生長美善之道利益天下也不復説亨貞者前文亨既連始貞又連利舉始舉利則通包亨貞也不言所利大矣哉者若坤卦云利牝馬之貞及利建侯利渉大川皆言所利之事此直云利貞不言所利之事欲見无不利也非唯止一事而已故云不言所利大矣哉其實此利為无所不利此貞亦无所不貞是乾德大也大哉乾乎剛建中正純粋精者此一節論乾德不兼通元也故直云大哉乾乎剛健中正謂純陽剛健其性剛強其行勁健中謂二與五也正謂五與三也故云剛健中正六爻俱陽

毛晃越王月切　發揚也

陂毛晃頗義之　不平曰陂不正曰　陂實異句

是純粹也純粹不雜是精灵故云純粹精也六爻發
揮旁通情者發謂發越也揮謂揮散也言六爻發越
揮散旁通万物之情也時乘六龍以御天者重取乾
彖之文以賛美此乾之義雲行雨施天下平者言天
下普得其利而均平不偏陂　○注不為至性情也
○正義曰乾之元氣其德廣大故能徧通諸物之始若
餘卦之元雖能始生万物德不周普故云不為乾元
何能通物之始其實坤元亦能通諸物之始以此文
上論乾元之德故注連言乾元也不性其情何能久
行其正者性者天生之質正而不邪情者性之欲也
言若不能以性制情使其情如性則不能久行其正

三三萃

其六爻發揮之義案略例云爻者言乎變者也故合

華六三

合散䷬萃卦六二引吉无咎萃之聚以体貴相從乾六二志在靜退不欲相就其体雖合志則不同故曰合散屈伸䷀乾之初九潛龍勿用身雖潛屈情无憂悶其志伸故曰屈伸

散屈伸（乾初九）与体相乖形躁好靜質柔愛剛体与情反質（歸妹九四）（履六三）

形躁好靜䷵歸妹九四歸妹愆期遲歸以待有時九四体是震震是形躁之德期待時是好靜也

与願違是爻者所以明情故六爻發散旁通万物

情輔嗣之意以初為无用之地上為盡末之境其居

位者唯二三四五故繫辞唯論此四爻初末雖无（不正）

質柔愛剛䷉履六三六三武人為于大君志剛也兌体是陰是質柔也志懷剛武人為于大君是愛剛也

位統而論之爻亦始末之位故乾彖云六位時成二

四為陰位陰居為得位陽居為失位三五為陽位陽

乾初九曰潛龍勿用何謂也子曰龍德而隱者也不易乎世不成乎名遯世无悶不見是而无悶樂則行之憂則違之確乎其不可拔潛龍也

居為得位陰居為失位略例云陽之所求者陰也陰

之所求者陽也一与四二与五三与上若一陰一陽

為有應若俱陰俱陽為无應此其六爻之大略其義

或人云曰潛龍勿用陽氣潛藏与時偕極第四節論六爻皆然之義曰乾元用九乃見天則第五節也曰乾元者始而亨者也天下平第六節也

具於繫辞於此略言之　○君子以成至弗用也

正義曰此一節是文言第六節更復明六爻之義此

節明初九爻辞周氏云上第五節乾元者始而亨者

也是廣明乾与四德之義此君子以成德爲行亦是
第六節明六爻之義揔屬第六節不更爲第七節義故
或當然也君子以成德爲行者明初九潛龍之義故
先開此語也言君子之人當以成就道德爲行令其
德行彰顯使人能可見其德行之事此君子之常也
不應潛隱所以今日潛者以時未可見故須潛也潛
之爲言也隱而未見行而未成此夫子解潛龍之義
此經中潛龍之言是德之幽隱而未宜見所行之行
未可成就是以君子弗用者德既幽隱行又未成是
君子於時不用以逢衆陰未可用也周氏云德出於
己在身内之物故云成行被於人在外之事故云爲
行下文即云行而未成是行亦稱成周氏之說恐義

非也成德為行者言君子成就道德以為其行其成
德為行未必文相對　○君子学以至君德
○正義曰此後明九二之德君子学以聚之者九二從
微而進未在君位故且習学以畜其德問以辯之者
学有未了更詳問其事以辯決於疑也寬以居之者
當用寬裕之道居處其位也仁以行之者以仁恩之
心行之被物易曰見龍在田利見大人君德者即陳
其德於上然後引易本文以結之易之所云是君德
寬以居之仁以行之是也但有君德未是君位
○九三重剛至无咎　○正義曰此明九三爻辭上
之初九九二皆豫陳其德於上不發首云初九九二
此九三九四則發首先言九三九四其九五全不引

易文上九則發首云亢之爲言也上下不爲例者夫子意在釈經義便則言以潜見須言其始故豫張本於上三四俱言重剛不中恐其爻同故並先云爻位并重剛不中之爻九五前章已備故不復引易但云大人也上九亦前章備顯故此直言亢之爲言也案初九云潜之爲言上爻云亢之爲言独二爻云言者褚氏以初上居无位之地故称言也其餘四爻是有位故不云言義或然也重剛者上下俱陽故重剛也不中者不在二五之位故不中也上不在天謂非五位下不在田謂非二位也故乾乾因其時而惕雖危无咎矣者居危之地以乾乾夕惕戒懼不息得无咎也

九四重剛至故无咎

正義曰此明九四爻辭也

其重剛不中上不在天下不在田並與九三同也中
不在人者三之與四俱為人道但人道之中人下近
於地上遠於天九三近二是下近於地正是人道故
九三不云中不在人九四則上近於天下遠於地非
人所處故特云中不在人故或之者以其上下无定
故心或之也或之者疑之也者此夫子釋經或字經
稱或是疑或之辭欲進欲退猶預不定故疑之也九
三中雖在人但位卑近下向上為難故危惕其憂深
也九四則陽德漸盛去五彌近前進稍易故但疑惑
憂則淺也　○夫大人至鬼神乎　○正義曰此
明九五爻辭但上節明大人與万物相感論此大人
之德无所不合廣言所合之事與天地合其德者莊

氏云謂覆載也与日月合其明者謂照臨也与四時
合其序者若賞以春夏刑以秋冬之類也与鬼神合
其吉凶者若福善禍淫也先天而天弗違者若在天
時之先行事天乃在後不違是天合大人也後天而
奉天時者若在天時之後行事能奉順上天是大人
合天也天且弗違而況於人乎況於鬼神乎者夫子
以天且不違遂明大人之德言尊而遠者尚不違況
小而近者可有違乎況於人乎況於鬼神乎
○亢之爲至聖人乎
○正義曰此明上九之義也知
進而不知退知存而不知亡知得而不知喪者言此
上九所以亢極有悔者正由有此三事若能三事備
知雖居上位不至於亢也此設誡辭莊氏云進退據

心存亡擬身得喪擬信其唯聖人乎知進退存亡者言唯聖人乃能知進退存亡也何不云得喪者得喪輕於存亡舉重略輕也而不失其正者其唯聖人乎者聖人非但只知進退存亡又能不失其正道其唯聖人乎此經再稱其唯聖人乎者上稱聖人為知進退存亡發文下稱其唯聖人乎者為不失其正發文言聖人非但知進退存亡又能不失其正故再發聖人之文也

周易正義卷第二

似存亡，抑身得喪，抑往其唯聖人乎，知進退存亡而

言，惟聖人乃能知進退存亡之際，不喪得失，而得其

轉於存亡，豈暗輕之而不失其正，而其唯聖人

者聖人盡低，只知進退存亡，又能不失其正，進其

聖人乎，以輕忽，惟聖人乎，各上稱聖人所知進

退存亡發文下稱其唯聖人乎，不啻為不失其正而言

言，聖人非徒知進退存亡，又能不失其正，故再稱聖

人之文也

周易本義卷第二

周易正義
三四
中哲
116
貴重圖書

坤屯蒙需訟師比小畜履泰否同人

周易正義卷第三

國子祭酒上護軍曲阜縣開國子臣孔穎達奉撰勅

☷坤下坤上　坤元亨至安貞吉　正義曰此一節是文王於坤卦之下陳坤德之辞但乾坤合体之物故乾後次坤言坤之為体亦能始生万物各得亨通故云元亨与乾同也利牝馬之貞者此与乾異乾之所利利於万事為貞此唯云利牝馬之貞坤是陰道當以柔順為貞假借柔順之象以明柔順之德也牝對牡為柔馬對竜為順假借此柔順以明柔道故云利牝馬之貞牝馬外物自然之象此聖人因坤元亨利牝馬之貞自然之德以教也不云牛而云馬者牛雖柔順不能行地无疆无以見坤廣生之德馬雖

牝馬　牝婢忍切　毋畜

比之爲劣所行亦能廣遠象地之廣育君子有攸往
者以其柔順利貞故君子利有所往先迷後得主利
者以其至陰當待唱而後和凡有所爲若在物之先
即迷惑若在物之後即得主利以陰不可先唱猶臣
不可先君卑不可先尊故也西南得朋者是假象以
明人事西南坤位是陰也今以陰詣陰是得朋俱是
陰類不獲吉也猶人既懷陰柔之行又向陰柔之所
是純陰柔弱故非吉也東北喪朋安貞吉者西南既
爲陰東北反西南既爲陽也以柔順之道往詣於陽
是喪陰朋故得安靜貞正之吉以陰而兼有陽故也
若以人事言之象人臣離其黨而入君之朝女子離
其家而入夫之室莊氏云先迷後得主利者唯據臣

叓君也得朋喪朋唯擬婦適夫也其理褊狹非易弘
通之道　注坤貞至牝馬之貞　正義曰至順
而後乃亨故唯利於牝馬之貞者案牝馬是至順牝
馬在元亨之下在貞之上應云至順而後乃貞今云
至順而後乃亨倒取上文者輔嗣之意下句既云牝
馬之貞避此貞文故云乃亨但亨貞相將之物故云
至順之貞亦是至順之亨此坤德以牝馬至順乃得
貞也下文又云東北喪朋去陰就陽乃得貞吉上下
義反者但易含万象一屈一伸此句與乾相對不可
純剛敵乾故利牝馬下句論人所交接不可純陰當
須剛柔交錯故喪朋吉也　注西南至貞吉
正義曰坤位在西南説卦云坤也者地也万物皆致

養焉坤既養物若向西南與坤同道也陰之爲物必
離其黨之於反類而後獲安貞吉者若二女同居其
志不同必之於陽是之于反類乃得吉也凡言朋者
非惟人爲其黨性行相同亦爲其黨假令人是陰柔
而之剛正亦是離其黨　○彖曰至哉至无疆
○正義曰至哉坤元至合无疆此五句揔明坤義及
元德之首也但元是坤德之首故連言之猶乾之元
德與乾相連共文也至哉坤元者歎美坤德故曰至
哉至謂至極也言地能生養至極與天同也但天亦
至極包籠於地非但至極又大於地故乾言大哉坤
言至哉万物資生者言万物資地而生初稟其氣謂
之始成形謂之生乾本氣初故云資始坤據成形故

云資生乃順承天者乾是剛健能統領於天坤是陰柔以和順承奉於天坤厚載物德合无疆者以其廣厚故能載物有此生長之德合會无疆凡言无疆者其有二義一是廣博无疆二是長久无疆也自此已上論坤元之德也含弘光大品物咸亨者包含以厚光著盛大故品類之物皆得亨通但坤比乾即不得大名若比衆物其實大也故曰含弘光大者也此二句釋亨也牝馬地類行地无疆者以其柔順故云地類以柔為体終无禍患故行地无疆不復窮已此二句釋利貞也故上文云利牝馬之貞是也柔順利貞君子攸行者重釋利貞之義是君子之所行兼釋前文君子有攸往先迷失道者以陰在物之先失其為

陰之道後順得常者以陰在物之後陽唱而陰和乃
得主利是後順得常西南得朋乃与類行者以陰而
造坤位是乃与類俱行東北喪朋乃終有慶者以陰
而詣陽初雖離群乃終久有慶善也安貞之吉應地
无疆者安謂安静貞謂貞正地体安静而貞正人若
得静而能正即得其吉應合地之无疆是慶善之事也
○注若夫行至難矣　○正義曰行之不以牝馬云云
謂柔順也利之不以永貞云云謂貞固剛正也言坤
既至柔順而利之即不兼剛正也方而又剛者言体
既方正而性又剛雖即太剛也所以須牝馬也柔而
又圓者謂性既柔順体又圓曲謂太柔也故須永貞
也若其坤无牝馬又无永貞求安難矣云永貞者是

下用六爻辭也東北喪朋去陰就陽是利之永貞
象曰地勢至載物　正義曰君子用此地之厚德
容載万物言君子者亦包公卿諸侯之等但厚德載
物隨分多少非如至聖載物之極也
注地形不順其勢順　正義曰地体方直是不
順也其勢承天是其順也　初六履霜堅氷至
正義曰初六陰氣之微似若初寒之始但履践其霜
微而積漸故堅氷乃至義取所謂陰道初雖柔順漸
〻積著乃至堅剛凡易者象也以物象而明人事若
詩之比喩也或取天地陰陽之象以明義者若乾之
潛竜見竜坤之履霜堅氷竜戰之屬是也或取万物
雜象以明義者若屯之六三即鹿无虞六四乘馬班

如之屬是也如此之類易中多矣或直以人事不取物象以明義者若乾之九三君子終日乾乾坤之六三含章可貞之例是也聖人之意可以取象者則取象也可以取人事者則取人事也故文言注云至於九三獨以君子為目者何也乾乾夕惕非龍德也故以人事明之是其義也

○象曰履霜堅冰也

○正義曰夫子所作象辭元在六爻經辭之後以自卑退不敢干亂先聖正經之辭及至輔嗣之意以為象者本釋經文宜附近其義易了故分爻之象辭各附其當爻下言之猶如元凱注左傳分經之年與傳相附陰始凝也者釋履霜之義言陰氣始凝結而為霜也馴致其道至堅冰也者馴猶狎順也若鳥獸馴狎

然言順其陰柔之道習而不已乃至堅氷也褚氏云
履霜者從初六至六三堅氷者從六四至上六陰陽
之氣无爲故積馴履霜必至於堅氷以明人事有爲
不可不制其節度故於履霜而逆以堅氷爲戒所以
防漸慮微慎終于始也　○六二直方至光也
○正義曰直方大不習无不利者文言云直其正也二
得其位極地之質故亦同地也俱包三德生物不邪
謂之直也地体安靜是其方也无物不載是其大也
既有三德極地之美自然而生不假脩營故云不習
无不利物皆自成无所不利以此爻居中得位極於
地体故尽極地之美此因自然之性以明人事居在
此位亦當如地之所爲象曰六二之動直以方者言

六二之体所有與動任其自然之性故云直以方也
不習无不利地道光者言所以不假修習物无不利
猶地道光大故也　注居中至地質　正義曰
質謂形質地之形質直方又大此六二居中得正是
盡極地之体質也所以直者言氣至即生物由是体
正直之性其運動生物之時又能任其質性直而且
方故彖云六二之動直以方也　注動而至質也
正義曰是質以直方動又直方是質之与行内外相
副物有内外不相副者故略例云形躁好靜質柔愛
剛此之類是也　六三含章至光大也　正義
曰含章可貞者六三処下卦之極而能不被疑於陽
章美也既居陰極能自降退不為事始唯内含章美

之道待命乃行可以得正故曰含章可貞或從王事
无成有終者言六三爲臣或順從於王事故不敢爲
之首主成於物故云无成唯上唱下和奉行其終故
云有終象曰含章可貞以時發者夫子釋含章之義
以身居陰極不敢爲物之首但內含章美之道待時
而發是以時發也或從王事知光大者釋无成有終
也既隨從王事不敢主成物始但奉終而行是知慮
光大不自擅其美唯奉於上　○注三處至有終也
○正義曰三處下卦之極者欲見三雖陰爻其位尊也
不疑於陽者陰之尊極將與陽敵体必被陽所忌今
不被疑於陽言陽不害也應斯義者斯此也若能應
此義唯行含章可貞已下之事乃應斯義此爻全以

人事明之　○六四括囊至不害也　○正義曰括
結也囊所以貯物以譬心藏知也閉其知而不用故
曰括囊功不顯物故曰无譽不與物忤故曰无咎
曰慎不害者釋所以括囊无咎之義由其謹慎不與
物競故不被害也　○注處陰至之道　○正義曰
不造陽事无含章之美者六三以陰居陽位是造為
陽事但不為事始待唱乃行是陽事猶在故云含章
々即陽之美也今六四以陰處陰内无陽事不造陽
事无含章之美當括結否閉之時是賢人乃隱唯施謹
慎則可非通泰之道也　○六五黄裳至文在中
○正義曰黄裳元吉者黄是中之色裳是下之飾坤為
臣道五居君位是臣之極貴者也能以中和通於物

理居於臣職故曰黃裳元吉元大也以其德能如此
故得大吉也象曰黃裳元吉文在中者釋所以裳黃
元吉之義以其文德在中故也既有和文奉臣職中
通達文理故云文在中言不用威武也
○注黃中至美之至也　○正義曰黃中之色裳下之
飾者左氏昭十二年傳文也裳下之飾則上衣比君
下裳法臣也垂黃裳以獲元吉非用武者以體无剛
健是非用威武也以内有文德通達物理故象云文
在中也　○上六龍戰至道窮也　○正義曰龍戰
于野其血玄黃者以陽謂之龍上六是陰之至極陰
盛似陽故稱龍焉盛而不已固陽之地陽所不堪故
陽氣之龍與之交戰即說卦云戰乎乾是也戰於卦

外故曰戰于野陰陽相傷故其血玄黄
注陰之至戰于野　正義曰盛而不已固陽之地
者固爲占固陰去則陽來陰乃盛而不去占固此陽
所生之地故陽氣之龍與之交戰　用六至大終也
正義曰用六利永貞者此坤之六爻惣辞也言坤之
所用六此元爻之六是柔順不可純柔故利在永
貞永長也貞正也言長能貞正也象曰以大終釈永
貞之義既能用此柔順長守貞正所以廣大而終也
若不用永貞則柔而又邪即前注云求安難矣此永
貞即坤卦之下安貞吉是也　文言至時行
正義曰此一節是第一節明坤之德也自積善之家
以下是第二節也分釈六爻之義坤至柔而動也剛

者六爻皆陰是至柔也体雖至柔而運動也剛柔而
積漸乃至堅剛則上云履霜堅氷至是也又地能生
物初雖柔弱後至堅剛而成就至靜而德方者地体
不動是至靜生物不邪是德能方正後得主而有常
者陰主卑退若在事之後不爲物先即得主也此陰
之恒理故云有常含万物而化光者自明象辭含弘
光大言含養万物而德化光大也坤道其順乎承天
而時行者坤道柔順承奉於天以量時而行即不言
敢爲物之先恒相時而動

○積善至言順也

○正義曰此一節明初六爻辭也積善之家有餘慶積
不善之家必有餘殃者欲明初六其悪有漸故先明
其所行善悪事由久而積漸故致後之吉凶其所由

來者漸矣者言弑君弑父非一朝一夕率然而起其禍患所從來者積漸久遠矣由辯之不早辯者臣子所以久包禍心由君父欲辯明之事不早分辯故也此戒君父防臣子之惡蓋言順者言此履霜堅氷至蓋言順習陰惡之道積微而不已致此弑害称蓋者是疑之辞凡万事之起皆從小至大從微至著故上文善惡並言今獨言弑君殺父有漸者以陰主柔順積柔不已乃終至禍乱故特於坤之初六言之欲戒其防柔弱之初又陰為弑害故寄此以明義

直其正至疑其所行　正義曰此一節釋六二文辞直其正者經称直是其正也方其義者經称方是其義也義者宜也於事得宜故曰義君子敬以直内

者覆釈直其正也言君子用敬以直内〻謂心也用此恭敬以直内心義以方外者用此善事以方正外物言君子法地正直而生万物皆得所宜各以方正然即前云直其正也方其義也下云義以方外即此應云正以直内改主敬以直内者欲見正則能敬故變正為敬也敬義立而德不孤者身有敬義以接於人則人亦敬義以應之是德不孤也直則不邪正則謙恭義則与物无競方則凝重不躁既不習无不利則所行不須疑慮故曰即不疑其所行

○陰雖有美至代有終

○正義曰此一節明六三爻辞言陰雖有美含之以從王事者釈含章可貞之義也言六三之陰雖有美道包含之德若或從王事不

敢爲主先成之也地道也妻道也臣道也者欲明坤道處卑待唱乃和故歷言此三事皆卑應於尊下順於上也地道无成而代有終者其地道卑柔无敢先唱成物必待陽始先唱而後代陽有終也

○天地變至言謹也　○正義曰此一節明六四爻辭天地變化謂二氣交通生養万物故草木蕃滋天地閉賢人隱者謂二氣不相交通天地否閉賢人潛隱天地通則草木蕃明天地閉草木不蕃天地閉賢人隱明天地通則賢人出互而相通此乃括嚢无咎故賢人隱屬天地閉也蓋言謹者謹謂謹慎蓋言賢人君子於此之時須謹慎也

○君子黄至之至也

○正義曰此一節明六五爻辭也黄中通理者以黄居

中兼四方之色奉承臣職是通曉物理也正位居体
者居中得正是正位也処上体之中是居体也黄中
通理是美在其中有美在於中必通暢於外故云暢
於四支人〻猶人手足比于四方物務也外内俱美能
宜發於事業所営謂之事〻成謂之業美莫過之故
云美之至也　陰疑於至地黄　正義曰此一
節明上六爻辞陰疑於陽必戦者陰盛為陽所疑陽
乃發動欲除去此陰〻即強盛不肯退避故必戦也
為其嫌於无陽故称竜焉者上六陰盛似陽為嫌純
陰非陽故称竜以明之猶未離其類也故称血焉者
言上六雖陰盛似陽然未能離其陰類故為陽所猶
傷而見滅也夫玄黄者天地之雜色天玄而地黄者

釈其血玄黄之義荘氏云上六之爻兼有天地雜氣
所以上六被傷其血玄黄也天色玄地色黄故血有
天地之色今輔嗣注云猶与陽戰而相傷是言陰陽
俱傷也恐荘氏之言非王之本意今所不取也

䷂ 震下坎上 屯元亨至建侯 ○正義曰屯難也剛柔
始交而難生初相逢遇故云屯難也以陰陽始交而
為難因難物始大通故元亨也万物大亨乃得利益
而貞正故利貞也但屯之四徳劣於乾之四徳故屯
乃元亨亨乃利貞乾之四徳无所不包此即勿用有
攸往又別言利建侯不如乾之无所不利此已上説
屯之自然之四徳聖人當法之勿用有攸往利建侯
者以其屯難之世世道初創其物未寧故宜利建侯

以寧之此二句釈人事也　彖曰屯剛至不寧
正義曰屯剛柔始交而難生者此一句釈屯之名以
剛柔二気始欲相交未相通感情意未得故難生也
若剛柔已交之後物皆通泰非復難也唯初始交時
而有難故云剛柔始交而難生動乎険中大亨貞者
此釈四徳也坎為険震為動震在坎下是動於険中
初動険中故屯難動而不已将出於険故得大亨貞
也大亨即元亨也不言利者属利於貞故直言大亨
貞雷雨之動満盈者周氏云此一句覆釈亨也但屯
有二義一難也二盈也上既以剛柔始交釈屯難也
此又以雷雨二象解盈也言雷雨二気初相交動以
生養万物故得満盈即是亨之義也覆釈亨者以屯

難之世不宜亨通恐亨义難曉故特釈之此已下説屯之自然之象也天造草昧宜建侯而不寧名釈利建侯也草謂草創昧謂冥昧言天造万物於草創之始如在冥昧之時也于此草昧之時王者當法此屯卦宜建立諸侯以撫恤万方之物而不得安居无事此二句以人事釈屯之义

○注雷雨至所為

○正义曰雷雨之動乃得滿盈者周氏褚氏云釈亨也万物盈滿則亨通也皆剛柔始交之所為者雷雨之動亦陰陽始交也万物盈滿亦陰陽而致之故云皆剛柔始交之所為也若取屯難則坎為険則上云動乎険中是也若取亨通則坎為雨震為動此云雷雨之動是也随义而取象其例不一

○注屯体至建侯

正義曰屯体不寧者以此屯遭險難其体不寧故宜
建侯也造物之始々冥昧者造物之始即天造草於
昧也草謂草創初始之義始於冥昧者言物之初造
其形未著其体未彰故在幽冥闇昧也
象曰雲雷至經綸　正義曰經謂經緯綸謂繩綸
言君子法此屯象有爲之時以經綸天下約束於物
故云君子以經綸也姚信云綸謂緯也以織綜經緯
此君子之事非其義也劉表鄭玄云以綸爲淪字非
王本意也　初九盤桓至得民也　正義曰盤
桓不進之貌處屯之初動即難生故盤桓也不可進
唯宜利居處貞正亦宜建立諸侯象曰雖盤桓志行
正者言初九雖盤桓不進非苟求宴安志欲以静息

乱故居处貞也非是苟貪逸樂唯志行守正也以貴下賤大得民者貴謂陽也賤謂陰也言初九之陽在三陰之下是以貴下賤屯難之世民思其主之時既能以貴下賤所以大得民心也 ○注处屯至得民也

○正義曰貞乱以静者解利居貞也守静以侯者解利建侯也安民在正者解貞也弘正在謙者取象其以貴下賤也言弘大此屯正在於謙也陰求於陽弱求於強者解大得民也 ○注不可至行正也

○正義曰非爲宴安弃成務者言己上爲前進有難故盤桓曰住非是苟求宴安棄此所成之務而不爲也言身雖住但欲以静息乱也 ○六二屯如至反常也

○正義曰屯如邅如者屯是屯難邅是邅廻如是語辞

也言六二欲應於九五即畏初九逼之不敢前進故
屯如邅如也乘馬班如者子夏傳云班如者謂相牽
不進也馬季長云班班旋不進也言二欲乘馬往適
於五正道未通故班旋而不進也匪寇婚媾者寇謂
初也言二非有初九與已作寇害則得共五為婚媾
矣馬季長云重婚曰媾鄭玄云媾猶會也女子貞不
字者貞正也女子謂六二也女子以守貞正不受初
九之愛字訓愛也十年乃字者十年難息之後即初
不害己乃得往適於五受五之字愛十者數之極
數極則變故云十年也象曰六二之難乘剛也者釈
所以屯如邅如也有畏難者以其乘陵初剛不肯從
之故有難也十年乃字反常者謂十年之後屯難止

息得及常者謂及常道即二適于五是其得常也已

前有難不得行常十年難息得及皈於常以適五也

此爻因六二之象以明女子婚媾之事即其餘人事

亦當法此猶如有人逼近於強雖遠有外應未敢苟

進被近者所陵經久之後乃得與應相合是知万事

皆象於此非唯男女而已諸爻所云陰陽男女之象

義皆倣於此　○六三即鹿至吝窮也　○正義曰

即鹿无虞者即就也虞謂虞官如人之田獵欲從就

於鹿當有虞官助己商度形勢可否乃始得鹿若无

虞官即虛入于林木之中不得鹿故云唯入于林必

中此是假物為喻今六三欲往從五如就鹿也五自

應二今乃不自揆度彼五之情納己以否是无虞也

即徙往向五〻所不納是徒入于林中君子幾不如
舍者幾辭也夫君子之動自知可否豈取恨辱哉見
此形勢即不如休舍也言六三不如舍此求五之心
勿往也往吝者若往求五即有悔吝也象曰即鹿无
虞以從禽者言就鹿當有虞官即有鹿也若无虞官
以從逐于禽亦不可得也君子舍之往吝窮者君子
見此之時當舍而不往若往則有悔吝窮苦也
○注三既近五至吝窮也　○正義曰見路之易不揆
其志者三雖比四〻不害已身无屯遭是路之平易
即意欲向五而不預先揆度五之情意納已以否是
无虞也獵先遣虞官適度鹿之所在猶若三欲適五
先遣人測度五之情意幾為語辭不為義也知此幾

不為吝之絕微乃絕微者乃從无向有其吝未見乃
為絕也今即鹿无虞是已成之吝吝已顯著故不得
為絕微之絕　○六四乘馬至往明也　○正義曰
乘馬班如求婚媾往吉无不利者六四應初故乘馬
也慮二妨已路故初時班如旋也二既不從於初故
四求之為婚必得媾合所以往吉无不利象曰求而
往明者言求初而往婚媾明識初與二之情狀知初
納已知二不害已志是其明矣　○九五屯其至施未光也
恩
○正義曰屯其膏者膏謂膏澤恩惠之類言九五既居
尊位當恢弘博施唯繫應在二而所施者褊狹是也
難其膏小貞吉大貞凶者貞正也出納之吝謂之有
司是小正為吉若大人不能恢弘博施是大正為凶

○注处也至貞之凶　○正義曰固志同好不容他間
者間者厠也五應在二是堅固其志在于同好不容
他人間厠其間　○上六乘馬至何可長也　○正義
曰处險難之極而下无應援若欲前進即无所之適
故乘馬班如窮困屯邅无所委仰故泣血漣如象曰
何可長者言窮困泣血何可久長也

○䷃坎下艮上　○蒙亨至利貞　○正義曰蒙者微昧闇弱
之名物皆蒙昧唯願亨通故云蒙亨匪我求童蒙
々求我者物既闇弱而意願亨通即明者不求於闇
即匪我師德之高明往求童蒙之闇但闇者求明々
者不諮於闇故云童蒙求我也初筮告者初者發始
々筮者决疑々物童蒙既來求我々當以初始一

理訓決吉之再三瀆瀆則不告者师若遲疑不定或
再或三是褻瀆瀆則不告童蒙未問本為決疑師若
以廣深之義再三之言告之即童蒙聞之轉亦瀆乱
故不如不告也自此已上解蒙亨之義須此上事乃
得亨也故亨文在此事之上也不云元者謂時當蒙
弱未有元也利貞者貞正也言蒙之為義利以養正
故彖云蒙以養正乃聖功也若養正以明即失其道
也
○注筮者至決疑者也　○正義曰初筮則告
者童蒙即来求我我當以初心所念所筮之義一理
而則告之再三則瀆瀆蒙也者若印本以棄此初本之意
猶豫遲疑岐頭別説則童蒙之人聞之褻瀆而煩乱
也故再三則瀆瀆蒙也能為初筮其唯二乎者以彖

明夷之注云藏明於内乃得明也顯明於外所辟也

云初筮告以剛中者剛而得中故知是二也

注蒙之至失其道矣　正義曰然則養正以明失其道者言人雖懷聖德若隱默不言人則莫測其淺深不知其大小所以聖德彌遠而難測矣若彰顯其德苟自發明即人知其所為識其淺深故明夷注云明夷蒞衆顯明於外乃所避是也此卦繇辭皆以人事明之

彖曰蒙山下有險至聖功也　正義曰山下有險者坎在艮下是山下有險艮為止坎上遇止是險而止也恐進退不可故蒙昧也此釋蒙卦之名蒙亨以亨行時中者疊蒙亨之義言居蒙之時人皆願亨若以亨道行之于時則得中也故云時中也匪我求童蒙童蒙求我志應者以童蒙闇昧之志而求

應二會明者故云志應也再三瀆〻則不告瀆蒙者所以再三不告恐瀆亂蒙者自此已上彖辭惣釈蒙亨之義蒙以養正聖功也者能蒙昧隱默自養正道以乃成至聖之功此一句釈經之利貞

○象曰山下至育德　○正義曰山下出泉蒙者山下出泉未有所適之処是險而止故蒙昧象也君子以果行育德者君子當法此蒙道以果决其行告示蒙者則初筮之義育德謂隱默懷藏不自彰顯以育養其德果行育德者自相違錯若童蒙來問則果行也尋常処示則育德是不相須也　○初六發蒙至以正法也

○正義曰發蒙者以初近於九二二以陽処中而明能照闇故初六以發去其蒙也利用刑人用說桎梏者能

蒙既發去无所凝滯故利用刑戮于人又利用說去罪人桎梏以蒙既發去疑事顯明刑人說梏皆得當在足曰桎在手曰梏小尒雅云杻謂之梏械謂之桎以往吝者若以正道而往即其事益善矣若以刑人之道出往行之即有鄙吝象曰利用刑人以正法者且刑人之道乃賊害於物是道之所惡以利用刑人者以正其法制不可不刑矣故刑罰不可不施於國鞭朴不可不施於家案此經刑人說人二事象直云利用刑人一者但舉刑重故也

九二包蒙吉

正義曰包蒙吉納婦吉子克家者包謂包含九二以剛居中群蒙悉来歸己九二能含容而不距皆與之决疑故得吉也九二以剛居中陰来應之婦謂配也

故納此匹配而得吉也。此爻在下体之中能包蒙納婦在内理中幹了其任。即是子孫能克荷家事故云子克家也。象曰子克家剛柔接者以陽居於卦内接待群陰是剛柔相接故克幹家事也　注以剛至之義

正義曰親而得中者言九二居下卦之中央上下倶陰以己之剛陽迎接上下二陰々陽相親故云親而得中也能幹其任者既能包蒙又能納匹是能幹其任

六三勿用至不順也　正義曰勿用取女者女謂六三言勿用取此六三之女所以不須取者此童蒙之世陰求於陽是女求男之時也見金夫者謂上九以其剛陽故称金夫此六三之女自往求見金夫女之為体正行以待命而嫁今先求於夫是為

女不能自保其躬固守貞信乃非礼而動行既不順若欲取之无所利益故云不有躬无攸利也象曰勿用取女行不順者釈勿用取女之爻所以勿用取此女者以女行不順故也

○六四困蒙至遠實也

○正義曰此釈六四爻辞也六四在兩陰之中去九二既遠无人發去其童蒙故曰困于蒙昧而有鄙吝象曰獨遠實者實謂九二之陽也九二以陽故称實也六三近九二六五近上九又應九二唯此六四既不近二又不近上故云獨遠實也

○注陽稱實者

○正義曰陽主生息故称實陰主消損故不得言實

○六五童蒙至以巽也

○正義曰童蒙吉者言六五以陰居於尊位其應在二二剛而得中五則以事委

任於二不勞已之聰明猶若童稚蒙昧之人故所以得吉也象曰順以巽者釈童蒙之吉巽亦順也猶委物於二順謂心順巽謂貌順故褚氏云順者心不違也巽者外迹相卑下也 ○注委物至以巽也 ○正義曰委物以能謂委付事物與有能之人謂委二也不先不為者五雖居尊位而事委任於二不在二先而首唱是順於二也不為者謂不自造為是委二也不失於二是心順也不自造為是貌巽也

○上九撃蒙至上下順也 ○正義曰撃蒙不利為寇利禦寇者処蒙之終以剛居上能撃去衆陰之蒙合上下之願故莫不順従也若因物之来即欲取之而為寇害物皆叛矣故不利為寇也若物従外来為之

扞禦即物咸附之故利用禦寇上下順者所以宜利為物禦寇者由上下順從故也言此文既能發去亢蒙以合上下之願又能為之禦寇故上下弥更順從也

䷄ 乾下坎上　需有孚至大川

正義曰此需卦繇辞也需者待也物初蒙稚待養而成无信既不立所待唯信也故云需有孚言需之為体唯有信也光亨貞吉者若能有信即需道光明物得亨通于正則吉故云光亨貞吉也利渉大川者以剛健而進即不患於険乾徳乃亨故云利渉大川

彖曰需須至有功也

正義曰此釈需卦繇辞需須也険在前者釈需卦之名也是需待之義故云需須也険在前釈所以需待也

由險難在前故有待乃進也剛健而不陷其義不困
窮矣者解需道所以得亨由乾之剛健前雖遇險而
不被陷滯是其需待之義不有困窮矣故得光亨貞
吉由乾之德也需有孚光亨貞吉位乎天位以中正
者此疊出需卦繇辭然後釋之也言此需体非但得釈
乾之剛彊而不陷又由中正之力也以九五居乎天
子之位又以陽居陽正而得中故能有信光明亨通
又二上或指上下二象上或二者下之字也
而貞吉也剛健而不陷只由二象之德位乎天位以
正中是九五之德也凡卦之為体或直取象而為卦
德者或直取爻而為卦德者或以兼象爻而為卦德
者此卦之例是也利涉大川往有功者釋利涉大川
之義以乾剛健故行險有功也　注謂五至貞吉

○正義曰需道畢矣者凡需待之義光須於信後乃光明亨通於物而貞吉能備此事是須道終畢五即居於天位以陽居尊中則不偏正則无邪以此待物即所為皆成故須道畢矣

○注乾德至輙亨也

○正義曰前云剛健而不陷此云往有功剛健即乾也故乾德獲進往而有功即是往輙亨通也此雖秖利渉大川兼秖上光亨之義由是光亨乃得利渉大川故於利渉大川乃明亨也

○象曰雲上至宴樂

○正義曰坎既為險又為雨今不言險雨者不言此象取險難之義也故不云險也雨是已下之物不是須待之義故不云雨也不言天上有雲而言雲上於天者若是天上有雲无以見欲雨之義故云雲上於天若

言雲上於天是天之欲雨待時雨落所以明需天惠將施而盛作又亨故君子於此之時以飲食宴樂

○初九需于郊至未失常也

○正義曰但難在於坎初九去難遠既故待在于郊〻者是境上之地亦去水遠也利用恒无咎者恒常也遠難待時以避其害故宜利保守其常所以无咎猶不能見幾速進但得无咎而已象曰不犯難而行者去難既遠故不犯難而行未失常者不敢速進遠難待時是未失常也

○九二需于至吉終

○正義曰沙是水傍之地去水漸近待時于沙故雖稍近難未致寇而小有言以相責讓近不逼難遠不後時但履健居中以待要會雖小有責讓之言而終得其吉也象曰須于沙衍在中者衍謂寛衍去難雖近猶未

逼于難而寬行在其中也故雖小有言以吉終也
九三需于泥至不敗也　正義曰泥者水傍之地泥
溺之処逼近於難欲進其道難必害已故致寇至猶
且遲疑而需待時雖即有寇至亦未為禍敗也
象曰災在外者釈需于泥之義言為需雖復在泥泥猶居水之
外即災在身外之義未陷其剛之義故可用需以免
自我致戎敬慎不敗者自由也由我欲進而致寇来
已若敬慎則不有禍敗　六四需于血至以聽也
正義曰需于血者謂陰陽相傷故有血也九三之陽
而欲上進此六四之陰而塞其路兩相妨害故稱血
言待時于血猶待時於難中也出自穴者穴即陰之
路也而処之始是居穴者也三来逼己四不能距坎

故出此所居之穴以避之但順以聽命而得免咎也

故象云需於血順以聽命也 ○注凡稱血至自穴也

○正義曰凡稱血者陰陽相傷者也即坤之上六其血

玄黃是也陰之路也者凡孔穴穿道皆是幽隱穴者

故云陰之路也處坎之始是居穴者坎是坎陰卦處坎

之上即是出穴者也處坎之始居穴者也但易含万

象此六四一爻若以戰鬪言之其出則爲血若以居

處言之其處則爲穴也穴之與血各隨其義也

○九五需于酒至中正也 ○正義曰需于酒食貞吉

者五既爲需之主已得天位无所復需但以需待酒

食以遞相宴樂而得貞吉 象曰酒食貞吉以中正者

釈酒食貞吉之義言九五居中得正需道亨通上下

无𡖋也　　○上六入于至大失也○正義曰上六
入于穴者上六陰爻故亦称穴也上六与三相應三
來之己不爲禍害乃得爲己援助故上六无所畏忌
乃入于穴而居也有不速之客三人來者速召也不須
召喚之客有三人自來三人謂初九九二九三此三
陽務欲前進但畏于險難不能前進其難既通三陽
務欲上升不須召喚而自來故云有不速之客三人
來也敬之終吉者上六居无位之地以一陰而爲三
陽之主不可怠慢故須恭敬此三陽乃得終吉象曰
雖不當位未大失者釈敬之終吉之義言己雖不當
位而以一陰爲三陽之主若不敬之則有凶害今由
己能敬之雖不當位亦未有大失言初雖有小失終

久乃獲吉故云未大失也且需之一卦須待難通其於六爻皆假他物之象以明人事待通而亨須待之義且凡人万事或有去難遠近也須出須處法此六爻即万事尽矣不可皆以人事曲細比之易之諸爻之例並皆倣此

☰☵ 坎下乾上 訟有孚至大川

正義曰訟有孚窒惕中吉者窒塞也惕懼也凡訟者物有不和情相乖争而致其訟〻之体不可妄興必有信實被物止塞凡訟而能惕懼中道而止乃得吉也終凶者訟不可長若終竟訟事雖復窒惕亦有凶也利見大人者物既有訟須大人決之故利見大人也不利渉大川者以訟不可長若以訟而往渉危難必有禍患故不利渉大川

○彖曰訟上至于剛也　○正義曰此釋繇辭之義訟上剛下險險而健訟者上剛即乾也下險即坎也猶人意懷險惡性又剛健所以訟也此二句因卦之象以顯有訟之所由案上需須也以釋卦之名此訟卦不釋訟名者訟義可知故不釋也諸卦其名難者則釋之其名易者則不釋之他皆倣此訟有孚窒惕中吉剛來而得中者先疊出訟之繇辭以剛來而得中者釋所以訟得其有孚窒惕中吉者言由九二之剛來向下体而処下卦之中爲訟之主而聽斷獄訟故訟者得其有孚窒惕中吉也終凶訟不可成者釋終凶之義以爭訟之事不可使成故終凶也利見大人尚中正者釋利見大人之義所以於訟之時利見此

大人者以時方鬪爭貴尚居中得正之主而聽斷之
不利涉大川入于淵者釋不利涉大川之義若以訟
事往涉于川即必墜于深淵而陷于難也
注凡不和至應斯任　正義曰无施而可者言若
性好不和又與人鬪訟即无處施設而可也言所往
之處皆不可也涉難特甚焉者言好訟之人習常施
爲己自不可若更以訟涉難其不可特甚焉故云涉
難特甚焉中乃吉者謂此訟事以中途而止乃得吉
也前注云可以獲中吉謂獲中正之吉不閉其源使
訟不至者若能謙虚退讓與物不競即此是閉塞訟
之根源不使訟又至也今不能如此是不閉塞訟源
使訟得至也雖每不枉而訟至終竟者謂雖每訴訟

陳其道理不有枉曲訟至終竟此亦凶矣
象曰天与至謀始　正義曰天道西轉水流東注
是天与水相違而行相違而行象人彼此兩相乖戾
故致訟也不云水与天違行者凡訟之所起必剛健
在先以爲訟始故云天与水違行也君子以作事謀
始者物既有訟言君子當防此訟源凡欲興作其事
先須謀慮其始若初始分職分明不相干涉即終无
所訟也　注聽訟至不責於人　正義曰訟之所
以起契之過者凡鬭訟之起只由初時契要之過謂
作契要不分明有德司契者言上之有德司主契要
而能使分明以斷於下亦不須責在下之人有争訟
也有德司契之文出老子經也　初六不永至辯明也

正義曰不永所事者永長也不可長久爲鬭訟之事以訟不可終也小有言終吉者言初六應于九四然九四剛陽先來非理犯己初六陰柔見犯乃訟雖不能不訟是不獲已而訟也故小有言以處訟之始不爲訟先故終吉象曰訟不可長者釈不永所事以訟不可長故不長此鬭爭之事其辯明者釈小有言以訟必辯析分明四雖初時犯己ゝ能辯訟道理分明故初時小有言也

注處訟之始不爲訟先者

正義曰處訟之始者始入訟境言訟事尚微故云處訟之始也不爲訟先者言已是陰柔待唱乃和故云不爲訟先也

九二不克至患至掇也

正義曰不克訟者克勝也以剛處訟不能下物自下訟上与

五相敵不勝其訟言訟不得勝也皈而逋其邑者訟
既不勝怖懼還皈逋竄其邑若其邑強大則大都偶
國非逋竄之道人三百戶者若其邑狹少唯三
百戶乃可也三百戶者鄭注禮記云小國下大夫之
制又鄭注周礼小司徒云方十里為城九百夫之地
溝渠城郭道路三分去其一餘六百夫又以田有不
易有一易有再易定受田三百家即此三百戶者一
城之地也鄭注云不易之田歲種之一易之田休一歲
乃種再易之地休二歲乃種言至薄也苟自藏隱不
敢與五相敵則无災眚象曰皈逋竄者欲皈而逋邑
以訟之不勝故退皈逋竄也患至掇者掇猶拾掇也
自下訟上悖逆之道故禍患來至若手自拾掇其物

言患必來也故王肅云若手拾掇物然
注以剛至災未免也　正義曰若能以懼歛寧其
邑乃可免災者如此注意則經稱其邑二字連上為
句人三百戶合下為句　六三食舊至從上吉也
正義曰食舊德者六三以陰柔順從上九不為上九
侵奪故保全己之所有故食其舊日之德祿位貞厲
者貞正也厲危也居爭訟之時處兩剛之間故須貞正（厲故曰貞厲然六三柔体不爭　足本ニアリ此十三字）
自危係應在上衆莫能傾故終吉也或從王事无成
者三應上上則壯而又勝故六三或從上九之王事
不敢觸忤无敢先成故云无成象曰從上吉者釈所
以食舊德以順從上九故得其吉食舊德也
九四不克至不失也　正義曰不克訟者九四既

非理陵犯於初三能分辨道理故九四訟不勝也復即命渝者復反也即就也九四訟既不勝若能反就本理變前与初爭訟之命能自渝變休息不与初訟故云復即命渝安貞吉者既能反從本理渝變往前爭訟之命即得安居貞吉象曰安貞不失者獲復即命渝之義以其反理變命故得安貞之吉不失其道

注処上至吉從也　正義曰若能反從本理者獲復即之義復反也即從也本理謂原本不与初訟之理當反從此原本不爭之理故云反從本理變前之命者解渝命也渝變也但倒經渝字在命上故云變前之命前命者謂往前共初相訟之命也今乃變之也安貞不犯者謂四安居貞正不復犯初故云安貞

不犯爲仁由己故吉位之者爲仁由己論語文初不犯己之莫陵於初是爲仁義之道自由於己故云爲仁由己　○九五訟元吉至中正也　○正義曰訟元吉者處得尊位中而且正以斷獄訟故得元吉也象曰以中正也者釋元吉之義所以訟得大吉者以九五處中而得正位中則不有過差正則不有邪曲中正爲德故元吉　○注處得至元吉　○正義曰處得尊位爲訟之主者居九五之位當爭訟之時是主斷獄訟者也然此卦之内斷獄訟之人凡有二主案上注云善聽之主其在二乎是二爲主也此注又云爲訟之主用其中正以斷枉直是五又爲主也一卦兩主者凡諸卦之内如此者多矣五是其尊位之主

餘爻是其卦爲爻之主猶若後卦初九是後卦之主後爻在于初九也六五亦居後之尊位爲後卦尊位之主如此之例非一卦也所以然者五居尊位猶若天子摠統萬機与萬物爲主故諸卦皆五居尊位諸爻則偏主一事猶若六卿春官主礼秋官主刑之類偏主一事則其餘諸爻各主一事也即六卿摠歛於天子諸卦之爻皆以九五爲尊位也若卦由五位五又居尊正爲一主也若比之九五之類是也今此訟卦二即爲主五又爲主皆有斷獄之能其五与二爻其爻同然也故俱以爲主也案上彖辭剛来而得中今九五彖辭云訟元吉以中正何知彖辭剛来得中非據九五也輔嗣必以爲九二者凡上下二象在於下象

者則称来故賁卦云柔来而文剛是離下艮上而称柔来今此云剛来而得中故知九二也旦凡云来者皆拠異類而来九二在二陰之中故称来九五在外卦又三爻俱陽不得称来若於爻辞之中亦有従下卦向上卦称来也故需上六有不速之客三人来謂下卦三陽来然需上六陰爻陽来詣之亦是往非類而称来也以断枉直者枉曲也凡二人来訟必一曲一直此九五聴訟能断定曲直者故云以断枉直

上九或錫至敬也

正義曰或錫之鞶帯者上九以剛居上是訟而得勝者也若以謙譲蒙錫則可長保有若因訟而得勝雖或錫与鞶帯不可長久終一朝之間三被褫脱故云終朝三褫之象曰以訟受服

亦不足敬者釈終朝三褫之義以其因訟得勝受此
錫服非德而受亦不足可敬故終朝之間三褫脱也
凡言或者或之言有也言或有如此故言或則上云
或從王事无成及坤之六三或從王事无成之類是
也鞶帶謂大帶也杜元凱桓二年傳鞶厲旒纓注云
鞶大帶也此訟一卦及爻辭並以人事明之唯不利
涉大川假外物之象以喻人事

周易正義卷第三

周易正義卷第四
國子祭酒上護軍曲阜縣開國子臣孔穎達奉勅撰
䷆坎下坤上　師貞丈人吉无咎　正義曰師貞丈人
吉无咎者師衆也貞正也丈人謂嚴莊尊重之人言
爲師之正唯得嚴莊丈人監臨主領乃得吉无咎若
不得丈人監臨之衆不畏懼不能齊衆必有咎害
注丈人至乃无咎也　正義曰興役動衆无功罪
以威嚴師必无功而有其罪故云興役動衆无功罪
者監臨師衆當以威嚴則有功勞乃得无咎若其不
也　彖曰師衆至何咎矣　正義曰師衆也貞
正也能以衆正可以王矣者此釋師卦之名并明用
師有功之義但師訓既多或訓爲法或訓爲長恐此

師名取法〻与長故時明之師訓爲衆也貞爲正也
貞之爲正其義已見於此後云貞正者欲見齊衆必
須以正故訓貞爲正也与下文爲首引之勢故云能
以衆正可以王矣剛中而應者剛中謂九二而應謂
六五行險而順者行險謂下体坎也而順謂上体坤
也若剛中而无應或有應而不剛中或行險而不柔
順皆不可行師得吉也以此毒天下而民從之吉又
何咎矣者毒猶役也若用此諸德使役天下之衆人
必從之以得其吉又何无功而咎責乎自剛中以下
釈丈人吉無咎也言丈人能備此諸德也
○象曰地中至畜衆　○正義曰君子以容民畜衆者
言君子法此師卦容納其民畜養其衆若爲人除害

使衆得寧此則容民畜衆也又為師之主雖尚威嚴
當赦其小過不可純用威猛於軍師之中是容民亦
畜衆之義所以象稱地中有水欲見地能包水水又
衆大是容民畜衆之象若其不然或當云地在水上
或云上地下水或云水上有地今云地中有水蓋取
容畜之義也　○初六師出至失律凶也　○正義
曰初六師出以律者律法也初六為師之始是整齊
師衆者也師齊整師衆使師出之時當須以其法制
整齊之故云師出以律也否臧凶者若其失律行師
无問否之與臧皆為凶也否謂破敗臧謂有功然否
為破敗即是凶也何須更云否臧凶者本意所明雖
臧亦凶臧文既單故以否配之欲盛言臧凶不可單

言故云否之与臧皆為凶也 ○象曰失律凶者釈師出
以律之義言所以必須以律者以其失律則凶及經之
文以明經义 ○注云為師至皆凶 ○正义曰為
師之始齊師者也者以師之初爻故云為師之始在
師之首先唱發始是齊整師衆者也 失律而臧何異
於否者若棄失法律不奉法而行雖有功而臧何異
於否也 失令有功法所不赦者解何異於否之义全
則法律也若失此法令雖有功勞軍法所不容赦故
云何異於否然閫外之事將軍所裁臨事制宜不必
皆依君命何得有功法所不赦者凡為師之体理非
一端量事制宜随時進此則將軍所制随時施行退
若為須私情故違君命犯律觸法則事不可赦耳

九二在師至万邦也　正義曰在師中吉者以剛
居中而應於五是在師中吉也无咎者善上之寵為
師之主任大役重无功則凶故吉乃无咎王三錫命
者以其有功故王三加錫命象曰承天寵者釈在師
中吉之義也正謂義受五之恩寵故中吉也懐万邦
也者以其有功能招懐万邦故被王三錫命也
注以剛至成命　正義曰在師而得中者覌注之
意以在師中為句其吉字属下覌象之文在師中吉
義天寵者則似吉字属上此吉之一字上下兼読故
注又属下象文属上但象略其无咎之字故吉属師
中也故乃得成命者案曲礼云三賜不及車馬一命
受爵再命受服三命受車馬三賜三命而尊之得成

人子ハ仕ナキ故車馬ヲハ不賜上ニ命ハカリ
曲礼文也為人子者三賜
不及車馬臣三賜
命云仕ル者一命
而受爵再命而
受衣服三命ニシテ而
受車馬受車馬
而身所以尊者
備矣卿大夫士之
子不受不敢
以成尊比踰
於父云天子諸侯
之子不受自卑
遠於君也

故乃得成命也　○六三師或至无功也　○正義曰
師或輿尸凶者以陰処陽以柔乘剛進无所應退无
所守以此用師或有輿尸之凶○象曰大无功也者釈
輿尸之義以其輿尸則大无功也　○注以陰至之凶
○正義曰退无所守者倒退而下乘二之剛已又以陰
居陽是退无所守　○六四師左至失常也　○正義
曰師左次无咎者六四得位而无應々々不可以行
得位則可以処故云師左次无咎故師在高險之左
以次止則无凶咎也○象曰未失常者釈无咎之義以
其雖未有功未失常道　○注得位至故左次之
○正義曰行師之法欲右背高者此兵法也故漢書韓
信云兵法欲右背山陵前左水澤　○六五田有至

不當也　○正義曰田有禽利執言者柔得尊位陰
不先唱柔不犯物犯而後應往必得直故往即有功
猶如田中有禽而來犯苗若往獵之則无咎過也人
之修田非禽之所犯王者守國非叛者所乱禽之犯
苗則可獵取叛人乱國則可誅之此假他象以喻人
事故利執言无咎已不直則有咎已今得直故可以
執此言往問之而无咎也長子帥師弟子輿尸貞凶
者以己是柔不可為軍帥己又是陰身非剛武不可
以親行故須役任長子弟子等若任役長子則可
以帥師若任用弟子則軍必破敗而輿尸是為正之
凶莊氏云長子謂九二德長於人弟子謂六三德劣
於物今案象辭云長子帥師以中行也是九二居中

也弟子輿尸使不當也謂六三失位也　○注往往必得直
○正義曰往必得直者見犯乃行欲往征之則於理正
直故云往必得直　○上六大君至亂邦也　○正義
曰大君有命者上六處師之極是師之終竟也大君
謂天子也言天子爵命此上六若其功大使之開國
為諸侯若其功小使之承家為卿大夫小人勿用者
言開國承家須用君子勿用小人也象曰大君有命
以正功也者正此上六之功也小人勿用必亂邦也
者若用小人必亂邦國故不得用小人也

○䷇坤下坎上　比吉至後夫凶　○正義曰比吉者謂能
相親比而得其吉原筮元永貞无咎者欲相親比必
能原窮其情筮決其意唯有元大永長貞正乃得无

咎元永貞者謂兩相親比皆須永貞不寧方來者比
是寧樂之時若能與人親比則不寧之方皆悉歸來
後夫凶者夫語辭也親比貴速若及早而來人皆親
已故在先者吉若在後而至者人或疏已親比不成
故後夫凶或以夫為丈夫謂後來之人也

○彖曰比吉至道窮也　○正義曰比吉也者獲親比
為善言相親比而得吉也比輔也者釋比所以得吉
由比者人來相輔助也下順從者在下之人順從於
上是相輔助也謂衆陰順從九五也自此已上釋比
名為吉之義原筮元永貞无咎以筮剛中者釋原筮元
永貞无咎之義所以得如此者以九五剛而處中故
使比者皆得原筮元永貞无咎也不寧方來上下應

者猶不寧方来之　義以九五処中故上下群陰皆来應之於此之時陰往比陽群陰未得其処皆未寧也後夫凶其道窮者猶後夫凶他悉親比已独後来比道窮困无人与親故其凶也此謂上六也

注処比至九五乎　正義曰將原筮以求无咎其唯元永貞乎者原謂原窮比者根本筮謂筮决求比之情以求久長无咎其惟元永貞乎元大也永長也為己有大長貞正乃能原筮相親比之情得久長而无咎謂彼此相親比也若不遇其主則雖永貞而猶未足免於咎者不逢遇明主則彼此相求比者雖若各懷永貞而猶未足免離於咎雖有永貞而无明主照察不被上知相親涉於朋黨故不免咎也使永貞

而无咎者其唯九五乎者使比者得无咎保永貞久
而无咎其唯九五乎以九五爲比之主剛而處中能
識比者之情意故使比者皆永貞无凶咎也得
○注將合至以凶也 ○正義曰親比則誅者彼比相
比皆速來爲親〻道已成已獨在後而來衆則嫌其
離貳所以被誅而凶也 ○象曰地上至諸侯
○正義曰建万國親諸侯非諸侯已下之所爲故特云
先王也建万國謂割土而封建之親諸侯謂爵賞恩
澤而親友之万國據其境域故曰建也諸侯謂其君
身故云親也地上有水猶域中有國使之各相親比
比猶地上有水流通相潤及物故云地上有水比也
○初六有孚至它吉也 ○正義曰有孚比之无咎者

処比之始為比之首若无誠信禍莫大焉必有誠信而相親比終始如一為之誠信乃得无咎有孚盈缶終来有它吉者処比之首應不在一心无私吝莫身不比之有此孚信盈溢質素之缶以此得物〻皆歸向從始至終尋常恒来非唯一人而已更有它人並来而得吉故云終来有它吉也此假外象喩人事也

○注應不在一心无私吝

○正義曰應不在一者初六无應是應不在一故心无私吝也若心有偏應即私有愛吝也以應不在一故心无私吝也

○六二比之至不自失也

○正義曰比之自内貞吉者居中得位係應在五不能使它悉来唯親比之道自在其内独与五應但貞吉而已不如初六有它吉也

象曰不自失者釈比之自内之義不自失其所應之偶故云比之自内不自失也

六三比之匪人至傷乎

正義曰比之匪人不亦傷乎者言六三所比皆非己親之人四自外比二爲五應近不相得遠又无應是所欲親比皆非其親是以悲傷也

六四外比之至従上也

正義曰六四上比於五故外比也居得其位比不失賢所以貞吉凡下体爲内上体爲外六四比五故云外比也象曰外比於賢以従上也者九五居中得位故稱賢也五在四上四往比之是以従上也

九五顕比到使中也已上八字一本之

正義曰五應於二顕明比道不能普徧相親是比道狭也王用三驅失前禽者此假田獵之道以喩顕比之事凡三驅之礼禽向己者則舍之背

己者則射之是失於前禽也顯比之道與己相應者則親之與己不相應者則踈之與三驅田獵愛來惡去相似故云王用三驅失前禽也言顯比之道似於此也邑人不誡吉者雖不能廣普親比於自己相親之處不妄加討罸所以己邑之人不須防誡而有吉也至于邑人不誡而吉非是大人弘闊之道不可爲爲大人之身但可爲大人之使象曰顯比之吉位正中者所以顯比得吉者以所居之位正而且中故云顯比之吉舍逆取順失前禽也者禽逆來向己者則舍之而不害禽順去背己而走者則射而取之是失前禽也邑人不誡上使中者釋邑人不誡之義所以己邑之人不須防誡止由在上九五之使得其中正

之人伐不加邑動必討叛不橫加无罪止由在上使
中也中謂九五也此九五雖不得爲王者之身堪爲
王者之使以居中位故云上使中也 ○注爲比之道
○正義曰去之与來皆无失者若比道弘闊不偏和於
物唯賢是親則背去者与來向己者悉親附无所失
也言去亦不失來亦不失也三驅之禮者先儒皆云
三度驅禽而射之也三度則已今亦從之去則射之
褚氏諸儒皆以爲三面著人驅禽必知三面者禽唯
有背己向己趣己故左右及於後皆有驅之愛於來
而惡於去者來則舍之是愛於來也去則射之是惡
於去也故其所施常失前禽者言獨比所應則所比
爲失如三驅所施愛來憎去則失在前禽也用其中

正征討有常伐不加邑動必討叛者此九五居中得正故云用其中正也心既中正不妄喜怒故征伐有常也所伐之支不加親己之邑興師動衆必欲討其叛逆二以其顕比親者伐所不加也叛者必欲征伐也云雖不得乎大人之吉是顕比之吉者以象云顕比之吉其比狭也若大人之吉則比道弘通也可以為上之使非為上之道者九五居上之位若為行如此身雖為王止可為上使之人非是為王之道故云非為上之道

○上六比之无首至所終　○正義曰无首凶者謂无能為頭首它人皆比己独在後是親比於人无能為頭首也它人皆比親道已成己独在後衆人所棄宜其凶也○象曰无所終者釈比之无首既不

能為比之初有被人所棄故无能與之共終也

○䷈乾下巽上　小畜亨至西郊　○正義曰小畜亨者但小有所畜唯畜九三而已初九々二猶剛健得行是以剛志上得亨通故云小畜亨也若大畜乾在於下艮在於上艮是陽卦又能止物能止此乾之剛健所畜者大故稱大畜此卦則巽在於上乾在於下巽是陰柔性又和順不能止畜在下之乾唯能畜止九三所畜狹小故名小畜密雲不雨者若陽之上升陰能畜止兩氣相薄則為雨也今唯能畜止九三其氣被畜但為密雲初九々二猶自上通所以不能為雨也自我西郊者所聚密雲由在我之西郊去我既遠潤澤不能行也但聚在西郊而已

○象曰小畜至未行也

○正義曰柔得位而上下應之曰小畜者柔得位謂六四也以陰居陰故稱得位此卦唯有一陰上下諸陽皆來應之故曰小畜此釋小畜卦名也言此卦之畜六四唯畜其下九三初九〻二猶不能擁畜而云上下應之者若細別而言小畜之義唯當止在下三畜陽猶不能畜盡但畜九三而已若大畜而言之上下五陽揔應六四故云上下應之其四雖應何妨揔不能畜止剛健也健而巽剛中而志行乃亨者內既剛健而外逢柔順剛發於中不被擁抑而志意得行以此言之故剛健之志乃得亨通此釋亨也密雲不雨尚往者所以密雲不雨者不能畜止謂陽初九〻二猶得上進陰陽氣通所以不雨釋密雲不雨也自我西

郊施未行者猶自我西郊〻義所以密雲不雨往我
西郊而積聚者猶所施潤澤未得流行周遍故不覆
國都但遠聚西郊也然雲在國都而不雨亦是施未
行也必云在西郊者若在國都雨雖未落猶有覆蔭
之施不得云施未行今言在西郊去施遠也
○注小畜至既処　○正義曰九三更以不能復爲劣
者初九既得復道九二可牽以獲復皆得剛健上通
則是陰不能固陽而九三劣弱又不能自復則是陽
不薄陰是以皆不雨也且小畜之義貴於止往而九
三不能自復更爲劣弱故言九〻之更不能復爲劣也
能固其路而安於上者謂上能閉固九三〻道路九
不被九三所陵得安於上所以既雨既処也故舉一

後卦上六注
最処後後是之
迷者也

卦而論之能爲小畜密雲而已者此明卦之与爻其
義別也但卦惣二象明上体不能閉固下体所以密
雲不能爲雨爻則止明一爻之事上九能固九三所
以上九而有雨也所以卦与爻其義異也諸卦多然
若比卦云比吉上六則云比之无首凶也復卦云復
亨上六云迷復凶也此皆卦之与爻義相違反之皆
倣此　○象曰風行至文德　○正義曰君子以懿
文德者懿美也以於其時施未得行喻君子之人但
脩美文德待時而發風爲號令若風行天下則施附
於物不得云施未行也今風在天上去物既遠无所
施及故曰風行天上凡大象君子所取之義或取二
卦之象而法之者若地中有水師君子以容民畜衆

取卦象包容之義若履卦象云上天下澤履君子以
辨上下尊卑之義如此之類皆取二象君子法以為
行也或直取卦名因其卦義所有君子法之須合卦
義行事者若訟卦云君子以作事謀始防其所訟之
源不取天与水違行之象若小畜君子以懿文德不
取風行天上之象餘皆倣此

○初九復自至其義吉也

○正義曰処乾之始以升巽初四為己應以陽升陰反
復於上自用己道則四順而无違於己无咎故云復自
道何其咎吉○象曰其義吉者以陽升陰以剛應柔其
義於理吉也　○九二牽復至自失也　○正義曰牽
復吉者牽謂牽連復二欲往五々非止畜之謂反復
極不閉固於己可自牽連反復於上而得吉也○象曰

牽後在中亦不自失者既臝牽連而復在下卦之中
以其得中不被閑固亦於己不自有失解牽後吉也
○九三輿説輻至正室　○正義曰九三欲後而進止
九固而止之不可以行故車輿説其輻夫妻反目者
上九体巽爲長女之陰今九三之陽被長女閑固不
能自復夫妻乖戾故反目相視彖曰不能正室者釈
夫妻反目之義以九三之夫不能正上九之室故反
目也此假彖以喩人事也　○六四有孚至合志
○正義曰有孚血去惕出无咎者六四居九三之上乘
陵於三々既務進而己固之懼三害己故有血也畏
三侵陵故惕懼也但上九亦憎悪九三六四與上九
同志共共悪於三々不能害己故得其血去除其惕

出散信能血去懼除乃得无咎象曰有孚惕出上合
志者釈惕出之意所以惕出者由己与上九同合其
志共惡於三也　注夫言至无咎也　正義曰夫
言血者陽犯陰也者謂此卦言血陽犯陰也夫者發
語之端非是摠凡之辭故需六四云需於血注云凡
称血者陰陽相傷也則称血者非唯陽犯陰也
九五有孚攣如不独富　正義曰有孚攣如者五居尊
位不疑於二来而不距二既牽挽而来己又攣攣而
迎接志意合同不有專固相逼是有信而相牽攣也
如語辞非義類富以其鄰者五是陽爻即必實富貴心
不專固故己用富以与其鄰鄰謂二也象曰不独富
也者釈攣如之義所以攣攣於二者以其不独自專

固於富欲令与二也　上九雨至所疑也

正義曰既雨既処者九三欲進已能固之陰陽不通故已得其雨也既処者三不能侵不憂危害故已得其処也尚徳載者体巽処上剛不敢犯為陰之長能畜止剛健慕尚此徳之積聚而運載也故云徳載言慕尚此道徳之積載也婦貞厲者上九制九三是婦制其夫臣制其君雖復貞正而近危厲也月幾望者婦人制夫猶如月在望時盛極以敵日也幾辞也已従上釈於此不復言也君子征凶者陰疑於陽必見戦伐雖復君子之行而亦凶也象曰既雨既処徳積載者釈既雨既処之義言所以得既雨既処者以上九道徳積聚可以運載使人慕尚故云既雨既処也君子征凶有

所疑者救君子征凶之義言所以征凶者陰氣盛滿
被陽有所疑忌必見戰伐故征凶也　○注处小畜至
征凶○正義曰处小畜之極能畜者也者已处小畜盛
極是閉畜者也陽不獲亨故既雨也者陽若亨通則
不雨也所以卦繇辞云小畜亨密雲不雨今九三之
陽被上九所固不獲亨通故既雨也　○注夫处至征
之輻　○正義曰夫巽雖不能若艮之善畜者謂雖
不能如大畜艮卦在上善畜下之乾也巽雖不能如
小畜カ大畜ニアタルハ先ル心ニ似孫アリ何モ不害之
艮之善畜故其畜小也猶不能為坤之順從者謂猶
不能如泰卦坤在於上順從乾也故可得少進者謂
初九九二得前進也不可得尽陵者九三欲陵上九
被上九所固是不可得尽陵也畜而不已畜極則通

是以其畜之盛在于四五至于上九道乃大行者此論大畜義也大畜而不已謂之大畜四爻五爻是畜之盛極而不休已畜極則通四五畜道既極至於上九无可所畜故上九道乃大行无所畜也小畜積極而後乃能畜者小畜之道既微積其終極至於上九乃能畜也謂畜九三也是以四五可以進者四雖畜初五雖畜二畜道既弱故初二可以進上九說征之輻者上九畜之積極故能說此九三征行之輻案九三但有說輻无征之文而王氏言上九說征之輻者輿之有輻可以征行九三爻有征義今輿輻既說則是說征之輻因上九征凶之文征則行也文雖不言於義必有言輻者鄭注云謂輿下縛木与軸相連

鈎心之木是也子夏傳云輻車紲也

䷉ 兌下乾上 履虎尾不咥人亨 ○正義曰履虎尾不咥人亨者履卦之義以六三爲主六三以陰柔履踐九二之剛履危者也猶如履虎尾爲危之甚不咥人亨者以六三在兌体兌爲和説而應乾剛雖履其危而不見害故得亨通猶若履虎尾不見咥齧于人此假物之象以喩人事

○彖曰履柔至光明也

○正義曰履柔履剛者言履卦之義是柔之履剛六三陰爻在九二陽爻之上故云柔履剛也履謂履踐也此釋履卦之義説而應乎乾是以履虎尾不咥人亨者釋不咥人亨之義亦三在兌体兌爲和説應於上九上九在乾体兌自和説應乎乾剛以説應剛無所見

害是以履踐虎尾不咥害於人而得亨通也若以和
説之行而應於陰柔則是邪佞之道由以説應於剛
故得吉也剛中正履帝位者謂九五也以剛處中得
其正位居五之尊是剛中正履帝位也而不疚光明
者能以剛中而居帝位不有疚病由德之光明故也
此二句贊明履卦德義之美於經无所釈也
象曰上天至民志　正義曰君子以辯上下定民
志者天尊在上澤卑處下君子法此履卦之象以分
辯上下尊卑以定正民之志意使尊卑有序也但此
履卦各含二義若以爻言之則在上履踐於下六三
履九二也若以二卦上下之象言之則履礼也在下
以礼承事於上此象之所言取上下二卦卑承尊之

義故云上天下澤履但易含万像反覆取義不可定為一体故也　○初九素履至行願　○正義曰初九素履行无咎者処履之始而用質素故往而无咎若不以質素則有咎也象曰独行願者釈素履之往它人尚華己独質素則何咎也故独行所願則物无犯也　○九二履道至不自乱也　○正義曰履道坦々者坦々平易之貌九二以陽処陰履於謙退己能謙退故履道坦々平易无険難也幽人貞吉者既无険難故在幽隠之人守正得吉象曰中不自乱者釈幽人貞吉以其居中不以危険而自乱也既能謙退幽居何有危険自乱之事　○注履道至其吉　○正義曰履道尚謙者言履践之道貴尚謙退然後乃能

踐物履又爲亂故尚謙也居内履中隱顯同者履道
尚謙不喜處盈然以陽處陰尚於謙能居内履中以
信爲道不以居外爲榮處内爲屈若居在外亦能履
中謙退隱之与顯在心齊等故曰隱顯同也在幽而
貞宜其吉者以其在内卦之中故云在幽也謙而得
中是貞正也在幽能行此正故曰宜其吉
六三眇能至志剛也　正義曰眇能視跛能履者
居履之時當須謙退今六三以陰居陽而又失其位
以此視物猶如眇目自爲能視不足爲明也以此履
踐猶如跛足自爲能履不足与之行也履虎尾咥人
凶者以履虎尾咥齧於人所以凶也武人爲于大君
者行此威武加陵於人欲自爲於大君以六三之微

欲行九五之志頑愚之甚象曰不足以有明者釈眇
能視物目既隆眇假使能視无多明也不足以与行
者解跛能履足既蹇跛假使能履行不能遠故云不
足以与行也位不當者釈咥人之凶所以被咥見凶
者緣居位不當謂以陰処陽也志剛者釈武人為于
大君所以陵武加人欲為大君以其志意剛猛以陰
而処陽是志意剛也 ○九四履虎尾至志行也 ○正
義曰履虎尾愬愬者逼近五之尊位是履虎尾近其
危也以陽承陽処嫌隙之地故愬愬危懼也終吉者
以陽居陰意能謙退故終得其吉也 ○象曰志行者釈
愬愬終吉初雖愬愬終得其吉以謙志得行故終吉也
○九五夬履至正當也 ○正義曰夬履者夬者决也

得位處尊以剛決正履道行正故決履也貞厲者厲危也履道惡盈而五以陽居尊故危厲也○象曰位正當者釋決履貞厲者以其位正當處在九五之位不得不決斷其理不得不有其貞厲以位居此地故也○上九視履至有慶也○正義曰視履考祥者祥謂徵祥上九處履之極履道已成故視其所履之行善惡得失考其禍福之徵祥其旋元吉者旋謂旋反也上九處履之極下應兌說高而不危是其不墜於禮而能施反行之禮道大成故元吉也○象曰有大慶者解元吉在上也義既以元吉而在上九是大有福慶也以有福慶故在上元吉也

○䷊

乾下坤上　泰小往大來吉亨　○正義曰小往大來

吉亨者陰去故小往陽長故大來以此吉而亨通此
卦亨通之極而四德不具者物既大通多失其節故
不得以爲元始而利貞也所以彖云賊成輔相故四
德不具　彖曰泰小至道消也　正義曰泰小往
大來吉亨則是天地交而万物通者釈此卦小往大
來吉亨名爲泰也所以得名爲泰者止由天地氣交
而生養万物々得大通故云泰也上下交而其志同
者此以人事象天地之交上謂君也下謂臣也君臣
交好故志意和同内陽而外陰内健而外順内健則
内陽外順則外陰内陽外陰據其象内健外順明其
性此説泰卦之德也陰陽言爻健順言卦此就卦爻
釈小往大來吉亨也内君子而外小人君子道長小

人之道消者更就人事之中釋小往大来吉亨也

象曰天地至左右民　正義曰后以財成天地之道者由物皆通泰則上下失節后君也於此之時君當翦財成就天地之道輔相天地之宜者相助也當輔助天地所生之宜以左右民者左右助也以助養其人也天地之道者謂四時也冬寒夏暑春生秋殺之道若氣相交通則物失其節物失其節則冬温夏寒秋生春殺君當財節成就使寒暑得其常生殺依其節此天地自然之氣故云天地之道也天地之宜者謂天地所生之物各有其宜若大司徒云其動物植物及職方云揚州其貢宜稻麥雍州其貢宜黍稷若天氣大同則所宜相反故人君輔助天地所宜之

交通者乎融而不偏若春有霜夏有氷之類——

物各安其性得其宜據物言之故称宜也此卦言后
者以不兼公卿大夫故不云君子也兼通諸侯故不
得直言先王欲見天子諸侯俱是南面之君故特言
后也

○初九拔茅至在外也 ○正義曰拔茅茹
者初九欲往於上九二九三皆欲上行已去則從而
似拔茅舉其根相牽茹也以其彙者彙類也以類相
從征吉者征行也上坤而順下應於乾已去則納故
征行而吉 ○象曰志在外者釈拔茅征吉之義以其三
陽志意皆在於外已行則從而似拔茅往行而得吉
此假外物以明義也

○九二包荒至光大也
○正義曰包荒用馮河者体健居中而用乎泰能包含
荒穢之物故云包荒也用馮河者无舟渡水馮陵於

河是頑愚之人此九二能包含容受故曰用馮河也不遐遺者遐遠也遺棄也用心弘大无所踈遠棄遺於物朋亡者得中无偏所在皆納无私於朋黨之事亡亡无也故云朋亡也得尚於中行者中行謂六五也処中而行以九二所爲如此尚配也得配六五之中也象曰包荒得尚于中行以光大也者釈得尚中行之義所以包荒得配此六五之中者以无私无偏存乎光大之道故此包荒皆假外物以明義也

九三无平至天地際也　正義曰无平不陂者九三処天地相交之際將各分復其所処乾体初雖在下今將復歸於上坤体初雖在上今欲復歸於下是初始平者必將有險陂也初始往者必將有反復也

无有平而不陂无有往而不復者猶若无在下者而不在上无在上者而不皈下也艱貞无咎者已居変革之世應有危殆只爲已居得其正動有其應艱難負正乃得无咎勿恤其孚于食有福者恤憂也孚信也信義先以誠著故不須憂其孚信也信義自明故於食禄之道自有福慶也象曰天地際者釈无往不復之義而三処天地交際之処天体將上地体將下故往者將復平者將陂　注乾本至有福也

正義曰將復其所処者以泰卦乾体在下此九三將棄三而向四是將復其坤之上体所処也泰卦坤体在上此六四今將去四而皈向初復其坤体所処也処天地之將閉平路之將陂者天將処上地將処下

閉而不通是天地之將閉也所以往前通泰路无險難自今已後時既否閉路有傾危是平路之將陂也此因三之向四是下欲上也則上六將欲於下是上欲下也故云後其所处也信義誠著者以九三居不失正動不失應是信義誠著也故不恤其孚而自明者解於食有福以信義自明故飲食有福

○翩翩 疾飛白文 往來白詩 捷捷翩翩

六四翩翩至心願也　○正義曰六四翩翩者四主坤首而欲下後見命則退故翩翩而下也不富以其鄰者以用也鄰謂五与上也今已下從无陰悉皆從之故不待富而用其鄰不戒以孚者鄰皆從已共同志願不待戒告而自孚信以從已也○象曰皆失實者解翩翩不富之義猶无陰皆失其本實所居之处今

既見命翩翩衆動不待賊富並悉從之故云皆失實
也不戒以孚中心願者解不戒以孚之義所以不待
六四之戒告而六五上六皆已孚信者由中心皆願
下後故不待戒而自孚也　○六五帝乙至行願也
○正義曰帝乙歸妹者女處尊位履中居順降身應二
感以相與用其中情行其志願不失於禮爻備斯義
者唯帝乙歸嫁于妹而能然也故作易者引此帝乙
歸妹以明之也以祉元吉者履順居中得行志願以
獲祉福盡夫陰陽交配之道故大吉也○象曰中以行
願者釋以祉元吉之義止由中順行其志願故得福
而元吉也　○注婦人謂嫁曰歸　○正義曰婦人
謂嫁曰歸隱二年公羊傳文也　○上六城復至命亂也

○正义曰城復于隍者居泰上極各反所應泰道將滅上下不交卑不上承尊不下施猶若城復于隍也子夏傳云隍是城下池也城之為体由基土陪扶乃得為城今下不陪扶城則損壞以此崩倒反復於隍猶君之為体由臣之輔翼今上下不交臣不扶君人道傾危故云城復于隍此假外象以諭人事勿用師者謂君道已傾不煩用師也自邑告命貞吝者否道已成物不順從唯於自己之邑而施告命下既不從故貞吝象曰其命乱者釈城復于隍之义若教命不乱臣當輔君猶土當扶城由其命錯乱下不奉上猶土不陪城使復于隍故云其命乱也 ○注卑道崩也

○正义曰卑道向下不与上交故卑之道崩壞不承事

於上也

䷋ 坤下乾上 否之至小来　正義曰否之匪人者言否閉之世非是人道交通之時故云匪人不利君子貞者由小人道長君子道消故不利君子為正也陽氣往而陰氣来故云大往小来陽主生息故称大陰主消耗故称小

彖曰否之至道消　正義曰上下不交而天下无邦者与泰卦反也泰卦云上下交而其志同此應云上下不交則其志不同也非但其志不同上下乖隔則邦國滅亡故變云天下无邦也内柔而外剛者欲取否塞之義故内至柔弱外禦剛疆所以否閉若欲取通泰之義則云内健外順各隨義爲文故此云剛柔不云健順

彖曰天地至以禄

正義曰君子以儉德辟難者言君子於此否塞之時以節儉爲德辟其危難不可榮華其身以居祿位此若據諸侯公卿言之辟其群小之難不可重受官賞若據王者言之謂節儉爲德辟其陰陽危運之難不可重自榮華而驕逸也　初六拔茅至存君也

正義曰拔茅茹者以居否之初處順之始未可以動々則入邪不敢前進三陰皆然猶若拔茅牽連其根相茹也已若不進餘皆從之故云拔茅茹也以其彙者以其同類共皆如此貞吉亨者守正而居志在於君乃得吉而亨通象曰志在君者釈拔茅貞吉之義所以居而守正者以其志意在君不敢懷諂爲進故得吉亨也。假外物以明人事　六二包承至乱羣也

六二包承小人吉大人否亨傳　六二其質則陰柔其居則中正以陰柔小人而言則方否於下志所包承者

在巽順乎上以求濟其否爲身之利小人之吉也大人當否則以道自處豈肯枉己屈道承順於上惟自守其否而已
身之否乃其道之　正義曰包承者居否之世而得其位用其至順包承
亨或曰上下不交何
所承之是則否　於上小人吉者否閉之時小人路通故於小人爲吉
矣小人順上之心未
嘗无也本義陰　也大人否亨者若大人用此包承之德能否閉小人
柔而中正小人而
能包容承順乎　之吉其道乃亨象曰大人否亨不亂群者此釋所以
君子之象小人之吉
道也故占者小人如　大人否亨之意良明否閉小人防之以得其道小人
是則吉大人則當
安守其否而後　雖盛不敢亂群故言不亂群也　六三包羞位不當也
道亨蓋不可以
彼包承於我而　正義曰包羞者言群陰俱用小人之道包承於上以
自失其守也本　失位不當所包承之事唯羞辱也　九四有命无咎志行也
附錄包承之是
包得許多承順　正義曰有命无咎者九四處否之時其陰爻皆是小
底意思此與本義
不同亦是一說也　人若有命於小人則君子道消也今初六志在於君
象曰大人否亨不
亂群也傳大人於　守正不進處于窮下今九四有命命之故无咎疇離
否之時守其正節
不雜亂於小人之群　祉者疇謂疇匹謂初六也離麗謂附著也言九也麗
類身雖否而道之亨也故曰以道而身亨乃道否也不云君子而云大人能如是則—道大也

四命初身既无咎初既被命附依祉福言初六得福也象曰有命无咎志行者釋有命无咎之義所以九四有命得无咎者由初六志意得行守正而應於上故九四之命得无咎

九五休否至正當也

義曰休否者休美也謂能行休美之事於否塞之時能施此否閉之道遏絕小人則是否之休美者也故云休否大人吉者唯大人乃能如此而吉也若其得凡人則不能其亡其亡繫于苞桑者在道消之世居於尊位而遏小人必近危難須恒自戒慎其意常懼其危亡言丁寧戒慎如此也繫于苞桑者苞本也凡物繫于桑之苞本則牢固也若能其亡其亡以自戒慎則有繫于苞桑之固无傾危也象曰大人之吉位

正當者釋大人吉之義言九五居尊得位正所以當
遏絶小人得其中言　○注居尊至得固也　○正義曰
心存將危解其亡其亡之義身雖安靜心意常存將
有危難恒念甚亡〻〻乃得固者即繫于苞桑也必
云苞桑者取會韻之義又桑之爲物其根衆也衆則
牢固之義　○上九傾否至可長也　○正義曰傾否
先否後喜者處否之極否道已終此上九能傾毀其
否故云傾否也先否後喜者否道未傾之時是先否
之道否道已傾之後其事得通故云後有喜也　○象曰
否終傾則何可長者釋傾否之義否道已終通道將
至故否終極則傾損其否何得長久故云何可長也

○䷌　離下乾上　同人于野至君子貞　○正義曰同人謂和

同於人于野亨者野是廣遠之処借其野名喩其廣遠言和同於人必須寬廣无所不同用心无私処非近狹遠至于野乃得亨通故云同人于野亨与人同心足以渉難故曰利渉大川也与人和同義渉邪僻故利君子貞也此利渉大川假物象以明人事

象曰同人至之志　正義曰同人柔得位得中而應乎乾曰同人者釈所以能同於人之義柔得位此得中者謂六二也上應九五是應於乾也同人曰同人于野亨利渉大川乾行者釈同人于野亨利渉大川之義所以能如此者由乾之所行也言乾能行此德非六二之所能也故特云同人曰乃云同人于野亨与諸卦別也文明以健中正而應君子正者此釈

君子貞也此以二象明之故云文明以健中正而應
謂六二九五皆居中得正而又相應是君子之正道
也故云君子正也若以威武而爲健邪僻而相應則
非君子之正也唯君子爲能通天下之志者此更贊
明君子貞正之義唯君子之人於同人之時能以正
道通達天下之志故利君子之貞　○注所以乃能
至同人曰　○正義曰故特曰同人曰者諸卦之彖
辭發首即疊卦名以釋其義則以例言之此發首應
云同人于野亨今此同人于野亨之上別云同人曰
者是其義有異此同人卦名以六二爲主故同人卦
名繫屬六二故称同人曰猶言同人卦曰也同人于
野亨利涉大川雖是同人卦下之辞不關六二之義

故更疊同人于野亨之文乃是乾之所行也
注君子以文明為德　正義曰若非君子則用威
武今卦之下体為離故彖云文明又云唯君子能通
天下之志是君子用文明為德也謂文理通明也
彖曰天与火同人　正義曰天体在上火又炎上
取其性同故云天与火同人君子以類族辨物者族
聚也言君子法此同人以類而聚也辨物謂分辨事
物各同其黨使自相同不間辨也　初九同人于
門至誰咎也　正義曰同人于門者居同人之首
无應於上心无係吝含弘光大和同於人在於門外
出門皆同故云无咎也　象曰又誰咎者案出門同人
无咎之義言既心无係吝出門逢人皆同則誰与為

過咎　○六二同人至吝道也　○正義曰同人于宗吝者係應在五而和同於人在於宗族不能弘闊是鄙吝之道故象云吝道也　○九三伏戎至安行也　○正義曰伏戎于莽者九三處下卦之極不能包弘上下通夫大同欲下據六二上与九五相爭也但九五剛健九三力不能敵故伏潜兵戎於草莽之中升其高陵三歲不興者唯升高陵以望前敵量斯勢也縱令更經三歲亦不能興起也　○象曰伏戎于莽敵剛者釈伏戎于莽之義以其當敵九五之剛不敢顯亢故伏戎于莽三歲不興安行者釈三歲不興之義雖經三歲猶不能興起也安語辭也猶言何也既三歲不興五之道亦已成矣何可行也故云安行也此假外物

以明人事　○注居同至所行事　○正義曰不能宏弘上下通達大同者初九出門皆同无所係着是宏弘上下通達大同今九三欲下據六二奪上之應是不能包弘也物黨相分者謂同人之時物各有黨類而相分別也二則与五相親与三相分別也欲乖其道貪於所比據上之應者此九三欲乖其同人言之道不以類相從不知二之從五直以苟貪与二之比近而欲取之據上九之應也　○九四乘其至反則也

正義曰乘其墉者履非其位与人鬪爭与三爭二欲攻於三既是上体力能顯亢故乘上高墉欲攻三也弗克攻吉者三欲求二其事已非四又效之以求其弍違義傷理衆所不与雖復乘墉不能攻三也吉者

既不能攻三能反自思愆以從法則故得吉也此爻亦假物象也象曰乘其墉義弗克也者釈不克之義所以乘墉攻三不能克者以其違義亦所不従故云義不克也其吉則困而反則者釈其吉之義所以得其吉者九四則以不克困苦而反歸其法則故得吉也

○九五同人先至相克

○正義曰同人先號咷者五与三應用其剛直亦所未従故九五共二欲相和同九三九四与之競二也五未得二故志未和同於二故先號咷也而後笑者処尊位戰必克勝故後笑也大師克相遇者不能使物自歸己用其剛直必以大師与三四戰克乃得与二相遇此爻假物象以明人事象曰同人之先以中直者解先號咷之意

以其用中正剛直之道物所未從故先號咷也但象略號咷之字故直云同人之先以中直也大師相遇言相克者釈相遇之義所以必用大師乃能相遇也以其用大師与三四相伐而得克勝乃与二相遇故言相克也

○上九同人至未得也 ○正義曰同人于郊者処同人之極最在於外雖欲同人ゝ必疏己不獲所同其志未得然雖陽在于外遠於内之爭訟故无悔吝也象曰同人于郊志未得者釈同人于郊之義同人在郊境遠処与人疏遠和同之志猶未得也

○注 郊者至其志 ○正義曰不獲同志者若彼此在内相同則獲其同志意也若己為郊境之人而与相同人未親己是不獲同志也遠於内爭者以外而

同不於室家之内是遠于内争也以遠内争故无悔吝以在外郊故未得志也

正義曰凡處同人而不泰焉則必用師矣者王氏注意非止上九一爻乃揔論同人一卦之義去初上而言二有同宗之吝三有伏戎之禍四有不克之困五有大師之患是處同人之世无大通之志則必用師矣楚愛國愈甚益爲它災者案孔子家語弟子好生篇云楚昭王出遊亡烏號之弓左右請求之王曰楚人亡弓楚得之又何求焉孔子聞之曰惜乎其志不大也不曰人亡之人得之何必楚也昭王名軫哀公六年吳伐陳楚救陳在城父又卒此愛國而致它災也引此者證同人不弘皆至用師矣

周易正義卷第四

天文十三年甲辰正月九日朱點了

周易正義卷第四

周易正義
五六
中哲
116
貴重圖書

大有謙豫随蠱臨觀噬嗑賁剥復无妄大畜頤大過習坎重離

周易正義卷第五

國子祭酒上護軍曲阜縣開國子臣孔穎達奉勅撰

䷍乾下離上　大有元亨　正義曰大有元亨者柔處尊位群陽並應大能所有故稱大有既能大有則其物大得亨通故云大有元亨　彖曰大有至元亨　正義曰大有柔得尊位大中而上下應之曰大有者釋此卦稱大有之義大中者謂六五處大以中柔處尊位是其大也居上卦之内是其中也其德剛健而文明應乎天而時行是以元亨者釋元亨之義剛健謂乾也文明謂離也應乎天而時行者褚氏莊氏云六五應九二九二在乾體故云應乎天也德應於天則行不失時以時而行則万物大得亨通故

云是以元亨　注德應至元亨　正義曰剛健
不滯者剛健則物不擁滯也文明不犯者文理明察
則不犯於物也應天則大者能應於天則盛大也時
行无違者以時而行物无違也以有此諸德故大通
而元亨也　象曰火在至休命　正義曰君子
以遏惡揚善者大有包容之義故君子象之亦當包含
遏遯其惡褒揚其善順奉天德休美物之性命皆取
含容之義也不云天在火下而云火在天上者天体
高明火又在上火是照耀之物而在於天上是光明
之甚无所不照亦是包含之義又為揚善之理也
初九无交至交害也　正義曰以夫剛健為大有
之始不能履中謙退雖无交地之害久必有凶其欲

匪咎能自艱難其志則得无咎故云无交害匪咎艱
則无咎也　○注以夫至无咎也　○正義曰不能
履中滿而不溢者以不在二位是不能履中在大有
之始是盈滿身行剛健是溢也故云不能履中滿而
不溢　○九二大車至不敗也　○正義曰大車以
載有體是剛健而又居中身被委任其任重也能堪
受其任不有傾危猶若大車以載物也此假外象以
喻人身有攸往无咎者堪當重任故有所往无咎者
以居失其位嫌有凶咎故云无咎也　○象曰積中不敗
有積大車以載之義物既積聚身有和堪受中所積
之物聚在身上不至於敗也　注任重而不危
○正義曰積大車以載之意大車謂牛車也載物既多

故之任重車材臛壯故不有傾危也 ○九三公用亨
至弗克也 ○正義曰公用亨于天子者九三處大
有之時居下体之極乘剛健之上履得其位与五同
功五為至位三既与之同功則威權之盛莫盛於此
乃得道乎天子之道故云公用功則威權之盛莫克
者小人德劣不能勝其位必致禍害故云小人不克
也 ○注位處大至可待也 ○正義曰与五同功者繫辞云
三与五同功此云与五同功謂五為王位三既能与
五之同功則威權与五相似故云威權之盛莫此過
焉 ○九四匪其至辨晳也 ○正義曰匪其彭无
咎者匪非也彭旁也謂九三在九四之旁九四若能
專心承五非取其旁九四言不用三也如此乃得无

咎也既失其位上近至尊之威下比分權之臣可謂
危矣能棄三助五故得无咎也○象曰明辨晢也者釋
匪其彭无咎之義明猶才也九四所以能去其旁之
九三者由九四才性辯而晢知能斟酌事宜故云明
辯晢也　○六五厥孚至无備也　○正義曰六五
厥孚交如者厥其也孚信也交謂交接也如語辭也
六五居尊以柔処大以中无私於物上下應之故其
誠信物来交接故云厥孚交如也威如吉者威畏也
既誠且信不言而教行所為之処人皆畏敬故云威
如以用此道故得吉也○象曰信以發志者釋厥孚交
如之義由己誠信發起其志故上下應之与之交接
也威如之吉易而无備者釋威如之吉之義所以威

如得吉者以己不私於物唯行簡易无所防物備自畏之故云虧而无備也

上九自天至不利

正義曰釋所以大有上九而得吉者以有三德從天已下悉皆祐之故云自天祐之

注大有至貝寧

正義曰不累於位志向乎賢者既居豐富之時應須以富有為累也既居无位之地不以富有縈心是不繫累於位既能清靜高絜是慕尚賢之行也爻有三德者五為信德而已履尊履信之謂是一也以剛乘柔思順之義是貳也不以物累於心高尚其志尚賢者是三也爻有三德盡夫助道有天尚祐之則无物不祐故云盡夫助道也

韻會縈繫也

下氣文自尊高慕尚清虛之文

䷎艮下坤上

謙亨君子有終

正義曰謙者屈躬下物先人後己以此待物則在所皆通故曰亨也小人

行謙則不能長久君子有終也然案謙卦之彖謙唯
為諸行之善是善之最極而不言元與利貞及吉者
元是物首也利貞是幹正也於人既為謙退何可為
之首也以謙下人何以幹正於物故不云元與利貞
也謙必獲吉其吉可知故不言之也凡易經之体有
吉理可知而不言吉者即此謙卦之繇及乾之九五
利見大人是吉理分明故不云吉也諸卦言吉者其
義有嫌者爻兼善惡也若行爻有善則吉乃隨之若
行爻有惡則不得其吉諸稱吉者嫌其不吉故稱吉
也若坤之六五及泰之六五並以陰居尊位若不行
此爻則无吉若行此爻則得其吉故並稱元吉其餘
皆言之吉爻亦倣此亦有大人為吉於小人為凶若否

之九五云体否大人吉是也或有於小人爲吉大人
爲凶者屯之九五小貞吉大貞凶及否之六二包承
小人吉之類是也亦有其吉灼然而稱吉者大有
上九自天祐之吉无不利之類是也但易之爲体不
可以一爲例今各隨文解之義具諸卦之下今謙卦
之繇其吉可知也既不云吉何故初六六二及九三
並云吉者謙卦是惣諸六爻其善既大故不須云吉
也六爻各明其義義有優劣其德既小嫌其不吉
故須言吉以明之也　○彖曰謙亨至之終也　正義
曰謙亨天道下濟而光明地道卑而上行者此釈亨
義也欲明天地上下交通坤体在上故言地道卑而
上行也其地道既上行天地相對則天道下濟也且

艮為陽卦又為山天之高明今在下体亦是天道下
濟之義也下濟者謂降下濟生万物也而光明者謂
三光垂耀而顯明也地道卑而上行者地体卑柔而
氣上行交通於天以生万物也天道虧盈而益謙者
從此以下廣說謙德之義以結君子能終之義也虧
謂減損盈滿而增益謙退若日中則昃月盈則
食是虧減其盈盈者虧減則謙者受益也地道變盈
而流謙者丘陵川谷之属高者漸下下者益高是改
變盈者流布謙者也鬼神害盈而福謙者驕盈者被
害謙退者受福是害盈而福謙也人道惡盈而好謙
者盈溢驕慢皆以惡之謙退恭巽悉皆好之謙尊而
光卑而不可踰者尊者有謙而更光明盛大卑者謙

而不可踰越，是君子之所終也。言君子能終其謙之善事，又獲謙之終福，故云「君子之終也」。○象曰：地中至而施。○正義曰：「裒多」者，君子若能用此謙道，則裒益其多，言多者得謙，物更裒聚，施益多也，故云「裒多」，即謙尊而光也，是尊者得謙而光大也。「益寡」者，謂寡者得謙而更進益，即卑而不可踰也，是卑者得謙而更增益，不可踰越也。「稱物平施」，稱此物之多少，均平而施，物之先多者而得其施也，物之先寡者而亦得其施也，故云「稱物平施」也。此謙卦之象，以山為主，是於山為謙，於地為不謙，應言山在地中，今乃云地中有山者，意取多之與少皆得其益，似地中有山，以包取其物以與於人，故變其文也。○注「多者

至不失乎　正義曰多者用謙以爲裒者爾雅釋
詁云裒聚也於先多者其物雖多未得積聚以謙故
益其物更多而積聚故云多者用謙以爲裒也少者
用謙以爲益者其物先少今既用謙而更增益故云
用謙以爲益也隨物而與者多少俱與隨多隨小而多
皆與也施不失平者多者亦得施恩少者亦得施恩
是施不失平也言君子於下若有謙者官之先高則
增之榮秩位之先卑亦加以爵禄隨其官之高下考
其謙之多少皆因其多少而施與之也　初六謙
〻至自牧也
正義曰謙〻君子者能体謙〻唯
君子者能之以此渉難其吉宜也用渉大川假象言
也象曰卑以自牧者牧養也解謙〻君子之義恒以

謙卑自養其德也　六二鳴謙貞吉至心得也
正義曰鳴謙者謙聲名也二處正得中行謙廣遠故
曰鳴謙正而得吉也象曰中心得者鳴聲中吉以中
和為心而得其所故鳴謙得中吉也　九三勞謙
至民服也　正義曰勞謙君子者處下体之極履
得其位上下无陽以分其民上兼下接勞倦於謙也
唯君子能終而得吉也象曰万民服者釈所以勞謙
之義以上下群陰象万民皆來歸服事須引接故疲
勞也　六四无不至違則也　正義曰无不利
者處三之上而用謙卑則是自上下下之義兼五而
用謙順則是上行之道尽乎奉上下下之道故无所
不利也　象曰指撝皆謙不違則者釈无不利撝謙之

義所以指撝皆謙者以不違臣則動合於理故无所
不利也　六五不富至不朊也　正義曰不富
以其鄰者以用也凡人必將財物周贍鄰里乃能用
之六五居於尊位用謙与順鄰自歸之故不得豊富
能用其鄰也利用侵伐无不利者居謙履順必不濫
罰无罪若有驕逆不朊則須伐之謙得衆故利用以
侵伐无不利者也　上六鳴謙至邑國也　正義
曰鳴謙者上六最處於外不与內政不知於實事而
謙但有虛名聲聞之謙故云鳴謙志欲立功未知遂
事其志未得既在外而行謙順唯利用行師征伐外
旁國邑而已不能立功在內也　象曰志未得者釋鳴
謙之義也所以但有聲鳴之謙不知實事功立者以

其居在於外其内言切之志猶未得也可用行師征
邑國者欲行師征邑國之意纔言利用象故利為可
者言内志雖未得猶可在外與行軍師征國邑也
注吉凶至信矣哉　正義曰動之所起興於利
者凡人若不見利則心无所動今動之所以起者見
利乃動故云興於利也飲食必有訟訟必有衆起者
欲明為利乃有動動而致訟訟則起兵故序卦需為
飲食ゝゝ必有訟故需卦之後次訟卦也争訟必興
兵故訟卦之後次師卦也

䷏坤下震上　豫利建侯行師　正義曰謂之豫者取
逸（過也縱也放也失也）豫之義以和順而動動不違衆衆皆説豫故謂之
豫也動而衆説故可利建侯也以順而動不加无罪

故可以行師也无此德者以逸預之事不可以常行
時有所爲也縱逸寬暇之事不可長行以經邦訓俗
故无元亨也逸豫非幹正之道故不云利貞也莊氏
云建侯即元亨也行師即利貞也案屯卦元亨利貞
之後別云利建侯則建侯非元亨也恐莊氏說非也
彖曰豫剛至大矣哉　○正義曰豫剛應而志行順
以動豫者剛謂九四也應謂初六也既陰陽相應故
志行也此就爻明豫義順以動坤在下是順也震在
上是動也以順而動故豫也此以上下二象明豫義
也自此已上釋豫卦之理也豫順以動故天地如之
而以建侯行師乎者此釋利建侯行師也若聖人和
順而動合天地之德故天地亦如聖人而爲之也天

地尊大而遠神之難者猶尚如之況於封建諸侯行
師征伐乎難者既從易者可知若建侯故順動則人
從之行師能順動則亦從之天地以順動故日月不
道而四時不忒自此已下廣明天地聖人順動之功
也若天地以順而動則日月不有過差依其晷度四
時不有忒變寒暑以時聖人以順動則刑罰清而民
服者聖人能以理順而動則不赦有罪不濫無辜故
刑罰清也刑當理故人服也豫之時義大矣哉者罰
歎義為豫之善言於逸豫之時其義大矣此歎卦也
凡言不盡意者不可煩文具說故歎之以示情使後
生思其餘蘊得意而忘言也然歎卦有三体一直歎
時如大過之時大矣哉之例是也二歎時并用如險

之時用大矣哉之例是也○三歎時并義豫之時義大
矣哉之例是也夫三卦之体各象其時之有屯夷事
非一揆故爻来適時有凶有吉人之生世亦復如斯
或逢治世或遇乱時出処存身此道豈小故曰大矣
哉也然時運雖多大体不出四種者○一者治時頤養
之世是也○二者乱時大過之世是也○三者離散之時
解緩之世是也○四者改易之時革変之世是也故挙
四卦時之
此四卦之時為歎餘皆可知言用者謂適時之用也
雖知居時之難此事不小而未知以何而用之耶故
三卦用之
坎睽蹇之時宜用君子小人勿用〻險取濟不可為
常斟酌得宜是用時之大略舉險難等三卦餘從可
知矣又言義者始卦注云凢言義者不盡於所見中

有意謂者也是其時皆有義也畧明佚樂之世相随
相遇之日隱避羇旅之時凡五卦其義不小則餘卦
亦可知也今所歎者十二卦足以發明大義恢弘妙
理者也凡于彖之末歎云大哉者凡一十二卦若豫
旅遯姤凡四卦皆云時義案姤卦注云凡言義者不
盡於所見中有意謂以此言之則四卦各未盡其
理其中更有餘意不可盡申故揔云義也随之一卦
亦言義但与四卦其文稍別四卦皆云時義随卦則
随時之義者非但其中別有義意又取随其時故逐
変云随時之義大矣哉睽蹇坎此三卦皆云時用案
睽卦注云睽離之時非小人之所能用蹇卦亦云非小
人之所能用此二卦言大矣哉者則是大人能用故

云大矣哉其中更无餘義唯大人能用故云用不云
義也坎卦時用則与睽蹇稍别故注云非用之常用
有時也謂坎険之事時之須用利益乃大与睽蹇時
用文同而義異也解之時革之時頤之時大過之時
此四時直云時不云義与用也案解卦注難解之時
非治難時故不言用体尽於解之名无有幽隠故不
曰義以此注言之直云時者尋卦之名則其意是尽
中间更无餘義故不言義其卦名之事々已行了不
須别有所用故解革及頤事已行了不須言用唯大
過称時注云君子有為之時与解革頤其理稍别大
過是有用之時亦直称時者取大過之名其意即尽
更无餘意故直称時不云義又畧不云用也　象曰

「周礼鄭注云」周夏正五帝春〻蒼帝靈威仰夏〻赤帝赤熛怒秋〻白帝白招拒冬〻玄帝叶光紀季夏〻黄帝含樞紐

雷出至祖考　正義曰案諸卦之象或云雲上于天或云風行天上以類言之今此應云雷出地上乃云雷出地奮豫者雷是陽氣之聲奮是震動之狀雷既出地震動万物被陽氣而生各皆逸豫故云雷出地奮豫也先王以作樂崇德者雷是鼓動故先王法此鼓動而作樂崇盛德業樂以發揚盛德故也殷薦之上帝者用此殷盛之樂薦祭上帝也象雷出地而向天也以配祖考者謂以祖考配上帝用祖用考若周夏正郊天配靈威仰以祖后稷配也配祀明堂五方之帝以考文王也故云以配祖考也　初六鳴豫至窮凶也　正義曰鳴豫者処豫之初而独得應於四逸豫之甚是聲鳴于豫但逸樂之極過則淫

荒独得於樂所以凶也　象曰初六鳴豫志窮凶者釈
鳴豫之義而初時鳴豫後則樂志窮尽故為凶也
○六二介于至中正也　正義曰介于石者得位履
中安夫貞正不苟求逸豫上交不諂下交不瀆知幾
事之初始明禍福之所生不苟求逸豫守志耿介似
於石然見幾之速不待終竟一日去悪修善恒守正
得吉也　○象曰不終日貞吉以中正者釈貞吉之義所
以見其悪事即能離去不待終日守正吉者以此六
二居中守正順不苟從豫不違中故不須待其一日
終守貞吉也　六三盱豫至不當也　正義曰
盱豫悔有六三履非其位上承動豫之主盱謂睢盱
〻〻者喜説之貌若睢盱之求豫則悔吝也遅有悔

者居豫之時若遲停不求於豫亦有悔也○象曰盱豫
有悔位不當者觧其盱豫有悔之義以六三居不當
位進退不得其所故盱豫有悔但象載經文多從省
畧經有盱豫有悔遲有悔兩各具載象唯云盱豫有
悔不言遲者略其文也故直云盱豫舉其欲進畧云
有悔舉其遲也　○九四由豫至大行也　正義曰
由豫大有得者処豫之時居動之始独体陽爻爲衆
陰之所從莫不由之以得其豫故云由豫也大有得
者衆陰皆歸是大有所得勿疑朋盍簪者盍合也簪
疾也若能不疑於物以信待之則衆陰羣朋合聚而
疾來也○象曰由豫大有得志大行者釈由豫大得之
意衆陰既由之而豫大有所得是志意大行也

六五貞疾至未亡也　正義曰貞疾恒不死者四以剛動爲豫之主專權執制非合己之所乘故不敢与四爭權而又居中處尊未可得亡滅之是以必常至於貞疾恒得不死而已象曰六五貞疾乘剛者雖貞疾之義以乘九四之剛故正得其疾恒不死也中未亡者以其居中處尊未可亡滅之也

上六冥豫至可長也　正義曰處動豫之極極豫盡樂乃至於冥昧之豫而成就也如俾晝作夜不能休已滅亡在近有渝无咎者渝変也若能自思改変不爲冥豫乃得无咎也

䷐ 震下兌上　隨元亨利貞无咎

正義曰元亨者於相隨之世必大得亨通若其不大亨通則无以相隨

逆於時也利貞者相随之体須利在得正随而不正則邪僻之道必須利貞也无咎者有此四德乃无咎以苟相従渉於明黨故必須四德乃无咎也凡卦有四德者或其卦當時之義即有四德如乾坤屯臨无妄此五卦之時即能四德備具随卦以悪相随則其不可也有此四德乃无咎无此四德則有咎也与前五卦其義稍別其革卦已日乃孚有四德若不已日乃孚則无四德与乾坤屯臨无妄随其義又別若當卦之時其卦雖義未有四德若行此義方得在後始致四德者於卦則不言其德也若謙泰及復之等德義既美行之不已久必致此四德但當初之時其德未具故卦不顯四德也其諸卦之三德已下其義大

咎亦無也　○彖曰隨剛至大矣哉　正義曰隨
剛來而下柔動而説隨者此釋隨卦之義所以致此
隨者由剛來而下柔剛謂震也柔謂兑也震処兑下
是剛來下柔震動而兑説既能下人動則喜説所以
物皆隨從也大亨利貞无咎而天下隨時者以有大亨
貞正无有咎害而天下隨之以正道相隨故隨之者
廣若不以大亨利貞无咎而以邪僻相隨則天下不從
也隨時之義大矣哉若以元亨利貞則天下隨從即
隨之義意廣大矣哉謂隨之初始其道未弘終久義
意而美大也特云隨時者謂隨其時節之義謂此時
宜行元亨利貞故云隨時也　○注震剛至矣哉
正義曰爲隨而不大通逆於時也物既相隨之時若

王者不以廣大閉通使物閉塞是違逆於隨從之時也
相隨而不爲利正災之道者凡物之相隨多曲相朋
附不能利益於物守其正直此則小人之道長災禍
及之故云災之道也隨之所施唯在於時者释隨時
之義言隨時施設唯在於得時若能大通利貞是得
時也若不能大通利貞是失時也時異而不隨否之
道者凡所遇之時体无恒定或值不動之時或值相
隨之時舊來恒往今須隨從時既殊異於前而不使
物相隨則是否塞之道當須可隨則隨逐時而用所
利則大故云隨時之義大矣哉　象曰澤中至宴
息　正義曰說卦云動万物者莫疾乎雷說万物
者莫說乎澤故注云澤中有雷動說之象也君子以

嚮晦入宴息者明物皆説豫相随不労明鑒故君子
象之鄭玄云晦冥也猶人君既夕之後入於宴寢而
止息　初九官有至不失也　正義曰官有渝
者官謂執掌之職人心執掌与官同称故人心所主
謂之官渝変也此初九既无其應无所偏係可随則
随是所執之志有能渝変也唯正是從故貞吉也出
門交有功者所随不以私欲故見善則往随之以此
出門交獲其功象曰官有渝從正吉者釈官有渝之
義所執官守正能随時渝変以見貞正則往随從故
云從正吉出門交有功不失者釈交有功之義次所
随之処不失正道故出門即有功也　注居随至
失哉　正義曰言随不以欲以欲随宜者若有其

應則有私欲以无偏應是所隨之處不以私欲有正則從是以欲隨其所宜也　○六二係小子至兼与也

○正義曰小子謂初九也丈夫謂九五也初九處卑故稱小子五居尊位故稱丈夫六二既是陰柔不能獨立所處必近係屬初九故云係小子既屬初九則不得往應於五故云失丈夫也○象曰係小子弗兼与者釋係小子之意既隨此初九則失彼九五丈夫是不能兩處兼有故云弗兼与也　○六三係丈夫至舍下也　正義曰六三陰柔近於九四是係於丈夫也初九既被六二之所據六三不可復往從之是失小子也隨有求得者三欲往隨於四々亦更无他應已往隨於四々不能逆已是三之所隨有求而皆得

也利居貞者己非其正以係於人不可妄動唯利在
居处守正故云利居貞也象曰係丈夫志舍下者釋
係丈夫之義六三既係九四之丈夫志意則舍下之
初九也　注陰之至小子也○正義曰四俱无
應者三既无應四亦无應是四与三俱无應也此六
二六三因陰陽之象假丈夫小子以明人事餘无義
也　九四随有獲明功也　正義曰随有獲者
处説之初下拠二陰三求係己不距則獲故曰随有
獲也貞凶者居於臣地履非其位以擅其民失於臣
道違其正理故貞凶也有孚在道以明何咎者体剛
居説而得民心雖違常義志在済物心存公誠著信
在於正道有功以明更有何咎故云有孚在道以明

何咎也象曰隨有獲其義凶者釈隨有獲貞凶之意
九四既有六三六二獲得九五之民爲臣而擅君之
民失於臣義是以宜其凶也有孚在道明功者釈以
明何咎之義既能著信在于正道是明立其功故无
咎也　九五孚于嘉吉　正義曰孚于嘉
吉者嘉善也履中居正而処隨世尽隨時之義得物
之誠信故獲美善之吉也　上六拘係至上窮也

亨ハ許亮切　トヲルハ平　トシスハ去

正義曰最処上極是不隨從者也隨道已成而特不
從故須拘係之乃始從也維之王用亨于西山者若
欲維係此上六王者必須用兵通于西山險難之処
乃得拘係也山謂險阻兊処西方故謂西山令有不
從必須維係此乃王者必須用兵通於險阻之道非

拘

是意在好刑故曰王用享于西山象曰拘係之上窮者釈拘係之義所以須拘係者以其在上而窮極不肯随從故也

䷑ 巽下艮上　蠱元亨至後甲三日　正義曰蠱者事也有事営爲則大得亨通有爲之時利在拯難故利渉大川也先甲三日後甲三日者甲者創制之令既在有爲之時不可因仍旧令今用創制之令以治於人人若犯者未可即加刑罰以民未習故先此宣令之前三日殷勤而語之又於此宣令之後三日更丁寧而語之其人不從乃加刑罰也其褚氏何氏周氏等並同鄭義以爲甲者造作新令之日甲前三日取改過自新故用辛也甲後三日取丁寧之義故用丁

也今案輔嗣注甲者創制之令不云創制之日又巽卦九五先庚三日後庚三日輔嗣注申命令謂之庚輔嗣又云甲庚皆申命之謂則輔嗣不以甲為創制之日而諸儒不顧輔嗣注旨妄作異端非也

○彖曰蠱剛至天行也　正義曰剛上而柔下巽而止蠱者此釋蠱卦之名并明稱蠱之義也以上剛能制斷下柔能施令巽順止靜故可以有為也褚氏云蠱者惑也物既惑亂終致損壞當須有事也有為治理也故序卦云蠱者事也謂物蠱必有事非謂訓蠱為事義當然也蠱元亨而天下治者釋元亨之義以有為而得元亨是天下治理也利涉大川往有事也者釋利涉大川也蠱者有為之時拔拯危難往當有

事故利涉大川此則假外象以喻危難也先甲三日後甲三日終則有始天行者欲先甲三日後甲三日之義也民之犯令告之已終更後從始告之殷勤不已若天之行四時既終更復從春為始象天之行故云天行也　注蠱者至四時也　正義曰蠱者有事待能之時有物既蠱壞須有事営為所作之事非賢能不可故經云幹父之蠱幹則能也甲者創制之令者甲為十日之首創造之令為在後諸令之首故以創造之令謂之為甲故漢時謂令之重者謂之甲令則此義也創制不可責之以旧者以人有犯令而致罪者不可責之旧法有犯則刑故須先後三日殷勤語之使曉知新令而後乃誅之謂寬通責讓之

罪非專謂誅殺也　象曰山下至育德　正義曰
必云山下有風者風能搖動散布潤澤令山下有風
取君子能以恩澤下撫於民育養已德振民象山下
有風育德象山在上也　初六幹父至承考也
正義曰幹父之蠱者處事之首以柔之首以柔巽之
質幹父之事堪其任也有子考无咎者有子既能堪任
父事考乃无咎也以其處事之初若不堪父事則考有咎也
厲終吉者厲危也既為事初所以危也能堪其事所
以終吉也○象曰幹父之蠱意承考者釋幹父之蠱義
凡堪幹父事不可小大損益一依父命當量事制宜
以意承考而已對文父沒稱考若散而言之生亦稱
考若康誥（尚書篇名）云大傷厥考心是父在稱考此避幹父之

文故変云考也　九二幹母至中道也　正義
曰居内処中是幹母事也不可貞者婦人之性雖可
全正宜屈己剛不可固守貞正故云不可貞也象曰
得中道者釈幹母之蠱義雖不能全正猶不失在中
之道故云得中道也　九三幹父之至无咎也
正義曰幹父之蠱小有悔者以剛幹事而无其応故
小有悔也无大咎者履得其位故終无大咎也
六四裕父至未得也　正義曰裕父之蠱者体柔
当位幹不以剛而以柔和能容裕父之事也往見吝
者以其无応所往之処見其鄙吝故往未得也
六五幹父至以徳也　正義曰幹父之蠱用誉者
以柔処尊用中而応以此承父用有声誉象曰幹父

用譽承以德者釋幹父用譽之義奉承父事唯以中
和之德不以威力故云承以德也　○上九不事至
可則也　正義曰不事王侯高尚其事者最處事
上不復以世事爲心不係累於職位故不承事王侯
但自尊高慕尚其清虛之事故云高尚其事也○象曰
不事王侯志可則者釋不事王侯之義身既不事王
侯志則清虛高尚可法則

䷒兌下坤上　臨元亨至有凶　正義曰案序卦云臨
大也以陽之浸長其德壯大可以監臨於下故曰臨
也剛既浸長說而且順又以剛居中有應於外大得
亨通而利正也故曰元亨利貞也○至于八月有凶者
以物盛必衰陰長陽退臨爲建丑之月從建丑至于

八月建申之時三陰既盛三陽方退小人道長君子道消故八月有凶也以盛不可終保聖人作易以戒之也

彖曰臨剛至不久也

正義曰臨剛浸而長說而順者此釋臨義也揔諸卦之例說而順之下應以臨字結之此无臨字者以其剛中而應亦是臨義故不得於剛中之上而加臨也剛中而應大亨以正天之道者天道以剛居中而下與地相應使物大得亨通而利正故乾卦元亨利貞今此臨卦其義亦然故云天之道也至于八月有凶消不久也者證有凶之義以其陽道既消不可常久故有凶也但復卦一陽始復剛性尚微又不得其中故未有元亨利貞泰卦三陽之時三陽在下而成乾體乾下坤上象

天降下地升上〻下通泰物通則失正故不具四德
唯此卦二陽浸長陽浸壯大特得稱臨所以四德具
也然陽長之卦每卦皆應八月有凶但此卦名臨是
盛大之義故於此卦特戒之耳若以類言之則陽長
之卦至其終末皆有凶也　注八月至有凶
正義曰云八月者何氏云從建子陽生至建未為八
月褚氏云自建寅至建酉為八月今案此注云小人
道長君子道消宜據否卦之時故以臨卦建丑而至
否卦建申為八月也　象曰澤上至无疆　正義
曰澤上有地者欲見地臨於澤在上臨下之義故云
澤上有地也君子以教思无窮者君子於此臨卦之
時其下莫不喜說和順在上但須教化思念无窮已

也欲使教恒不絶也容保民无疆者容謂容受也保
安其民无有疆境象地之闊遠故云无疆也
初九咸臨至行正也　正義曰咸臨貞吉者咸感
也有應於四感之而臨志行得正故貞吉也象曰咸
臨貞吉志行正者釈咸臨貞吉之義四既履得正位
已往與之相應是已之志意行而皈正也　九二
咸臨至順命也　正義曰咸臨吉者咸感也有應
於五是感以臨而得其吉也无不利者二雖與五相
應二体是剛五体是柔兩雖相感其志不同若純用
剛往則五所不從若純用柔往又損已剛性必須商
量事宜有從有否乃得无不利也象曰未順命者釈
无不利之義未可盡順五命須斟酌事宜有從有否

故得无不利也則君臣上下獻可替否之義也
六三甘臨至不長也　正義曰甘臨者謂甘美諂
佞也履非其位居剛長之世而以邪説臨物故无攸
利也既憂之无咎者既盡也若能盡憂其危則剛不
害正故无咎也象曰既憂之咎不長者能盡憂其事
改過自脩其咎則止不復長久故无咎也　六四
至臨至位當也　正義曰至臨无咎者履順應陽
不畏剛長而已應之履得其位能盡其至極之善而
為臨故云至臨以柔不失正故无咎也象曰至臨无
咎位當者釋无咎之義以六四以陰所居得正柔不
為邪位當其處故无咎也　六五知臨至之謂也
正義曰知臨大君之宜吉者處於尊位履得其中能

納剛以禮用建其正不忌剛長而能任之故聰明者
竭其視聽知力者盡其謀能是知為臨之道大君之
所宜以吉也象曰大君之宜行中之謂者釈大君之
宜所以得宜者止由六五處中行此中知之行致得
大君之宜故言行中之謂也　上六敦臨至在内也
正義曰敦臨吉无咎者敦厚也上六處坤之上敦厚
而為臨志在助賢以敦為德故云敦臨吉雖在剛長
而志行敦厚剛所以不害故无咎也象曰敦臨之吉
志在内者釈敦臨吉之義雖在上卦之極志意恒在
於内之二陽意在助賢故得吉也

䷓ 坤下巽上　觀盥而不薦有孚顒若　正義曰觀者
王者道德之美而可觀也故謂之觀觀盥而不薦者

可觀之事莫過宗廟之祭盥其礼盛也薦者謂既灌之後陳薦籩豆之事其礼卑也今所觀宗廟之祭但觀其盥礼不觀在後籩豆之事故云觀盥而不薦也有孚顒若者孚信也但下觀此盛礼莫不皆化悉有孚信而顒然故云有孚顒若　注王道至顒若也

正義曰尽夫觀盛則下觀而化者觀盛謂觀盥礼盛則休而止是觀其大不觀其細此是下之效上因觀而皆化之矣故觀至盥則有孚顒若者顒是嚴正之貌若爲語辞言下觀而化皆孚信容貌儼然也

彖曰大觀至服矣　正義曰大觀在上者謂大爲在下所觀唯在於上由在上既貴故在下大觀今大觀在於上又順而和巽居中得正以觀於天下謂之

觀也此釈觀卦之名觀盥而不薦有孚顒若下觀而
化者釈有孚顒若之義本由在下觀效在上而変化
故有孚顒若也觀天之神道而四時不忒者此盛明
觀卦之義言觀盥与天之神道相合觀此天之神道
而四時不有忒変神道者微妙无方理不可知目不
可見不知所以然而然謂之神道而四時之節氣見
矣豈見天之所爲不知從何而来唯見四時流行不
有差忒故云觀天之神道而四時不忒也聖人以神
道設教而天下服矣者此明聖人用此天之神道以
觀設教而天下服矣天既不言而行不爲而成聖人
法則天之神道唯身自行善垂化於人不假言語教
戒不須威刑恐逼在下自然觀化服從故云天下服

矣
象曰風行至設教　正義曰風行地上者
風主號令行於地上猶如先王設教在於民上故云
風行地上觀也先王以省方觀民設教者以省視万
方觀看民之風俗以設於教非諸侯以下之所爲故
云先王也　初六童觀至小人道也　正義曰童
觀者處於觀時而最遠朝廷之美体是柔弱不能自
進无所鑒見唯如童稚之子而觀望也小人无咎君
子吝者爲此觀看趣在順從而已无所能爲於小人
行之纔得无咎若君子行之則鄙吝也　六二闚
觀至可醜也　正義曰闚觀利女貞者既是陰爻
又處在卦內性又柔弱唯闚竊而觀如此之事唯利
女之所貞非丈夫所爲之事也　注處在至可醜也

正義曰猶有應焉不爲全蒙者六二雖柔弱在内猶有九五剛陽與之爲應則微有開發不爲全是童蒙如初六也故能闚而外觀此童觀闚觀皆讀爲去聲也

六三觀我生進退　正義曰觀我生進退者我生我身所動出三居下體之極是有可進之時又居上體之下復是可退之地遠則不爲童觀近則未爲觀國居在進退之處可以自觀我之動出也故時可則進時不可則退觀風相幾未失其道故曰觀我生進退也道得名生者道是開通生利萬物故繫辭云生生之謂易是道爲生也

六四觀國至尚賓也

正義曰觀國之光利用賓于王者最近至尊是觀國之光利用賓于王者居在親近而得其位明習國之

礼儀故宜利用賓于王庭也○象曰觀国之光尚賓者

釈觀国之光義以居近至尊之道志意慕尚為王賓

也 ○九五觀我生君子至觀民也 正義曰九

五居尊為觀之主四海之内由我而化我教化善則

天下有君子之風教化不善則天下著小人之俗故

觀民以察我道有君子之風著則无咎也故曰觀我

生君子无咎也○象曰觀我生觀民者謂觀民以觀我

故觀我即觀民也 ○上九觀其生至未平也

○正義曰觀其己之道故云觀其生也君子无咎者既居

天下觀其生者最処上極高尚其志生亦道也為

天下可觀之地可不慎乎故君子謹慎乃得无咎也

○象曰觀其生志未平者釈觀其生之義以特処異地

爲危所觀不爲平易和光流通志未与世俗均平世
无危懼之憂我有符同之慮故曰志未平也　○注觀
我至動出也　○正義曰生猶動出者或動或出是
生長之義也故云生猶動出六三九五皆云觀我生
上九云觀其生此等云生皆爲動出故於卦末注總
明之也

䷔ 震下離上　噬嗑亨利用獄　正義曰噬嗑亨者噬
齧也嗑合也物在於口則隔其上下若齧去其物上
下乃合而得亨也此卦之名假借口象以爲義以喻
刑法也凡上下之間有物間隔當須用刑法去之乃
得亨通故云噬嗑亨也利用獄者以刑除間隔之物
故利用獄也　○彖曰頤中至用獄也　正義曰

頤中有物曰噬嗑者此釈噬嗑名也案諸卦之彖先
標卦名乃後言曰某卦曰同人曰大有曰小畜之類
是也此發首不疊卦名者義由隱者先出卦名後
更以卦名結之若其義顯露則不先出卦名則此頤
中有物曰噬嗑之類其事可知故不先出卦名此乃
夫子因義理文勢隨義而發不爲例也噬嗑而亨者
釈亨義由噬嗑而得亨也剛柔分動而明雷電合而
章者釈利用獄之義剛柔既分不相溷雜故動而顯
明也雷電既合而不錯乱故事得彰著明而且著雷
以斷獄剛柔分謂震剛在下離柔在上剛柔云合雷
電云合者欲見明之与動各是一事故剛柔云分也
明動雖各一事相須而用故雷電云合但易之爲体

取象既多若取分義則云震下離上若取合義則云離震合體共成一卦也此釋二象利用獄之義也剛柔得中而上行雖不當位利用獄者此釋爻有利用獄之義陰居五位是柔得中也而上行者既居上卦意在向進故云上行其德如此雖不當位者所居陰位猶利用獄也　注剛柔至之義　正義曰雷電並合不乱乃章者象文唯云雷電合注云不乱乃章者不乱之文以其上云剛柔分ゝゝゝ則是不乱故云雷電並合不乱乃章也　注謂五至用獄也

正義曰凡言上行皆所之在貴者輔嗣此注恐畏之適五位則是上行故於此明之凡言上行但所之在進皆曰上行不是唯向五位乃稱上行也故謙卦彖

䷨損　注云陽上陰説而順損下益上上行之義也

彖云地道卑而上行坤体在上故惣云上行不止五
也又損卦彖云損下益上曰上行是減下而益上卦
謂之上行是亦不独五也然則此云上行及晉卦彖
云上行既在五位而又称上行則似若王者雖見在
尊位循意在欲進仰慕三皇五帝可貴之道故称上
行者也　彖曰雷電至勑法　正義曰雷電噬嗑
者但噬嗑之象其象在口雷電非噬嗑之体但噬嗑
象外物既有雷電之体雷電欲取明罰勑法可畏
之義故連云雷電也　初九屨校至不行也
正義曰屨校滅趾者屨謂著而屨踐也校謂所施之
械也処刑之初居无位之地是受刑之人非治刑之
主凡過之所始必始於微積而不已遂至於著罰之

所始必始於薄刑薄刑之不已遂至於誅在刑之初
過輕戮薄必校之在足為懲誡故不復重犯故校
三在足已没其趾桎其小過誡其大惡過而能改乃
是其福雖復滅趾可謂无咎故言屨校滅趾无咎也
象曰屨校滅趾不行者釈屨校滅趾之義猶著校滅
没其趾也小懲大誡故罪過止息不行也　六二
噬膚至乗剛也　正義曰噬膚滅鼻者六二処中
得位是刑者所刑中當故曰噬膚ゝ是柔脆之物
以喻服罪受刑之人也乗剛而刑未盡順道噬過其
分故至滅鼻言用刑大深也无咎者用刑得其所疾
謂刑中其理故无咎也象曰乗剛者釈噬膚滅鼻之
義以其乗剛故用刑深也　六三噬腊至不當也

正義曰噬腊肉者腊是堅剛之肉也毒者苦惡之物
也三處下體之上失正刑人〻〻不服若齧其腊肉
非但難齧亦更生怨咎猶噬腊而難入復遇其毒味
然也三以柔不乘剛刑不侵順道雖有遇毒之吝於
德亦无大咎故曰噬腊肉遇毒小吝无咎象曰位不
當者謂爻位不當也　九四噬乾胏至未光也
正義曰噬乾胏者乾胏是臠肉之乾者履不獲中居
非其位以斯治物〻亦不服猶如噬乾胏然也得金
矢者金剛也知直也雖刑不能服物而能得其剛直
也利艱貞吉者即得剛直利益艱難安貞正之吉猶
未能光大通理之道故象云未光也　六五噬乾
肉至得當也　正義曰噬乾肉者乾肉堅也以陰

處陽以柔乘剛以此治罪於人〻亦不服如但噬乾肉也得黄金者黄中也金剛也以居於中是黄也以柔乘剛是金也既中而行剛能行其戮剛勝者也故曰得黄金也貞厲无咎者已雖不正形戮得當故雖貞正自危而无咎害位雖不當而用刑得當故象曰得當也

上九何校至不明也　正義曰何校滅耳凶者何謂擔荷（何印本）處罰之極惡積不改故罪及其首荷擔枷械滅沒於耳以至誅殺以其聰之不明積惡致此故象云聰不明也

注處罰至甚焉　正義曰罪所以懲者言其惡積既深尋常刑罰非能懲誡非故云罪非所懲也及首非誡滅耳非懲者若罪未及首猶可誡懼歸善也罪已及首性命將盡非復可誡

故云又首非誡也校既滅耳將欲刑殺非可懲改
故云滅耳非懲也

䷕ 離下震上 賁亨小利有攸往　正義曰賁飾也以
剛柔二象交相文飾也賁亨者以柔來文剛而得亨
通故曰賁亨也小利有攸往者以剛上文柔不得中
正故不能大有所往故云小利有攸往也　彖曰
賁亨至天下　正義曰賁亨柔來而文剛故亨者
此釋賁亨之義不直言賁連云賁亨者由賁而致亨
事義相連也若大哉乾元以元連乾者也柔來而文
剛故亨柔來文剛以文相飾是賁義也相飾即有爲
亨故云賁亨〻之下不重以賁字結之者以亨之與
賁相連而釋所以亨下不得重結賁字分剛上而文

柔故小利有攸往者釈小利有攸往義乾体在下今
分乾之九二上向文飾坤之上六是分剛上而文柔
也棄此九二之中往居无位之地棄善從悪往无大
利故小利有攸往也天文也者天之爲体二象剛柔
〻〻文錯成文是也文明以止人文者文明離天文
也以止艮也用此文明之道裁止於人是人之文德
之教此賁卦之象既有天文人文欲廣美天文人文
之義聖人用之以治於物也觀乎天文以察時変者
言聖人當觀視天文剛柔交錯相飾成文以察四時
変化若四月純陽用事陰在其中靡草死也十月純
陰用事陽在其中薺麥生也是觀剛柔而察時変也
觀乎人文以化成天下者言聖人觀察人文則詩書

礼楽之謂當法此教而化成天下也　注坤之上
六至之義也　正義曰坤之上六何以来居二位
不居於初三乾之九二何以分居上位不居於五者
乾性剛亢故以己九二上居坤極坤性柔順不爲物
首故以己上六下居乾之二位也且若柔不分居乾
二剛不分居坤極則不得文明以止故也又陽本在
上陰本在下應分剛而下分柔而上何因分剛向上
分柔向下者今謂此本泰卦故也若天地交泰則剛
柔得交若乾上坤下則是天地否閉剛柔不得交故
分剛而上分柔而下也　象曰山下至折獄　正
義曰山下有火賁者欲見火上照山有光明文飾也
又取山含火之光明象君子内含文明以理庶政故

云山下有火賁也以明庶政者用此文章明達以治
理庶政也无敢折獄者勿得直用果敢折斷訟獄
初九賁其趾至弗乘也　正義曰賁其趾舍車而
徒者在賁之始以剛處下居於无位之地乃棄於不
義之車而從有義之徒步故云舍車而徒以其志行
高絜不苟就輿乘是以義不肯乘故象云義弗乘也
六二賁其須至上興也　正義曰賁其須者須是
上附於面六二當上附於三若似賁飾其須也循其
所履以附於上与上同爲興起故象云与上興也
九三賁如濡如至之陵也　正義曰賁如濡如者賁
如華飾之貌濡如潤澤之理居得其位与二相比和
合文飾而有潤澤故曰賁如濡如其義如此長保貞

吉物莫之陵故象云永貞之吉終莫之陵也　六四賁如至无尤也　正義曰賁如皤如者皤是素白之色六四有應在初欲往從之三為已難故已猶豫或以文飾故賁如也或以質素故皤如也白馬翰如者但鮮絜其馬其色翰如徘徊待之未敢輒進也匪寇婚媾者若非九三為已寇害得與初為婚媾也象曰六四當位疑者以其當位得與初為應但礙於三故遲疑也若不當位則與初非應何須欲往而致遲疑也匪寇婚媾終无尤者釋匪寇婚媾之義若得匪有寇難乃為婚媾則終无尤過若犯寇難而為婚媾則終有尤也　六五賁于丘園　正義曰賁于丘園者是質素之處六五處得尊位為丘園

飾之主若能施飾在於質素之處不花侈費用則所束之帛戔戔衆多也吝終吉者初時儉約故是其吝也必儉約之吝乃得終吉而有善也故象云六五之吉有喜也　注處得至終吉也　正義曰為飾之主飾之盛者若宮室輿服之屬五為飾主若施設華飾在於輿服宮館之物則大道損害也施飾丘園盛莫大焉者丘謂丘墟園謂園圃唯草木所生是質素之處非花美之所若能施飾每事質素与丘園相似盛莫大焉故賁于束帛丘園乃落者束帛賤物也舉束帛言之則金銀珠玉之等皆是也若賁飾於此束帛弥室則質素之道乃損落故云丘園乃落也賁于丘園帛乃戔戔者設飾在於丘園質素之所則不

靡費財物束帛乃戔戔衆多也謂儒以爲若賁飾束
帛不用聘士則丘園之士乃落也若賁飾丘園之士
与之故束帛乃戔戔也諸家注易多爲此解但今案
輔嗣之注全无聘賢之意且爻之与象亦无待士之
文輔嗣云用莫過儉泰而能約故必吝焉乃得終吉
此則普論爲国之道不尚華侈而貴儉約也若從先
漢聘隠士或乃用玄纁蒲輪駟馬豈止束帛之
間而云儉約之事今觀注意故爲此此解耳　上九
白賁至得志也　正義曰白賁无咎者處飾之終飾
終則反素故任其質素不労文飾故曰賁无咎也白
守志任真得其本性故象云上得志也言居上得志
師唯用束帛招聘丘園以儉約待賢豈其義也所以

也

䷖ 坤下艮上　剝不利有攸往　正義曰剝者剝落也

今陰長變剛剛陽剝落故稱剝也小人既長故不利

有攸往也　彖曰剝剝也至天行也　正義曰

剝剝也者釋剝卦名爲剝不知何以稱剝故釋云剝者

解剝之義是陰長解剝於陽也柔變剛者釋所以此

卦名剝之意也不利有攸往小人長也者此釋不利

有攸往之義以小人道長世既闇亂何由可進往則

遇災故不利有攸往也順而止之觀象者明在剝之

時世既无道君子行之不敢顯其剛直但以柔順止

約其上唯望君上形象量其顏色而止也君子尚消

息盈虛天行也者解所以在剝之時順而止之觀其顏

危形象者須量時制変随物而動君子通達物理貴尚消息盈虚道消之時行消道也道息之時行息道也在盈之時行盈道也在虚之時行虚道也若值消虚之時存身避害危行言遜也若值盈息之時極言正諫建事立功也天行謂逐時消息盈虚乃天道之所行也春夏始生之時則天氣盛大秋冬嚴殺之時天氣消滅故云天行也　注坤順至所尚也

正義曰非君子之所尚者不逐時消息盈虚於无道之時剛亢激拂觸忤以隕身身既傾隕功又不就非君子之所尚也　象曰山附至安宅　正義曰山附於地剥者山本高峻今附於地即是剥落之象故云山附於地剥也上以厚下安宅者剥之爲義從

下而起故在上之人當須豐厚於下安物之居以防
於剝也　初六剝牀至以滅下也　正義曰剝牀
以足者牀者人之所以安処也在剝之初剝道從下
而起剝牀之足言牀足以剝也下道始滅也蔑貞凶

蔑莫結切

者蔑削也貞正也下道既滅則以侵削其貞正所以
凶也象曰剝牀以足以滅下者釋剝牀以足之義牀
在人下足又在牀下今剝牀之足是尽滅於下也
六二剝牀以辨至有与也　正義曰剝牀以辨者
辨謂牀身之下牀足之上足与牀身分辨之処也今
剝落侵上乃至於辨是漸近人身故云剝牀以辨也
蔑貞凶者蔑削也削除中正之道故凶也初六蔑貞
但小削而已六二蔑貞是削之甚極故更云蔑貞凶

也長此陰柔削其正道以此為德則物之所棄故象云未有与也言无人与助之也　注蔑猶至所棄也　正義曰蔑猶甚極之辞者初既称蔑二又称蔑上復蔑此為蔑甚極故云蔑猶甚極之辞也蔑謂微蔑物之見削則微蔑也故以蔑為削稍近於牀轉欲滅物之所処者物之所処謂牀也今剥道既至於辨在牀體下畔之間是將欲滅牀故云轉欲滅物之所処也　六三剥之至上下也　正義曰六三与上九為應雖在剥陽之時独能与陽相應雖失位処剥而无咎也象曰剥之无咎失上下者釈所以无咎之義上下群陰皆悉剥陽也己獨能違失上下之情而往應之所以无咎也　六四剥牀至近災也

正義曰剝牀以膚者四道浸長剝牀已盡乃至人之
膚体物皆失身所以凶也○象曰切近災者其災已至
故云切近災也　○六五貫魚至无尤也　正義
曰貫魚以宮人寵者處得尊位爲剝之主剝之爲害
小人得寵以消君子貫魚者謂衆陰也駢頭相次似
若貫穿之魚此六五若能處待衆陰但以宮人之寵
相似宮人被寵不害正事則終无尤過无所不利故
云无不利故象云終无尤也
上九碩果至不可用也　正義曰碩果不食者處
卦之終獨得完全不被剝落猶如碩大之果不爲人
食也君子得輿者若君子而居此位能覆蔭於下使
得全安是君子居之則得車輿也若小人居之下无

庇蔭在下之人被剝徹廬舍也象曰君子得輿民所
載者釋得輿之義若君子居處此位養育其民〻所
仰載也小人剝廬終不可用者若小人處此位爲君
剝徹民之廬舍此小人終不可用爲君也

周易正義卷第五

周易正義卷第六

國子祭酒上護軍曲阜縣開國子臣孔穎達奉　勅撰

䷗震下坤上

復亨至攸往　正義曰復亨者陽氣反復而得亨通故云復亨也出入无疾者出則剛長入則陽反理會其時故无疾病也朋來无咎者朋謂陽也反復在陽明聚而來則无咎也若非陽在來則有咎以其在陽之來故无咎也反復其道七日來復者欲使反之與復而得其道不可過遠唯七日則來復乃合於道也利有攸往者以陽氣方長往則小人道消故利有攸往也

彖曰復亨至之心乎　正義曰復亨者以陽復則亨故以亨連復而釈之也剛反動而以順行者既上釈復亨之義又下釈出入无疾

明来无咎之理故云是以出入无疾明来无咎也反復其道七日來復天行者以天行將反復其道七日来復之義言反之與復得合其道唯七日而来復不可久遠也此是天之所行也天之陽氣絶滅之後不過七日陽氣復生此乃天之自然之理故曰天行也利有攸往剛長者以剛長將利有攸往之義也復其見天地之心乎者此贊明復卦之義天地養万物以靜爲心不爲而物自爲不生而物自生寂然不動此天地之心也此復卦之象動息地中雷在地下息而不動靜寂之義與天地之心相似觀此復象乃見天地之心也天地非有主宰何得有心以人之心託天地令示法爾 注陽氣至凡七日 正義曰陽

氣始剥盡謂陽氣始於剥盡之後至陽氣来復時凡
經七日觀注之意陽氣從剥盡之後至於反復凡經
七日其注分明如褚氏荘氏并云五日一陰生至十
一月一陽生凡七月而云七日不云月者欲見陽長
須速故變月言日今輔嗣云剥盡至来復是從盡至
来復經七日也若從五月言之何得云始盡也又臨
卦亦是陽長而言八月今復卦亦是陽長何以獨變
月而稱七日觀注之意必謂不然亦用易緯六日七
分之義同鄭康成之說但於文省畧不復具言案易
緯稽覽圖云卦氣起中孚故離坎震兌各主其一方
其餘六十卦々有六爻々别主一日凡主三百六十
日餘有五日四分日之一者每日分爲八十分五日

分爲四百分四分日之一又爲二十分是四百二十分六十卦分之六七四十二卦別各得七分是每卦得六日七分也剥卦陽氣之盡在於九月之末十月當純坤用事坤卦有六日七分坤卦之盡則復卦陽來是從剥盡至陽氣來復隔坤之一卦六日七分舉成數言之故輔嗣言凡七日也反復者則出入之義反謂入而倒反復謂既反之後復而向上也

注復者至是存矣　正義曰復者反本之謂也者往前離本處而去今更反於本處是反本之謂也天地以本爲心者本謂靜也言天地寂然不動是以本爲心者也凡動息則靜靜非對動者也天地之動靜爲其本動爲其末言靜時多也動時少也若暫時而

動止息則歸靜是靜非對動言靜之為本自然而有
非對動而生靜故曰靜非對動者也語息則默非
對語者語則口之動默則口之靜是不語之時恒常
默皆是對語有默以動靜語默而无別體故云非非
對也云天地雖大富有万物雷動風行運化万變者
此言天地之動也言寂然至无是其本矣者凡有二
義一者万物雖運動於外而天地寂然至无於其内
也外是其末内是其本言天地无心也二者雖雷動
風行千化万變若其雷風止息運化停住之後亦寂
然至无也若其以有為心則異類未獲具存者凡以
无為心則物我齊致親疏一等則不害異類彼此獲
寧若其以有為心則我之自我不能普及於物之

自物不能普賴於我物則被害故未獲具存
象曰雷在至省方　　正義曰雷在地中復者雷是
動物復卦以動息為主故曰雷在地中先王以至日
閉關者先王象此復卦以二至之日閉塞其關也商
旅不行於道路也后不省方者方事也后不省視其
方事也以地掩閉於雷故閉門掩閉商旅不行君后
掩閉於事皆取動息之義　注方事至无事也
正義曰方事者恐方是四方境域以方為事也言故
至日不但不可出行亦不可省視事也冬至陰之復
夏至陽之復者復謂反本靜為動本冬至一陽生是
陽動用而陰復於靜也夏至一陰生是陰動用而陽
復於靜也動復則靜行復則止事復則无事者動而

反復則皈靜行而反復則歸止支而反復則皈于无
更也
初九不遠至脩身也
正義曰不遠復
者最處復初是始復者也既在陽復即能從而復之
是迷而不遠即吉能復也无祗悔元吉者韓氏云祗大
也既能速復是无大悔所以大吉象曰不遠之復以
脩身者欲不遠之復也所以不遠速復者以能脩正
其身有過則改故也
六二休復至下仁也
正義曰休復吉者得位處中最比於初陽為仁行己
在其上附而順之是降下於仁是休美之復故云休
復吉也以其下仁所以吉也故象云休復之吉以下
仁也
六三頻復至无咎也
正義曰頻復者
頻謂頻蹙六三處下體之上去復稍遠雖勝於上六

迷復猶頻蹙而復々道冝速謂蹙而求復也去復猶
近雖有危厲於義无咎故象云義无咎也　注頻
々至難保　正義曰義雖无咎它來難保者去復
未甚大遠於義雖復无咎謂以道自守得无咎也若
自守之外更有它意而來則難可保此无咎之吉也
所以象云義无咎守常之義得无咎也　六四中
行至從道也　正義曰中行獨復者處於上卦之
下上下各有二陰己獨應初居在衆陰之中故云中
行獨自應初故云獨復從道而歸故象云以從道也
六五敦復至自考也　正義曰敦復无悔者處坤
之中是敦厚於復故云敦復既能履中又能自考成
其行既居敦厚物无所怨雖不及六二之休復猶得

无於悔吝故云无悔也象曰敦復无悔中以自考者
釋无悔之義以其處中能自考成其身故无悔也
○上六迷復至君道也　○正義曰迷復凶者最處復
後是迷闇於復以迷求復所以凶也有災眚者闇於
復道必无福慶唯有災眚也用行師終有大敗者所
爲既凶故用之行師必无克勝唯終有大敗也以其
國君凶者以用此迷復於其國内則反違君道
所以凶也至于十年不克征者師敗國凶量斯形勢
雖至十年猶不能征伐以其迷闇不復而反違於君
道故象云迷復之凶反君道也

䷘　震下乾上　无妄元亨至攸往　正義曰无妄者以
剛爲内主動而能健以此臨下物皆无敢詐僞虚妄

俱行實理所以大得亨通利於貞正故曰元亨利貞也其匪正有眚不利有攸往者物既无妄當以正道行之若其匪依正道則有眚災不利有所往也

彖曰无妄至行矣哉　正義曰剛自外來而爲主於内動而健者以此卦象釋能致无妄之義以震之剛從外而來爲主於内震動而乾健故能使物无妄也剛中而應者明爻義能致无妄九五以剛處中六二應之是剛中而應剛中則能制斷虛實有應則物所順從不敢虛妄也大亨以正天之命者釋元亨利貞之義威剛方正私欲不行何可以妄此天之教命也以天道純陽剛而能健是乾德相似故云天之命也既是大命豈可犯乎其匪正有眚不利有攸往无

妄之往何之矣者此釈匪正有眚不利有攸往之義也无妄之往何之矣上之是語辞下之是適也身既非正在无妄之世欲有所往何所之適矣故云无妄之往何之矣天命不祐行矣哉者身既非正欲有所往犯違天命則天命不祐助也必竟行矣哉言終竟行此不祐之事也　正義曰云使有妄之道滅无妄之道成者妄謂虚妄矯詐不循正理若无剛中之主柔弱邪僻則物皆詐妄是有妄之道興也今遇剛中之主威嚴剛正在下畏威不敢詐妄是有妄之道滅无妄之道成　注匪正至竟矣哉　正義曰竟矣哉者竟謂終竟言天所不祐終竟行矣哉　彖曰天下至万物　正義曰

天下雷行者雷是威恐之聲今天下雷行震動万物
々皆驚肅无敢虚妄故云天下雷行物皆无妄也先
王以茂對時育万物者茂盛也對當也言先王以此
无妄盛叉當其无妄之時育養万物也此唯王者其
德乃尒耳非諸侯已下所能故不云君子而言先王也
案諸卦之象直言兩象即以卦名結之若雷在地中
復今无妄應云天下雷行无妄今云物与无妄者欲
見万物皆无妄故加物与二字也其餘諸卦未必万
物皆与卦名同義故直顯象以卦結之至如復卦唯
陽気復非是万物皆復举復一卦餘可知矣
初九无妄往吉　正義曰无妄往吉者體剛
居下以貴下賤所行教化不為妄動故往吉而得志也

六二不耕至未富也　正義曰不耕穫不菑畬者六二處中得位盡於臣道不敢創首唯守其終猶若田農不敢發首而耕唯在後穫刈而已不敢菑發新田唯治其畬熟之地皆是不爲其初而成其末猶若爲臣之道不爲事始而代君有終也則利有攸往若爲臣如此則利有攸往若不如此則往而无利也象曰不耕穫未富也者釋不耕而穫之義不敢前耕但守後穫者未敢以耕之與穫但爲己事唯爲後穫不敢先耕事既闕初不擅其美故云未富也

六三无妄之災至人災也　正義曰无妄之災或繫之牛行人之得邑人之災者无妄之世邪道不行六三陰居陽位失其正道行違謙順而乖臣範故无妄之

所以爲災矣牛者稼穡之資六三僭爲耕事行唱始之道而爲不順王事之行故有司或繫其牛制之使不妄造故曰或繫之牛也行人者有司之義也有司繫得其牛是行人制之得功故曰行人之得彼居三者是處邑之人僭爲耕事受其災罰故曰行人之得邑人之災也○象曰行人得牛邑人災也者釋行人之得義也以行人所得謂得牛也此則得牛彼則爲災故云是人災也

○九四可貞至有之也　正義曰可貞无咎者以陽居陰以剛乘柔履於謙順上近至尊可以任正固有所守而无咎故曰可貞无咎也象曰可貞无咎固有之也者釋可貞无咎之義所以可執貞正言堅固有所執守故曰无咎也

○九五无妄至不可試也　正義曰无妄

之疾者，凡禍疾所起，由有妄而來。今九五居得尊位，爲无妄之主，下皆无妄，而偶然有此疾害，故云无妄之疾也。勿藥有喜者，若疾自己招，或寒暑飲食所致，當須治療。若其自然之疾，非己所致，疾當自損，勿須藥療而有喜也。此假病象以喻人事，猶若人主而剛正自脩，身无虚妄，下亦无虚妄，而遇逢凶禍，若堯湯之厄，災非己招，但順時脩德，勿須治理，必欲除去，不勞煩天下，是有喜也。然堯遭洪水，使鯀禹治之者，雖知災未可息，必須順民之心。鯀之不成，以災未息也；禹能治救，災欲盡也，是亦自然之災，勿藥有喜之義也。○象曰无妄之藥不可試也者，解勿藥有喜之義。若有妄致疾，其藥可用；若身既无妄，自然致疾，其藥不可試也若其試之恐更益疾也言非妄有災不可治也若必欲治之則勞煩於下害更甚也此非直施於人主至於凡人之事亦皆然也若已之无罪忽逢禍患此乃自然之理不須憂勞救護亦恐反傷其性

○上九无妄行至之災也　○正義曰處不可妄之極唯宜靜保其身若動行必有災眚无所利也位處窮極動則致災故象云无妄之行窮之災也

䷙乾下艮上　大畜利貞至大正　正義曰謂之大畜者乾剛上進艮止在上止而畜之能畜止剛健故曰大畜彖云能止健大正也是能止健故為大畜也小畜則巽在乾上以其巽順不能畜止乾之剛故云小畜也此則艮能止之故為大畜也利貞者人能止健

非正不可故利貞也不家食吉者已有大畜之資當須養贍賢人不使賢人在家自食也如此乃吉也利涉大川者豊財養賢應於天道不憂險難故利涉大川

彖曰大畜至應乎天也　正義曰言大畜剛健篤實者此釋大畜之義剛健謂乾也乾體剛性健故言剛健也篤實謂艮也艮體靜止故稱篤實也輝光日新其德者以其剛健篤實之故故能輝耀光榮日日增新其德若无剛健則劣弱也必既厭而退若无篤實則虛薄也必既榮而隕何能久有輝光日新其德乎剛上而尚賢者剛上謂上九也乾剛向上上九不距是貴尚賢也能止健大正也者釋利貞義所以艮能止乾之健者德能大正故能止健也不家食吉養

賢者釋不家食吉所以不使賢者在家自食而獲吉
也以在上有大畜之實養此賢人故不使賢者在家
自食也利涉大川應乎天者以貴尚賢人大正應天
可踰越險難故利涉大川也　注凡物至篤實
正義曰凡物既厭而退者弱也者釋經剛健也若不
剛健則見厭被退能剛健則所為日進不被厭退也
既榮而隕者薄也者釋經篤實也凡物暫時榮花而
即隕落者由體質虛薄也若能篤厚充實則恒保榮
義不有隕落也　注謂上至之謂也　正義曰
謂上九也者言上九之位見乾之上進而不距逆是
貴尚賢也處上而大通者釋上九何天之衢亨是處
上通也既處於上下應於天有大通之德也剛來而

不距爲以有大通既見乾來而不距逆是尚賢之義也　注有大畜至大川也　正義曰尚賢制健爲謂上九剛來不距尚賢也謂也艮能畜剛制健之謂也故上注云剛上而尚賢王注云謂上九也又云能止健大正也王注云健莫過乾而能止之非夫大正未之能也則是全論艮體明知尚賢謂上九也制健謂艮體也大正應天爲謂艮也故前文云能止健大正也止健是艮也應天爲上體之艮應下體之乾故稱應天也此取上卦下卦而相應非謂一陰一陽而相應也

象曰天在至其德　正義曰天在山中爲欲取德積於身中故云天在山中也君子以多識前言往行以畜其德爲君子則此大畜物既大

畜作亦大畜故多記識前代之言往賢之行使多聞
多見以畜積己德故云以畜其德也　○注物之至
於此也　○正義曰物之可畜於懷令其道德不有
棄散者唯貯藏前言往行於懷可以令德不散也唯
此而已故云尽於此也　○初九有厲至犯災也
○正義曰有厲利已者初九雖有應於四四乃抑畜於
己己今若往則有危厲唯利休已不須前進則不犯
禍災也故象云不犯災也　○九二輿說至无尤也
○正義曰九二雖与六五相應五處畜盛未可犯也若
遇斯而進則輿說其輹車破敗也以其居中能遇難
而止則无尤過故象云中无尤也以其居中能自止
息故无尤也此輿說輹亦假象以明人事也此

九三良馬至舍志也　正義曰九三良馬逐者初二之進值於畜盛不可以升至於九三升于上九而上九處天衢之亨塗徑大通進无違距故九三可以良馬馳逐也利艱貞者復當其位進得其時在乎通路不憂險厄故宜利艱難而貞正也若不值此時雖平易守正而尚不可况艱難而欲行正乎曰閑輿衛者進得其時涉難无患雖曰有人欲閑閡車輿乃是防衛見讓也故云曰閑輿衛也利有攸者與上合往志利有所往故象曰上合志也

六四童牛至有喜也

> 參義
> 童者未角之稱
> 牿施橫木於牛角以防其觸云云

正義曰童牛之牿者處艮之始履得其位能抑止剛健之初距此初九不須用角故用童牛牿止其初也元吉者柔以止剛剛不敢犯以息彊爭所

豶音焚　又符云切

以大吉而有喜也故象云元吉有喜也　○六五豶豕之牙
豕至有慶也　○正義曰豶豕之牙者豕牙謂九二也二既剛陽似豕牙之横猾九二欲進此六五處得尊位能豶損其牙故云豶豕之牙柔能制剛禁暴抑盛所以吉也非唯独吉乃終久有慶故象云六五之吉有慶也　○注豕牙至有慶也　正義曰能豶其牙者觀注意則豶是禁制損去之名褚氏云豶除也除其牙也然豶之為除尒雅无訓案尒雅云豶大防則豶是隄防之義此豶其牙謂防止其牙古字假借雖豕傍土邊之異其義亦通豶其牙謂止其牙也

○上九何天至大行也　○正義曰何天之衢亨者何謂語辭猶云何畜也處畜極之時更何所畜乃天之

衢亨无所不通也故象云何天之衢道大行也何氏
云天衢既通道乃大亨

䷚ 震下艮上　頤貞吉至口實　正義曰頤貞吉者於
頤養之世養此貞正則得吉也觀頤者頤養也觀此
聖人之所養物也自求口實者觀其自養求其口中
之實也　彖曰頤貞至大矣哉　正義曰頤貞
吉養正則吉者釈頤貞吉之義頤養也貞正也所養
得正則有吉也其養正之言乃兼二義一者養此賢
人是其養正故下云聖人養賢以及万民二者謂養
身得正故象云慎言語節飲食以此言之則養正之
文兼養賢及自養之義也觀頤觀其所養也者釈觀
頤之義也言在下觀視在上頤養所養何人故云觀

頤觀其所養也自求口實觀其自養者釋自求口實
之義也謂在下之人觀此在上自求口中之實是觀
其自養則是在下觀上乃有二義若所養是賢及自
養有節則是其德盛也若所養非賢及自養乖度則
其德惡也此卦之意欲使所養得也不欲所養失也
天地養萬物者自此已下廣言頤卦所養事大故云
天地養萬物也聖人養賢以及萬民者先須養賢乃
得養民故云養賢以及萬民也聖人但養賢人使治眾
眾皆獲安有如虞舜五人周武十人漢帝張良齊君
管仲此皆養得賢人以爲輔佐政治世康兆庶咸說
以此則聖人養賢以及萬民之義也頤之時大矣哉者
以彖釋頤義於理既盡更無餘意故不云義所以直

六人謂禹稷契皐陶伯益南宮适也十人謂周公旦召公奭大公望畢公榮公大顛閎夭散宜生南宮适其餘一人謂文母也

言頤之時大矣哉以所養得廣故云大矣哉
象曰山下至飲食　正義曰山止於上雷動於下
頤之爲用下動上止故曰山下有雷頤人之開發言
語咀嚼飲食皆動頤之事故君子觀此頤象以謹慎
言語裁節飲食先儒云禍從口出患從口入故於頤
養而慎節也
初九舍爾至不足貴也　正義
曰舍爾靈龜觀我朶頤凶者靈龜謂神靈明鑒之龜
兆以諭己之明德也朶頤謂朶動之頤以嚼物諭貪
惏以求食也初九以陽處下而爲動始不能使物賴
己而養而更自動求養是舍其靈龜之明兆觀我朶
頤而躁求是損己廉靜之德行其貪竊之情所以凶
也不足可貴故象云亦不足貴也　注朶頤至甚焉

惏盧含切　惏貪也亦作婪方言殺人而得其財曰婪

正義曰朶頤者嚼也朶是動義如手之捉物謂之朶也今動其頤故知嚼也不能令物由己養而若道德弘大則己能養物是物由己養今身处无位之地又居震動之始是動而自求養也離其致養之至道闚我寵祿而競進者若能自守廉靜保其明德則能致君上所養今不能守廉靜是離其致養之至道反以求其寵祿而競進也

六二顛頤至失類也

正義曰顛倒也拂違也經義也丘所居之常处也六二处下體之中无應於上反倒下養初故曰顛頤下當奉上是義之常处也今不奉於上而反養於下是違此經義於常之处故云拂經於丘也頤征凶者征行也若以此而養所行皆凶故曰頤征凶也象曰六

二征凶行失類也者頤養之躰類皆養上也今此独
養下是所行失類也　六三拂頤貞凶
義曰拂頤貞凶者拂違也履夫不正以養上九是自
納於上以諂媚者也違養正之義故曰拂頤貞而有
凶也為行如此雖至十年猶勿用而見棄也故曰十
年勿用立行於此故无所利也象曰十年勿用道大
悖也者釋十年勿用之義以其養上以諂媚則於正道
大悖乱解十年勿用見棄也　六四顛頤吉上施
光也　正義曰顛頤吉者躰屬上体居得其位而
應於初以上養下得養之宜所以吉也虎視耽耽者
以上養下不可褻瀆恒如虎視耽耽然威而不猛也
其欲逐逐者既養於下不可有求其情之所欲逐逐

然尚於敦實也无咎者若能虎視眈眈其欲逐逐雖
復顛頤養下則得吉而无咎也○象曰顛頤之吉上施
光者釋顛頤吉之義上謂四也下養於初是上施也
能威而不猛如虎視眈眈又寡欲少求其欲逐逐能
為此二者是上之所施有光明也然六二顛頤則為
凶六四顛頤得為吉者六二身処下体而又下養所
以凶也六四身処上体又應於初陰而應陽又能威
嚴寡欲所以吉也　○注体屬至爲威矣　○正義曰
觀其自養則履正者以陰處陰四自処其身是觀其
自養則能履正道也察其所養則養陽者六四下養
於初是觀其所養初是陽爻則能養陽也　○六五
拂經至從上也　○正義曰拂違也經義也以陰居

陽不有謙退乖違於頤養之義故言拂經也若貞吉者行則失類居貞吉也不可涉大川者處頤違謙患難未解故不可涉大川故居貞吉也象曰順以從上者釋居貞之義以五近上九以陰順陽親從於上故得居貞吉也　○上九由頤至有慶也　○正義曰由頤者以陽處上而履四陰〻不能独爲其主必宗事於陽也衆陰莫不由之以得其養故曰由頤也厲吉者爲衆陰之主不可褻瀆嚴厲乃吉故云厲吉也利涉大川者爲養之主无所不爲故利涉大川而有慶也故象云大有慶也

䷛ 巽下兌上 大過棟橈至往亨　正義曰過謂過越之過非經過之過此衰難之世唯陽爻乃大能過越

常理以拯患難也故云大過以人事言之猶若聖人
過越常理以拯患難也棟橈者謂屋棟也本之與末
俱橈弱以言衰亂之世始終皆弱也利有攸往亨者
既遭衰難聖人利有所往以拯患難乃得亨通故云
利有攸往亨也　○注音相過之過　○正義曰相
過者謂相過越之甚也非謂相過從之過故象云澤
滅木是過越之甚也四陽在中二陰在外以陽之過
越之甚也　彖曰大過至大矣哉　○正義曰大
過大者過也者釋大過之義也大者過謂盛大者乃
能過其分理以拯難也故於二爻陽處陰位乃能拯
難也亦是過甚之義棟橈本末弱也者釋棟橈義以
大過本末俱弱故屋棟橈弱也似若衰難之時始終

弱也剛過而中巽而説行利有攸往乃亨者此釋利有攸往乃亨義剛過而中謂二也以陽處陰是剛之過極之甚則陽来極于陰雖是過極之甚也巽而説行者既以巽順和説而行難乃得済故利有攸往得亨也故云乃亨大過之時大矣哉此廣説大過之義言當此大過之時唯君子有爲拯難其功甚大故曰大矣哉

象曰澤滅至无悶　○正義曰澤滅木者澤體處下木體處上澤无滅木之理今云澤滅木者乃是澤之甚極而至滅木是極大過越之義其大過之卦有二義也一者物之自然大相過越常分即此澤滅木是也二者大人大過越常分以拯患難則九二枯楊生梯老夫得其女妻是也君子以独立不

懼遯世无悶者明君子於衰難之時卓尒獨立不有
畏懼隠遯於世而无憂悶欲有遯難之心其操不改
凡人遇此則不能然唯君子独能如此是其過越之
義也　初六藉用至在下也　○正義曰藉用白茅
者以柔処下心能謹慎薦藉於物用絜白之茅言以
絜素之道奉事於上也无咎者既能謹慎如此雖遇
大過之難而无咎也以柔道在下所以免害故象云
柔在下也　○九二枯楊至以相与也　○正義曰
枯楊生稊者枯謂枯槁稊謂楊之秀者九二以陽処
陰能過其本分而救其衰弱上无其應心无特吝処
大過之時能行此道无有衰者不被極陥故衰者更
盛猶若枯槁之楊更生少壯之稊枯朽之夫得其少

女為妻也无不利者謂極弱與衰莫盛於斯以斯而
行无有不利也象曰老夫女妻過以相與者老夫
女妻之義若老夫而有老妻是依分相對今老夫而
得女妻是過分相與也老夫得女妻是女妻以少而
與老夫〻〻得少而更壯是女妻過分而與夫也女
妻而得少夫是依分相對今女妻得老夫是老夫減
老而與少女妻既得其老則益長是老夫過分而與
妻也故云過以相與象直云老夫女妻不云枯楊生
稊者枯楊則是老夫也生稊則女妻也其意相似故
象略而不言
注稊者至斯義也　正義曰稊
者楊柳之穗故云楊之秀也以陽處陰能過其本而
救其弱者若以陽處陽是依其本分今以陽處陰是

過越本分極救弱隨也老過則枯少過則稚者老〻
太過則枯槁少之大過則幼稚也以老分少則稚者
長也謂老夫減老而與女妻〻〻得之而更益長故
云以老分少則稚者長也以稚分老則枯者榮者謂
女妻減少而與老夫〻〻得之似若枯者而更得生
稊故云則枯者榮也云大過至衰而已至壯以至壯
輔至衰應斯義者此大過之卦本明至壯輔至衰不
論至衰減至壯故輔嗣此注特云以至壯輔至衰也
象曰過以相與者因至壯而輔至衰似女妻而助老
夫遂因云老夫減老而與少猶若至衰減衰而與壯
也其實不然也　九三棟橈至有輔也　正義
曰棟橈凶者居大過之時處下体之極以陽居陽不

能拯救危弱唯自守而已独應於上係心在一所以凶也心既褊狹不可以輔救衰難故象云不可以有輔也　九四棟隆至乎下也　正義曰棟隆吉者体居上体以陽処陰能拯救其弱不為下所撓故得棟隆起而獲吉也有它吝者以有應在初心不弘闊故有它吝也象曰棟隆之吉不撓乎下也者釈棟隆之吉以其能拯於難不被撓乎在下故得棟隆吉九四應初行又謙順能拯於難然唯只拯初之謂下也下得其拯猶若所居屋棟隆起下必不撓弱何得云不被撓乎在下但経文云棟撓象釈棟撓者本末弱也以屋棟撓弱而偏則屋下榱柱亦先弱柱為本

榱所追切椽也説文秦名為屋椽周謂之榱齊魯謂之桷

榱為末観此象辞是足見其義故子産云棟折榱崩

僑誇靡草以屋棟橈折則榱柱亦同崩此則義也

九五枯楊至可醜也　正義曰枯楊生華者處得尊位而以陽居陽未能拯危不如九二枯楊生稊但以處在尊位唯得枯楊生華而已言其衰老雖被拯救其益少也又似年老之婦得其彊壯士夫婦已衰老夫又彊大亦是其益少也所拯難處少纔得无咎而已何有喜譽之美故无咎无譽也象曰枯楊生華何可久者枯槁之楊被拯纔得生華何可長久尋常衰落也老婦士夫亦可醜也者婦當少稚於夫今年老之体而得彊壯士夫亦可醜辱也此言九五不能廣拯衰難但使枯楊生華而已但使老婦得其士夫而已拯難狹劣故不得長久誠可醜辱言不如九

二也　注處得至可醜也　正義曰處得尊位
亦未有橈者以九三不得尊位故有棟橈今九五雖
与九三同以陽居陽但九五處得尊位功雖未廣亦
未有橈弱若其橈弱不能拯難不能使枯楊生華也
以在尊位微有拯難但其功狹少但使枯楊生華而已
不能使之生稊也能得夫不能得妻者若拯難功闊
則老夫得其女妻是得少之甚也今既拯難功狹但
能使老婦得士夫而已不能得女妻言老婦所得利
益薄少皆爲拯難功薄故所益少也　上六過涉
至可咎也　正義曰過涉滅頂凶者處大過之極
是過越之甚也以此涉危難乃至於滅頂言涉難深
也既滅其頂所以凶也无咎者所以涉難滅頂至於

凶亡本欲濟時拯難意善功惡无可咎責此猶龍逢比干憂時危亂不懼誅殺直言深諫以忤无道之主遂至滅亡其意則善而功不成復有何咎責此亦過涉滅頂凶无咎之象故象云不可咎言不害於義理也

䷜坎下坎上習坎有孚至有尚　正義曰習坎者坎是險陷之名習者便習之義險難之事非經便習不可以行故須便習於坎事乃得用故云習坎也有孚者孚信也由剛正在內故有信也維心亨者陽不外發而在於內是維心亨言心得通也行有尚者內亨外闇內剛外柔以此行險事可尊尚故云行有尚也案諸卦之名皆於卦上不加其字此坎卦之名特加

習者以坎爲險難故特加習名習有三義一者習重
也謂上下俱坎是重疊有險險之重疊乃成險之用
也二者人之行險先須便習其事乃可得通故云習
也　注剛正至亨者也　正義曰剛正在內者
謂陽在中也內心剛正則能有誠信故云剛正在內
有孚者也陽不外發而在於內心亨者也者若外陽
內陰則內心柔弱故不得亨通今以陽在於內陽能
開通故維其在心之亨也　注內亨至有尚也
正義曰內亨外闇者內陽故內亨外陰故外闇以亨
通之性而往詣陰闇之所能通於險故行可貴尚也
彖曰習坎至大矣哉　正義曰習坎重險者釋習
坎之義言習坎者習行重險險難也若險難不重不

爲至險不須便習亦可濟也今險雖既重是險之甚者若不便習不可濟也故注云習坎者習重險也水流而不盈行險而不失其信者此釋重險習坎之義水流而不盈謂險陷既極坑穽特深水雖流注不能盈滿言險之甚也此釋重險之義也行險而不失其信謂行此至險能守其剛中不失其信也此釋習坎及有孚之義也以能便習於險故安剛中不失其信也維心亨乃以剛中也者釋維心亨義也以剛在於中故維得心亨也行有尚往有功者此釋行有尚也既便習於坎而往之險地必有其功故云行有尚往有功也天險不可升也者已下廣明險之用也言天之爲險懸邈高遠不可升上此天之險也若其可升不

得保其威嚴故以不可升爲險也地險山川丘陵也
者言地以山川丘陵而爲險也故使地之所載之物
保守其全若无山川丘陵則地之所載之物失其性
也故地以山川丘陵而爲險也王公設險以守其國
者言王公法象天地固其城池嚴其法令以保守其
國也險之時用大矣哉者言天地已下莫不須險之
雖有時而用故其功盛大矣哉　注言習至重險
也　正義曰言習坎者習乎重險也言人便習者
於坎止是便習重險便習之語以釋習名兩坎相重
謂之重險又當習義是一習之名有此兩義
注險消至之謂也　正義曰險消之極故水流而
不能盈者若淺岸平谷則水流有可盈滿若其崖岸

險峻澗谷泄滿是水流不可盈滿是險難之極也
注非用至有時也　正義曰非用之常用有時者
若天險地險不可暫无此謂人之設險用有時也若
化洽平治内外輯睦（輯斂也書輯五瑞又和也睦之聚也説文事和也）非用險也若家國有虞須設險
防難是用有時也　象曰水洊至教事　正義
曰水洊至習坎者重險懸絶其水不以險之懸絶水
亦相仍而至故謂為習坎也以人之便習于坎猶若
水之洊至水不以險為難也君子以常德行習教事
者言君子當法此便習於坎不以險難為困常守德
行而習其政教之事若能習其教事則可便習於險
也　初六習坎至失道凶也　○正義曰習坎入坎
於坎窞凶者既処坎底上无應援是習為險難之事

无人應援故入於坎窞而至凶也以其失道不能自濟故象云失道凶也　正義曰坎有險者履失其位故曰坎也上无應援故曰有險既在坎難而又遇險未能出險之中故象云未出中也求小得者以陽處中初三來附故可以求小得也初三柔弱未足以爲大援故云求小得也

六三來之至无功也　正義曰來之坎坎者履非其位而處兩坎之間出之与居皆在於坎故云來之坎坎也險且枕者枕枝而不安之謂也出則无應所以險處則不安故且枕也入于坎窞者出入皆難故入於坎窞也勿用者不可出行若其出行終必无功徒勞而已故象云終无功也

六四樽酒至剛柔

際也　正義曰樽酒簋貳者〔盛黍稷器内圓外方受斗二升崇尺厚半寸〕處重險而履得其位以承於五々亦得位剛柔各得其所无皆餘應以相承比明信顯著不假外飾處坎以斯雖復一樽之酒二簋之食故云樽酒簋貳也用缶者既有樽酒簋貳又用瓦缶之器故云用缶也納約自牖終无咎者納此儉約之物從牖而薦之可羞於王公可薦於宗廟故云終无咎也象曰樽酒簋貳剛柔際者釋樽酒簋貳義所以一樽之酒貳簋之食得進獻者以六四之柔与九五之剛兩相交際而相親故得以此儉約而為礼也　九五坎不至未也　正義曰坎不盈者為坎之主而无應輔可以自佐險難未能盈坎猶險難未尽也故云坎不盈也祗既平无咎者祗辭也謂

險雖既得盈滿而平乃得无咎若坎未盈平仍有咎
也象曰坎不盈中未大者釋坎不盈之義雖復居中
而无其應未得光大所以坎不盈滿也　上六係
用至三歲也　正義曰係用徽纆寘於叢棘者險
峭之極不可升上嚴法峻整難可犯觸上六居此險
峭之處犯其峻整之威所以被繫用其徽纆之繩置峻
於叢棘謂囚執之處以棘叢而禁之也三歲不得凶
者謂險道未終三歲已來不得其吉而有凶也險終
乃反若能自修三歲後可以求復自新故象云
上六失道凶三歲也言失道之凶唯三歲之後可以
免也

䷝ 離下離上 離利貞亨畜牝牛吉　正義曰離利貞

亨者離麗也麗謂附著也言萬物各得其所附著處故謂之離也利貞亨者離卦之體陰柔爲主柔則近於不正不正則不亨通故利在行正乃得亨通以此故亨在利貞之下故云利貞亨畜牝牛吉者柔處於內而履正中是牝之善者外強內順是牛之善者也離之爲躰以柔順爲主故畜養牝牛乃得其吉若畜養剛健則不可也此云畜牝牛假象以明人事也言離之爲卦須內順外強而行此則得吉也若內剛外順則反離之道也　注離之至貞亨也　正義曰離之爲卦以柔爲正者二與五俱是陰爻處於上下兩卦之中是以柔爲正　注柔處至牝牛也　正義曰柔處於內而履正中牝之善也者若柔不正處

於内似婦人而預外事若柔而不履正中則邪僻之行皆非牝之善也若柔能处中行能履正是爲牝之善也云外強而内順牛之善者明若内外俱強則失於猛害若外内俱順則失於劣弱唯外強内順於用爲善故云外強内順牛之善也離之爲体以柔順爲主故不可以畜剛猛之物者既以柔順爲主若畜剛猛之物則反其法故不可畜剛猛而畜牝牛也

彖曰離麗至牛吉也　正義曰離麗者釈離卦之名麗謂附著也以陰柔之質附著中正之位得所著之宜故云麗也日月麗乎天百穀草木麗乎土者此廣明附著之義以柔附著中正是附得宜故廣言所附得宜之事也重明以麗乎正乃化成天下者此以

卦象説離之功德也并明利貞之義也重明謂上下
俱離麗乎正也者謂兩陰在内既有重明之德又附
於正道所以化成天下也然陰居二位可謂爲正若
陰居五位非其正位而云重明麗乎正者以五処於
中正又居尊位雖非陰陽之正乃是事理之正故總
云麗於正也柔麗乎中正故亨是以畜牝牛吉者釋
經亨義也又總釋畜牝牛吉也柔麗於中正謂六五六
二之柔皆麗於中中則不偏故云中正以中正爲德
故万事亨以中正得通故畜養牝牛而得吉也以牝
牛有中正故也案諸卦之彖釋卦名之下乃釋卦下
之義於後乃歎而美之此彖既釋卦名即廣歎爲卦
之美乃釋卦下之義与諸卦不例者此乃夫子随義

則言因文〻便也此既釋离名兼因廣説日月草木所麗〻義然後却明卦下〻義更无義例

○象曰明兩至于四方　正義曰明兩作離者爲日〻爲明今有上下二離故云明兩作離也案八純〻卦論象不同各因卦躰〻義隨文而發乾坤不論上下之躰直摠云天行健地勢坤以天地〻大故摠稱上下二体也雷是連續〻至水爲流注不已義皆取連續相因故震云洊雷坎云洊至也風是搖動相随〻物故云随風巽也山澤各自爲躰非相入〻物故云兼山艮麗澤兑是兩物各行也今明〻爲体前後各照故云明兩作離是積聚兩明乃作於離若一明暫絶其離未久必取兩明前後相續乃得作離卦〻義故云大人以繼明照於四方是

繼續其明乃得照於四方若明不繼續則不得久為照臨所以特云明兩作離取不絶之義也　初九履錯至辟咎也　正義曰履錯然者身處離初將欲前進其道未濟故其所履踐恒錯然敬慎不敢自寧故云履錯然敬之无咎若能如此恭敬則得避其禍而无咎故象云履錯之敬以避咎也　注錯然至其咎也　正義曰錯然者警慎之貌者錯是警懼之狀其心未寧故錯然也言處離之始將進而盛未在既濟者將進而盛謂將欲前進而向盛也若位在於三則得既濟今位在於初是未在既濟謂功業未大故宜慎其所履恒須錯然避咎　六二黄離至中道也　正義曰黄者中色離者文明居中得

位而処於文明故元吉也故象曰得中道以其得中
央黄色之道也　　九三日昃至可久也　正義
曰日昃之離者処下離之終其明将没故云日昃之
離也不鼓缶而歌則大耋之嗟凶者時既老耄當須
委事任人自取逸樂若不委之於人則是不鼓擊其
缶而為歌則至於大耋老耄而咨嗟何可久長所以
凶也故象云日昃之離何可久也　九四突如至所
容也　　正義曰突如其来如者四処始変之際三
為始昏四為始暁三為已没四為始出突然而至忽
然而来故曰突如其来如也焚如者逼近至尊履非
其位欲進其盛以焚炎其上故云焚如也死如者既
焚其上命必不全故云死如也棄如者違於離道无

應无承所不容故云棄如是以象云无所容也

六五出涕至王公也　正義曰出涕沱若者處非其位不勝其任以柔乘剛不能制下下剛而進將來害己憂傷之深所以出涕滂沱憂戚而咨嗟也若是語辭也吉者以所居在尊位四爲逆首已能憂傷悲嗟衆之所助所以吉也象曰六五之吉離王公者此釋六五吉義也所以終得吉者以其所居在五離附於王公之位被衆所助故得吉也五爲王位而言公者此連王而言公取其便文以會韻也

上九王用至正邦也　正義曰王用出征者以離之極離道既成物皆親附當除去其非類以去民害故王用出征也有嘉折首獲匪其醜者以出征罪人事

必魁獲故有嘉美之功折斷罪人之首獲得匪其醜
類乃得无咎也若不出征除害居在終極之地則有
咎象曰王用出征以正邦也者釋出征之義言所也
出征者除去民害以正邦國故也

周易正義卷第六

天文十三甲辰二月十二日 朱點了

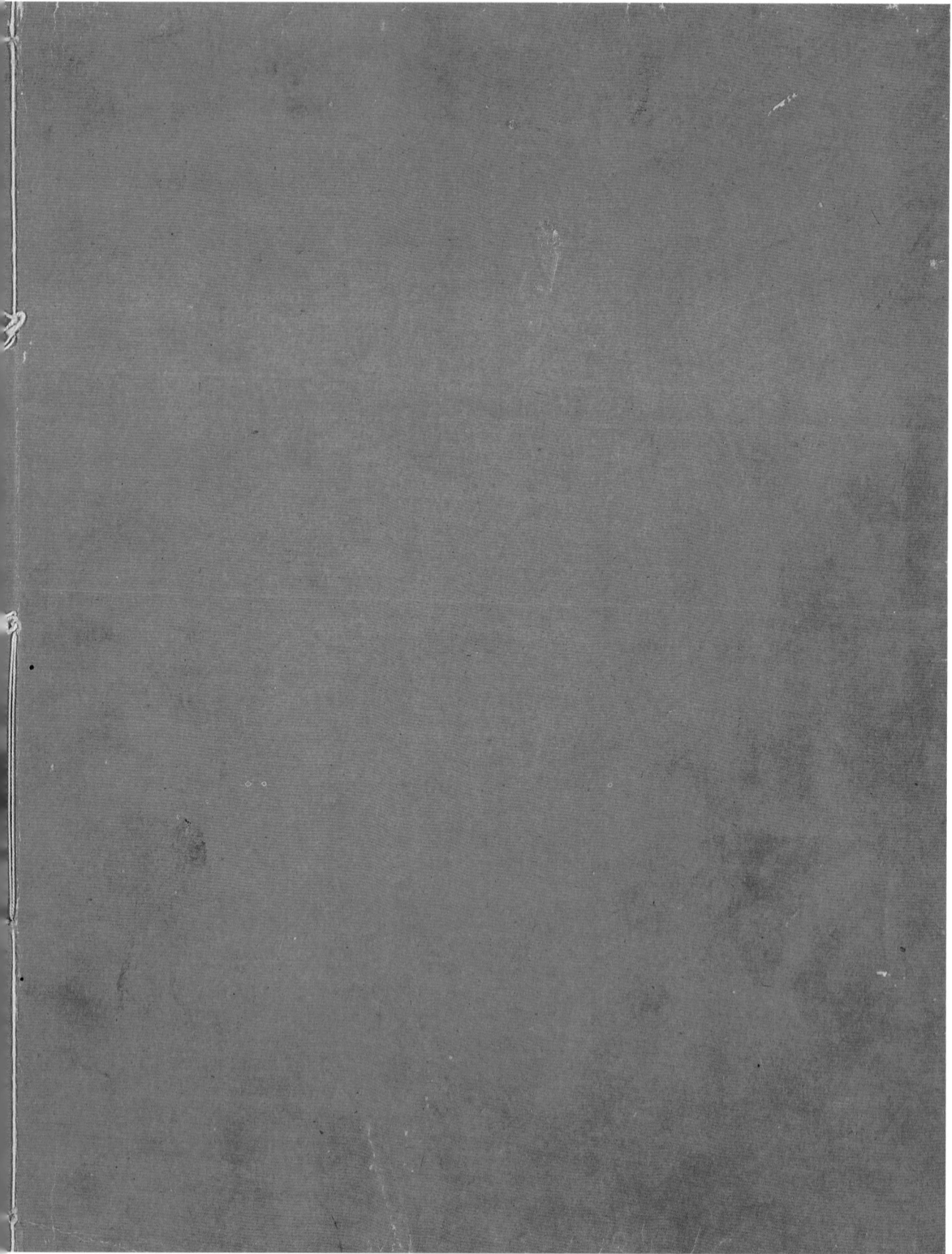

周易正義
七八
中哲
116
貴重圖書

咸恒遯大壯晉明夷家人睽蹇解損益夬姤萃升困井

周易正義卷第七

國子祭酒上護軍曲阜縣開國子臣孔穎達奉勑撰

䷞艮下兌上咸亨利貞取女吉 正義曰先儒以易之舊題分自此已上三十卦為上經已下三十四卦為下經序卦至此又別起端首先儒皆以上經明天道下經明人事於理不然韓康伯注序卦破此義云夫易六畫成卦三材必備錯綜天人以效變化豈有天道人事偏於上下哉案上經之內明飲食必有訟訟必有衆起是兼於人事不專天道既不專天道則下經不專人事理則然矣但孔子序卦不以咸繫離繫辭云二篇之策則是六十四卦舊分上下乾坤象天地咸恒明夫婦乾坤乃造化之本夫婦實人倫之原因而

咸恒遯大壯晋明夷家人睽蹇解損益夬姤萃升困井革

周易正義卷第七

國子祭酒上護軍曲阜縣開國子臣孔穎達奉勅撰

䷞ 艮下兌上 咸亨利貞取女吉 正義曰先儒以易

之舊題分自此已上三十卦爲上經已下三十四卦

爲下經序卦至此又別起端首先儒皆以上經明天

道下經明人事然韓康伯注序卦破此義云夫易六

畫成卦三才必備錯綜天人以效變化豈有天道人

事偏於上下哉案上經之内明飲食必有訟訟必有

衆起是兼於人事不專天道既不專天道則下經不

專人事理則然矣但孔子序卦不以咸繫離繫辭云

二篇之策則是六十四卦舊分上下乾坤象天地咸

恒明夫婦乾坤乃造化之本夫婦寔人倫之原因而

擬之何為不可天地各卦夫婦共卦者周氏云尊天
地之道略於合猶如三才天地為三人止為一也事
此必不然竊謂乾坤明天地初闢至屯乃剛柔始交
故以純陽象天純陰象地則咸以明人事人物即生
共相感應若二氣不交則不成於相感自然天地各
一夫婦共卦此不言可悉豈宜妄為異端咸亨利貞
娶女吉者感也此卦明人倫之始夫婦之義必須咸
男女相共感應方成夫婦既相感應乃得亨通若以
邪道相通則凶害斯及故利在貞正既感通以正即
是婚媾之善故云咸亨利貞娶女吉也　彖曰咸
感至可見矣　正義曰柔上而剛下二氣感應以
相与者此因上下二體釋咸亨之義也艮剛而兌柔

父親醮子而命之迎男先於女也
子承命以迎主人
筵於廟而待於
迎于門外揖執
鴈入揖讓升
堂再拜奠鴈
蓋親受之父
母也降出御
婦車而授綏
御輪三周先俟
于門外婦至
壻揖婦以入共
牢而食合巹
而酳所以合体
同尊卑以親之
酌而无酢酢曰
醮ト云ノ礼ハ如
冠醮於其人異
者於寢門壻
御婦車輪三周
御者代之壻
自乗其車先之
道之敬也共牢而
已共豕也而酳成
婦之義也敬慎重正而後親之礼之大体也

若剛自在上柔自在下剛柔不相交感无由得通今
兌柔在上而艮剛在下是二氣感應以相授与所以
為咸亨也止而説者以因二卦之義釈利貞也艮止
而兌説也能自靜止則不随動欲以上行説則不為
邪諂不失其正所以利貞也男下女者此因二卦之
象釈娶女吉之義艮為少男而居於下兌為小女而
処於上是男下於女也婚姻之義男先求女親迎之
礼御輪三周皆是男先下於女然後女應於男所以
娶女得吉者也是以亨利貞娶女吉者次第釈詠惣
挙繇辞以結之天地感而万物化生者以下廣明感
之義也天地二氣若不感應相与則万物无由得変
化而生聖人感人心而天下和平者聖人設教感動

人心使変悪従善然後天下和平観其所感而天地
万物之情可見矣者結歎感道之廣大則包天地小
則該万物感物而動謂之情也天地万物皆以氣類
共相感應故観其所感而天地万物之情可見矣也
○象曰山上至受人　○正義曰山上有澤咸澤性下
流能潤於下山体上承能受其潤以山感澤所以為
咸君子以虚受人者君子法此咸卦下山上澤故能
空虚其懐不自有實受納於物无所棄遺以此感人
莫不皆應　○初六咸其拇至在外也　○正義曰
咸其拇者拇是足指也體之最末初應在四倶処大
卦始為感浅末取譬一身在於足指而已故曰咸其
拇也○象曰志在外者外謂四也与四相應所感在外

処於感初有志而已故云志在外也　注如其本
實未至傷靜　正義曰六二咸道轉進所感在腓
々体動躁則成往而行今初六所感淺末則譬於拇
指々雖小動未移其足以喩人心初感始有其志々
雖小動未甚躁求凡吉凶悔吝之生乎動者也以其本
實未傷於靜故无吉凶悔吝之辭　六二咸其腓
至不害也　正義曰咸其腓凶居吉者腓足之腓
腸也六二應在九五咸道轉進離拇升腓々体動躁
々以相感凶之道也由躁故凶靜居則吉故曰咸其
腓凶居吉以不乘剛故可以居而獲吉象曰雖凶居
吉順不害者雖者與奪之辭若既凶矣何由得居而
獲吉良由陰性本靜今能不躁而居順其本性則不

廙　余力切　亦作翼音之

有兇害免凶而獲吉也　○注腓体動躁者也

○正義曰王廙云動於腓腸斯則行矣故言腓体動躁

也　○九三咸其股至執下也　○正義曰咸其股

執其随往吝者九三處二之上轉高至股々之為体

動靜隨足進不能制足之動退不能靜守其處股是

可動之物足動則随不能自處常執其随足之志故

云咸其股執其随施之於人自无操持志在随人所

執卑下以斯而往鄙吝之道故言往吝象曰咸其股

亦不處也者非但進不能制動退亦不能靜處也所

執下者既志在随人是其志意所執下賤也　○九四

貞吉至光大也　○正義曰貞吉悔亡者九四居上

卦之初應下卦之始居体之中在股之上二体始相

爻感以通其志心神始感者也凡物始感而不以之於正則害之將及矣故必貞然後乃吉吉然後乃得亡其悔也故曰貞吉悔亡也憧憧往來朋從尓思者始在於感未盡感極惟欲思運動以求相應未能忘懷息照任夫自然故有憧憧往來然後朋從尓之所思也象曰未感害者心神始感未至於害故不可不正之而故得悔亡也未光大者非感之極不能无思无欲故未光大也

○九五咸其脢志末也

○正義曰咸其脢无悔者脢者心之上口之下也四已居体之中為心神所感五進在於四上故所感在脢脢已已心故進不能大感由在心上退亦不能无志志在淺末故无悔而已故曰咸其脢无悔也象曰志末也

脢武杯反六云每心之上口之下也又六次廣雅云胂謂之脢胂以人反

者未猶淺也感以心爲深過心則謂之淺末矣注脢
者至而已　正義曰脢者心之上口之下者子夏
易傳曰在脊曰脢馬融云脢背也鄭玄云脢脊肉也
王肅云脢在背而夾脊説文云脢背肉也雖諸説不
同大体皆在心上輔頰以爲心神上爲輔頰五在上
上下也之間故直云心之上口之下也明其淺於心神
厚於言語　上六咸其輔至口説也　正義曰咸
其輔頰舌者馬融云輔上頷也輔頰舌者言語之具
咸道轉末在於口舌言語而已故云咸其輔頰舌也

媵者張口騁辯皃

象曰媵口説也者舊説字作媵徒登反媵競與也所競
者口无復心實故云媵口説也鄭玄又作媵媵送也
咸道極薄徒送口舌言語相感而已不復有志於其

問王注義得兩通未知誰同其旨也

䷟ 巽下震上 恒亨至彼往

正義曰恒亨无咎利貞者恒久也恒久之道所貴變通必須變通隨時方可長久能久能通乃无咎也恒通无咎然後利以行正故曰恒亨无咎利貞也 利有攸往者得其常道何往不利故曰利有攸往也

注恒而亨以濟三事也

正義曰褚氏云三事謂无咎利貞利有攸往莊氏云三事者无咎一也利二也貞三也周氏云三事者一亨也二无咎也三利貞也注不明數故先儒各以意說竊謂注云恒而亨以濟三事者明用此恒亨濟彼王事无疑亨字在三字之中而此注云恒之爲道亨乃无咎恒通无咎乃利正也又注彖曰道得所久則

常通无咎而利正也此解皆利正相將爲一事分以爲二恐非注旨験此注云恒之爲道亨乃无咎此以恒亨濟无咎也又云恒通无咎乃利正也此以恒亨濟利貞也下注利有攸往云各得所恒修其常道終則有始往而无違故利有攸往此以恒亨濟利有攸往也觀文験注褚氏爲長（褚氏說吉也）○彖曰恒久至可見矣　○正義曰恒久也者訓釈卦名也恒之爲名以長久爲義剛上而柔下者既訓恒爲久因明此卦得其恒名所以釈可久之意此就二体以釈恒也震剛而巽柔震則剛尊在上巽則柔卑在下得其順序所以爲恒也雷風相与者此就二象釈恒也雷之与風陰陽交感二氣相与更互而相成故得恒久也巽而

動者此就二卦之義因釋恒名震動而巽順无有違逆所以可恒也剛柔皆應者此就六爻釋恒此卦六爻剛柔皆相應和无孤媲者故可長久也恒者歷就卌義釋恒名訖故更舉卦名以結之也明上卌事皆可久之道故名此卦爲恒亨无咎利貞久於其道者此就名釋卦之德言所以得亨无咎利貞更无別義正以得其恒久之道故言久於其道也天地之道恒久而不已也者將釋利有攸往先舉天地以爲證喻言天地得其恒久之道故久而不已也利有攸往終則有始者舉經以結成也人用恒久之道會於變通故終則復始往无窮極同於天地之不已所以爲利也日月得天而能久照者以下廣明恒義上言天

地之道恒久而不已也故日月得天所以亦能久照
四時變化而能久成者四時更代寒暑相變所以能
久生成万物聖人久於其道而天下化成者聖人應
變隨時得其長久之道所以光宅天下使万物從化
而成也觀其所恒而天地万物之情可見矣者揔結
恒義也　注剛尊柔卑得其序　正義曰咸明
感應故柔上而剛下取二氣相交也恒明長久故剛
上而柔下取尊卑得序也　注長陽長陰能相成
也　正義曰震為長男故曰長陽巽為長女故曰
長陰彖曰雷風相与雷之与風共相助成之義故褚
氏云雷資風而益遠風假雷而增威是也今言長陽
長陰能相成者因震為長男巽為長女遂以長陽長

陰而名之作文之体也又此卦明夫婦可久之道故
以二長相成如雷風之義也　注不孤媲也
正義曰媲配也　象曰雷風至易方　正義曰
雷風相與為恒已如彖釋君子以立不易方者君子
立身得其恒久之道故不改易其方方猶道也
初六浚恒至求深也　正義曰浚深也最處卦底
故曰深也深恒者以深為恒是也施之於仁義即不
厭深施之於正即求物之情過深是凶正害德无施
而利故曰浚恒貞凶无攸利也　注始求深者乎
正義曰處卦之初故言始也最在於下故言深也所
以致凶謂在於始而求深者也　九二悔亡至久中也
正義曰失位故稱悔居中故悔亡也　象曰能久中者

处恒故已久位在於中所以消悔也　○九三不恒至无所容也　○正義曰不恒其德或承之羞貞吝者九三居下体之上处上体之下雖处三陽之中又在不中之位上不全尊下不全卑執心不定德行无恒故曰不恒其德德既无恒自相違錯則爲羞辱承之所羞非一故曰或承之羞也处久如斯正之所賤故曰貞吝也○象曰无所容者謂不恒之人所往之处皆不納之故无所容也　○注中不在体至不可致詰　○正義曰雖在三陽之中非一体之中也不可致詰詰者詰問也違錯处多不足問其事理所以明其羞辱之深如論語云於予与何誅　○九四田无至得禽也　○正義曰田者田獵也以譬有事也无禽者

田獵不獲以喻有事无功也恒於非位故勞而无功
也○象曰久非其位安得禽者在恒而失位是久非其
位田獵而无所獲是安得禽也　○六五恒其至婦
凶也　○正義曰恒其德貞者六五係應在二不能
傍及他人是恒常貞一其德故曰恒其德貞也婦人
吉者用心專貞從唱而已是婦人之吉也夫子凶者
夫子須制斷事宜不可專貞從唱故曰夫子凶也○象
曰從一而終者謂用心貞一從其貞一而自終也從
婦凶者五与二相應五居尊位在震爲夫二處下体
在巽爲婦五係於二故曰從婦凶也　○上六振恒
至无功也　○正義曰振恒凶者振動也凡處於上
有當守靜以制動今上六居恒之上處動之極以振

爲恒所以凶也。○象曰大无功者，居上而以振動爲恒，无施而得，故曰大无功也。

䷠ 艮下乾上 遯亨，小利貞。○正義曰：遯亨者，遯者，隱退逃避之名。隂長之卦，小人方用，君子日消。君子當此之時，若不隱遯避世，即受其害，須遯而後得通，故曰遯亨。小利貞者，隂道初始浸長，正道亦未全滅，故曰小利貞。○象曰遯亨至大矣哉。○正義曰：遯而亨者，此釋遯之所以得亨通之義。小人之道方長，君子非遯不通，故曰遯而亨也。剛當位而應與時行者，舉九五之爻，釋所以能遯而致亨之由。良由九五以剛而當其位，有應於二，非爲否亢，遯不否亢，即是相時而動，所以遯而得亨，故云剛當位而應与時行也小利貞浸而長者小利貞之義浸者漸進之名若陰徳暴進即消正道良由二陰漸長而正道亦未即全滅故云小利貞也遯之時義大矣哉歎美遯徳相時度宜避世而遯自非大人照幾不能如此其義甚大故云大矣哉

象曰天下至而嚴

正義曰天下有山遯者山者陰類進在天下即是山勢欲上逼於天天性高遠不受於逼是遯避之象故曰天下有山遯君子以遠小人不惡而嚴者君子當此遯避之時小人進長理須遠避力不能討故不可為惡復不可与之褻瀆故曰不惡而嚴

注天下有山陰長之象

正義曰積陽為天積陰為地山者地之高峻今上逼於天是陰長之象

初六遯尾至何災也

正義曰遯尾厲者爲遯之尾最在後遯者也小人長於内應出外以避之而最在卦内是遯之爲後也逃遯之世宜速遠而居先而爲遯尾禍所及也故曰遯尾厲也勿用有攸往者危厲既至則當固窮危行言遜勿用更有所往故曰勿用有攸往象曰不往何災者象釋當遯之時宜須出避而勿用有攸往者既爲遯尾出必見執不如不往不往即无災害何災者猶言无災也与何傷何咎之義同也

六二執之至固志也

正義曰執之用黄牛之革莫之勝説者逃遯之世避内出外二既処中居内即非遯之人也既非遯之人便爲所遯之主物皆棄己而遯何以執固留之惟有中和厚順之道可

以固而安之也能用此道則无能勝已解脫而去也
黃中之色以避中和牛性順從皮体堅厚牛革以辟
厚順也六二居中得位亦是能用中和厚順之道故
曰執之用黃牛之革莫之勝說也象曰固志者堅固
遯者之志使不去已也　九三係遯至大事也
正義曰係遯者九三无應於上与二相比以陽附陰
係意在二処遯之世而意有所係故曰係遯有疾厲
者遯之為義宜遠小人既係於陰即有疾憊而致危
厲故曰有疾厲也畜臣妾吉者親於所近係在於下
施之於人畜養臣妾則可矣大事則凶故曰畜臣妾
吉象曰不可大事者狀此係遯之人以畜臣妾吉明
其不可為大事也　九四好遯至小人否也

部鄙切塞也
否 備美反 ……
備九切不然也

蔵否也元ハ衍
新制如詩未ミタ
知識否之類
即音神靡
切見毛句
上去也

○正義曰九四處在於外而有應於內處外即意欲遠遯應內則未能棄捨若好遯君子超然不顧所以得吉小人有所係戀即不能遯故曰小人否也 ○注音備九切不然也臧否之否 ○正義曰嫌讀為圯故音之 ○九五嘉遯至正志也 ○正義曰嘉遯貞吉嘉美也五者居於外得位居中是遯而得正二為己應不敢違拒從五之命率正其志遯而得正反制於內不惡而嚴得正之吉為遯之美故曰嘉遯貞吉也 ○象曰以正志者小人應命不敢為邪是五能正二之志故成遯之美也 ○上九肥遯无所疑也 ○正義曰子夏傳曰肥饒裕也四五雖在於外皆在內有應猶有反顧之心惟上九最在外極无應於內心无疑顧是遯之

最優故曰肥遯々而得肥无所不利故云无不利也
注矰繳不能及　正義曰矰矢名也鄭注周礼結
繳於矢謂之矰繳字林及說文云繳生絲縷

繳　之若切弋箭
著之以脂含
足謂之繒繳

正義曰大壯卦名也壯者
䷡　乾下震上　大壯利貞
彊成之名以陽稱大陽長既多是大者盛壯故曰大
壯利貞者卦德也群陽盛長小道將滅大者獲正故
曰利貞也　彖曰大壯至見矣　正義曰大有
壯也者就爻釋卦名陽爻浸長已至於四是大者盛
壯故曰大者壯也剛以動故壯者就二体釋卦名乾
剛而震動柔弱而動即有退溺剛強以動所以成壯
大壯利貞大者正也者就爻釋卦德大者獲正故得
利貞正大而天地之情可見矣者因大獲正遂廣美

正大之義天地之道弘正極大故正大即見天地之
情不言万物者壯大之名義欤天地故不与咸恒同
也　注大者獲正故利貞也　正義曰釈名之
下剋解利貞成大者之義也　象曰雷在至弗履
正義曰雷在天上大壯者震雷為威動乾天主剛健
雷在天上是則以動所以為大壯君子以非礼弗履
者盛極之時好生驕溢故於大壯誡以非礼勿履
也　初九壯于至孚窮也　正義曰壯于趾征
凶有孚者趾足也初在体下有如趾足之象故曰壯
于趾也施之於人即是在下而用壯也在下用壯陵
犯於物以斯而行凶其信矣故曰征凶有孚象曰其
孚窮者釈壯於趾者其人信有窮凶也　九二貞

廣云羊牡曰羖
凡物莫不用其壯遽
者剛遽角者觸
籬者羝羊壯於
首羝爲喜也
觸故取爲象
羊喜觸藩
籬以藩苦也
當其前也蓋
所當必羸觸
觸喜用壯也
困其角矣小
猶小人當則壯
所當必角也
至推困之三壯
甚如此而不
至凶何也曰如
三之爲其往足
以致凶而方
言其危故
未及於凶也
凡可以致凶
而未至者
則曰厲也

吉至以中也○正義曰以其履中履謙行不違禮
故得正而吉也○九三小人至君子罔也○正義曰
罔羅罔也羝羊羖羊也藩藩籬也羸拘纍纏繞也九
三處乾之上是健之極也又以陽居陽是健而不謙
也健而不謙必用其壯也小人當此不知恐懼即用
以爲壯盛故曰小人用壯君子當此即慮危難用之
以爲羅罔於己故曰君子用罔以壯爲正其正必危
故云貞厲也以此爲正狀似羝羊觸藩也必拘羸其
角矣象曰小人用壯君子用罔者言小人用以爲壯
者即是君子所以爲羅罔也○九四貞吉至尚往也
○正義曰大輿者大車也下剛而進將有憂虞而九四
以陽處陰行不違謙居謙即不失其壯故得正吉而

輹車軸縛

悔亡也故云貞吉悔亡九三以壯健不謙即被羸其角九四以謙而進謂之上行陰爻不閡已路故藩決不羸也壯于大輿之輹者言四乘車而進其輹壯大无有能脫之者故曰藩決不羸壯于大輿之輹也象曰尚往者尚庶幾也言己不失其壯庶冀可以往也

六五喪羊至不當也　正義曰喪羊于易无悔者羊壯也居大壯之時以陽處陽猶不免咎而況以陰處陽以柔乘剛者乎違謙越禮必喪其壯群陽方進勢不可止若於平易之時逆捨其壯委身任二不爲違拒亦剛所不害不害即无悔矣故曰喪羊于易无悔也象曰位不當者正由處不當位故須捨其壯也

注羊壯也至无悔　正義曰羊剛狠之物故以譬

壯云必喪其羊失其所居者言違謙越禮理勢必然
云能喪壯於易不於險難者二雖應已剛長則侵陵
爲己寇難必喪其壯當在於平易寇難未來之時勿
於險難敵寇既來之日良由居之必有喪其羊之理
故戒其預防而莊氏云經止一言喪羊而注爲兩處
分用初云必喪其羊失其所居是自然應失後云能
喪壯於易不於險難故得无咎自能喪其羊二理自
爲矛楯竊謂莊氏此言全不識注意　上六羝羊
至不長也　正義曰退謂退避遂謂進往有應於
三欲之不已故不能退避然懼於剛長故不能遂往
故云羝羊觸藩不能退不能遂也无攸利者持疑猶
預不能自決久此處事未見其利故曰无攸利也艱

則吉者雖処剛長剛不害正但艱固其志不捨於三
既得吉故曰艱則吉也象曰不祥也者祥者善也進
退不定非為善也故云不祥也咎不長也者能艱固
其志即憂患消亡其咎不長釈所以得吉也
䷢ 坤下離上 晋康侯至接 正義曰晋者卦名也晋
之為義進長之名此卦明臣之昇進故謂之晋康者
美之名也侯謂昇進之臣也臣既柔進天子美之賜
以車馬蕃多而衆庶故曰康侯用錫馬蕃庶也晝日
三接者言非惟蒙賜蕃多又被親寵頻数一晝之間
三度接見也 象曰晋進至三接也 正義曰晋
進也者以今釈古古之晋字即以進長為義恐後世
不暁故以進釈之明出地上者此就二体釈得晋名

離上坤下故言明出地上明既出地漸就進長所以
爲晉順而麗乎大明柔進而上行者此就二体之義
及六五之爻釋康侯用錫馬已下也坤順也離麗也
又爲明坤能順從而麗著於大明六五以柔而進上
行貴位順而著明臣之美道也柔進而上行君上所
与也故得厚賜而被親寵也是以康侯用錫馬蕃庶
晝日三接者釋訖舉經以結君寵之意也　注以
訟至三接也　正義曰舉此對釋者蓋訟言終朝
晉言一晝俱不盡一日者明訟陟之速所以示懲勸
也　象曰明德　正義曰自昭明德者昭亦明也謂
自顯明其德也周氏等爲照以爲自照己身老子曰
自知者明用明以自照爲明德案王注此云以順著明

明自顯之道又此卦与明夷正反明夷象云君子以莅衆用晦而明王注彼云莅衆顯明蔽偽百姓藏明於内乃得明也準此二注明王之注意以此爲自顯明德照字宜爲昭之遥反周氏等爲照之少反非注旨也

初六晉如至受命也　正義曰晉如摧如貞吉者何氏云摧退也裕寛也如辭也初六處順之初應明之始明順之德於斯將隆進則之明退則居順進之与退不失其正故曰晉如摧如貞吉也罔孚者處卦之始功業未著未爲人所信服故曰罔孚裕无咎者裕寛也方踐卦始未至履位不可自以爲足也若以此爲足是自喪其長也故必宜寛裕其德使功業弘廣然後无咎故曰裕无咎也象曰獨行正者獨猶專

也。言進與退專行其正也。裕无咎未受命者處進之初未得履位未受錫命故宜寬裕進德乃得无咎

六二晉如愁至中正也　正義曰晉如愁如者六二進而无應於上其德不見昭明故曰進如愁如憂其不昭也貞吉者然履順居於中正不以无應而不脩其德正而獲吉故曰貞吉也受茲介福于其王母者介大也母者處內而成德者也初雖愁如但守正不改終已受此大福於其所脩故曰受茲介福於其王母

注鳴鶴在陰則其子和之　正義曰此王用中孚九二爻辭也

六三衆允至上行也　正義曰六三處非其位有悔也志在上行與衆同信順而麗明故得悔亡　象曰衆允之志上行者居晉

之時衆皆欲進已應於上志在上行故能与衆同信
也 ○九四晋如鼫至不當也 ○正義曰晋如鼫
鼠者鼫鼠有五能而不成伎之蟲也九四履非其位
上承於五下據三陰上不許其承下不許其據以斯
爲進无業可安无據可守事同鼫鼠无所成功也以
斯爲進正之危也故曰晋如鼫鼠貞厲也 ○注進如
鼫鼠无所守也 ○正義曰蔡邕勸学篇云鼫鼠五
能不成一伎術注曰能飛不能過屋能緣不能窮木
能游不能渡谷能穴不能掩身能走不能先人本草
経云螻蛄一名鼫鼠謂此也鄭引詩云碩鼠碩鼠无
食我黍謂大鼠也陸機以爲雀鼠案王以爲无所守
蓋五伎者當之 ○六五悔亡至有慶也 ○正義

曰悔亡　失得勿恤往吉无不利者居不當位悔也柔
得尊位陰爲明主能不自用其明以事委任於下故
得悔亡既以事任下委物責成失之与得不須憂恤
故曰失得勿恤也能用此道所往皆吉而无不利故
曰往吉无不利也　象曰有慶者委任得人非惟自得
无憂亦將人所慶説故曰有慶也　上九晉其至
未光也　正義曰晉其角者西南隅也上九處進
之極過明之中其猶日過於中已在於角而猶進之
故曰進其角也維用伐邑者在角猶進過亢不已不
能端拱无爲使物自服必須攻伐其邑然後服之故
云維用伐邑也厲吉无咎貞吝者兵器伐而服者凶
之是危乃得吉吉乃无咎故曰厲吉无咎以此爲正

亦以賤矣故曰貞吝也象曰道未光也者用戎乃服
雖得之其道未光大也
☷☲ 離下坤上 明夷利艱貞 正義曰明夷卦名夷者
傷也此卦日入地中明夷之象施之於人事闇主在
上明臣在下不敢顯其明智亦明夷之義也時雖至
闇不可隨世傾邪故宜艱難堅固守其貞正之德故
明夷之世利艱貞 彖曰明入至以之 正義
曰明入地中明夷者此就二象以釋卦名故此及晉
卦皆彖象同辭也內文明而外柔順以蒙大難文王
以之者既釋明夷之義又須出能用明夷之人內懷
文明之德撫教六州外執柔順之能三分事紂以此
蒙犯大難身得保全惟文王能用之故云文王以之

六州謂六州者書徐揚荊之六州服于文王也三州豫梁雍之三州猶服于紂也

利艱貞晦其明也者此又就二体釋卦之德明在地中是晦其明也既處明夷之世外晦其明恐陷於邪道故利在艱固其貞不失其正言所以利艱貞者用晦其明也内難而能正其志箕子以之者既釋艱貞之義又須出能用艱貞之人内有険難殷祚將傾而能自正其志不為邪諂惟箕子能用之故云箕子以之

象曰君子至而明　○正義曰莅衆顯明蔽僞百姓者也所以君子能用此明夷之道以臨於衆冕旒垂目黈纊塞耳无為清静民化不欺若運其聰明顯其智恵民即逃其密網姦詐愈生豈非藏明用晦反得其明也故曰君子以莅衆用晦而明也

○初九明夷至不食也　○正義曰明夷于飛者明夷是至闇

之卦上六既居上極爲明夷之主云飛者借飛鳥爲
喩如鳥飛翔也初九處於卦始去上六最遠是最遠
於難遠難過甚明夷遠遯絶跡匿形不由軌路高飛
而去故曰明夷于飛也垂其翼者飛不敢顯故曰垂
其翼也君子于行三日不食者尚義而行故云君子
于行志急於行飢不遑食故曰三日不食有攸往主
人有言者殊類過甚以此適人人必疑怪而有言故
曰有攸往主人有言象曰義不食也者君子逃難惟
速故義不求食也　六二明夷夷至以則也
正義曰明夷夷于左股者左股被傷行不能壯六二
以柔居中用夷其明不行剛壯之事者也故曰明夷
夷于左股莊氏云言左者取其傷小則比夷右未爲

初也夷于左股明避難不壯不爲闇主所疑猶得処
位不至懷懼而行然後徐々用馬以自拯濟而獲其
壯吉也故曰用拯馬壯吉也象曰順以則也者言順
闇主之則不同初九殊類過甚故不爲闇主所疑故
得拯馬之吉也　○九三明夷于至大得也　○正義
曰南方文明之所狩者征伐之類大首謂闇君明夷
于南狩得其大首者初藏明而往託狩而行至南方
而發其明也九三應於上六是明夷之臣發明以征
闇君而得其大首故曰明夷于南狩得其大首也不
可疾貞者既誅其主將正其民々之迷不可卒正
宜化之以漸故曰不可疾貞象曰南狩之志乃大得
者志欲除闇乃得大首是其志大得也　○六四入

于至心意也　正義曰入于左腹獲明夷之心者凡右為用事也從其左不從其右是卑順不逆也腹者懷情之地六四体柔処坤与上六相近是能執卑順入于左腹獲明夷之心意也于出門庭者既得其意雖近不危隨時避難門庭而已故曰于出門庭象曰獲心意者心有所存既不逆忤能順其旨故曰獲心意也　六五箕子至可息也　正義曰箕子之明夷者六五最比闇君似箕子之近殷紂故曰箕子之明夷也利貞者箕子執志不回闇不能沒明不可息也不憂危故曰利貞象曰明不可息也息滅也象稱明不可滅者明箕子能保其貞卒以全身為武王師也　上六不明至失則也　正義曰不明

晦有上六居明夷之極是至闇之主故曰不明而晦本其初也其意在於光照四國其後由乎不明遂入於地謂見誅滅也家曰失則有由失法則故誅滅也

䷤離下巽上　家人利女貞

正義曰家人者卦名也明家内之道正一家之人故謂之家人利女貞者既脩家内之道不能知家外他人之事統而論之非君子丈夫之正故但言利女貞

彖曰家人至定矣

正義曰女正位乎内男正位乎外以二五得正以釋家人之義并明女貞之旨家人之道必須女主於内男主於外然後家道乃立今此卦六二柔而得位是女正位乎内也九五剛而得位是男正位乎外也家人以内爲本故先説女也男女正天地之大義

䷤父兄夫婦
夫婦子

本義云上初子五三夫四二婦五兄三弟以卦畫推之又有此象傳云家人之道必有所尊嚴而君長者謂父母也雖一家之小无尊嚴則孝敬衰无君長則法度廢有嚴君而後家道正家者國之則也

也有因正位之言廣明家人之義乃道均二儀非惟
人事而已家人即女正於內男正於外二儀則天尊
在上地卑在下同於男女正位故曰天地之大義也
家人有嚴君焉父母之謂者上明義均天地此又言
道兼邦國父母一家之主家人尊事同於國有嚴君
故曰家人有嚴君焉父母之謂也父父子子兄兄弟
弟夫夫婦婦而家道正正家而天下定矣者此歎美
正家之功可以定於天下申成道兼邦國既家有嚴
君即父不失父道乃至婦不失婦道尊卑有序上下
不失而後為家道之正各正其家无家不正即天下
之治定矣　○象曰風自至有恒　○正義曰風自火
出家人者巽在離外是風從火出火出之初因風方

熾火既炎盛還復生風内外相成有似家人之義故
曰風自火出家人也君子以言有物而行有恒物事
也言必有事即口无擇言行必有常即身无擇行正
家之義修於近小言之與行君子樞机出身加人發
邇化遠故舉言行以為之誡言既稱物而行稱恒者
發言立行皆須合於可常之事互而相足也　○初九
閑有至未變　○正義曰閑有家悔亡者治家之道
在初即須嚴正立法防閑若黷乱之後方始治之即
有悔矣初九處家人之初能防閑有家乃得悔亡故
曰閑有家悔亡也象曰志未變也者釋在初防閑之
義所以在初防閑其家者家人志未變黷也　○六二
无攸至以巽也　○正義曰无攸遂在中饋貞吉者

六二履中居位以陰應陽尽婦人之義也婦人之道巽順為常无所必遂其所職主在於家中饋食供祭而已得婦人之正吉故曰无攸遂在中饋貞吉也象曰六二之吉順以巽者舉爻位也言吉者明其以柔居中而得正位故已順以巽而獲吉也　九三家人嗃嗃悔厲吉婦子嘻嘻終吝象曰家人嗃嗃未失也婦子嘻嘻失家節也

嗃呼落反又呼学反也

（呼落反又呼学反）

正義曰家人嗃嗃悔厲吉婦子嘻嘻終吝者嗃嗃嚴酷之意也嘻嘻喜笑之貌也九三処下体之上為一家之主以陽処陽行剛嚴之政故家人嗃嗃雖復嗃嗃傷猛悔其酷厲猶保其吉故曰悔厲吉若縦其婦子慢黷嘻嘻喜笑而无節則終有恨辱故曰婦子嘻嘻終吝也象曰未失也者初雖悔厲似失於猛終无慢黷故曰未失也失家節者若縦

其嘻々初雖歡樂終失家節也　六四富家至位也
正義曰富家大吉者富謂祿位昌盛也六四体柔處
巽得位義五已富其家者也由其体巽義尊長保祿
位吉之大者也故曰富家大吉象曰順在位者所以
致大吉由順義於君而在臣位故不見黜奪也
九五王假至相愛也　正義曰王假有家者假至
也九五履正而應處尊体巽是已以尊貴巽接於物
王至此道以有其家故曰王假有家也勿恤吉者居
於尊位而明於家道則在下莫不化之矣不須憂恤
而得吉也故曰勿恤吉也象曰交相愛也者王既明
於家道天下化之六親和睦交相愛樂也
有孚至之謂也　正義曰有孚威如終吉者上九

化家人之終家道大成刑于寡妻以着於外信行天下故曰有孚也威被海内故曰威如威信並立乃得終於家道而吉從之故曰有孚威如終吉也○象曰反身之謂者身得人敬則敬於人明知身敬於人人亦敬已反之於身則知施之於人故曰反身之謂也

○䷥兌下離上　睽小事吉　○正義曰睽者乖異之名物情乖異不可大事々々謂與役動衆必須大同之世方可為之小事謂飲食衣服不待衆力雖乖而可故曰小事吉也

○彖曰睽火至大矣哉　○正義曰睽火動而上澤動而下二女同居其志不同行者此就二體釋卦名為睽之義同而異者也水火二物共成烹飪理應相濟今火在上而炎上澤居下而潤下

无相成之道所以爲乖中少二女共居一家理應同
志各自出適志不同行所以爲異也説而麗乎明柔
進而上行得中而應乎剛是以小事吉者此就二体
及六五有應釈所以小事得吉説而麗乎明不爲邪
僻柔進而上行所之在貴得中而應乎剛非爲全弱
雖在乖違之時卦爻有此三德故可以行小事而獲
吉也天地睽而其事同此以下歴就天地男女万物
應明睽之体乖而用合也天高地卑其体懸隔是天
地睽也而生成品物其事則同也男女睽而其志通
有男外女内分位有別是男女睽也而成家理事其
志即通也万物殊形各自爲象是万物睽也而均於
生長其事即類故曰天地睽而其事同也男女睽而其

志通也万物睽而其事類也睽之時用大矣哉既明
睽理合同之大又歎能用睽之人其德不小睽離之
時能建其用使合其通理非大德之人則不可也故
曰睽之時用大矣哉也　象曰上火至而異
正義曰上火下澤睽者動而相背所以為睽也君子
以同而異者佐王治民其意則同各有司存職掌則
異故曰君子以同而異也　初九亡至辟咎也
正義曰悔亡者初九処睽離之初居下体之下无應
独立所以悔也四亦処下无應独立不乖於己与己
合志故得悔亡喪馬勿逐自復者時方睽離觸目乖
阻馬之為物難可隱蔵時或失之不相容隠不須尋
求勢必自復故曰喪馬勿逐自復也見悪人无咎者

処於窮下上无其應无應則无以爲援窮下則无權可恃若標顛自異不已和光同塵則必爲惡人所害故曰見惡人无咎見謂遜接之象曰以辟咎也者惡人不應與之相見而遜接之者以避咎也　九二遇主至失道也　正義曰遇主於巷无咎者九二処睽之時而失其位將无所安五亦失位與己同黨同趣相求不假遠涉而自相遇適在於巷言遇之不遠故曰遇主於巷主謂五也処睽得援咎悔可亡故无咎也　象曰未失道者既遇其主雖失其位亦未失道也　六三見輿至遇剛也　正義曰見輿曳其牛掣者処睽之時履非其位以陰居陽以柔乘剛志在上九不與四合二自應五又與己乖欲載其輿被

曳失已所載也欲進其牛被牽滯隔所在不已得進
也故曰見輿曳其牛掣也其人天且劓无初有終者
剠額爲天截鼻爲劓既処二四之間皆不相得其爲
人也四從上刑之故剠其額二從下刑之又截其鼻
故曰其人天且劓而應在上九執志不回初雖受困
終獲剛助故曰无初有終象曰位不當者由位不當
故輿被曳遇剛者由遇上九之剛所以有終也
○九四睽孤遇至志行也　○正義曰元夫謂初九也
処於卦始故云元也初四俱陽而言夫者蓋是丈夫
之夫非夫婦之夫也○六五悔亡至有慶也○正義曰悔
亡者失位悔也有應故悔亡也厥宗噬膚往何咎者
宗主也謂二也噬膚謂噬三也三雖隔二二之所噬

故曰厥宗噬膚也三是陰爻故以膚爲辭言柔脆也
二既噬三即五可以往而无咎矣故曰往无咎象曰
往有慶也者有慶之言善功被物爲物所頼也五雖
居尊而不當位与二合德乃爲物所頼故曰往有慶
也 ○上九睽孤至群疑亡也 ○正義曰睽孤者
処睽之極睽道未通故曰睽孤也見豕負塗者火動而
上澤動而下已居炎極三処澤盛睽之極也离爲文
明沢是卑穢以文明之極而觀至穢之物叓同豕而
負塗泥穢莫斯甚矣故曰見豕負塗載鬼一車者先張
之弧後説之弧者鬼魅盈車怪異之甚也至睽將合
至殊將通未至於洽先見殊怪故又見載鬼一車載
鬼不言見者爲豕上有見字也見怪若斯懼未寧已

故先張之弧將攻害也物極則反睽極則通故後説之弧不復攻也匪寇婚媾者四剠其應故謂四為寇睽志既通匪能為寇乃得与三為婚媾矣故曰匪寇婚媾也往遇雨則吉者雨者陰陽交和之道也衆異併消无復疑阻往得和合則吉從之故曰往遇雨則吉象曰群疑亡也者往与三合如雨之和向之見豕見鬼張弧之疑併消釈矣故曰群疑亡也　注恢詭譎怪道通為一　正義曰莊子内篇斉物論曰无物不然无物不可故為是挙莛与楹厲与西施恢詭譎怪道通為一郭象注云夫莛横而楹縱厲醜而西施好所謂斉者豈必斉形状同規矩哉与縱横好醜恢詭譎怪各然其所然各可其所可則形雖万殊而

莛屋梁也
楹舍柱也
厲病也醜人也
西施呉王
美姫也

性本得同故曰道通爲一也莊子所言以明齊物故舉恢詭譎怪至異之物道通爲一得性則同王輔嗣用此文而改通爲指字有明物極則反睽極則通有似引詩斷章不必以本義同也

䷦ 艮下坎上 蹇利西南至貞吉

○正義曰蹇難也有險在前畏而不進故稱爲蹇利西南不利東北者西南地位平易之方東北險位阻礙之所世道多難率物以適平易則蹇難可解若入於險阻則彌加擁塞去就之宜理須如此故曰蹇利西南不利東北也利見大人有能濟衆難惟有大德之人故曰利見大人貞吉者居難之時若不守正而行其邪道雖見大人亦不得吉故曰貞吉也　○彖曰蹇難至大矣哉

正義曰蹇難也險在前也見險而能止知矣哉者釈卦名也蹇者有難而不進能止而不犯故就二体有險有止以釈蹇名坎在其外是險在前也有險在前所以爲難若冐險而行或罹其害艮居其内止而不往相時而動非知不能故曰見險而能止知矣哉也蹇利西南往得中也者之於平易救難之理故云往得中也不利東北其道窮者之於險阻更益其難其道弥窮故曰其道窮也利見大人往有功也者往見大人必能除難故曰往有功也當位貞吉以正邦也者二三四五爻皆當位所以得正而吉故曰當位貞吉也以正邦也者居難守正正邦之道故曰以正邦也蹇之時用大矣哉者能於蹇難之時建立其功用

以濟世有非小人之所能故曰蹇之時用大矣哉也
象曰山上至脩德　正義曰山上有水蹇者山
是巖險水是阻難水積山上彌益危難故曰山上有
水蹇君子以反身脩德者蹇難之時未可以進惟宜
反求諸身自脩其德道成德立方能濟險故曰君子
以反身脩德也陸績曰水在山上失流通之性故曰
蹇通水流下今在山上不得下流蹇之象陸績又曰
水本應山下今在山上終應反下故曰反身処難之
世不可以行只可反自省察脩己德用乃除難君子
通達道暢之時並濟天下処窮之時則独善其身也
初六往蹇至宜待也　正義曰往蹇來譽者初六
処蹇之初往則遇難來則得譽初居艮始是能見險

而止見險不往則是來而得譽故曰往蹇來譽象曰
宜待者既往則遇蹇宜止以待時也 ○六二王臣
至无尤也 ○正義曰王臣蹇蹇匪躬之故者王謂
五也臣謂二也九五居於王位而在難中六二是五
之臣往應於五履正居中志匡王室已涉蹇難而往
濟蹇故曰王臣蹇蹇也盡忠於君匪以私身之故而
不往濟君故曰匪躬之故象曰終无尤者處難以斯
豈有過尤也 ○九三往蹇至喜之也 ○正義曰
往蹇來反者九三与坎為鄰進則入險故曰往蹇來
則得位故曰來反象曰內喜之者內卦三爻惟九三
一陽居二陰之上是內之所恃故云內喜之也
○六四往蹇來連至位實也 ○正義曰馬云連亦難也鄭

云遲久之意六四往則无應來則乘剛往來皆難故曰往蹇來連也○象曰當位實者明六四得位履正當其本實而往來遇難者乃數之所招非邪妄之所致也故曰當位實也

○九五大蹇至中節也

○正義曰九五處難之時独在險中難之大者也故曰大蹇然得位履中不改其節如此則同志者自遠而來故節曰朋來○象曰以中節者得位居中不易其節故致朋來故云以中節也

○注同志者集而至矣

○正義曰此以同志釋朋來之義鄭注論語云同門曰朋同志曰友此對文也通而言之同志亦是朋黨也

○上六往蹇來至從貴也

○正義曰碩大也上六雖終之地不宜更有所往往則長難故曰往蹇也來則

難終〻〻則衆難皆濟志大得矣故曰来碩吉也險夷難解大道可與宜見大人以弘道化故曰利見大人也象曰志在内也者有應在内三是志在内也應既在内往則失之来則得之所以往則有定来則碩吉也以從貴者貴謂陽也以陰從陽故云以從貴也

解 古買反上声 胡賣反去声

䷧ 坎下震上 解利西南至夙吉 正義曰解者卦名也然解有兩音一音古買反一音胡賣反解謂解難之初解謂既解之後彖稱動而免乎險明非救難之時故先儒皆讀為解序卦云物不可以終難故受之以解〻者緩也然則解者險難解釋而情舒緩故為解也解利西南者西南坤位坤是衆也施解於衆則所濟者弘故曰解利西南也无所往者上言解難濟險利施於衆也此下明

救難之時識其可否若无難可往則以来復爲吉若
有難可往則以速赴爲善故云无所往其来復吉有
攸往夙吉設此誡者褚氏云世有无事求功故誡以
无難宜静亦有待敗乃救故誡以有難須速也
彖曰解險至大矣哉　正義曰解險以動動而免
乎險解者此就二體以釋卦名遇險不動无由解難
動在險中亦未能免咎今動於險外即見免説於險
説猶脱所以爲解也解利西南往得衆者解之爲義兼濟爲
美往之西南得施解於衆所以爲利也其来復吉乃
得中也者无難可解退守静默得理之中故云乃得
中也有攸往夙吉往有功也者解雖已速則不失其
幾故往有功也天地解而雷雨作雷雨作而百果草

木皆甲坼有此因坎有雷雨之象以廣明解義天震
地解緩雷雨乃作雷雨既作而果草木皆孚甲開坼
莫不解散也解之時大矣哉有結滯解之大也自天
地至於草木无不有解豈非大哉　象曰雷雨至
宥罪　正義曰赦謂放免過謂誤失宥謂寛宥罪
謂故犯過輕則赦罪重則宥皆解緩之義也
初六无咎至无咎也　正義曰夫險難未夷則賤弱
者受害然則蹇難未解之時柔弱者不能无咎否結
既釋之後剛強者不復陵暴初六處蹇難始解之初
在剛柔始散之際雖以柔弱處无位之地逢此之時
不慮有咎故曰初六无咎也象曰義无咎者義猶理
也剛柔既散理必无咎或有過咎非理之常也故曰

義无咎也　注或有過咎非其理也　正義曰或
本无此八字　九二田獲至中道也　正義曰田
獲三狐者狐是隱伏之物三爲成數舉三言之搜獲
備盡九二以剛居中而應於五爲五所任處於險
中知險之情以斯解險无險不濟能獲隱伏如似田
獵而獲窟中之狐故曰田獲三狐得黄矢者黄
中之稱矢直也田而獲三狐得乎理中之道不失枉
直之實能全其正者也故曰得黄矢貞吉也象曰得
中道也明九二位既不當所以得貞吉者由處於中
得乎理中之道故也　六三負且至誰咎　正義
曰負且乘致寇至者六三失正无應下乘於二上附
於四即是用夫邪佞以自説媚者也乘者君子之器

也負者小人之事施之於人即在車騎之上而負於物也故寇盜知其非己所有於是競欲奪之故曰負且乘致寇至也貞吝者負乘之人正其所鄙故曰貞吝也象曰亦可醜也者天下之醜多矣此是其一故曰亦可醜也自我致戎又誰咎也者言此寇雖由己之招非是他人致此過咎故云又誰咎也　九四

解而至當位也　○正義曰解而拇朋至斯孚者而汝也拇足大指也履於不正與三相比三從下來附之如指之附足四有應在初若三為之拇則失初之應故必解其拇然後朋至而信故曰解而拇朋至斯孚象曰未當位者四若當位履正即三為邪媚之身不得附之也既三不得附四則无所解今須解拇由

不當位也　六五君子至小人退也　正義曰
君子維有解吉者六五居尊履中而應於剛是有君
子之德君子當此之時可以解於險難維辭也有解
於難所以獲吉故曰君子維有解吉也有孚于小人
者以君子之道解難則小人皆信服之故曰有孚于
小人也象曰君子有解小人退者小人謂作難者信
君子之德故退而畏服之　上六公用至解悖也
正義曰隼者貪殘之鳥鸇鷂之屬墉牆也六三失位
負乘不應於上即是罪釁之人故以譬於隼此借飛
鳥爲喻而居下体之上其猶隼處高墉隼之爲鳥宜
在山林集於人家高墉必爲人所繳射以譬六三處
於高位必當被人所誅討上六居動之上爲解之極

指解之荒悖而除穢亂故用射之也極而後動成而後舉故必獲之而无不利故曰公用射隼于高墉之上獲之无不利也公為臣之極上六以陰居上故謂之公也象曰解悖也者悖逆也六三失位負乘不應於上是悖逆之人也上六居動之上已除解六三之荒悖故以解悖也

周易正義卷第七

周易正義

〔唐〕孔穎達　撰　朱瑞澤　解題

圖版　下

本册目録

廣島大學圖書館藏舊鈔本周易正義

周易正義卷第八

國子祭酒上護軍曲阜縣開國子臣孔穎達奉　勅撰

䷨兌下艮上　損有孚至用享　正義曰損者減損之名此卦明損下益上故謂之損損之爲義損下益上損剛益柔損下益上非補不足者也損剛益柔非長君子之道爲之也若不以誠信則涉諂諛而有過咎故必有孚然後大吉无咎可正而利有攸往矣故曰損有孚元吉无咎可貞利有攸往也先儒皆以无咎可貞各自爲義言既吉而无咎則可以爲正準下王注彖辭云損下而不爲邪益上而不爲諂則何咎而可正然則王意以无咎可貞共成一義故莊氏云若行損有咎則須補過以正其失今行損用信則是无過

可正故云无咎可貞竊謂莊氏之言得王旨矣曷之
用二簋可用享者明行損之禮貴在於誠信不在於豐
既行損以信何用豐為二簋至約可用享祭矣故曰
曷之用二簋可用享也　彖曰損ゝ至偕行
正義曰損ゝ下益上其道上行者此就二体釈卦名
之義艮為陽卦為止兌為陰卦為說陽止於上陰說而順
之是下自減損以奉於上ゝ之行之謂也損而有孚元
吉无咎可貞利有攸往者卦有元吉已下等事由於
有孚故加一而字則其義可見矣曷之用二簋可用
享者舉經明之皆為損而有孚故得如此　二簋應有
時者申明二簋之禮不可為常二簋至約惟在損時
應時行之非時不可也損剛益柔有時者損下益上

論語云學而
時習
孔曰而猶因
何也

之道亦不可為常損之所以能損下益上者以下不敢剛亢貴於奉上則是損於剛亢而益柔順也損剛者謂損兑之陽爻也益柔者謂益民之陰爻也人之欲為德須備剛柔就剛柔之中剛為德長既為德長不可恒減故損之有時損益盈虚与時偕行者盈虚者鳧足短而任性鶴脛長而自然此又云与時偕行者上既言損剛益柔不可常用此又汎明損益之事体非恒理自然之質各定其分鳧足非短鶴脛非長何須損我以益人虚此以盈彼但有時宜用故應時而行故曰損益盈虚与時偕行也　象曰山下至窒欲

正義曰山下有澤損君子以懲忿窒欲者澤在山下澤卑山高似澤之自損以崇山之象也君子

以法此損道以懲止忿怒窒塞情欲夫人之情也感
物而動境有順逆故情有忿欲懲者息其既往窒者
閉其將來忿欲皆有往來懲窒互文而相足也
○初九已事至合志也　○正義曰已事遄往无咎者
已竟也遄速也損之為道損下益上如人臣欲自損
已奉上然各有職掌若廢事而往咎莫大焉若事已
不往則為傲慢竟事遄往乃得无咎故曰已事遄往
无咎也酌損之者剛勝則柔危以剛奉柔初未見親
也故須酌而減損之乃得合志故曰酌損之○象曰尚
合志者尚庶幾也所以竟事遄往庶幾与上合志也
○九二利貞至為志也　○正義曰利貞征凶弗損益
有柔不可以全益則不可以全削下不可以无正初

勾云三人得謂下
卦元云三爻也
損一人謂六三
本陽爻々損之
而爲陰
是損其爻令一
人也
一人行令謂下
卦皆陽爲六
三得陰是一
人得則得上
九之友爲之
正應

九已損剛以益柔爲順六四爲初六九二復損己以
益六五爲六二則成剥卦矣故九二利以居而守正
進之於柔則凶故曰利貞征凶也既征凶故九二不
損己而務益故曰不損益之○象曰中以爲志者言
九二所以能居而守貞不損益之良由居中以中爲
志故損益得其節適也○六三三人至則疑也
○正義曰三人行則損一人一人行則得其友者六三
處損之時居於下體損之爲義其道上行三人謂自
六三已上三陰上一人謂上九也下一人謂六三也
夫陰陽相應万物化淳男女匹配故能生育六三應
於上九上有二陰六四六五也損道上行有相從之
義若與二陰并己俱行雖欲益上九一人更使上九懷

疑〻則失其適匹之義也名之曰益即不是減損其實損之也故曰三人行則一人若六三一人獨行損則上九納己无疑則得其友與故曰一人行則得其友也象曰三則疑者言一人則可三人益加疑惑也

六四損其至可喜也　正義曰損其疾使遄有喜无咎者疾者相思之疾也初九自損已遄往已以正道速納陰陽相會同志斯來无復企予之疾故曰損其疾〻何可久速乃有喜〻〻乃无咎故曰使遄有喜无咎象曰亦可喜者詩曰亦既見止我心則降不亦有喜乎　注速乃有喜〻〻乃无咎也　正義曰相感而久不相會則有勤望之憂故速乃有喜初九自損以益四〻不速納則有失益之咎也故曰有

喜乃无咎也　○六五或益至上祐也　○正義曰或
益之十朋之龜弗克違元吉者六五居尊以柔而在
乎損而能自抑損者也居尊而能自抑損則天下莫
不歸而益之故曰或益之也或者言有也言其不自
益之有人來益之也朋者黨也龜者決疑之物也陰
不先唱柔不自任尊以自居損以守之則人用其力
事竭其功智者慮能明者慮策而不能違也朋至不
違則群才之用盡矣故曰十朋之龜弗克違也群才
畢用自尊委人天人並助故曰元吉象曰自上祐者
上謂天也故與自天祐之吉无不利義同也　○注朋
黨也　○正義曰馬鄭皆案尒雅云十朋之龜者一曰
神龜二曰靈龜三曰攝龜四曰寶龜五曰文龜六曰

筮亀七日山亀八日澤亀九日水亀十日火亀

○上九弗損至得志也

○正義曰弗損益之无咎貞吉者損之爲義損下益上上九處損之極上无所奉損終反益故曰弗損益之也既剛德不損乃反益之則不憂於咎用正而吉故曰无咎貞吉也利有攸往者下制於柔不使三陰俱進不疑其志剛德遂長故曰利有攸往也又能自守剛陽不爲柔之所制豈惟无咎貞吉而已所往亦无不利故曰利有攸往義兩存也得臣无家者居上乘柔處損之極尊夫剛德爲物所歸故曰得臣則以天下爲一故曰无家无得臣家者光宅天下无適一家也象曰大得志者剛得不損爲物所歸故大得志也

䷩ 震下巽上 益利有至大川

正義曰益者増足之名損上益下故謂之益下巳有其而上更益之明聖人利物之无巳也損卦則損下益上益卦則損上益下得名皆就下而不据上者向秀云明王之道志在恵下故取下謂之損与下謂之益既上行恵下之道利以益万物動而无違行往不利故曰利有攸往以益渉難理絶險阻故曰利渉大川

彖曰益損至偕行

正義曰益損上益下民説无疆者此就二体釈卦名之義柔巽在上剛動在下上巽不違於下損上益下之義也既居上者能自損以益下則下民歡説无疆限益卦所以名益者正以損上益下民説无疆者也自上下下其道大光利有攸往中正有慶者

此就九五之爻釋利有攸往中正有慶也五處中正
能自上下下則其道光大爲天下之所慶賴也所以中
正之有慶之能故所往无不利眞益之所以利有攸往
者正謂中正有慶故也利涉大川木道乃行者此取
譬以釋利涉大川也木體輕浮以涉大川爲常而不
溺也以益涉難如木道之涉川涉川无害方見益之
爲利故云利涉大川木道乃行也益動而巽日進无

今云巽爲木而震已動乃行船之

疆者自此已下廣明益義前則就二体明損上益下
以釋卦名以下有動求上能巽接是損上益下之義

象

今就二体更明得益之方也若動而驕盈則被損无
已若動而卑巽則進益无疆故曰益動而巽日進无
疆天施地生其益无方者此就天地廣明益之大義

也天施氣於地々受氣而化生亦是損上益下也
其施化之益无有方所故曰天施地生其益无方凡
益之道与時偕行者雖施益无方不可恒用當應時
行之故舉凡益之總結之故曰凡益之道与時偕行也
象曰風雷至則改　正義曰風雷益君子以見善則
遷有過則改者子夏傳云雷以動之風以散之万物
皆益孟僖亦与此同其意言必須雷動於前風散於
後然後万物皆益如二月啓蟄之後風以長物八月
収声之後風以残物風之為益其在雷後故曰風雷
益也遷謂遷徙慕尚改更懲止遷善改過益莫改謂
亨有八卦之内乾坤二卦除之
大亨故君子求益以見善則遷有過則改也六子之
中並有益物独取雷風者何晏云取其最長可久之

義也　○初九利用至厚事也　○正義曰利用爲
大作元吉无咎者大作謂興作大事也初九處益之
初居動之始有興作大事之端又体剛能幹應巽不
違有堪建大功之德故曰利用爲大作也然有其才
而无其位得其時而非其處雖有殊功人不與也時
人不與則咎過生焉故必元吉乃得无咎故曰元吉
无咎象曰下不厚事者厚事猶大事也　○六二或
益至外來也　○正義曰或益之十朋之龜弗克違永
貞吉王用享于帝吉者六二体柔居中當位應巽是
居益而能用謙沖者也居益用謙則物自外來朋龜
獻策弗能違也同於損卦六五之位故曰或益之十
朋之龜弗克違也然位不當尊故永貞乃吉故曰永

貞吉帝天也王用此時以享登帝明靈降福故曰王
用享于帝吉也○象曰自外来者明益之者従外自来
不召而至也○六三益之至有之也○正義曰益
之用凶事无咎有孚中行告公用圭者六三以陰居
陽不能謙退是求益者也故曰益之益不外来己自
為之物所不与若以謙道責之則理合誅戮若以救
凶荒之則情在可恕然此六三以陰居陽処下卦之
上壯之甚也用此以救衰危則物之所恃所以用凶
事而得免咎故曰益之用凶事无咎若能求益不為
私己志在救難為壯不至亢極能適於時是有信實
而得中行故曰有孚中行也用此有孚中行之德執
圭以告於公公必任之以救衰危之事故曰告公用

句曰告於公上以稟其命用其圭玉以表其信也

燮悉協切和也
燮也說文
从言从炎从
又又監本下
从火誤

圭。象曰。固有之者。明非為救凶則不可求益施之凶事乃得固有其功也。注公者臣之極至用圭也。正義曰。告王者宜以文德燮理使天下之人寧不當恒以救凶用志偏狹也。六四中行至益志也。正義曰。中行告公從利用為依遷國者。六四居益之時處巽之始。体柔當位。在上應下。卑不窮下。高不處亢位雖不中。用中行者也。故曰中行也。以此中行之能有事以告於公。公必從之。故曰告公從也。用此道以依人而遷國者。人无不納。故曰利用為依遷國也。遷國國之大事。明以中行。雖有大事。而无不利。如周之東遷晉鄭焉依之義也。象曰。以益志者。既為公所從。其志得益也。九五有孚至得志也。正義曰有孚惠心勿問元吉有孚惠我德者九五得位処尊爲益之主兼弘德義以益物者也爲益之大莫大於信爲惠之大莫大於心因民所利而利之焉惠而不費惠心者也有惠有信尽物之願必獲元吉不待疑問故曰有孚惠心勿問元吉我既以信惠被於物々亦以信惠歸我故曰有孚惠我德也象曰大得志者天下皆以信惠歸我則可以得志於天下故曰大得志也

○上九莫益至外来也　○正義曰上九処益之極益之過甚者也求益无厭怨者非一故曰莫益之或擊之也勿猶无也求益无已是立心无恆者也无恆之人必凶咎之所集故曰立心勿恆凶象曰偏辭者此有求而彼不應是偏辭也自外来者怨

者非一不待召也故曰自外來也

䷪乾下兌上 夬揚于至攸往　正義曰夬決也此陰
消陽息之卦也陽長至五五陽共決一陰故名為夬
也揚于王庭者明行決斷之法夬以剛決柔施之於人
則是君子決小人也王庭是百官所在之處以君子決
小人故可以顯然發揚決斷之事於王者之庭示公
正而无私隱也故曰揚于王庭也孚號有厲者號號令
也行決之法先須號令夬以剛決柔則是用明信之
法而宣其號令如此即柔邪者危故曰孚號有厲也
以剛制斷行令於邑可也若用剛即戎尚力取勝為
物所疾以此用師必有不利故曰告自邑不利即戎
雖不利即戎然剛德不長則柔邪不消故陽爻宜有

所往夬道乃成故曰利有攸往也　彖曰夬決至
乃終也　正義曰夬決也剛決柔者此就爻釋卦名
也健而說決而和者此就二体之義明決而能和乾
健而兌說健則能決說則能和故曰決而和也揚于
王庭柔乘五剛者此因一陰而居五陽之上釋行決
之法以剛德齊長一柔為逆衆所同誅而无忌也
故曰揚于王庭言所以得顯然揚于王庭者只謂柔
乘五剛也孚號有厲其危乃光者以明信而宣號令
即柔邪者危厲々々之理分明可見故曰其危乃光
也告自邑不利即戎所尚乃窮者剛克之道不可常
行若專用威猛以此即戎則便為尚力取勝即是決
而不和其道窮矣行決所以惟告自邑不利即戎者

只謟所尚乃窮故也利有攸往剛長乃終者終成也剛長柔消夬道乃成也

象曰澤上於天夬

正義曰澤上於天夬者澤性潤下雖復澤上於天決來下潤此事必然故是夬之象也君子以施祿及下居德則忌者忌禁也夬有二義象則澤來潤下象則明法決斷所以君子法此夬義威惠兼施雖復施祿及下其在身居德復須明其禁令合於健而能說決而能和故曰君子以施祿及下居德則忌也

初九壯于至往咎也

正義曰初九居夬之初當須審籌策然後乃往而體健處下徒欲果決壯健前進其趾以此而往必不克勝非夬之謀所以爲咎故曰初九壯于前趾往不勝爲咎也象曰不勝而往咎者經

務往不勝為咎象云不勝而往咎襲其文有盖暴虎
馮河孔子所忌謬於用壯必无勝理熟知不勝果决
而往所以致於咎過故注云不勝之理在往前也
○九二惕號至中道也　○正義曰惕號莫夜有戎勿
恤者九二体健居中能决其憂而无疑惑者也故
雖有人惕懼號呼語之云莫夜必有戎卒來害己能審
己度不惑不憂故勿恤也　○象曰得中道者决其憂
而得中道故不以有戎為憂故云得中道也　○九三
頄求龜切
壯于至无咎也　○正義曰壯于頄有凶者頄面權也
謂上六也言九三処夬之時独應上六助於小人是
以凶也若剝之六三処陰長之時而應上是助陽為
善今九三処剛長之時独助陰為凶也君子夬夬者

君子之人處於此時已棄其情累不受於應在於決斷而无滯是夬夬也獨行遇雨若濡有慍无咎者若不能之決斷殊於衆陽應於小人則受濡溼其衣自爲怨恨无咎責於人故曰有慍无咎也象曰君子夬夬終无咎者衆陽決陰獨與上六相應是有咎也若能夬夬決之不疑則終无咎矣然則象云无咎自釋君子夬夬非經之无咎也九四臀无至不明也正義曰臀无膚其行次且者九四據下三陽位又不正下剛而進必見侵傷侵傷則居不得安若臀无膚矣次且行不前進也臀之无膚居既失安行亦不進故曰臀无膚其行次且也牽羊悔亡聞言不信者羊者抵狠難移之物謂五也居尊當位爲夬之主下不敢侵

次且趑趄不進
皃古作且

若牽於五則可得悔亡故曰牽羊悔亡然四亦是剛
陽各亢所處雖復聞牽羊之言不肯信服事於五故
曰聞言不信也象曰聰不明者聰聽也良由聽之不
明故聞言不信也　○注同於噬嗑滅耳之凶　○正義曰四
既聞言不信不肯牽繫於五則必被侵克致凶而經无凶
文象稱聰不明者与噬嗑上九辭同彼以不明釋凶
知此亦為凶也　○九五莧陸至未光也　○正義曰
莧陸夬〻中行无咎者莧陸草之柔脆者也夬之為
義以剛決柔以君子除小人者也五處尊位為夬之
主親決上六決之至易也如決莧草然故曰莧陸夬
〻也但以至尊而敵於至賤雖其克勝不足貴也特
以中行之故纔得无咎故曰中行无咎象曰中未光

者雖後居中而行以其親決上六以為敵卑未足以
為光大也○注莧陸草之柔脆者○正義曰子夏傳云莧
莧陸木根草莖剛下柔上也馬融鄭玄王肅皆云莧
陸一名商陸皆以莧陸為一董遇云莧人莧也陸商
陸也以莧陸為二案注直云草之柔脆似亦以為一
同於子夏等也　○上六无號至不可長也○正義
曰上六居夬之極以小人而居群陽之上眾共棄也
君子道長小人必凶非號咷所免故禁其號咷曰无
號終有凶也○象曰終不可長者長延也凶危若此非
號咷所能延故曰終不可長也

○䷫巽下乾上　姤女壯勿用取女　○正義曰姤遇也此卦
一柔而遇五剛故名為姤施之於人則是一女而遇五男淫

婉須也美也
娩媚也順也

壯至甚。故戒之曰此女壯甚勿用取此女。彖曰姤遇至矣哉。正義曰姤遇也柔遇剛者此就爻釋卦名以初六一柔而上遇五剛所以名遇而用釋卦辭女壯勿用取女之義也勿用取女不可與長者女之為体婉娩貞順方可期之偕老有淫壯之義此不可與之長久故勿用取女天地相遇品物咸章者已下廣明遇義卦得遇名本由一柔與五剛相遇故遇辭非美就卦而取遂言遇不可用是勿用取女也故孔子更就天地欲美遇之為義不可廢也天地若各亢所處不相交遇則万品庶物无由彰顯必須二氣相遇乃得化生故曰天地相遇品物咸章也剛遇中正天下大行者莊氏云一女而遇五男既不可取天地匹配則已成品物由是言之若剛

遇中正之柔男得迷貞之女則天下人倫之化乃得
大行也始之時義大矣哉者上既博美此文結歎欲
就卦而取義但是一女而遇五男不足稱美博論天
地相遇乃致品物咸章然後始之時義大矣哉
注凡言至意謂者也 ○正義曰注總為稱義發例故
曰凡言也就卦以驗名義只是女遇於男博尋遇之
深旨乃至道該天地故云不尽於所見中有意謂者也
也 ○象曰天地至四方 ○正義曰風行天下則无物不遇故
為遇象后以施命誥四方者風行草偃天之威令故人君
法此以施教命於四方也 ○初六繫于至道牽也 ○正義曰繫
于金柅貞吉者金堅剛之物柅者制動之主謂九四也初六
陰質若繫於正應以從於四則貞而吉矣故曰繫於金柅
貞吉也

柅女履切 止輪木又絡 絲柎

包白文印本作庖白茅苞ミッ苞作胞賓

有攸往見凶者若不牽於一而有所行往則惟凶是見矣故曰有攸往見凶羸豕孚蹢躅者初六處遇之初以柔而美五則是不繫金柅有所往者也不繫而往則如羸豕務躁而蹢躅然也故曰羸豕孚蹢躅羸豕謂牝豕也群豕之中豭強而牝弱也故謂牝豕為羸豕陰質而淫躁牝豕尤甚焉故取以為喻

象曰柔道牽者陰柔之道必須有所牽繫也

注柅者制動之主

正義曰柅之為物眾説不同王肅之徒皆為織績之器婦人所用惟馬云柅者在車之下所以止輪令不動者也王注云柅者制動之主蓋与馬同

九二包有至及賓也

正義曰庖有魚无咎者初六以陰而處下故稱魚也以不正之陰處遇之始不能逆於

所近故捨九四之正應来承九二之庖廚故曰九二
庖有魚初自樂來爲己之廚非爲犯奪故得无咎也
不利賓者夫擅人之物以爲己惠義所不爲故不利
賓也 象曰義不及賓者言有他人之物於義不可及
賓也 ○九三臀无至未牽也 ○正義曰陽之所據
者陰也 九三処下体之上爲内卦之主以下乗於二无
陰可據居不獲安上又无應不能牽援以固所処同
於夬卦九四之失援故曰臀无膚其行次且也然履
得其位非爲妄処特以不遇其時故致此危厲災非
己招故无大咎故曰厲无大咎 ○象曰行未牽者未能
牽援故其行次且是行未牽也 ○九四包无至遠
民也 ○正義曰庖无魚者二擅其應故曰庖之无魚也

危之无莫則是无民之義也起凶者起而動也无民而動失應而作是以凶也　○象曰遠民者陰為陽之民為二所據故曰遠民也　○九五至以杞命也　○正義曰以杞包瓜者杞之為物生於肥地包瓜為物繫而不食九五處得尊位而不遇其應是得地而不食故曰以杞包瓜也含章有隕自天者不遇其應命未流行无物發起其美故曰含章然體剛居中當位命未流行而已不改其操无已傾隕之者故曰有隕自天蓋言惟天已隕之耳　○象曰中正者有中正之德有美无應故含章而不發若非九五中正則无美可含故舉爻位而言中正也志不舍命者雖命未流行而居尊當位志不舍命故曰不可傾隕也　○注杞之為

物生於肥地者也　正義曰先儒説杞亦有不同馬
云杞大木也左傳云杞梓皮革自楚往則為杞梓之
杞子夏傳云作杞匏瓜薛虞記云杞々柳也杞性柔
刃且屈撓似匏瓜又為杞柳之杞葉王氏云生於肥
地蓋以杞為令之枸杞也　上九姤其至窮吝也
正義曰姤其角者最處体上上九進之於極无所復
遇々角而已故曰姤其角也吝无咎者角非所安与
无遇等故独恨而鄙吝也然不与物争其道不害故
无凶咎故曰无咎也象曰上窮吝者處於上窮所以
遇角而吝也

䷬ 坤下兌上　萃亨至有攸往　正義曰萃卦名也又
萃聚也聚集之義也能招民聚物使物歸而聚己故

名爲萃也亨者通也擁隔不通无由得聚〻之爲事

假 更白反

其道必通故云萃亨王假有廟者假至也天下崩離
則民怨神怒雖欲亨祀与无廟同王至大聚之時孝
德乃洽可謂之有廟矣故曰王假有廟利見大人
亨利貞者聚而无主不散則乱惟有大德之人能弘
正道乃得常通而利正故曰利見大人亨利貞也用
大牲吉者大人爲主聚道乃全以此而用大牲神明
降福故曰用大牲吉也利有攸往者人聚神祐何往
不利故曰利有攸往也
彖曰萃聚至可見矣
正義曰萃聚者訓萃名也順以説剛中而應故聚者
此就二体及九五之爻釋所以能聚也若全用順説
則邪侫之道興全用剛陽而違於中應則強亢之德

若何由得聚今須以說而剛為主則非邪佞也應不
失中則非偏亢也如此方得聚物故曰順以說剛中
而應故聚也　王假有廟致孝享也者享獻也聚
道既全可以至於有廟設祭祀而致孝享也利見大
人亨聚以正也者釋聚所以利見大人乃得通而利
正者由大人有中正之德能以正道通而化之然
後聚道得全故曰聚以正也用大牲吉利有攸往順
天命也者天之為德剛不違中今順以說而以剛為主
是順天命也動順天命可以享於神明无往不利所
以得用大牲吉利有攸往者只為順天命也觀其所
聚而天地万物之情可見矣者此廣明萃義而歎美
之也凡物所以得聚者由情同也情志若乖无由得

聚故觀其所聚則天地万物之情可見矣　象曰
澤上至不虞　正義曰澤上於地則水潦聚故曰澤
上於地萃也除者治也人既聚會不可无防備故君
子於此之時脩治戎器以戒備不虞也　初六有
孚至志乱也　正義曰有孚不終乃乱乃萃者初六
有應在四而三承之萃聚之時貴於近合見三承四
疑四與三始以正應相信末以他意相阻故曰有孚
不終也既心懷嫌疑則情志迷乱奔馳而行萃不以
乱故曰乃乱乃萃一握者小之貌也自比一握之間
言至小也爲笑者非嚴毅之容言懦劣也已爲正配
三以近寵也若能自號比於一握之小執其謙退之容
不與物爭則不憂於三往必得合而无咎矣故曰若號

一握為笑勿恤往无咎也象曰其志乱者只謂疑四
与三故志意迷乱也　○六二引吉至未変也
○正義曰引吉无咎者萃之為体貴相從就聚道乃成
今六二以陰居陰復在坤体志於静退則是守中未
変不欲相就者也亦衆違時則致危害故須牽引乃
得吉而无咎也故曰引吉无咎孚乃利用禴者禴殷
春祭之名也四時之祭最薄者也既乘於衆志須牽
引然後居中得正忠信而行故可以省薄薦於鬼神也
故曰孚乃利用禴象曰中未変也者釈其所以須引
乃吉謂由居中未変　○六三萃如至上巽也
○正義曰居萃之時履非其位以比於四四亦失位不
正相聚々々不正患所生也干人之應害所起也故

曰萃如嗟如无攸利也往无咎小吝者上六亦无應
而独立処極而憂危思援而求朋巽以待物者也与
其萃於不正不若之於同志故可往而无咎但以上
六是陰已又是陰以二陰相合猶不若一陰一陽之
應故有小吝也象曰往无咎上巽也者以上体柔巽
以求其朋故三可以往而无咎也　九四大吉至
不當也　正義曰大吉无咎者以陽処陰明履非其
位又下據三陰得其所據失其所処々聚之時不正
而據是其凶也若以萃之時立夫大功獲其大吉乃
得无咎故曰大吉无咎象曰位不當者謂以陽居陰
也　九五萃有至未光也　正義曰萃有位无咎
匪孚元永貞悔亡者九五処聚之時最得盛位故曰

萃有位也既得盛位所以无咎匪孚者良由四專而據之己德化不行信不孚物自守而已故曰无咎匪孚若能脩夫大德久行其正則其悔可消故曰元永貞悔亡象曰志未光也者雖有盛位信德未行久乃悔亡今時志意未光大也 上六齎咨涕洟无咎

正義曰齎咨者居萃之時最處上極五非所乘内又无應處上獨立近无其援助危亡之甚居不獲安故齎咨而嗟嘆也若己知有危亡懼害之深憂危之甚至於涕洟滂沱如此居不獲安方得衆所不害故无咎矣自目出曰涕自鼻曰洟 象曰未安上者未敢安居其上所乘也

䷭ 巽下坤上 升元亨至南征吉 正義曰升元亨者

升卦名也升者登上之義升而得大通故曰升元亨
也用見大人勿恤者升者登也陽爻不當尊位无剛嚴
之正則未免於憂故用見大人乃得无憂恤故
曰用見大人勿恤南征吉者非直須見大德之人復宜
適明陽之地若以陰之陰彌足其闇也南是明陽之
方故云南征吉也　○彖曰柔以至志行也　○正義
曰柔以時升者升之為義自下升高故就六五居尊
以釋名升之意六五以陰柔之質超升貴位若不得
時則不能升耳故曰柔以時升也巽而順剛中而應
是以大亨者此就二体及九二之爻釋元亨之德也
純柔則不能自升剛亢則物所不從卦体既巽且順
爻又剛中而應於五有此衆德故得元亨用見大人

勿恤有慶者以大通之德用見大人不憂否塞必致
慶善故曰有慶也南征吉志行者之於闇昧則非其
本志今以柔順而升於大明其志得行也　象曰
地中至高大　正義曰地中生木升者地中生木始
於細微以至高大故爲升象也君子以順德積小
以成高大者地中生木始於毫末終至合抱君子象
之以順行其德積其小善以成大名故繫辭云善不
積不足以成名是也　初六允升至上合志也
正義曰允升大吉者允當也巽卦三爻皆應升上而
二三有應於五六升之不疑唯初无應於上恐不得
升當二三升時與之俱升必大得吉其故曰允升大
吉也　象曰上合志也者上謂二三也與之合志俱升乃

得大吉也　九二孚乃至有喜也　正義曰孚乃
利用禴无咎者九二與五爲應往升於五必見信任
故曰孚二体剛德而履中進不求寵志在大業用
心如此乃可薦其省約於神明而无咎也故曰孚乃
利用禴无咎象曰有喜也者上升則爲君所任薦約
則爲神所享斯之爲喜不亦宜乎　九三升虚邑
无所疑也　正義曰升虚邑者九三履得其位升
於上六上六体是陰柔不距於己若升空虚之邑也象
曰无所疑者往必得邑何所疑乎　六四王用至順事
也　正義曰用亨於岐山者六四處升之際下体王
三爻皆來上升可納而不可距事同文王岐山之會
故曰王用亨於岐山也吉无咎者若能納而不距順

一許庚反一許兩反

物之情則得吉而无咎故曰吉无咎也○象曰順事者
順物之情而立功立事故曰順事也　○六五貞吉
至得志也　○正義曰貞吉升階者六五以柔居尊
位納於九二不自專權故得貞吉升階保其尊貴而
踐祚矣故曰貞吉升階也象曰大得志者居中而得
其貞吉處尊而保其升階志大得矣故曰大得志也
○上六冥升至不富也　○正義曰冥升者冥猶昧也處
升之上進而不已則是雖冥猶升也故曰冥升利于
不息之貞者若冥升在上陵物為主則喪亡斯及若
潔己脩身施於為政則以不息為美故曰利于不息
之貞○象曰消不富者雖為政不息交免危咎然榮不
可久終致消衰故曰消不富也

䷮坎下兌上困亨至不信　正義曰困者窮厄委頓
之名道窮力竭不能自濟故名為困亨者卦德也小
人遭困則窮斯濫矣君子遇之則不改其操君子処
困而不失其自通之道故曰困亨也貞大人吉无咎
者処困而能自通必是履正体大之人能濟於困然
後得吉而无咎故曰貞大人吉无咎也有言不信者
処困求濟在於正身脩德若巧言飾辭人所不信則
其道弥窮故誡之以有言不信也　彖曰困剛揜
至乃窮也　正義曰困剛揜者此就二体以釋卦名
兌陰卦為柔坎陽卦為剛坎在兌下是剛見揜於柔
也剛應升進今被柔揜施之於人其猶君子為小人
所蔽為困窮矣險以說困而不失其所亨者又以

就二体名訓以釈亨徳也坎険而兑説所以困而亨
有良由君子遇困安其所遇雖居険困之世不失暢
説之心故曰険以説困而不失其所亨也其惟君子
乎者結歎処困能通非小人之事惟君子能然也貞
大人吉以剛中者此就二五之爻釈貞大人之義剛
則正直所以為貞中而不偏所以能大若正而不大
未能濟困処困能濟々乃得吉而无咎也故曰貞大
人吉以剛中也有言不信尚口乃窮者処困求通在
於脩徳非用言以免困徒尚口説更致困窮故曰尚
口乃窮也　○象曰澤无水至遂志　○正義曰澤无
水困者謂水在澤下則澤上枯槁万物皆困故曰澤
无水困也君子以致命遂志者君子之人守道而死

雖遭困厄之世期於致命喪身必當遂其高志不屈撓而移改也故曰致命遂志也　初六臀至不明也　正義曰臀困于株木者初六處困之時以陰爻最居窮下沈滯卑困居不獲安若臀之困于株木故曰臀困于株木也入于幽谷者有應在四而二隔之居則困株進不獲拯勢必隱遯者也故曰入于幽谷也三歲不覿者困之爲道不過數歲困解乃出故曰三歲不覿也　象曰迷不明者象辞唯釋幽字言幽者是不明之辞所以入不明以自藏而避困也釋株者有杌木謂之株也　九二困于至有慶也　正義曰困于酒食朱紱方來利用享祀者九二體剛居陰處中无應體剛則健以濟險也居陰則謙物所歸也處中則不失其宜无應則心无私黨處困以斯物莫不至不

勝豐衍故曰困于酒食也朱紱方來利用享祀者紱祭
服也坎北方之卦朱紱南方物處困用謙能招異方者也
故曰朱紱方來也舉異方者明物无不至酒食豐盈異方歸
向祭則受福故曰利用享祀征凶无咎者盈而又進傾敗之
道以征必凶故曰征凶自進致凶用進无所怨咎故曰无咎
也象曰中有慶者言二以中德被物々之所賴故曰有慶
也六三困于石至不祥也正義曰困于石據于蒺藜者石
之為物堅剛而不可入也蒺藜之草有刺而不可踐也
六三以陰居陽志懷剛武已又无應欲上附於四々自納於
初不受己者也故曰困于石也下欲比二々又剛陽非己所
據故曰據于蒺藜也入于其宮不見其妻凶者无應而入
難得配偶譬於入宮不見其妻處困以斯凶其宜也故曰

入于其宮不見其妻凶也　○象曰乘剛者明二爲蒺蔾也
不祥也者祥善也吉也不吉必有凶也　○九四來徐至有
與也　○正義曰九四來徐徐困于金車吝有終者何氏云
九二以剛而勝故曰金車也徐徐者疑懼之辭九四有應於
初而礙於九二故曰困于金車欲棄之惜其配偶疑懼而行
不敢疾速故來徐徐也有應而不敢往可耻可恨故曰吝
也以陽居陰不失謙道爲物之所與故曰有終　○象曰有
與有位雖不當執謙之故物所與也　○九五劓刖至受福也
○正義曰九五以陽居陽用其剛壯物不歸己見物不歸而用
威刑行其劓刖之事既行此威刑則異方愈乖遐邇
愈叛兌爲西方之卦赤紱南方之物故曰劓刖困於赤
紱也此卦九二以陽居陰用其謙退招異方之

物也注言九五剛猛不已威其方之物也若但用其中
正之徳招致於物不在遠暴而徐々則物皈之而有說
矣故曰乃徐有說也居得尊位困而已反不執其迷用
其祭祀則受福也象曰志未得也者由物不附己々志未
得故曰志未得也乃徐有說以中直也者居中得直不
貪不暴終得其應乃寬緩脩其徳則得喜說故云乃
徐有說以中直也利用祭祀受福者義已不遂迷志用
其中正則異方所皈祭則受福故曰利用祭祀受福也
上六困于葛至志行也　正義曰葛藟引蔓纏繞之草臲
卼動搖不安之貌上六處困之極々困者也而乘於剛下又
无應行則纏繞居不得安故曰困於葛藟於臲卼也應亦
言困於臲卼困因於上猶文也凡物窮則思變困則謀通

処至困之地是用謀策之時也曰者思謀之辭也謀之所行有隙則獲言將何以通至困乎為之謀曰必須發動其可悔之事令其有悔可知然後処困求通可以行而獲吉故曰動悔有悔征吉象曰未當也者処於困極而又乗剛所処不當故致此困也吉行者知悔而征行必獲吉也

䷯ 巽下坎上　井改邑至瓶凶

正義曰井者物象之名也古者穿地取水以瓶引汲謂之為井此卦明君子脩德養民有常不變終始无改養物不窮莫過乎井故以脩德之卦取譬名之井焉改邑不改井者以下明井有常德此明井体有常邑雖遷移而井体无改故云改邑不改井也无喪无得者此明井用有常

德終日引汲未嘗言損終日泉注未嘗言益故曰无
喪无得也往來井〻者此明性常井〻絜静之貌也
往者來者皆使絜静不以人有往來改其洗濯之性上
故曰往來井〻也汔至亦未繘井羸其瓶凶者此下
明井誠言井功難成汔幾也幾近也繘綆也雖汲水
以至井上然綆出猶未離井口而鉤羸其瓶而覆之
也棄其方成之功雖有出井之勞而与未汲不異喩
今人行常德須善始令終若有初无終則必致凶咎
故曰汔至亦未繘井羸其瓶凶言亦有不必之辭言
不必有如此不克終者計覆一瓶之水何足言凶以
喩人之修德不成又云但取喩人之德行不恒不能
慎終如始故就人言凶也　象曰巽乎至是以凶

也。○正義曰巽乎水而上水井者此就二体釋井之
名義此卦坎為水在上巽為木在下又巽為入以木
入於水而又上水井之象也井養而不窮者歎美井
德愈汲愈生給養於人无有窮已也改邑不改井乃
以剛中也者此釋井体有常由於二五也二五以剛
居中故能定居其所而不改變也不釋往來二德者
无喪无得往來井井皆由以剛居中更无他義故不具
舉經文也汔至亦未繘井未有功也者水未及用則
井功未成其猶人德未被物亦是功德未就也羸其
瓶是以凶也者汲水未出而覆喻修德未成而止所
以致凶也。○注音舉上之上。○正義曰嫌讀為去
聲故音之也。○象曰木上至勸相。○正義曰木上

有水則是上水之象所以為井君子以勞民勸相者勞謂勞賚相猶助也井之為義汲養而不窮君子以勞賚之恩勤恤民隱勸助百姓使有功成則此養而不窮也 ○初六井泥至時舍也 ○正義曰井泥不食舊井无禽者初六最處井底上又无應沈滯滓穢即是井之下泥汚不堪食也故曰井泥不食也井泥而不可食即是久井不見渫治禽所不嚮而況人乎故曰舊井无禽也 ○象曰下也者以其最在井下故為井泥也時舍也者人既非食禽又不向即是一時共棄舍也 ○注井者不變之物居德之地 ○正義曰繇辭稱改邑不改井故曰井者不變之物居德者繫辭又云井德之地故曰居德之地也注言此者明井既

有不變即是有恒既居穢地即是用穢也今居窮下
即是恒穢至賤故物无取也舍之与人皆共棄舍也
○九二井谷至无与也　○正義曰井谷射鮒者井之為
德以下汲上九二上无其應反下比初施之於是正
似谷中之水下注敝鮒井而似谷故曰井谷射鮒也
鮒謂初也子夏傳云井中蝦蟇呼為鮒魚也甕敝漏
有井而下注失井之道有似甕敝漏水〻漏下流故曰
甕敝漏也○象曰无与也者井既処下宜應汲上今反
養下則不与上交物莫之与故曰无与也　○九三
井渫至受福也　○正義曰井渫不食者渫治去穢汚
之名也井被渫治則清潔可食九三処下卦之上異
初六井泥之時得位而有應於上非射鮒之象但井

以上出為用猶在下体未有成功既未成井雖渫治未食也故曰井渫不食也為我心惻者為猶使也井渫而不見食猶人修己全潔而不見用使我心中惻愴故曰為我心惻也可用汲王明並受其福者不同九二下注而不可汲也有應於上是可汲也井之可汲猶人可用若不遇明王則滞其才用若遭遇賢主則申其行能賢主既嘉其行又欽其用故曰可用汲王明並受其福也　六四甃至脩井也

正義曰子夏傳云甃亦治也以塼壘井脩井之壞謂之為甃六四得位而无應自守已而不能給上可以脩井崩壞施之於人可以脩德補過故曰井甃无咎也象曰脩井者但可脩井之壞未可上給養人也

○九五井洌至中正也　○正義曰井洌寒泉食者餘爻
不當貴位但脩德以待用九五爲卦之主擇人而用
之洌絜也九五居中得正而体剛直既体剛直則不
食污穢必須井絜（丁絜字本）而寒泉然後乃食以言剛正之主
不納非賢必須行絜才高而後乃用故曰井洌寒泉
食也○象曰以中正者若非居中得正則任用非賢不
能要待寒泉然後乃食也必言寒泉者清而冷者水
之本性遇物然後濁而温故言寒泉以表絜也
○上六井收至大成也　○正義曰收（式冑反）凡物可收成者則謂
之收如五穀之有收也上六處井之極水已出井
功大成者也故曰井收也勿幕有孚元吉者幕覆
也井功已成若已不擅其美不專其利不自掩覆与

衆共之則爲物所歸信已致其大功而獲元吉故曰
勿幕有孚元吉也○象曰元吉在上大成者上六所以
能獲元吉者只爲居井之上井功大成者也
䷰離下兌上革已日至悔亡　○正義曰革者改變之名
也此卦明改制革命故名革也已日乃孚者夫民情
可與習常難與適變可與樂成難與慮始故革命
之初人未信服所以即日不孚已日乃孚也元亨利
貞悔亡者爲革而民信之然後乃得大通而利正也
悔吝之所生生乎變動革之爲義變動者也革若不
當則悔吝交及如此大通利貞則革道當矣爲革而
當乃得亡其悔吝故曰元亨利貞悔亡也　○象曰革
水火至大矣哉　○正義曰革水火相息二女同居其

志不相得曰革者此就二体釈卦名也水火相息先就二象明革息生也火本乾燥沢本潤湿燥湿殊性不可共処若其共処必相侵剋既相侵剋其変乃生変生則本性改矣水熱而成湯火滅而気冷是謂革也二女同居者此就人事明革也中少二女而成一卦此雖形同而志革也一男一女乃相感應二女雖復同居其志終不相得志不相得則變必生矣所以為革已日乃孚革而信者釈革之為道初未孚已日乃信也文明以説者此舉二体上釈革而信下釈四徳也已用文明之徳以説於人所以革命而為民所得也大亨以正者民既説文明之徳而従之所以大通而利正也革而當其悔乃亡者為革若合於大通而利正可謂當矣変革而當理

其悔乃亡消也天地革而四時成者以下廣明革義
此先明天地革者天地之道陰陽升降温暑涼寒迭
相變革然後四時之序皆有成也湯武革命順乎天
而應乎人者以明人革也夏桀殷紂凶狂无度天既
震怒人亦叛亡殷湯周武聰明睿智上順天命下
應人心放桀鳴條誅紂牧野革其王命改其惡俗故
曰湯武革命順乎天而應乎人計王者相承改正易
服皆有變革而獨舉湯武者蓋舜禹禪讓猶或因
循湯武干戈極其損益故取相變甚者以明人革也
革之時大矣哉者備論革道之廣訖總結歎其大
故曰大矣哉也　象曰澤中至明時　正義曰
澤中有火革者火在澤中二性相違必相改變故為

革象曰君子以治歷明時者天時變改故須歷數所以君子觀茲革象脩治歷數以明天時也　初九鞏用至有爲也　正義曰鞏固也黃中也牛革牛皮也革之爲義變改之名而名皮爲革者以禽獸之皮皆可從革故以喻焉皮雖從革之物然牛皮堅仞難變初九在革之始革道未成守夫常中未能應變施之於事有似用牛皮以自固未肯造次以從變者也故曰鞏用黃牛之革也象曰不可以有爲者有爲謂適時之變有所云爲也既堅仞自固可以守常不可以有爲也　六二已日至有喜也　正義曰已日乃革之者陰道柔弱每事順從不能自革々已日乃能從之故曰已日乃革之征吉无咎者与五相應同處

厥中。陰陽相應。往必合志。不憂咎也。故曰征吉无咎。二五雖是相應而水火殊体。嫌有相剋之過。故曰无咎。象曰行有嘉者往應見納。故行有嘉慶也。

○九三征凶至何之矣 ○正義曰。征凶貞厲革言三就有孚者。九三陽爻剛壯。又居火極。火性炎上。処革之時。欲征之使革。征之非道。則正之危也。故曰征凶貞厲。所以征凶致危者。正以水火相息之物。既処於火極。上之三爻水在火上。皆従革者也。自四至上。従命而変。不敢有違。則従革之言三爻並成就。不虚。故曰革言三就。其言實誠。故曰有孚也。既革言三就。有孚従革已矣。而猶征之則凶。所以征凶而貞厲。象曰又何之矣者。征之本為不従。既革言三就。更又何往征

伐矣　○九四悔亡至信志也　○正義曰悔亡有孚
改命吉者九四與初同處卦下初九處下卦之下革
道未成故未足變九四處上卦之下所以足變也无
應悔也能變故悔亡也處水火之際居會變之始能
不固吝不疑於下信被改命之志而能從之合於時願
所以得吉故曰有孚改命吉也象曰信志者信下之
志而行其命也　○九五大人至文炳也　○正義曰
大人虎變未占有孚者九五居中處尊以大人之德
爲革之主損益前王創制立法有文章之美煥然可
觀有似虎變其文彪炳則是湯武革命順天應人不
勞占決信德自著故曰大人虎變未占有孚也象曰
其文炳者義取文章炳著也　○上六君子至從君

彪補尤切虎文又小虎

也正義曰君子豹變小人革面者上六居革之終變道已成君子處之雖不能同九五革命創制如虎文之彪炳然亦潤色鴻業如豹文之蔚縟故曰君子豹變也小人革面者小人處之但能變其顏面容色順上而已故曰小人革面也征凶居貞吉者革道已成宜安靜守正更有所往則凶居而守正則吉故曰征凶居貞吉也象曰其文蔚者明其不能大變故文細而相映蔚也順以從君者明其不能潤色立制但順而從君也

周易正義卷第八

天文十二癸卯曆十二月廿六日朱點

[illegible]

也[illegible]孝子約文亦入[illegible]

書過之成者[illegible]雖不[illegible]

文之[illegible]於本淵[illegible]

[illegible]書也小人[illegible]

[illegible]己[illegible]四小人[illegible]

成至享[illegible]

[illegible]

[illegible]

有而[illegible]也

開易弄墓表跋入

[illegible]

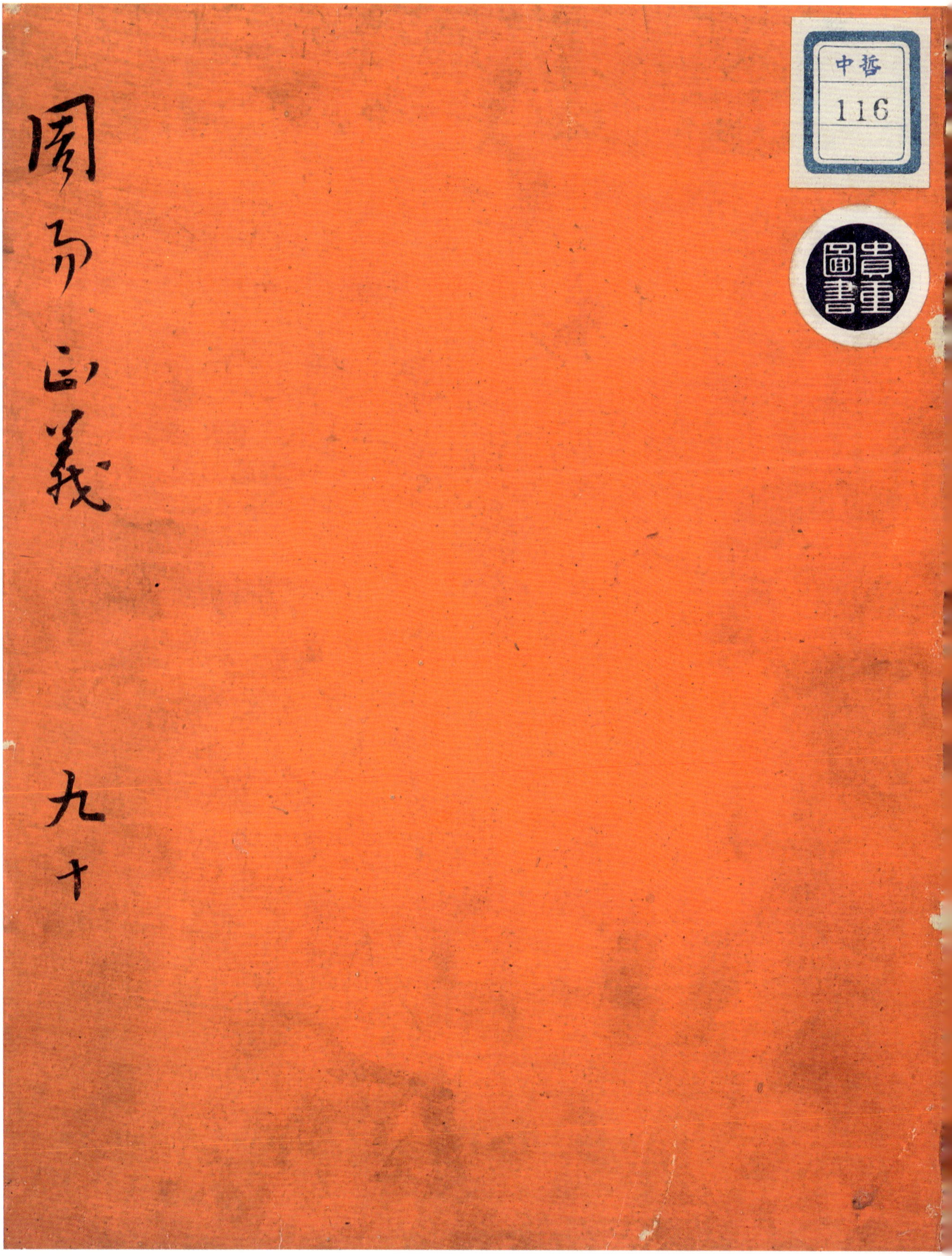
周易正義

九十

鼎震艮漸歸妹豐旅巽兌渙節中孚小過既濟未濟

周易正義卷第九

國子祭酒上護軍曲阜縣開國子臣孔穎達奉　勅撰

䷱巽下離上　鼎元吉亨　正義曰鼎者器之名也自火化之後鑄金而為器以供亨飪之用謂之為鼎亨飪成新能成新法然則鼎之為器且有二義一有亨飪之用二有物象之法故彖曰鼎象也明其有法象也雜卦曰革去故而鼎取新明其亨飪有成新之用此卦明聖人革命示物法象惟新其制有鼎之義以木巽火有鼎之象故名為鼎焉變故成新必須當理故先元吉而後乃亨故曰鼎元吉亨　彖曰鼎象至元亨　正義曰鼎象也者明鼎有亨飪成新之法象也以木巽火亨飪也者此明上下二象有亨飪

之用此就用釋卦名也聖人亨以享上帝而大亨以
養聖賢者此明鼎用之美亨飪所須不出二種一供賢
祭祀二當賓客若祭祀則天神為大賓客則聖賢為
重故舉其重大則輕小可知享帝直言亨養人則言
大亨者享帝尚質特牲而已故直言亨聖賢既多養
須飽飫故亨上加大字也巽而耳目聰明者此明鼎
用之益言聖人既能謙巽大養聖賢聖賢獲養則憂
其事而助於己明目達聰不勞己之聰明則不為而
成矣柔進而上行得中而應乎剛是以元亨者此就
六五釋元吉亨以柔進上行体已獲通得中應剛所
通為大故亡制法成新而獲大亨也象曰木上至凝
命正義曰木上有火即是以木巽火有亨飪之象

所以為鼎也君子以正位凝命者凝者嚴整之貌也
鼎既成新則須制法制法之美莫若上下有序正尊
卑之位輕而難犯布嚴凝之命故君子象此以正位
凝命也　初六鼎顛趾利出否　正義曰鼎顛趾之
足也凡陽為實而陰為虛鼎之為物下實而上虛初
六居鼎之始以陰處下則是下虛之時而鼎足倒故
曰鼎顛趾也利出否者不善之物鼎之倒物趾失
其所利鼎覆而不失其利在於寫出否穢之物也故
曰利出否也得妾以其子无咎者側陋非正妾有室
也施之於人正室雖亡妾猶不得為室主妾為室主
亦猶鼎之顛趾而有咎過妾若有賢子則母以子貴
以之繼室則得无咎故曰得妾以其子无咎也象曰

未悖也者倒趾以出否未爲悖逆也以從貴者旧穢也新貴穢納新所以從貴也然則去妾之賤名棄也而爲室主亦從子貴也　九二鼎有至无也　正義曰鼎有實我仇有疾不我能即吉者實謂陽也仇是匹也即就也九二以陽之質居鼎之中有實者也故曰鼎有實也有實之物不可復加也加之則溢而傷其實矣六五我之仇匹欲來應我困於剛之疾不能就我則我不溢而全其吉也故曰我仇有疾不我能即吉也象曰慎所之者之往也自此已往所宜慎之也終无尤也者五既有乘剛之疾不能加我則我終无尤也　九三鼎耳至其義也　正義曰鼎耳革其行塞者鼎之爲義下實上虛是空以待物

者也鼎耳之用亦宜空以待鉉今九三處下体之上
當此鼎之耳宜居空之地而以陽居陽是以實處實
者也既實而不虛則變革鼎耳之常義也常所納物
受鉉之處今則塞矣故曰鼎耳革其行塞也雉膏不
食者非直体實不受又上九不應於己亦无所納雖
有其器而无所用之有雉膏而不見食也曰故雉
膏不食方雨虧悔終吉者陰陽交和不偏亢者也雖
体陽爻而統屬陰卦若不全任剛亢務在和通方欲
為此和通則悔虧而終獲吉故曰方雨虧悔終吉也
象曰失其義也失其虛中納受之義者　九四鼎
折至如何也　正義曰鼎折足覆公餗者餗糝也八
珍之膳鼎之實也初以出否至四所盛故當馨潔矣

右此正義陸佃曰珍用八物牛羊麋鹿麕豕狗狼

霑如廉切
通作沾

句曰六五黄耳
中而虚故
可以納鉉而
為實

故以餗言之初處下体之下九四處上之下上有体
所美而又應初下有所施既美且施非已所堪故曰
鼎折足鼎足既折則覆公餗也渥霑濡之貌也既覆
公餗体則渥霑也施之於人知小而謀大力薄而任
重如此必受其至辱災及其身也故曰其形渥凶○象
曰信如何也者言不能治之於未亂既敗之後乃責
之云不量其力果致凶災災既及矣信如之何也言
信有此不可以何之事也○六五鼎黄耳至為寶也
○正義曰鼎黄耳金鉉利貞者黄剛也鉉所以中也金
貫鼎而舉之也五為中位故曰黄耳應在九二以柔
納剛故曰金鉉所納剛正故曰利貞也○象曰中以為
實也者言六五以中為實所受不妄也○上九鼎

玉至剛柔節也　正義曰鼎玉鉉玉者堅剛而有者
潤者也上九居鼎之終鼎道之成体剛処柔則是用
玉鉉以自挙者也故曰鼎玉鉉也大吉无不利者應
不在一即靡所不挙故得大吉而无不利象曰剛柔
節者以剛履柔雖後在上不為乾之亢竜故曰剛柔
節也

䷲　震下震上　震亨至匕鬯　正義曰震亨者震動也
此象雷之卦天之威動故以震為名震既威動莫不
驚懼々々威則物皆整斉由懼而獲通所以震有
亨徳故曰震亨也震來虩々笑言啞々者虩々恐懼
之貌也啞々笑語之声也震之為用天之威怒所以粛
整怠慢故迅雷風烈君子為之変容施之於人事則是

威嚴之教行於天下也故震之來也莫不恐懼故曰
震來虩虩也物既恐懼不敢爲非保安其福遂至笑
語之盛故曰笑言啞啞也震驚百里不喪匕鬯者匕
所以載鼎實鬯香酒也奉宗廟之盛者也震卦施之
於人又爲長子〻〻則正体於上將所傳重出則撫
軍守則監國威震驚於百里可以奉承宗廟彜器粢
盛守而不失也故曰震驚百里不喪匕鬯　○注威
震至廟之盛也　○正義曰先儒皆云雷之發聲聞乎
百里故古帝王制國公侯地方百里故以象焉竊謂
天之震雷不應止聞百里蓋以古之啓土百里爲極
文王作繇在殷時明長子威震於一國故以百里言
之也匕所以載鼎實鬯香酒者陸續云匕者棘匕撓

ノ星ハ半アニタニワル之　然ヲ不兩岐サキアニタリ

木枝ヒトフサアルヲ云

イミコトシテアラハスナリ

フクロニミフタツアルキヒナリ

宋本　毛詩

震食中之

亦作曰本宋本鼎

匕之。案先儒皆云匕形似畢，但不兩岐耳，以棘木為
之，長三尺，刊柄與末。詩云有捄棘匕是也。用棘者取
赤心之義。祭祀之禮，先烹牢於鑊，既納諸鼎，而加冪
焉，將薦，乃舉冪而以匕出之，升於俎上，故曰匕所以
載鼎實也。鬯者，鄭玄之義則為秬黍之酒，其氣調暢，
故謂之鬯。詩傳則為鬯是香草，案王度記云天子鬯，
諸侯薰，大夫蘭，以例而言之，則鬯是草明矣。今特言
匕鬯者，鄭玄云人君於祭祀之禮，尚牲薦鬯而已，其
餘不足觀也。彖曰：震亨。至祭主也。正義曰：震
亨者，卦之名德，但舉經而不釋名德所由者，正明由
懼得通，故曰震亨，更无他義，或本无此二字。震來虩
虩，恐致福也者，威震之來，初雖恐懼，能因懼自修，所

以致福也笑言啞啞後有則也者因前恐懼自修未敢寬逸致福之後方有笑言以曾經戒懼不敢失則必時然後言樂然後笑故曰笑言啞啞後有則也震驚百里驚遠而懼邇者言威震驚於百里之遠則惰者恐懼於近也出可以守宗廟社稷以為祭主者釋不喪匕鬯之義也出謂君出巡狩等事也君出則長子留守宗廟社稷攝祭主之礼事也○注已出

○正義曰出謂君也○象曰洊雷至修省○正義曰洊者重也因仍也雷相因仍乃為威震也此是重震之卦故曰洊雷震也君子以恐懼修省者君子恒自戰戰兢兢不敢懈惰今見天之怒畏雷之威彌自修身省察己過故曰君子以恐懼修省也○初九

震來至有則也　正義曰初九剛陽之德為一卦之先剛則不闇於幾先則已有前識故處震驚之始能以恐懼自修而獲其吉故曰震來虩虩後笑言啞啞吉此爻辭兩句既與卦同象辭釋之又與象不異者蓋卦舉威震之功令物恐懼致福爻論遇震而懼脩省致福之人卦則自震言人爻則據人威震所說雖殊其事一也所以爻卦二辭本末俱等其猶屯卦初九與卦俱稱利建侯然卦則汎舉屯時宜具有所卦建爻則以貴下賤則是堪建之人此震之初九亦其類也　六二震來至剛也　正義曰震來厲億喪貝者億辭也貝者資貨糧用之屬震之為用本威惰慢者也初九以剛處下聞震而懼恐而致福即是有德

之人六二以陰賤之体不能敵於剛陽尊貴有德而反乘之是慢易陵貴為天所誅震來則有危亡喪其資貨故曰震來厲億喪貝也躋于九陵勿逐七日得者躋升也犯逆受戮无應而行行无所舍威嚴大行物莫之納既喪資貨无糧而走雖復超越陵險必困於窮匱不過七日為有司所獲矣故曰躋於九陵勿逐七日得象曰乘剛也者只為乘於剛陽所以犯逆受戮也　六三震蘇蘇至不當也　正義曰震蘇蘇震行无眚者蘇蘇畏懼不安之貌六三居不當位故震懼而蘇蘇然也雖不當位而无乘剛之逆故可以懼行而无災眚也故曰震蘇蘇震行无眚也象曰位不當者猶竊位者遇威嚴之世不能自安也

注位非ー　正義曰驗注以訓震為懼蓋懼不自
為懼由震故懼也自下爻辭皆以震言懼也　九四
震遂泥　正義曰震遂泥者九四處陰之也
中爲衆陰之主當恐懼之時宜勇其身以安於衆若
其自懷震懼則遂滯溺而困難矣故曰震遂泥也然
四失位違中則是有罪自懼遂沉泥者也象曰未光
也者身既不正不能除恐使物安己是道德未光
大也　六五震往至无喪也　正義曰震往来厲
者六五往則无應来則乘剛恐而往来不免於咎故
曰震往来厲億无喪有事者夫處震之時而得尊也
位斯乃有事機而懼以往来將喪敗戒之也曰其事
億无喪有事也象曰危行也者懷懼往来是致危之

行也其事在中大无喪也者六五居尊當其有事在
於中位得建大功若守中建大則无喪有事若恐懼
往來則致危无功也　上六震索索至鄰戒也
義曰震索索視矍矍者索索心不安之貌矍矍視不
專之容上六處震之極極震者也既居震位欲求中
理以自安而未能得故懼而索索視而矍矍无所安
親征凶者夫處動懼之極而復征行凶其宜也故曰
征凶也震不于其躬于其鄰无咎者若恐非己造彼
動故懼懼鄰而戒合於備豫則得无咎故曰震不于
其躬于其鄰无咎也婚媾有言者居極懼之地雖復
婚媾相結亦不能无相疑之言故曰婚媾有言也象
曰中未得也者猶言未得中也畏鄰戒也者畏鄰之

動懼而自戒乃得无咎

䷳艮下艮上　艮其背至无咎　正義曰艮其背不獲其身行其庭不見其人无咎者艮止也靜止之義是象山之卦故以艮爲名施之於人則是止物之情防其動欲故謂之止艮其背者此明施止之處也施止得所則其道易成施止不得其所則其功難成故老子曰不見可欲使心不亂也背者无見之物也夫无見則自然靜止夫欲防止之法宜防其未兆既兆而止則傷物情故施止於无見之所則不隔物欲得其所止也若施止於面則對面而不相通強止其情則奸邪並興而有凶咎止而无見則所止在後不與而相對言有物對面而來則情欲有私於己既止在

後則是施止无見所止无見何及其身故不獲其身
既不獲其身則相背矣相背者雖近而不相見故行
其庭不見其人如此乃得无咎故曰艮其背不獲其
身行其庭不見其人无咎也又若已止於未兆則是
治之於未萌若對面不相交通則是禁之道也但止
其背可得无咎也　注目无患也　正義曰目
者能見之物施止於面則抑割所見強隔其欲是目
見之所患今施止於背則目无患也　象曰艮止也
至其所也　正義曰艮止也者説其名也時止則止
時行則行動靜不失其時其道光明者謂歎施止有
所光明施止有時凡物之動息自各有時運用止之
法不可為常必須應時行止然後其道乃得光明也

艮其止止其所也者此釋施止之所也艮其止者疊經文艮其背也易背曰止以明背者无見之物即是可止之所也既時止即宜止時行則宜行所以施止須得其所艮既訓止今言艮其止是止其所止也故曰艮其止々其所也上下敵應不相与也者此就六爻皆不相應釋艮卦之名又釋不獲其身以下之義凡應者一陰一陽二体不敵今上下之位雖復相當而爻皆峙敵不相交与故曰上下敵應不相与也然八純之卦皆六爻不應何独於此言之者謂此卦既止而不交爻又峙而不應与止義相協故兼取以明之也是以不獲其身行其庭不見其人无咎也者此舉經文以結之明相与而止之則有咎也

彖曰

兼山至其位　正義曰兼山艮者兩山義重謂之兼山也直置一山已能鎮止今兩山重疊止義弥大故曰兼山艮也君子以思不出其位者止之爲義各止其所故君子於此之時思慮所及不出其己位也

初六艮其至正也　正義曰艮其趾无咎者趾足也初處體下故謂之足居止之初行无所適止其足而不行乃得无咎故曰艮其趾无咎也利永貞者靜止之初不可以躁動故利在永貞也象曰未失正也者行則有咎止則不失其正釋所以在永貞

六二不拯至聽也　正義曰艮其腓不拯其隨者腓腸也在足之上腓体或屈或伸躁動之物腓動則足隨之故謂足爲隨拯舉也今既施止於腓腓不得動則足

无由舉，故曰艮其腓，不拯其隨也。其心不快者，腓是
躁動之物，而强止之，貪進而不得動，則情與質乖也，
故曰其心不快也。文明施止，不得其所也。象曰未退
聽也者，聽從也。既不能拯動，又不能靜退聽從其見
止之命，所以其心不快矣。○九三艮其限危薰心
也。正義曰：艮其限，列其夤，厲薰心者，限，身之中，人
繫帶之處，言三當兩象之中，故謂之限。施止於限，故
曰艮其限也。夤當中脊之肉也。薰，燒灼也。既止加其
身之中，則上下不通之義也。是分裂其夤，夤既分裂，
身將喪亡，故憂危之切，薰灼其心矣。然則君臣共治，
大體若身，大體不通，則君臣不接，君臣不接，則上下
離心。裂夤則身亡，離心則國喪，故曰裂其夤，厲薰心

注体分両主大器喪矣　正義曰大器謂國與身也

此爻亦明施止不得其所也　六四艮其身至諸

躬　正義曰艮其无咎者中上稱身六四居止之身

時已入上体履得其位止求諸身不陷於咎故曰艮

其身无咎也注止求諸身者求責也諸之也象曰止

諸躬也　者躬猶身也明静止其身不爲躁動也

注自止其躬不分全体　正義曰艮卦總其両体以

爲一身両体不分乃謂之全〻乃謂之身以九三居

両体之際在於身中未入上体則是止於下体不与

上交所以体分夤裂六四已入上体則非上下不接

故能總止其身不分全体然則身是總名而言中上

稱身者何也蓋至中則体分身喪入上体則不分而

而身全九三施止於体故謂之限六四施止於全
体故謂之身非中上独是其身而中下非身也
六五艮其至正也　正義曰艮其輔言有序悔亡者
輔頰車也言止於輔頰也以処其中故口无択言也
言有倫序言亡其悔故曰艮其輔言有序悔亡也象
曰以中正者位雖不正以居得其中故不失其正故
言有序也　上九敦艮至厚終也　正義曰敦艮
吉者敦厚也上九居艮之極止者也在上言用敦
厚以自止不陷非妄宜其吉也故曰敦艮吉也象曰
以厚終者言上九言以敦厚自終所以獲吉也
䷴艮下巽上　漸女帰吉利貞　正義曰漸者不速之
名也凡物有変移徐而不速謂之漸也女帰吉者帰

稼也女人生有外成之義以夫為家故謂嫁曰歸也
婦人之嫁備礼乃動故漸之所施吉在女嫁故曰女
歸吉也利貞者女歸有漸得礼之正故曰利貞也
○彖曰漸之至不窮也○正義曰漸之進也者釋卦名
也漸是徐動之名不當進退但卦所名漸是之於進
也女歸吉也者漸而進之施於人事是女歸之吉
也進得位往有功也進以正可以正邦也者此就九
五得位剛中釋利貞也言進而得於貴位是往而有
功也其位剛得中者此卦爻皆得位上言進得位嫌
是兼二三四等故特言剛得中以明得位之言惟是
九五也止而巽動不窮也者此就二体廣明漸進之
功也以六二適九五是進而以正身既得正可以正

美也止不爲暴巽能用謙以斯適進而物无違拒故
能漸而動進不有困窮也　○象曰山上至善俗　正
義曰山上有木木漸者木生山上因山而高非是從下
忽高故是漸義也君子以居賢德善俗者夫止而巽
者漸之義君子求賢德使居位化風俗使清善皆也
須文德謙下漸以進之若以卒暴威刑物不從矣
○初六鴻漸于干至无咎也　正義曰鴻漸于干者鴻
水鳥也干水涯也漸進之道自下升高故取譬鴻飛
自下而上也初之始進未得禄位上无應援體又窮
下若鴻之進於河之干不得安寧也故曰鴻漸于干
也小子厲有言无咎者始進未得顯位易致陵辱則
是危於小子而被毀於謗言故曰小子厲有言小人

之言未傷君子之義故曰无咎象曰義无咎者備如
經釋　六二至素飽也　正義曰鴻漸于磐飲食
衎衎吉者磐山石之安者也衎衎樂也六二進而得
位居中而應得可安之地故曰鴻漸于磐既得可安
之地所以飲食衎衎然樂而獲吉福也故曰鴻漸于
磐飲食衎衎吉也象曰不素飽者素故也故无祿養
今日得之故願莫先焉　注磐山——　正義曰馬
季長云山中石磐紆故稱磐也鴻是水鳥非是集於
山石陵陸之禽而爻辭以此言鴻漸者蓋漸之爲義漸
漸之於高故取山石陵陸以應漸高之義不復係水
鳥也　九三鴻漸于陸至相保也　正義曰鴻漸
于陸夫征不復婦孕不育凶者陸高之頂也九三居

下体之上是進而得高之象故曰鴻漸于陸也進而
之陸應於上与四相比四亦无應近而相得三本无
是艮体与初二相同一家棄其群類而与四合好即
是夫征而不反復也夫既樂於邪配妻亦不能保其
貞非夫而孕故不育凶也見利忘義貪進忘舊凶之道
也故曰夫征不復婦孕不育凶也利用禦寇者異体
合好恐有寇難離間之者然和比相順共相保安物
莫能間故曰利用禦寇也象曰離群醜者醜類也言三
与初二並有陰陽之殊同体艮卦故謂之群醜也失
其道也者非夫而孕々而不育失其道故也順相保也
者謂四以陰乘陽嫌其非順然好合相得和比相安
故曰順相保也　注陸高丨　正義曰爾雅云高

正注云桷音榱又云榱之説并云秦曰榱周謂之椽齊魯謂之桷

乎曰陸故曰高之頂也　六四鴻漸于木
至以巽也　正義曰鴻漸于木者鳥而之木得其宜
也六四進而得位故曰鴻漸于木也或得其桷无咎
者桷榱也之木而遇堪為桷之枝取其易直可安也
六四與三相得順而相保故曰或得其桷既與相得
无乘剛之咎得順而相保故曰或得其桷既故曰无
咎象曰順以巽也者言四乘三體巽而下附三至
被乘上順而相保所以六四得其安栖由順以巽也
九五鴻漸于陸至所願也　正義曰鴻
漸于陵者陵次陸者也九五進得中位處於尊高故
曰鴻漸于陵婦三歲不孕者有應在二而隔乎三四
不得與其應合是二五情意徒相感說而隔礙不交

故曰婦三歲不孕也終莫之勝吉者然二与五合若
嚴正而居中三四不正久塞其路終得遂其所懷故
曰終莫之勝吉也象曰得所願也願者所願在於与
二合好既合嚴中正无能勝之故終得其所願也
注進以　正義曰九五居尊得位故曰進以正邦
也三歲有成則三四不敢塞其路故曰不過三歲
上九其羽至可亂也　正義曰鴻漸于陸者上九与
三皆處卦上故並稱陸上九最居上極是進處高絜
故曰鴻漸于陸也其羽可用為儀吉者然居无位之地
是不累於位者也處高而能不以位自累則其羽可
用為物之儀表可貴可法也故曰其羽可用為儀吉
也必言羽者既以鴻明漸故用羽表儀也象曰不可

姊女兄之
娣女弟之
妹女弟之
歸妹卜妹
姊ニ従テ
行ト姊死シ後
嫁ヲ歸妹トモ云

亂也者進处髙絜不累於位无物可以亂其志也

䷵兌下震上 歸妹至攸利 正義曰歸妹者卦名也

婦人謂嫁曰歸歸妹猶言嫁妹也然易論歸妹得名

不同泰卦六五云帝乙歸妹彼據兄嫁妹謂之歸妹

此卦名歸妹以妹從姊而嫁謂之歸妹故初九爻辭

云歸妹以娣是也上咸卦明二少相感恒卦明二長

相承今此卦以少承長非是匹敵明是妹從姊嫁故

謂之歸妹古者諸侯一取九女嫡夫人及左右媵

皆以姪娣從故以此卦當之矣不言歸姪者女娣是

兄弟之行亦舉尊以包之也征凶无攸利者歸妹之

戒也征謂進有所往也妹從姊嫁本非正匹惟須自

守卑退以事元妃若妄進求寵則有並后凶咎之敗

故曰征凶无攸利　彖曰歸妹至乘剛也　正義
曰歸妹天地之大義也天地不交而万興者此物不
舉天地交合然後万物蕃興證美歸妹之義所以未
及釈卦名先引證者以歸妹之義非人情所欲且違
於匹對之理蓋以聖人制礼令姪娣從其姑姊而充
妾媵者所以廣其繼嗣以象天地以少陰少陽長陰
長陽之氣共相接所以蕃興万物也歸妹人之終交
始也者上既引天地交合為證此又舉人事歸妹結
合其義也天地以陰陽相合而得生物不已人倫以
長少相交而得繼嗣不絶歸妹豈非天地之大義人
倫之終始也說以動所歸妹也者此就二体釋歸妹
之義少女而許長男交少女所不樂也而令說以動

所歸必妹也雖與長男交嫁而係於娣是以說也係
娣所以說者既係娣為媵不得別適若其不以備數三人九个上
更有勤望之憂故係娣而行合禮說以動也征凶位
不當也者此因二三四五皆不當位所以征凶之義位
既不當明非正嫡因說動而更求進妹邪之道也所
以其征凶也无攸利柔乘剛也者此因六三六五乘
剛所以无攸利之義夫陽貴而陰賤以妾媵之賤進求
殊寵即是以賤陵貴故无施而利也　注以征—
正義曰承以失位所以征凶乘剛所以无攸利而注連引
言之者略例云去初上而論位分則三五各在一卦
之上何得不謂之陽二四各在一卦之下何得不謂
之陰然則二四陰位也三五陽位也陽應在上陰應

在下今二三四五並皆失位其勢自然柔皆乘剛其
猶妾媵求寵其勢自然以賤陵貴以明柔之乘剛緣
於失正而進也　象曰澤上至知敝　正義曰澤上
有雷說以動也故曰歸妹君子以永終知敝者歸妹
相終始之道也故君子象此以永長其終知應有不
終之敝故也　初九歸妹至相承也　正義曰
歸妹以娣者少女謂之妹從娣而行謂之歸妹初九以
兌適震非夫婦匹敵是從娣之義也故曰歸妹以娣
也跛能履者妹而繼姊為娣雖非正配不失常道譬
猶跛人之足然雖不正不廢能履故曰跛能履也征
吉也象曰以恒也者妹而為娣恒久之道也征
吉者少長非偶為妻而行則凶焉為娣而行則吉故

注夫承嗣

相承也者行得其宜是相承之吉也

正義曰此爲少女作此例也言君之子宜爲嫡

嗣承以類妃之妹應爲娣也立嗣宜取長然君之子

雖幼而立之不爲妄也以言行嫁宜匹敵然妃之妹

雖至少而爲娣則可行也

妹ハ少物名也
娣爲姉可行
言ハ姉ト人ニク

九二利能至變常也

正義曰九二不云歸妹者既在歸妹之卦歸妹可知

故略不言也然九二雖失其位不廢居內處中以言

歸妹雖非正配不失交合之道猶如眇目之人視雖

不正不廢能視耳故曰眇能視也利幽人之貞者居

內處中能守其常施之於人是處幽而不失其貞正

也故曰利幽人之貞也象曰未變常也者貞正者人

之常也九二失位嫌其變常不爲貞也能以履中不偏

故云未變常也　〇六三歸妹至未當也　正義曰
歸妹以須者六三在歸妹之時處下體之上有欲求
爲室主之象而居不當位則是室主猶存室主既存
而欲求進爲未值其時也未當其時則宜有待故曰
歸妹以須也反歸以娣者既而有須不可以進宜反
歸待時以娣乃行故曰反歸以娣〇象曰未當也者未
當其時故宜有待也　九四居不得位又无其應以斯
適人必待彼道窮盡无所與交然後乃可以往故曰
愆期遲歸有時也〇象曰愆期之志有待而行者嫁宜
及時今乃過期而遲歸者此嫁者之志正欲有所待
而後乃行也　六五帝乙至貴行也　正義曰
帝乙歸妹者六五居歸妹之中獨處貴位是帝王之

所嫁妹也故曰帝乙皈妹其君之袂不如其娣之袂良者六五雖處貴位卦是長陽之卦若以爻爲人即是婦人之道故爲帝乙之妹既居長卦乃是長女之象其君即五也袂衣袖也所以舉斂以爲禮容帝王嫁妹爲之崇飾故曰其君之袂也配在九二兌少震長以長從少者也以長從少雖有其君崇飾之袂猶不若以少從長之爲美故曰不如其娣之袂良也月幾以望吉者陰而貴盛如月之近望以斯適配雖不如以少從長然以貴而行往必合志故得吉也故曰月幾望吉也象曰帝乙皈妹不如娣之袂良者釋其六五雖所居貴位然長不如少也言不如少女而從於長男也其位在中以貴行也者釋月幾望吉也既以長

適少非歸妹之義而得吉者其位在五之中以貴盛而行所往必得合而獲吉也

上六至虛筐也

正義曰女承筐无實士刲羊无血无攸利者女之爲行以上有承順爲義士之爲功以下有應命爲責上六處卦之窮仰則无所承受故爲女承筐則虛而无實又下无其應下命則无應之者故爲士刲羊則乾而无血故曰女承筐无實士刲羊无血則進退莫与故无所利象曰承虛筐者筐本盛幣以幣爲實今之无實正是承捧虛筐空无所有也

䷶ 離下震上 豐亨至日中

正義曰豐亨者豐卦名也彖及序卦皆以大訓豐也然則豐者多大之名盈足之義財多德大故謂之爲豐德大則无所不容財多則无所不

然无所擁礙謂之爲豐亨故曰豐亨王假之者假至也豐
亨之道王之所尚非有王者之德不能至之故曰王假之也勿憂宜日
中者勿无也王能至於豐亨乃得无復憂慮故曰勿憂
而云何況於人
盛則虧保永
義何況於鬼
而又爲鬼之神
之爲神乎
也用夫豐亨无憂之德然後可以君臨万國徧照四方如日中
之時徧照天下故曰宜日中也　象曰豐大至鬼神乎
正義曰豐大也者釋卦名正是引大之義也明以動故豐者
此就二体釋卦得名爲豐之意動而不明未能光大
資明以動乃已致豐故曰明以動故豐也王假之尚大
也者豐大之道王所崇尚所以王能至之以能尚大故
也勿憂宜日中宜照天下也者日中之時徧照天下
王无憂慮德乃光被同於日中之盛故曰勿憂宜日
中宜照天下也日中則昃月盈則食天地盈虛與時

消息而況於人乎況於鬼神乎者此孔子因豐設戒
以上言王者以豐大〻德照臨天下同於日中然盛
必有衰自然常理日中至盛過中則昃月滿則盈過
盈則食天之暑往來地之陵谷遷貿寒盈則與時而
息虛則與時而消天地日月尚不能久況於人與鬼
神而能長保其盈盛乎勉令及時修德仍戒居存慮
亡也此先陳天地後言人鬼者欲以輕譬重亦
先尊後卑也而日月先天地者案上宜日中之上遂
言其昃食因舉日月以對之然後并陳天地作文之
勢也
注音闡闡大之大也　正義曰闡者弘廣
之言凡物之大其有二種一者自然之大二者由人
之闡弘使大豐之爲義既闡弘微細則豐之稱大乃

闡大之大非自然之大故音之也　○象曰雷電至致
刑　正義曰雷電皆至豐者雷者天之威動電者天
之光耀雷電俱至則威明備足以為豐也君子以折
獄致刑者君子法象天威而用刑罰亦當文明以動
折獄斷決也斷決獄訟須得虛實之情致用刑罰必
得輕重之中若動而不明則淫監斯及故君子象於
此卦而折獄致刑　○初九遇配主雖旬无咎過旬災
也　正義曰遇其配主者豐者文明以動尚乎光大
者也初配在四俱是陽爻以陽適陽以明之動能相
光大者也故曰遇其配主也雖旬无咎往有尚者旬
均也俱是陽爻謂之為均非是陰陽相應嫌其有咎
以其能相光大故雖均可以无咎而往有嘉尚也故

曰雖均无咎往有尚也象曰過旬災也者言勢若不
均則相傾奪既相傾奪則爭競乃興而相違背災咎
生焉故曰過旬災也　注過均也　正義曰初四應
配謂之為交勢若不均則初四之相交於斯乖叛矣
六二豐其蔀至發志也　正義曰豐其蔀者二以陰
居陰又處於內幽闇无所覩見所豐在於覆蔽故
曰豐其蔀也蔀者覆曖障光明之物也日中見斗者
二居离卦之中如日正中則至極盛者也處日中盛
明之時而斗星顯見是二之至闇使斗星見明者也
處光大之世而為極闇之行譬日中而斗星見故曰
日中見斗也二五俱陰二已見斗之闇不能自發以
自求於五往則得見疑之疾故曰往得疑疾也然居

中履正處闇不邪見有信者也有信以自發其志不因於闇故獲吉故曰有孚發若吉也象曰信以發志者雖處幽闇而不為邪是有信以發其豐大之志故得吉 ○九三豐其至用也 ○正義曰豐其沛日中見沫者沛幡幔所以禦盛光也沫微昧之明也以九三應在上六志在乎陰雖愈於六二以陰處陰亦未見免於闇也是所以豐其沛日中見沫也處光大之時而豐沛見沫雖愈於豐蔀見斗然施於大事終不可可用假如折其右肱自守而已乃得无咎故曰折其右肱无咎象曰不可大事者當光大之時可為大事而明不足故不可為大事也終不可用者凡用事在右肱〻〻既折雖有左終不可用也 九四豐其至

吉行也○正義曰豐其蔀者九四以陽居陰闇同於
六二故曰豐其蔀也日中見斗遇其夷主吉者夷平
也四應在初而同是陽爻能相顯發而得其吉故曰
遇其夷主吉也言四之与初交相為主者若賓主之
義也若據初適四則以四為主故曰遇其配主自四
之初則以初為主故曰遇其夷主也二陽体敵兩主
均平故初謂四為旬而四謂初為夷也象曰位不當
者止謂以陽居陰而位不當所以豐蔀而闇者也幽
不明也者日中盛明而反見斗以辞當光大而居陰
是應明而幽闇不明也吉行者処於陰位為闇已甚
更應於陰无之獲吉猶与陽相遇故得吉行也
六五來章有慶譽吉也　正義曰六五処豐大之世以

陰柔之質來適尊陽之位能自光大章顯其德而獲慶善也故曰來章有慶譽吉也○象曰有慶也者言六五以柔處尊位得其中故致慶譽也 ○上六豐其屋天至自藏也 正義曰屋者藏蔭隱蔽之物也上六以陰處陰極以處外不履於位是深自幽隱絶跡深藏也之同豐厚於屋者也既豐厚其屋而又覆蔀其家屋厚家闇蔽鄣之甚也雖闚視其戶而闃寂无人棄其所處而自深藏也處於豐大之世隱不為賢治道未濟隱猶可也三年豐道已成而猶不見所以為凶故曰豐其屋蔀其家闚其戶闃其无人三歲不覿凶象曰天際翔也者如鳥之飛翔於天際言隱翳之深也自藏也者言非有為而當自藏可以出而不出无事自隱

藏也

周易疏巻第九

周易正義巻第十

國子祭酒上護軍曲阜縣開國子臣孔穎達奉　勅撰

䷷艮下離上　旅小亨旅貞吉　正義曰旅者客寄之名羈旅之稱失其本居而寄他方謂之為旅既為羈旅苟求僅存雖得自通非甚光大故旅之為義小亨而已故曰旅小亨羈旅而獲小亨是旅之正吉故曰旅貞吉也　彖曰旅小亨至大矣哉　正義曰旅小亨者舉經文也柔得中乎外而順乎剛止而麗乎明是以小亨旅貞吉者此就六五及二体釋旅得亨貞之義柔処於外弱而為客之象若託所不得其主得主而

不能順從則乖逆而離散何由得自通而貞吉乎今柔處外而得中順陽則是得其所託而順從於主又止而麗明動不履妄故能於寄旅之時得通而正不失所安也旅之時義大矣哉者此歎美寄旅之時物皆失其所居若能與物為附使旅者獲安非小才可測惟大智能然故曰旅之時義大矣哉 ○象曰山上至留獄 ○正義曰山上有火旅君子以明慎用刑而不留獄者火在山上逐草而行勢不久留故為旅象又上下二体艮止離明故君子象此以靜止明察審慎用刑而不稽留獄訟 初六旅瑣瑣至窮災也 ○正義曰旅瑣瑣斯其所取災者瑣瑣細小卑賤之貌也初六當旅之時最處下極是寄旅不得所安

而為斯卑賤之役，然則為斯卑賤勞役，由其處旅窮下，故致此災。故曰旅瑣々，斯其所取災也。象曰志窮災，志意窮困，自取此災也。

六二旅即至无尤也。正義曰：旅即次，懷其資，得童僕貞者，得位居中，體柔奉上，以此而為寄旅，必為主君所安，故得次舍，懷來資貨，又得童僕之正，不同初六賤役，故曰旅即次，懷其資，得童僕貞也。象曰終无尤者，旅不可以處盛，々則為物所害，今惟正於童僕，則終保无尤也。

九三旅焚至義喪也。正義曰：旅焚其次，喪其童僕，貞厲者，九三居下體之上，下據於二，上无其應，與二相得，是欲自尊而惠施於下也。以羈旅之身而為惠下之道，是兆萌侵權，為主君之所疑也。為君主所疑，被黜

莊子十四齊田成子一旦殺其君而盗其國云云
論語七云陳成子弑簡公注云成子齊大夫名恒簡公齊君名壬事在春秋哀公十四年

而見害故焚其次舍喪其童僕之正而身危也象曰亦以傷矣欲言失其所安亦可悲傷也其義喪者言以旅與下理是喪亡也 注與崩侵權 正義曰言與得政者之崩漸侵奪主君之權勢若齊之田氏故為主所疑也 九四旅于至未快也 正義曰旅于處其得資斧我心不快者九四處上體之下不同九三之自尊然不得其位猶寄旅之人求其次舍不獲平坦之所而得用斧之地言用斧除荊棘然後乃處故曰旅于處得其資斧也求安處而得資斧之地所以其心不快也 六五射雉至上逮也 正義曰射雉一矢亡終以譽命者羇旅不可以處盛位六五以羇旅之身進居貴位其位終不可保譬之射雉惟

衆所同疾喪其稼穡之資理在不難故曰喪牛于易

有一矢射之而後亦失其矢其雉終不可得故曰射雉一矢亡也然処文明之内已照禍福之先不乖下以侵權而兼上以自保故得終以美譽而見爵命故曰終以譽命也（象曰上逮也者逮及也已兼及於上故得終以譽命也　十一字落字）○上九鳥焚至之間○正義曰鳥焚其巣旅人先笑後号咷喪牛于易凶最居於上如鳥之巣以旅処上必見傾奪如鳥巣之被焚故曰鳥焚其巣也客得上位所以先笑凶害必至故後号咷衆所同疾喪其稼穡之資理在不難故曰喪牛于易物莫之与則傷之者至矣故曰凶也○象曰終莫之聞也者衆所同疾危而不快至于喪于牛易終无以一言告之使聞而悟也

䷸ 巽下巽上　巽小亨至大人　○正義曰巽少亨利有攸

徃利見大人者巽者卑順之名說卦云巽入也蓋
以巽是象風之卦風行无所不入故以入為訓若施
之於人事能自卑巽者亦无所不容然巽之為義以
卑順為体以容入為用故受巽名矣上下皆巽不為
違逆君唱臣和教令乃行故於重巽之卦以明申命
之理雖上下皆巽命令可行然全用卑巽則所通非
大故曰小亨巽悌以行物无違距故曰利有攸往但
能用巽者皆无往不利然大人用巽其道愈隆故曰
利見大人明上下皆須用巽也　○彖曰重巽至大人
○正義曰重巽以申命者此卦以卑巽為名以申命
為義故就二体上下皆巽以明可以申命也上巽能
接於下下之巽能奉於上上下皆巽命乃得行故曰重

自夫獻至辭也補此意之

巽以申命也剛巽乎中正而志行者雖上下皆巽若
命不可從則物所不與也故又因二五之爻剛而能
巽不失其中所以志意得行申其命令也柔皆順乎
剛者則雖巽爲中正柔若不順乎剛何所申其命乎
故又就初四各處卦下柔皆順剛无有違逆所以教
令得申成小亨以下之義也是以小亨以下舉經結
也　注明无一　正義曰案彖備舉小亨利有攸往
利見大人以結之明柔皆順剛之意不專釋小亨二
字而注獨云明无違逆故得小亨者褚氏云是獻可
替否其道乃弘柔皆順剛則非大通之道所以文王繫
小亨之辭孔子致皆順之釋案王注上下卦之体皆
以巽言之柔不違剛是巽之義故知皆順之言通釋

諸辭也　○象曰隨風至行事　○正義曰隨風巽者兩風
相隨故曰隨風既相隨物无不順故曰隨風巽君
子以申命行事者風之隨至非是令初故君子象之
以申命行事也　○初六進退至志治也　○正義曰進
退利武人之貞者初六處令之初法未宜著体於柔
巽不能自決心懷進退未能從令者也成令刑莫
善威武既未能從令則宜用武人之正以整齊之故
曰進退利武人之貞也象曰志疑者欲從之則未明
其令欲不從則懼罪及己志意懷疑所以進退也志
治也者武非行令所宜而言利武人者志在使人從
治故曰利武人其猶蒙卦初六象曰利用刑人以正
法也　○九二巽至象曰得中也　○正義曰巽在牀

下者九二処巽下体而復以陽居陰卑巽之甚故曰
巽在牀下用史巫紛若吉无咎者史謂祝史巫謂巫
覡並是接事鬼神之人也紛若者盛多之貌卑甚失
正則入於過咎人有威勢易為行縱神道无形多生
怠慢若能用居中之德行至卑之道用之於神祇不
行之以威勢則能致之於盛多之吉而无於咎過故曰
用史巫紛若吉无咎也象曰得中者用卑巽於神祇
是行其中故能致紛若之吉也○九三至象曰頻
窮也　正義曰頻巽者頻蹙憂戚之容也九三体
剛居正為四所乗是志意窮屈不得申遂也既処巽
時只得受其屈辱也頻蹙而巽鄙吝之道故曰頻巽
吝也○象曰志窮者志意窮屈所以為吝也　六四田

獲至有功也　正義曰悔亡田獲三品者六四有柔
剛之悔然得位義尊得其所奉上以柔乘剛而依尊
履正以斯行令必能有功取譬田獵能獲而有益莫
善三品所以得悔亡故曰悔亡田獲三品也三品者
一曰乾豆二曰賓客三曰充君之庖厨也象曰有功
者田獵有獲以喻行令有功也　九五貞吉象曰九
五至正中也　正義曰九五以陽居陽違於謙巽是
悔也然執乎中正以宣其令物莫之違是由貞正獲
吉故得悔亡而无不利故曰貞吉悔亡无不利也无
初有終者若卒用剛直化不以漸物皆不説故曰无
初也終於中正物服其化故曰有終也先庚三日後
庚三日吉者申命令謂之庚民迷固久申不可卒故

先申之三日令著之後復申之三日然後誅之已服
其罪无怨而獲吉矣故曰先庚三日後庚三日吉也
象曰位正中也者若不以九居五位則不能以中正命
物物之正則无由致吉吉是由九居五位故舉爻
位言之也　上九巽在—象曰巽在至乎凶也　正義曰巽
曰巽在牀下者上九處巽之極巽之過甚故曰巽
在牀下喪其資斧者斧能斷斷以喻威斷也巽過則
不能行威命命之不行是喪其所用之斧故曰喪其
資斧也貞凶者失其威斷是正之凶故曰貞凶也象
曰上窮者處上窮巽故過在牀下也正乎凶者正理
須當威斷而喪之是正乎凶也

䷹ 兌下兌上　兌亨利　正義曰兌說也說卦曰說万—

物者莫説乎沢以兌是象沢之卦故以兌為名沢以
潤生万物所以万物皆説施於人君以恩恵
養民々无不説也恵施民説所以為兌以説々物恐
陥諂邪其利在於貞正故曰兌亨利貞　彖曰兌説
至矣哉　正義曰兌説也者訓卦名也剛中而柔外
説以利貞者此就二五以剛居中上六々三以柔処
外釈兌亨利貞之義也外雖柔説而内德剛正則不
畏邪諂内雖剛正而外迹柔説則不憂侵暴只為剛
中而柔外中外相済故得説亨而利貞也是以順乎
天而應乎人者廣明説義合於天人天為剛德而有
柔克是剛而不失其説也今説以利貞是上順乎天
也々人心説於恵沢々以恵沢説人是下應乎人也

説以先民〻忘其勞以下歎美説〻所致亦申明應
人之法先以説豫撫民然後使之從事則民皆竭力
忘其從事之勞故曰説以先民〻忘其勞也説以犯
難民忘其死者先以説豫勞民然後使之犯難則民
皆授命忘其犯難之死故曰説以犯難〻民忘其死也
施説於人所致如此豈非説義之大能使民勸勉矣
哉故曰説之大民勸矣哉

象曰麗澤兑君子以朋友講習

正義曰麗澤兑者麗猶連也兩澤相連潤説之盛故
曰麗澤兑也君子以明友講習者同門曰明同志曰
友明友聚居講習道義相説之盛莫過於此也故君
子象之以朋友講習也

初九和兑至未疑也

正義曰和兑吉者初九居兑之初應不在一无所和私

說〻之和也說物以和何往不吉故曰和兌吉也象
曰行未疑者說不爲諂履斯而行未見疑之者也所
以得吉也　九二孚兌至信志也　正義曰孚兌
吉悔亡者九二說不失中有信者也說而有信則吉
從之故曰孚兌吉也然履失其位有信而吉乃得亡
悔故曰孚兌吉悔亡也　象曰信志也者失位而得吉
是其志信也　六三來兌至不當也　正義曰來
兌凶者三爲陽位陰來居之是進來求說故言來兌
而以不正求說佞邪之道故曰來兌凶也　象曰位不
當者由位不當所以致凶也　九四商兌至有
慶也　正義曰商兌未寧者商〻量裁制之謂也夫
佞邪之人國之疾也三爲佞說將近至尊故四以剛

能裁而隔之使三不得進匡内制外未遑寧處故曰
商兌未寧居近至尊防邪隔疾宜其有喜故曰介疾
有喜象曰有慶者也能匡内制外介疾除邪此之為
喜乃為至尊所善天下蒙頼故言有慶也　九五
孚于至正當也　正義曰孚于剝有厲者剝者小人
道長消君子之正故謂小人為剝也九五處尊正之
位下无其應比於上六与之相得是說信於小人故
曰孚于剝信而成剝危之道也故曰有厲象曰位正
當者以正當之位宜任君子而信小人故以當位責
之也　上六引兌至未光也　正義曰引兌者
上六以陰柔之質最在兌後是自靜退不同六三自
進求說必須他人見引然後乃說故曰引兌也象曰未

光也者無免躁求之凶亦有後時之失所以經无咎文以其道未光故也

䷺ 坎下巽上 渙亨王至利貞　正義曰渙亨者渙卦名也序卦曰說而後散之故受之以渙然則渙者散釋之名雜卦曰渙離也此又渙是離散之号也蓋渙之爲義小人遭難离散奔迸而逃避也大德之人能於此時建功立德散難釋險故謂之爲渙能釋險難所以爲亨故曰渙亨王假有廟者王能渙難而亨可以至於建立宗廟故曰王假有廟也利涉大川者德洽神人可濟大難故曰利涉大川利貞者大難既散宜以正道而柔集之故曰利貞　彖曰渙亨至有功也　正義曰渙亨者疊經文略舉名德也剛來而不

窮柔得位乎外而上同者此就九二剛德居險六四
得位從上釋所以能散釋險難而致亨通乃至利涉
大川利貞等也二以剛德來居險中而不窮於險四
以柔順得位於外而上與五同內因剛而无險困之難外
柔无違逆之乖所以得散釋險難而通亨建立宗廟
而祭享利涉大川而克濟利以正道而鳩民也王假
有廟王乃在中者此重明渙時可以有廟之義險難
未夷方勞經略今在渙然之中故至於有廟也利涉
大川乘木有功者重明用渙可以濟難ゝ事乘木水涉
川必不沉溺以渙濟難必有成功故曰乘木有功也
注凡ー　正義曰凡剛得暢而无忌回之累者此還
（一〇一行落）回邪之累也柔履正而同志乎剛者此還言六四得

言九二居險不窮是剛得暢遂剛既得暢无復畏忌
位於正同志乎五也剛從不暢柔不同剛何因得亨
通而剛說利貞而不邪乎故言則皆亨利涉大川利
貞也注於此言皆者凡有二意一則象並疊渙亨二
字即以剛來而不窮柔得位乎外而上同釋之下別
言王假有廟乃在中利涉大川乘木有功總剛來王
之言惟釋亨德不通在下二則先儒有以剛來不窮
釋亨德柔得位乎外釋利貞故言皆以通之明剛柔
皆釋亨以下至于利貞也　注乘木ー　正義曰
先儒皆以此卦坎下巽上以居乘木水上涉川之象
故言乘木有功王不用象直取況喻之義故言此以
序之也　象曰風行至立廟　正義曰風行水上

渙者風行水上激動波濤散釋之象故曰風行水上
渙先王以享于帝立廟者先王以渙然无難之時享
于上帝以告太平建立宗廟以祭祖考故曰先王以
享于帝立廟也　初六用拯馬壯吉　正義
曰初六處散之初乖散未甚可用馬以自拯拔而得
壯吉也故曰用拯馬壯吉象曰初六之吉順也者觀
難而行不與險爭故曰順也　九二渙奔至所也
正義曰渙奔其机者机承物者也初承於二謂初為
机二俱无應與初相得而初得遠難之道今二散奔
歸初故曰渙奔其机也悔亡者初得散道而二往歸
之得其所安故悔亡也　象曰得所者違難奔散所
得所安奔初獲安是得其所也　六三渙其躬无悔

至志在外也　○正義曰渙其躬无悔者渙之爲義内險外安六三内不比二而外應上九是不固所守能散其躬故得无悔故曰渙其躬无悔○象曰志在外者釋六三所以能渙其躬者正爲身在於内而應在上九是志意在外也　○六四渙其群元吉丨大也○正義曰渙其群者六四出坎上已踰於於險得位体巽与五合志内掌機密外宣化命者也能爲群物散其險害故曰渙其群也元吉渙有丘匪夷所思者能散群險則有大功故曰元吉然處上体之下不可自專而得位承尊憂責復重雖獲元吉猶宜於散難之中有丘墟未平之慮爲其所思故曰渙有丘匪夷所思也○象曰光大也者能散群險而獲元吉是其道光

大也　○九五渙其王居至正位也　正義曰渙汗
其大號者人遇險阨驚怖而勞則汗從体出故以汗
喻險阨也九五處尊履正在號令之中能行號令以
散險阨者也故曰渙汗其大號也渙王居无咎者居
渙之主若位不可假人惟王居之乃得无咎故曰渙
王居无咎○象曰正位者釋王居无咎之義以九五是
王之正位若非王居之則有咎矣　○上九渙其血
至害也　正義曰渙其血去逖出者血惕也逖遠也
上九處於卦上最遠於險不近侵害是能散其憂傷
去而遠出者也故曰渙其血去逖出也无咎者散患
於遠害之地誰將咎之矣故曰无咎○象曰遠害者釋
渙其血也是居遠害之地故也

䷻兌下坎上　節亨苦至可貞　正義曰節卦名也彖曰節以制度雜卦云節止也然則節者制度之名節止之義制度有節其道乃亨故曰節亨節須得中為節過苦傷於刻薄物所不堪不可復正故曰苦節不可貞也

彖曰節亨至害民　正義曰節亨剛柔分而剛得中者此就上下二体及二五剛中釋所以為節得亨之義也坎剛居上兌柔處下是剛柔分也剛柔分男女別節之大義也二五以剛居中為制之主所以得節節不違中所以得亨故曰節亨剛柔分而剛得中也苦節不可貞其道窮者為節過苦不可為正若以苦節為正則其道困窮故曰苦節不可貞其道窮也說以行險當位以節中正以通者上言苦節

不可貞其道窮者止由爲節不中則物所不堪不可復正其道困窮故更就二体及九五當位重釈行節得亨之義以明苦節之窮也行險以說則爲節得中當位以節則可以爲正良由中而能正所以得通故

此下就天地与人廣明節義天地以氣序爲節使寒暑往來各以其序則四時功成之也王者以制度爲節用之有道役之有時則不傷財不害民也

象曰沢上有至德行　正義曰沢上有水節者水在沢中乃得其節故曰沢上有水節也君子以制數度議德行者數度謂尊卑礼命之多少德行謂人才堪任之優劣君子象節以制其礼數等差皆使有度議

曰中正以通此其所以爲亨也天地節而四時成者

人之從以任用皆使得宜　　初九不出至通塞也
正義曰不出戶庭无咎者初九處節之初將立制度
宜其慎密不出戶庭若不慎而泄則民情姦險應之
以傷故慎密不失然後事濟而无咎故曰不出戶庭
无咎象曰知通塞者識時通塞所以不出也　注為
節ー　正義曰序卦云物不可以終離故受之以
節以此卦承渙之後初九居節之初故曰將整離散
而立法度也　　九二不出至時極也　正義曰不
出門庭凶者初已制法至二宜宣若猶匿之則失時
之極可施之事則遂廢矣不出門庭所以致凶故曰
不出門庭凶象曰失時極者極中也應出不出失時
之中所以為凶　　六三不節至誰咎也　正義曰

不節若則嗟若无咎者節者制度之卦處節之時位
不可失六三以陰處陽以柔乘剛失位驕逆違節之
道禍將及己以至哀嗟故曰不節若則嗟若也禍自故
己致无所怨咎故曰无咎象曰又誰咎者由己不節
自致禍災又欲怨咎誰乎

六四安節亨至承上
道也 正義曰安節亨者六四得位而上順於五是
得節之道但能安行此節而不改變則何往不通故
曰安節亨明六三以失位乘剛則失節而招咎六四
以得位承陽故安節而致亨象曰承上道者以能承
於上故不失其道也

九五甘節至位中也 正
義曰甘節吉往有尚者甘者不苦之名也九五居於
尊位得正履中能以中正為節之主則當彖曰節以

制度不傷財不害民之謂也為節而无傷害則是不
苦而甘所以得吉故曰甘節吉以此而行所往皆有
嘉尚故曰往有尚也象曰居位中者以居尊位而得
中故致甘節之吉也　上六苦節至窮也　正義
曰苦節貞凶悔亡者上六処節之極過節之中節不
能甘以至於苦故曰苦節也為節過苦物所不堪不
可復正正之凶也故曰貞凶若以苦節施人則是正
道之凶也若以苦節脩身則倹約无妄可得亡悔故曰悔亡也

䷼ 兌下巽上 中孚豚魚至利貞　正義曰中孚豚魚吉
者中孚卦名也信發於中謂之中孚魚者蟲之隠
豚者獣之微賤人主内有誠信則雖微隠之物信皆
及矣莫不得所而獲吉故曰豚魚吉也利渉大川利

貞者微隱獲吉顯著可知既有誠信光被万物
得宜以斯涉難何往不通故曰利涉大川信而不正
凶邪之道故利在貞也　彖曰中孚至乎天也
正義曰中孚柔在內而剛得中說而巽孚者此就三
四陰柔并在兩体之內二五剛德各處一卦之中及
上下二体說而以巽釋此卦名爲中孚之義也柔內
剛中各當其所說而以巽乖爭不作所以信發於內
謂之中孚故曰柔在內而剛得中說而巽孚也乃化
邦也者誠信發於內則邦國化於外故曰乃化邦也
豚魚吉信及豚魚也者釋所以得吉由信及豚魚故
也利涉大川乘木舟虛者釋此涉川所以得利以中
信而濟難若乘虛舟以涉川也中孚以利貞乃應乎

中孚言信也

天者釋中孚所以利貞者天德剛正而氣序不差是
正而信也今信不失正乃得應於天是中孚之盛故
須濟以利貞　象曰澤上至緩死　正義曰澤
上有風中孚者風行澤上无所不周其猶信之被物
无所不至故曰澤上有風中孚君子以議獄緩死者
中信之世必非故犯過失爲辜情在可恕故君子以
議其過失之獄緩捨當死之刑也　象曰初九至未
變也　正義曰虞吉者有它不燕者虞猶專也燕安
也初爲信始應在于四得其專一之吉故曰虞吉既
係心於一故更有他來不能與之共相燕安也故曰
有它不燕也象曰志未變者所以得專一之吉以志
未改變不更親於他也　九二鳴鶴至心願也

㱏義曰鳴鶴在陰其子和之者九二体剛處於卦内
又在三四重陰之下而履不失中是不徇於外自任
其眞者也處於幽昧而行不失信則聲聞于外為同
類之所應焉如鶴之鳴於幽遠則為其子所和故曰
鳴鶴在陰其子和之也我有好爵吾與爾靡之者靡
散也又无偏應是不和權利惟德是與若我有好爵
吾所與爾賢者分散而共之故曰我有好爵吾與尒
靡之○象曰中心願者誠信之人願與同類相應得誠
信而應之是中心願也　○六三或鼓至不當也
○㱏義曰得敵或鼓或罷或泣或歌者六三與四俱是
陰爻相與為類然三居少陰之上四居長陰之下各
自有應對而不相比敵之謂也故曰得敵欲進礙四

惣其害已或鼓而攻之而力疲乏承等非故已所勝
故或罷而退敗也不勝而退懼見侵陵故或泣而憂
悲也四履于順不与物校退不見害故或歌而歡樂
也故曰或鼓或罷或泣或歌也象曰位不當者所以
或鼓或罷進退无恒者正爲不當其位妄進故也
六四幾望至類上也　正義曰月幾望者六四居中
孚之時処巽應説得位履順上承於五内毘元首外
宣德化充乎陰德之盛如月之近望故曰月幾望也
馬匹亡无咎者三与已敵進来攻已己若与三校戰
則失其所盛故弃三之類如馬之亡匹上承其五不
与三争乃得无咎故曰馬匹亡无咎也象曰絶類上
者絶三之類不与三争而上承於五也　九五有

孚至攣如位正當也　正義曰有孚攣如无咎者攣如者相牽繫不絕之名也五在信時處於尊位為群物之主恒須以中誠交物孚信何可暫舍故曰有孚攣如繫信不絕乃得无咎故曰有孚攣如无咎也象曰位正當者以其正當尊位故戒以繫信乃得无咎若直以陽得正位而无有係信則招有咎之嫌也　上九翰音登于天至可長也　正義曰翰音登于天貞凶者翰高飛也飛音者音飛而實不從之謂也上九處信之終信終則衰也衰則詐起而忠篤內喪華美外揚若鳥之翰音登于天虛聲遠聞也故曰翰音登于天虛聲无實正之凶也故曰貞凶象曰何可長也者虛聲无實何可久長也

艮下震上　小過亨利貞可小事不可大事飛鳥至大

窮也 檀弓云有子曰晏子一狐裘三十年 矯時之驕

吉　正義曰小過亨者小過卦名也王於大過卦下注云音相過之過恐人作罪過之義故以音之然則小過之義亦與彼同也過於小事謂之小過即行過乎恭喪過乎哀之例是也褚氏云謂小人之行小有過差君子爲過厚之行以矯之也如晏子狐裘之比也此因小人有過差故君子爲厚過之行非即以過差釋卦名彖曰小過小者過而亨言因過得亨明非罪過故王於大過音之明雖義兼罪過得名在君子爲過行也而周氏等不悟此理兼以罪過釋卦名失之遠矣過爲小事道乃可通故曰小過亨也利貞者矯世勵俗利在歸正故曰利貞也可小事不可大事者時世小有過差可矯以小事不可正以大惟事

非罪非過名又過也

輔

故曰可小事不可大事也飛鳥遺之音不宜上宜下
大吉有借喻以明過厚之行有吉有凶飛鳥遺其音
聲哀以求處上則愈无所適過下則不失其安處以
譬君子處過差之時為過矯之行順而止之則吉逆
而忤之則凶故曰飛鳥遺之音不宜上宜下大吉順
則執卑守下逆則犯君陵上故以臣之逆順類鳥之
上下也　注飛鳥　正義曰遺失也鳥之失聲
必是窮迫未得安處論語曰鳥之將死其鳴也哀故
知遺音即哀聲也　象曰小過至下順也　正義
曰小過小者過而亨也者此釋小過之名也并明小
過有亨德之義過行小事謂之小過順時矯俗雖過
而通故曰小者過而亨也過以利貞與時行也者此二

釋利貞之德由爲行而得貞然矯枉過正應時過利
所宜不可常也故曰與時行也柔得中是以小事吉
也剛失位而不中是以不可大事也者此就六二六
五以柔居中九四失位不中九三得位不中釋可小
事不可大事之義柔順之人惟能行小事柔而得中
是之行小中時故曰小事吉也剛健之人乃能行大事 落字廿字
失位不中是行大不中時故曰不可大事也有飛鳥
之象焉者釋不取餘物爲況惟取飛鳥者以不宜上
宜下有飛鳥之象故也飛鳥遺之音不宜上宜下大
吉上逆而下順者此就六五柔九四之剛六二柔九
三之陽釋所以不宜上宜下大吉之義也上則乘剛
而逆下則承陽而順故曰不宜上宜下大吉以上逆
而下順也　象曰山上至乎儉　正義曰山上有雷

小過君子以行過乎恭喪過乎哀用過乎儉。雷者之所出本出於地今出山上過其本所故曰小過小人過差失在慢易奢侈故君子矯之以行過乎恭喪過乎哀用過乎儉也　初六飛鳥至如何也　正義曰飛鳥以凶者小過之義上逆下順而初應在上卦進而之逆同於飛鳥无所錯足故曰飛鳥以凶也象曰不可如何也者進而之逆孰知不可自取凶咎欲如何乎　六二過其祖至可過也　正義曰過其祖遇其妣不及其君遇其臣无咎者過而得之謂之遇六二在小過而當位是過而得之也祖始也謂初也妣者母之稱六二居內履中而正故謂之妣已過於初故曰過其祖也履得中位故曰遇其妣其妣也過不至於僭，盡於臣位而已。故曰不及其君遇其臣，无咎。象曰：臣不可過者，臣不可自過其位也。九三弗過防之，至如何也。　正義曰：弗過防之者，小過之世，大者不能立，故令小者得過。九三居下体之上，以陽當位，不能先過為防，至令小者或過。上六小人最居高顯，而復應而從焉。其從之也，則有殘害之凶至矣。故曰弗過防之，從或戕之，凶。春秋傳云：在内曰弒，在外曰戕。然則戕者皆殺害之謂也。言或者，不必之辭也。謂為此行者有幸而免也。象曰凶如何者，從於小人，果致凶禍，將如何乎，言不可如何也。九四无咎至可長也。　正義曰：无无咎弗過遇之，往厲必戒，勿用永貞者，居小過之世，小人有過差之行，須大德之人

防使无過也今九四雖体陽爻而不居其位不防之責
〻不在己故得无咎所以无其咎者以其失位
在下不能為過厚之行故得遇於无咎之宜故曰无
咎弗過遇之也既能无為自守則无咎有往則危厲
故曰往厲不交於物〻亦不與无援之助故危則必
自戒愼而已无所告救故曰必戒以斯而處於群小
之中未足委任不可用之以長行其正也故曰勿用
永貞也　象曰位不當者釈所以弗過而遇得免於咎
者以其位不當故也終不可長者自身有危无所告
救豈可任之長以為正也　注夫宴安　正義曰
此春秋狄伐邢管仲勸齊侯救邢為此辭言宴安不
救邢比酖鳥之毒不可懷而安之也　六五密雲

至已上也　正義曰密雲不雨自我西郊者小過者
小者過於大也六得五位是小過於大陰之盛也陰
盛於上而艮止之九三陽止於下是陰陽不交雖復
至盛密雲至于西郊而不能為雨也施之於人是柔
得過而處尊未能行其恩施廣其風化也故曰密雲
不雨自我西郊也公弋取彼在穴者臣之公者臣之
極五極陰盛故稱公也小過之時為過猶小而難未
大作猶在隱伏以小過之才治小過之失能獲小過在隱
伏者有如公之弋獵取得在穴隱伏之獸也故曰公
弋取彼在穴也象曰已上者釋所以密雲不雨也以
艮之陽爻已止於一卦之上而成止故不上交而為
雨也　注陰已　正義曰雨者以喻德之惠

化也除過差之道在於文德懷使其自服弋而取之
是尚威武尚威武即密雲不雨之義也　上六弗
遇至亢也　正義曰弗遇過之飛鳥離之凶是謂災
眚者上六處小過之極是小人之過遂至上極過而
不知限至于亢者也過至於亢无所復遇故曰弗遇
過之也以小人之身過而弗遇必遭羅網其猶飛
鳥飛而无託必離矰繳故曰飛鳥離之凶也過亢離凶
是謂自災而致眚復何言哉故曰是謂災眚也象曰
已亢者釋所以弗遇過之以已其在亢極之地故也

䷾ 離下坎上　既濟亨小利貞初吉終亂

濟亨小利貞初吉終亂者濟者濟渡之名既者皆盡
之稱萬事皆濟故以既濟為名既萬事皆濟若小者

不通則有所未濟故曰既濟亨小也小者尚亨何況大於大則大小剛柔各當其位皆得其所當此之時非正不利故曰利貞也但人皆不能居安思危慎終如始故戒以今日既濟之初雖皆獲吉若不進德修業至於終極則危亂及之故曰初吉終亂也　彖曰既濟亨至道窮也　正義曰既濟亨小者亨小者亨也者此釋卦名從既濟之亨必小者皆亨也但舉小者則大者可知所以為既濟也是足為文當更有一小字但既疊經文略足以見故從省也利貞剛柔正而位當者此就二三四五並皆得正以釋利貞也剛柔皆正則邪不可行故惟正乃利貞也初吉柔得中者此就六二以柔居中釋初吉也以柔小尚得其中則剛

大之理皆獲其所物无不濟所以爲吉故曰初吉也
終止則亂其道窮者此正釋戒若能進修不止則既
濟无終既濟終亂由止故亂終止而亂則既濟之道
窮矣故曰終止則亂其道窮也　象曰水在至防也
正義曰水在火上既濟君子以思患而豫防之者
水在火上炊爨之象飲食以之而成惟命以之濟故曰
水在火上既濟也但既濟之道初吉終亂故君子思
其後患而豫防之也　初九曳其輪至无咎也
正義曰曳其輪濡其尾无咎者初九處既濟之初体
剛居下是始欲濟渡也始濟未涉於燥故輪曳而尾
濡故云曳其輪濡其尾也但志在棄難雖復曳輪濡
尾其義不有咎故云无咎　六二婦喪至中道也

正義曰婦喪其茀勿逐七日得者茀者婦人之首飾其
也六二居中履正處文明之盛而應乎五陰之光盛
者也然居初三之間而近不相得夫以光盛之陰處
於二陽之間近而不相得能无見侵乎故曰婦喪其
茀稱婦者以明自有夫而他人侵之也夫以中道執
乎貞正而見侵者物之所助也處既濟之時不容邪
道者也時既明峻衆又助之竊之者逃竄而莫之歸
矣量斯勢也不過七日不須已逐而自得故曰勿逐
七日得象曰以中道者釋不須追逐而自得者以執
守中道故也
九三高宗至憊之也　正義曰高
宗伐鬼方三年克之者高宗者殷王武丁之号也九
三處既濟之時居文明之終履得其位是居衰末而

三处既濟之時居文明之終履得其位是居衰末而
能濟者也高宗伐鬼方以中興殷道事同此爻故取
譬焉高宗德實文明而勢甚衰憊不能即勝三年乃
克故曰高宗伐鬼方三年克之也小人勿用者勢既
衰弱君子处之能建功立德故興而復之小人居之
日就危亂必喪邦也故曰小人勿用象曰憊也者以
衰憊之故〻三年乃克之

六四繻有衣至所疑
也

正義曰繻有衣袽終日戒者王廙云繻宜曰濡
衣袽所以塞舟漏者也六四处既濟之時履得其位
而近不與三五得如在舟而漏矣而舟漏則濡溼相
所以得濟者有衣袽也鄰於不親而得全者終日戒
也故曰繻有衣袽終日戒也象曰有所疑者釋所以

終日戒以不与三五相得懼其侵克有所疑故也九五東鄰至大来也　正義曰牛祭之盛者也禴殷春祭之名祭之薄者也九五居既濟之時而処尊位物既濟矣將何為焉其所務者祭祀而已祭祀之盛莫盛脩德九五履正居中動不為妄脩德者也苟能脩德雖薄可饗假有東鄰不能脩德雖復殺牛至盛不為鬼神歆饗不如我西鄰禴祭雖薄能脩其德故神明降福故曰東鄰殺牛不如西鄰之禴祭實受其福也象曰不如西鄰之時者神明饗德能脩德致敬合於祭祀之時雖薄降福故曰時也吉大来者非惟當身福流後世注沼沚　正義曰並略例傳文也注在於丨正義曰詩云威儀孔時言周王廟中群臣助祭

並皆戚沒未致甚得其時此今時之義亦當如彼也

上六濡其至可久也　正義曰濡其首厲者上六處既濟之極則反於未濟若反於未濟則首先犯焉若進而不已必遇於難故濡其首也既被濡首將沒不久危莫先焉故曰濡其首厲也象曰何可久者首既被濡身將陷沒何可久長者也

䷿ 坎下離上　未濟亨至攸利　正義曰未濟亨者未濟者未能濟渡之名也未濟之時小才居位不能建功立德拔難濟險若能執柔用中委任賢哲則未濟有可濟之理所以得通故曰未濟亨小狐汔濟濡其尾无攸利者汔者將盡之名小才不能濟難事同小狐雖能渡水而无餘力必須水汔方可涉川未及登

岸而濡其尾濟不免濡豈有所利故曰小狐汔濟濡
其尾无攸利也　・彖曰未濟亨至續終也　○正義曰
未濟亨柔得中者此就六五以柔居中下應九二釋
未濟所以得亨柔而得中不違剛也与二相應納剛
自輔故於未濟之世終得亨通也小狐汔濟未出中
也者釋小狐涉川所以必須水汔乃濟以其力薄未
能出險之中故也濡其尾无攸利不續終者濡尾力
竭不能相續而終至於登岸所以无攸利也雖不當
位剛柔應者重釋未濟之義凡言未者今日雖未濟
後有可濟之理以其不當其位故即時未濟剛柔皆
應足得相拯是有可濟之理故稱未濟不言不濟也
○象曰火在至居方　○正義曰火在水上未濟者火在

火上不成烹飪未已濟物故曰火在水上未濟君子
以慎辨物居方者君子見未濟之時剛柔失正故用
慎爲德辨別衆物各居其方使皆得求其所所以濟也
初六濡其尾至不知極也　正義曰濡其尾吝者初
六處未濟之初最居險下而欲上之其應進則溺身
如小狐之渡川濡其尾也未濟之始始於既濟之上
六也既濟上六但云濡其首言始入於難未沒其身
此言濡其尾者進不知極已沒其身也然以陰處下
非爲進亢遂其志者也困則能反故不曰凶不能豫
照事之幾萌困而後反頑亦甚矣故曰吝也象曰亦
不知極者未濟之初始於既濟之上六濡首而不知
遂濡其尾故曰不知極也　注不知丨　正義曰

句云九二剛中在下而任重故曳其車輪而艱正固而着力為之則有濟之吉

春秋傳曰聚斂積實不知紀極謂之饕言无飻休已
也　九二曳其至行正也　正義曰曳其輪貞
吉者九二居未濟之時處險難之內體剛中之質以
應於五五體陰柔委任於二令其濟難者也經綸屯
蹇任重憂深故曰曳其輪〻〻者言其勞也循難
在正然後得吉故曰曳其輪貞吉也象曰中以行正者
釋九二失位而稱貞吉者位雖不正以其居中故能
行正也　六三未濟至不當也　正義曰未濟征
凶者六三以陰柔之質失位居險不能自濟者也身
既不能自濟而欲自進求濟必喪其身故未濟征曰
凶也利涉大川者二能拯難而己比之若能弃己委
二則没溺可免故曰利涉大川象曰位不當者〻以不

當其位故有征則凶　九四貞吉至行也　正義
曰居未濟之時處失其位所以為悔但出險難之外
居文明之初以剛健之質接近至尊志行其正正則
貞吉而悔亡故曰貞吉悔亡正志既行靡禁其威故
震發威怒用伐鬼方也然處文明之初始出於險其
位未盛不能即勝故曰三年也五以柔順文明而居
尊位不奪物功九四既克而還必得百里大國之賞
故曰有賞於大國也象曰志行者釋九四失位而得
貞吉悔亡者也以其正志得行而終吉故也　六五
貞吉至君子之光其暉吉也　正義曰貞吉无悔
者六五以柔居尊處文明之盛為未濟之主故必正
然後乃吉吉乃得无悔故曰貞吉无悔也君子之光

者以柔順文明之質居於尊位有應於二是能付物
以能而不自從有君子之光輝矣故曰君子之光也
有孚吉者付物以能而无疑焉則物竭其誠功斯克
矣故曰有孚吉也象曰其暉吉者言君子之德光暉
著見然後乃得吉也　上九有孚至節也　正義
曰有孚于飲酒无咎者上居未濟之極則反於既九
濟〻〻之道則所任者當也所任者當則信之无疑
故得自逸飲酒而已故曰有孚于飲酒无咎濡其首
者既得自逸飲酒而不知其節則濡首之難還復及
之故曰濡其首也有孚失是者言所以濡首之難及
之者良由信任得人不憂事廢故失於是矣故曰有
孚失是也象曰亦不知節者釋飲酒所以致濡首之
孚ト思ハ十カ表ナリ是矣

雖以其不知止節故也

周易正義卷第十

周易正義

十一十二

周易正義卷第十一

國子祭酒上護軍曲阜縣開國子臣孔穎達奉 勅撰

周易繫辭上第七 正義曰：謂之繫辭者，凡有二義，論字取繫屬之義，聖人繫屬此辭於爻卦之下，故此篇第六章云：繫辭焉以斷其吉凶，第十二章云：繫辭焉以盡其言，是繫屬其辭於爻卦之下，則上下二篇經辭是也。文取繫屬之義，故字體從毄。又音為係者，取綱係之義，卦之與爻，各有其辭以釋其義，則卦之與爻，各有綱係，所以音謂之係也。夫子本作十翼，申說上下二篇經文，繫辭條貫義理，別自為卷，總曰繫辭，分為上下二篇者，何氏云：上篇明无，故曰易有太極，太極即无也，又云聖人以通天下之志，以定天下之業，以斷天下之疑，

周易正義第十一

國子祭酒上護軍曲阜縣開國子臣孔穎達奉　勅撰

周易繫辭上第七　正義曰謂之繫辭者凡有二義論字取繫屬之義聖人繫屬此辭於爻卦之下故此篇第六章云繫辭焉以斷其吉凶第十二章云繫辭焉以盡其言是繫屬其辭於爻卦之下則上下二篇經辭是也文取繫屬之義故字体從毄又音為係者取綱係之義卦之与爻各有其辭以釋其義則卦之与爻各有綱係所以音謂之係也丈子本作十翼申之說上下二篇經文繫辭條貫義理別自為卷捴曰繫辭分為上下二篇者何氏云上篇明无故曰易有太極太極即無也又云聖人以此洗心退藏於密是其

无也下篇明幾從无入有故云知幾其神乎今謂分爲上下更无異義直以簡編重大是以分之或以上篇論易之大理下篇論易之小理者事必不通何則案上繫云君子出其言善則千里之外應之出其言不善則千里之外違之又云藉用白茅无咎皆人言語小事及小慎之行豈爲易之大理又下繫云天地之道貞觀者也日月之道貞明者也豈復易之小事乎明以大小分之義必不可故知聖人既无其意若欲強釋理必不通諸儒所釋上篇所以分段次下凡有一十二章周氏云天尊地卑爲第一章聖人設卦觀象爲第二章彖者言乎象者爲第三章精氣爲物爲第四章顯諸仁藏諸用爲第五章聖人有以見天下之

賾爲第六章初六藉用白茅爲第七章大衍之數爲第八章子曰知變化之道爲第九章天一地二爲第十章是故易有大極爲第十一子曰書不盡言爲章第十二章馬季長荀爽姚信等又分白茅章後取負且乘更爲別章成十三章案白茅以下歷序諸卦獨分負且乘以爲別章義无所取也虞翻分爲十一章合大衍之數并知變化之道共爲一章案大衍一章惣明揲蓍策數及十有八變之事首尾相連其知變化之道已下別明知神及唯幾之事全与大衍章義不類何得合爲一章今從先儒以十二章爲定

第一

○天尊地卑至其中矣　正義曰此第一章明天尊地卑及貴賤之位剛柔動靜寒暑往來廣明乾坤簡易

之德聖人法之能見天下之理天尊地卑乾坤定矣
者謂天以剛陽而尊地以柔陰而卑則乾坤之体安定
矣乾健与天陽同坤順与地陰同故得乾坤定矣若
天不剛陽地不柔陰是乾坤之体不得定也此経明
天地之德也卑高以陳貴賤位矣者卑謂地体卑下
高謂天体高上卑高既以陳列則物之貴賤得其位
矣若卑不處卑謂地在上高不處高謂天在下上下
既乱則万物貴賤不得其位矣此抄明天地之体以
雖明天地之体亦渉乎万物之形此貴賤惣兼万物
不唯天地而已先云卑者便文尓案前経云天尊地
卑天地別陳以卑高以陳不更別陳惣云卑高者上
文詳於此略也動靜有常剛柔断矣者天陽為動地

陰為静各有常度則剛柔断定矣動而有常則成剛静而有常則成柔所以剛柔可断定矣若動而无常則剛道不成静而无常柔道不立是剛柔雑乱動静無常則剛柔不可断定也此経論天地之性也此盖天地動静亦惣兼万物也万物稟於陽気多而為動也稟於陰気多而為静也方以類聚物以群分吉凶生矣者方謂法術性行以類共聚同方者則同聚也物謂物色群黨共在一処而与他物相分別若順其所同則吉也若乖其所趣則凶也故曰吉凶生矣此経雖因天地之性亦廣包万物之情也在天成象在地成形変化見矣者象謂懸象日月星辰也形謂山川草木也懸象運転而成昏明山沢通気而雲行雨

剛柔相摩 朱子曰：此言卦之變化也。六十四卦之初，剛柔兩畫而已。兩相摩而爲四，四相摩而爲八，八卦相盪而爲六十四。

施故變化見也是故剛柔相摩者以變化形見而陽極變爲陰陰極變爲陽陽剛而陰柔故剛柔共相切摩更遞變化也八卦相盪者剛則陽爻也柔則陰爻也剛柔兩体是陰陽二爻相雜而成八卦遞相推盪若十一月一陽生而推去一陰五月一陰生而推去一陽雖諸卦遞相推移本從八卦而來故云八卦相盪也鼓之以雷霆潤之以風雨日月運行一寒一暑者重明上經變化見矣及剛柔相摩八卦相盪之事八卦既相推盪各有功之所用也又鼓動之以震雷離電滋潤之以巽風坎雨或離日坎月運動而行一節爲寒一節爲暑直云震巽離坎不云乾坤艮兌者乾坤上下備言艮兌非鼓動運行之物故不言之其

實亦兼雷電風雨亦出山澤也乾道成男坤道成女
者道謂自然而生故乾得自然而為男坤得自然而
成女必云成者有故以乾因陰而得成男坤因陽而
得成女故云成也乾知大始者以乾是天陽之氣万
物皆始在於氣故云知其大始也坤作成物者坤是
地陰之形坤能造作以成物也初始无形未有營作
故但云知之已成之物事可營為故云作也乾以易
知者易謂易略无所造為以此為知故曰乾以易知
也坤以簡能者簡謂簡省凝靜不須繁勞以此為能
故云坤以簡能之若於物艱難則不可以知故以易
而得知之若於事繁勞則不可能之必簡省而後可
能之易則易知者此覆說上乾以易知之乾德既能

乾知大始ー
朱子曰猶主也
乾主始物而坤
作成之云ー
又云知者管之
乾管知大始
々々則物生ら
始乾始物而
坤成之又曰以
知字訓管
字如知州知
縣不當解作
知見之知大始
是万物資始
乾以易故管之
云々

説易若求而行之則易可知也簡從者覆説上則易
坤以簡能之於事簡省若求而行之則易可從也上
乾以易知坤以簡能論乾坤之体性也易則易知簡
則易從者此論乾坤既有此性人則易可倣效之易
知則有親者性意易知心无險難則相和親故云易
知則有親也易從則有功者於事易從不有繁勞其
功易就故曰易從則有功此二句論聖人法此乾坤
易簡則有所益也有親則可久者物既和親无相殘
害故可久也有功則可大者事業有功則積漸可大
此二句論人法乾坤久而益大可久則賢人之德者
使物長久是賢人之德能養萬物故云可久則賢人
之德也可大則賢人之業者功勞既大則是賢人事

業行天地之道、揔天地之功。唯聖人能然。今云賢人者、聖人則隱迹藏用、事在无境。今云可久可大、則是離无入有、賢人亦事在有境。故可久可大、以賢人目之也。易簡而天下之理得矣。者、此則贊明聖人能行天地易簡之化、則天下万事理並得其宜矣。天下之理得而成位乎其中。者、成位況立象。言聖人極易簡之善、則能通天下之理、故能成立卦象於天地之中、言並天地也。

○注乾坤其易至之体。正義曰、先明天尊地卑以定乾坤之体。者、易含万象、天地最大。若天尊地卑各得其所、則乾坤之義得定矣。若天之不為降在帶溺、地之不卑進在剛盛、則乾坤之体何由定矣。案乾坤是天地之用、非天地之体。今云乾坤

之体者是所用之体乾以健為体坤以順為体故云
乾坤之体　注天尊地卑至明矣　正義曰天尊地
卑之義既列解經卑高以陳也云則涉乎万物貴賤之位明矣解
經貴賤位矣上経既云天尊地卑此経又云貴賤者則貴賤非唯天地
是兼万物之貴賤　注方有類至生矣　正義曰方有類者方
謂法術情性趣舍故春秋云教子以義方　注云方道也是方
謂性行法術也言方雖以類而聚亦有非類而聚者
若陰之所求者陽陽之所求者陰是非類聚也若以人比禽獣
既是非類雖男女不同但是人例亦是以類聚也故
云順所同則吉乖所趣則凶　注天地之道至易簡
正義曰天地之道不為而善始者秋経之
乾以易知不労而善成者秋経坤以簡能之案経乾易

坤簡各自別言而註合云天地者若以坤對乾々為易也坤為簡也經之所云者是也若拠乾坤相合皆无為自然養物之始也是自然成物之終也是乾亦有簡坤亦有易故注合而言之也用使聖人俱行易簡法无為之化　注天地易簡至其作業　正義曰聖人不為群方各遂其業者聖人顯仁藏用唯見生養之功不見其何以生養猶若日月見其照臨之力不知何以照臨是聖人用无為以及天下是聖人不為也之云作業既成則入於形器者初行作業未成之時不見其所為是在於虛无者作業既成覆被於物在於有境是入於形器也賢人之分則見其所為見其成功始末皆有作之与業是所有形器故以賢

人目其作業然則本其虚无云象謂之聖擬其成功
事業謂之冒之　注天下之理至合位　正義
曰天下之理莫不由於易簡而各得順其分位者若
能行説易簡静任物自生則物得其性矣故列子云
不生而物自生不化而物自化若不行易簡法令滋
章則物失其性也老子云水至清則无魚人至察則
无徒又莊子云馬翦剔羈絆所傷多矣是天下之理未

第二

得又　聖人設卦至不利　正義曰此第二章之
前章言天地成象成形簡易之德明乾坤之大旨此
章明聖人設卦觀象爻辞吉凶悔吝之細別聖人設
卦觀象者謂聖人設畫其卦之時莫不瞻觀物象法
其物象然後設之卦象則有吉有凶故下文云吉凶

者失得之象也悔吝者憂虞之象變化者進退之象
剛柔者晝夜之象是施設其卦有此諸象也繫辭焉
而明吉凶卦象爻象有吉有凶若不繫辭其理未著
顯故繫屬吉凶之文辭於卦爻之下而顯明此卦爻
吉凶也案吉凶之外猶有悔吝憂虞直云而明吉凶
者悔吝憂虞是凶中之小別舉吉凶則包之可知也
剛柔相推而生變化者八純之卦々之与爻其象既
定變化猶少若剛柔二氣相推陰爻陽爻交變分為
六十四卦有三百八十四爻委曲變化事非一体是
而生變化也繫辭而明吉凶明繫辭之意剛柔相推
而生變化明其推引而生雜卦之意也是故吉凶者
失得之象也者此下四句經總明諸象不同之事辭

也吉者是得之象辭之凶者是失之象故曰吉凶者
是失得之象也初時於憂有失有得積漸成著乃爲
吉凶也然易之諸卦及爻不言吉凶者或有類等或
吉凶據文可知不須明言吉凶者若乾元亨利貞及
九五飛龍在天利見大人之屬尋文考義是吉可
知故不須云吉也若其剝不利有攸往離之九四突
如其來如焚如死如棄如之屬據其文辭其凶可見故不
言凶也亦有爻處吉凶之際吉凶未定行善則吉行
惡則凶是吉凶未定亦不言吉凶若乾之九三君子
終日乾々夕惕若厲无咎若屯之六二屯如邅如乘
馬班如匪寇婚媾女子貞不字十年乃字是吉凶未
定亦不言吉凶也又諸稱无咎者若不有善應則有

咎若有善應則无咎此亦不定言吉凶也諸稱吉凶
者諸皆嫌其吉凶不明故言吉凶以正之若坤之六
五黃裳元吉以陰居尊位嫌其不吉故言黃裳以明之
推此餘可知也亦有於事無嫌吉凶灼然可知而更
明言吉凶者若剝之初六剝牀以足蔑貞凶六二剝
牀以辨蔑貞凶者此皆凶狀灼然而言凶也或有一
卦之內或一爻之中得失相形須言吉凶若大過九
三棟橈凶九四棟隆吉是一卦相形也屯卦九五屯
其膏小貞吉大貞凶是一爻相形也亦有一事相形
終始有異若訟卦有孚窒惕中吉終凶之類是也大
畧如此原夫易之爲書曲明萬象苟在釋辭明其意
達其理不可以一爻爲例義有變通也悔吝者憂虞

之象也者經称悔吝者是得失微小初時憂念虞度之形象也以憂虞不已未是大凶終致悔吝悔者其事已過意有追悔之也吝者當事之時可輕鄙恥故云吝也吝既是小凶則易之為書亦有小吉則无咎之屬善補過是也此亦小吉而不吉者下經備陳之也故於此不言其餘元亨利貞則是吉象之竟有四德別言故於此不言也其以祉有慶有福之屬各於爻卦別言故不在此而說且易者戒人為惡故於惡事備言之變化者進退之象也者万物之象皆有陰陽之爻或從始而上進或居終而倒退以其往復相推或漸變而頓化故云進退之象也剛柔者晝夜之象也者晝則陽日照臨万物生而堅剛是晝之象也夜

則陰潤浸彼万物而皆柔弱是夜之象也六爻之動
三極之道者此覆明変化進退之義言六爻遞相
推動而生変化是天地人三才至極之道以其事兼
三才故能見吉凶而成変化也是故君子所居而安
者易之序也者以其在上吉凶顯其得失変化明其
進退以次之故君子観象知其所処故可居治之位
而安静居之是易位之次序也若居在乾之初九而
安在勿用若居在乾之九三而安在乾乾是以所居
而安者由観易之位次序之所楽而玩者爻之辞也
者言君子愛楽而習玩者是六爻之辞也辞有吉凶
悔者見善則思齊其事見悪則懼而自改所以愛楽
而耽玩之卦之与爻皆有其辞但爻有変化取象既

多以知得失故君子尤所愛樂所以特云爻之辭也
是故君子居則觀其象而玩其辭者以易象則明其
善惡辭則示其吉凶故君子自居處其身觀看其象
以知身之善惡而習玩其辭以曉其吉凶動則觀其
變而玩其占者言君子出行興動之時則觀其爻之
變化而習玩其占之吉凶乾之九四或躍在淵是
動則觀其變也春秋傳云先王卜征五年又云卜以決疑是
動玩其占也是以自天祐之吉无不利者君子既能
奉遵易象以居處其身无有凶害是以從天以下悉
皆祐之吉无不利此大有上九爻辭　注此總言
也　正義曰此設卦觀象總爲下而言故云此總言
也　注晝則陽剛至其災　正義曰云始總言吉

凶變化者謂上文云繫辭焉而明吉凶剛柔相推而生變化是始揔言吉凶變化也云而下別明悔吝晝夜者謂次文云悔吝者憂虞之象剛柔者晝夜之象是別明悔吝晝夜也言悔吝則吉凶之類者案上文繫辭而明吉凶次文別序云吉凶者失得之象悔吝者憂虞之象是吉凶之外別生悔吝是悔吝亦吉凶之類大畧揔言吉凶若細別之吉凶之外別有悔吝也故云悔吝則吉凶之類云晝夜亦變化之道者案上文云剛柔相推而生變化次文別序云變化者進退之象剛柔者晝夜之象變化之外別云晝夜揔言之則變化晝夜是一分之則變化晝夜是殊故云晝夜亦變化之道也云吉凶之類則同因繫辭而明者

案上文云繫辭焉而明吉凶次文別序云吉凶悔吝
兩支同因上繫辭而明之也故云吉凶之類則同因
繫辭而明也云變化之道則俱由剛柔者而上文
剛柔相推而生變化次文別序云變化者進退之象
剛柔者晝夜之象上文則變化剛柔合爲一次文則
別序變化剛柔分爲二合之則同分之則異是變化
從剛柔而生故云變化之乃俱由剛柔而著也云故
始總言之也上文繫辭焉而明吉凶不云悔吝是總
言之也又上文剛柔相推而生變化不云晝夜是總
變化言之也云下則明失得之輕重辯變化之大小
故別序其義者案次文別序云吉凶者失得之象是
失得重也悔吝者憂虞之象是失得輕也又次經云

第三

變化者進退之象是變化大也剛柔者晝夜之象是
變化小也兩事並言失得別明輕重變化別明小大
是別序其義　○彖者言乎至生之説　正義曰此
第三章也上章明吉凶悔吝繫辭之義而細意未盡
故此章更委曲説卦爻吉凶之事是以義理深奧已
稱彌綸天地之道仰觀俯察知死生之説彖者言乎象
者也象謂卦下之辭言説乎一卦之象也爻者言乎
變者也謂爻下之辭言説此爻之象改變之吉凶者
言乎其失得也者謂爻卦下辭之著其凶吉者言論
其卦爻失之與得之義又前章云繫辭焉而明吉凶故
云吉凶者失得之象此章擬其卦爻之辭故云吉凶
者言乎其失得又悔吝者言乎其小疵也者辭著悔

吝者言說此卦爻有小疵也有小疵病必預有憂虞故前章云悔吝者憂虞之象但前章挻其象此章論其辭也无咎者善補過也者辭稱无咎者即此卦爻能補其過若不能補過則有咎也案略例无咎有二一者善能補過故无咎二者其禍自己招无所怨咎故節之六三不節之嗟又誰咎也但如此者少此據多者言也故云善補過也前章舉其大略故不細言无咎之吝此章備論也是故列貴賤者存乎位者以爻者言乎變以此之故陳列物之貴賤者在存乎六爻之位皆上貴而下賤也齊小大者存乎卦者以象者言乎象象有小大故齊辯物之小大存乎卦也猶若泰則小往大來吉亨否則大往小來之類是也

辯吉凶者存乎辭者謂辯明卦之与爻之吉凶存乎
卦爻下之言辭是也憂悔吝者存乎介者介謂纖介
謂小小疵病能預憂虞悔吝者存於細小之疵病也
震无咎者存乎悔者震動也動而无咎者存乎能自
悔過也是故卦有小大辭有險易者大道光明謂之
大其道銷散謂之小若之適通泰其辭則說易若之
適否塞其辭則艱險也辭也者各指其所之者謂爻
卦之辭各斥其爻卦之之適也若之適於善則其辭
善若之之適於惡則其辭惡也易与天地準者自此已
上論卦辭理之義自此已下廣明易道之美誥聖爻
人作易与天地相準謂準擬天地則乾健以法天坤
順以法地之類是也故能彌綸天地之道者以易与

天地相準爲以之故聖人用易能彌綸天地之道彌
謂彌縫補合綸謂經綸牽引能補合牽引天地之道
用此易道也仰以觀於天文俯以察於地理者天有
懸象而成文章故稱文也地有山川原隰各有條理
故稱理也是故知幽明之故者故謂事也故以用易
道仰觀俯察知无形之幽有形之明義理事故也原
始反終故知死生之說者言用易理原窮事物之初
始反復事物之終末始終吉凶皆悉包羅以此之故
知生死數也正謂用易道參其逆順則禍福可知用
蓍策求其吉凶則死生可識也　注辭爻辭至之
卷　正曰云辭爻辭也者其實卦之與爻皆有其
辭知是爻辭者但卦辭變化少爻辭變化多此經辯

吉凶者存乎辭与存乎小大者二文相對上既
云卦故此辭爲爻辭也云言象所以明小大者卽齊
小大者存乎卦是也云言爻所以明吉凶者則辯吉
凶者存乎辭是也云故小大之義存乎卦者覆說言
象所以明小大也云吉凶之狀見乎爻者覆說言變
所以明吉凶也云至於悔吝无咎其例一也者謂悔
吝无咎皆例与吉凶一也皆是存乎辭云悔吝小疵
无咎皆生乎變者謂皆生於爻也生乎變者謂皆從
爻變而来云變有小大者大則爲吉凶小則爲悔吝
无咎也云故下歷言五者之差者謂於吉凶下歷次
言五者之差別數五者謂吉一凶二悔三吝四无咎
五然諸儒以爲五者皆數列貴賤者存乎位是其一

也齊小大存乎卦是其二也辯吉凶者存乎辭是者
其三也憂悔吝者存乎介是其四也震无咎者存乎
悔是其五也又於經數之爲便但於注理則亦今並存
以俟後賢所釋　精氣爲物至鮮矣　正義曰此
才也
第四章也上章明卦爻之義其爻類稍盡但卦爻未
明鬼神情狀此章說物之改變而爲鬼神易能通鬼
神之變化故於此章明之云精氣爲物者謂陰陽精
靈之氣氤氳積聚而爲萬物也遊魂爲變者物既積
聚極則分散將散之時浮遊精魂去離物形而爲改
變則生變爲死成變爲敗或未死之間變爲異類也
是故知鬼神之情狀者能窮易理盡生死變化以此
之故能知鬼神之內外情狀也物既以聚而生以散

而死皆是鬼神所為但極聚散之理則知鬼神之情
狀也言聖人以易之理而能然之与天地相似故不
違者天地能知鬼神任其變化聖人亦窮神盡性能
知鬼神是与天地相似所為所作故不違於天地能
与天地合也知周乎万物而道濟天下者聖人无物
不知是知周於万物天下皆養是道濟天下也故不
過者所為皆得其宜不有愆過使物失分也旁行而
不流者言聖人之法應變旁行无不被及而不有流
移淫過若不應變化非理而動則為流淫也樂天知
命故不憂者順天施化是歡樂於天識物始終是自
知性命順天道之常數知性命之始終任自然之理
故不憂也安土敦乎仁故能愛者言万物之性皆欲

安靜於土敦厚於仁聖人皆行此安土敦仁之化故
能愛養万物也範圍天地之化而不過者範謂模範
圍謂周圍言聖人所為所作模範周圍天地之化養言
法則天地以施其化而不有過失違天地者也曲成
万物而不遺者言聖人隨變而應屈曲委細成就万
物而不有遺棄細小而不成也通乎晝夜之道而知
者言聖人通曉於晝夜之道晝則明也夜則幽也言
通曉於幽明之道而无事不知也自此已上皆神之
所為聖人能極神之幽隱之德也故神无方而易无
体者神則寂然虛无陰陽深遠不可求則是无一方可
明也易則隨物改變應變而往无一体可定也一
陰一陽之謂道者一謂无也无陰无陽乃謂之道一

得為无者无是虛无々々是太虛不可分別唯一而已
故以一為无之若其有境則彼此相形有二有三不
得為一故在陰之時而不見為陰之功在陽之時而
不見為陽之力自然而有陰陽自然无所營為此則
道之謂之故以言之為道以數言之謂之一以体言
之謂之无以物得開通謂之道以微妙不測謂之神
以應機變化謂之易惣而言之皆虛无之謂也聖人
以人事名之隨其義理立其称號繼之者善也者道
是生物開通善是順理養物故繼道之功者唯善行
也成之者性也者若能成就此道者是人之本性若
性仁者成就此道為仁性知者成就此道為知也故
云仁者見之謂之仁知者見之謂之知是仁之与知

皆資道而得成仁知也百姓日用而不知者言万方百姓恒日日賴用此道以得生而不知道之功力之言道冥昧不以功爲知故百姓日用而不知之故君子之道鮮矣者君子謂聖人也仁知則各滯於所見百姓則日用不知明體道君子不亦少乎　注盡聚散至不遍　正義曰案下云神无方韓氏云自此以上皆言神之所爲則此經情狀是虛无之神聖人極虛无之神知變化之道幽冥悉通故能知鬼神之情狀　注自此以上至体明　正義曰自此已上皆言神之所爲者謂從神无方以上至精氣爲物以下經之所云皆言神所施爲神者微妙玄通不可測量故能知鬼神之情狀与天地相似知周万物樂天知

令安土敦仁範圍天地曲成万物通乎晝夜此皆神
之功用也作易者因自然之神以垂教欲使聖人用
此神道以被天下雖是神之所爲亦是聖人所爲云
方体者皆係於形器者方是處所之名体是形質之
稱凡處所形質非是虛无皆係著於器物故云皆係
於形器也云神則陰陽不測者既幽微不可測度不
可測則何有處所是神无方也云易則惟變所適者既
是變易惟變之適不有定往何可有体是易无体也云不可以一
方一躰明者解无方無体也凡无方无躰各有二義
一者神則不見其處所云爲是无方也二則周遊運
動不常在一處亦是无方也無体者一是自然而變
而不知變之所由是无形体也二則隨變而往无定

注道者何至一陽也　正

在一体亦是无体也

義曰道者何无之称者此韓氏自問其道而釈之也

道是虚无之称以虚无能開通於物故称之曰道云

无不通无不由者若処於有則為物礙難不可常

通道既虚无為体則不為礙難故无不通之无不由

者言万物皆因之而通由之而有故云況之曰道者也

況道路以為称也寂然无体不可為象者謂寂然幽寂

静而无体不可以形象求是不可為象至如天覆地

載日照月臨冬寒夏暑春生秋殺万物運動皆由道

而然豈見其所営知其所為是寂然无体不可為象之

云必有之用極而无之功顕者猶若風雨是有之所

用當用之時以无為心風雨既極之後万物頼此風

由而得生育是生育之功由風雨无心而成是有之
用極而无之功顯是神之發作動用以生万物其功
成就乃在於无形應機變化雖有功用本其用之所
以亦在於无也故至乎神无方而易无体自然无為
之道可顯見矣當其有用之時道未見也云故窮變
以尽神者神則杳然不測千変万化聖人則窮此千
変万化以尽神之妙理故云窮変化以尽神云因神
以明道者謂尽神之理唯在虚无因此虚无之神以明道之所在道
亦虚无故云因神以明道也陰陽雖殊无一以待之者言陰者
与陽雖有両氣恒用虚无之一以擬待之言在陽之
時亦以為虚无无此陽也在陰之時亦以為虚无无
此陰也云在陰為无陰陰以之生者謂道雖在於陰

而无於陰言道所在皆无陰也雖无於陰々終由道而生故言陰以之生也在陽爲无陽々以之成者謂道雖在陽々中必无道也雖无於陽々必由道而成故言陽以之成也道雖无於陰陽然亦不離於陰陽々々雖由道成即陰陽亦非道故曰一陰一陽也

注君子体道至極也　　正義曰君子体道以爲用者謂聖人爲君子体履於至道法道而施政則老子云爲而不宰功成不居是也　云仁知則滯於所見者言仁知雖賢猶有偏見仁者觀道謂道爲仁知者觀道謂道爲知不能偏曉是滯於所見也是道既以爲用若以仁以知則滯所見也至於百姓但日用通生之道又不知通生由道而来故云百姓日用而不知也

云体斯道者不亦鮮矣者是聖人君子性皆道故
云不亦鮮矣云故常无欲以觀其妙者引老子道經
之文以結成此文無欲謂无心若能寂然无心无欲
觀其道々妙趣謂不為所為得道々妙理也云始可
以語至而言極也者若能无欲觀此道之妙理无乏
无為如此可以語說其至理而言其極趣也若不如
然不可語至而言極也　顯諸仁至之門　正義

第五

曰此第五章也上章論神々所為此章廣明易道之
大与神功不異也顯諸仁者言道之為体顯見仁功
衣被万物是顯諸仁也藏諸用者謂潛藏功用不使
物知是藏諸用也鼓万物而不与聖人同憂者言道
之功用能鼓動万物使之化育故云鼓万物聖人化

物不能全无以為体猶有經営之憂道則虚无為用无事无為不与聖人同用有經営之憂也盛徳大業至矣哉者聖人為功用之母体同於道万物由之而通衆事以之而理是聖人極盛之徳廣大之業至極矣哉於行謂之徳於事謂之業富有之謂大業者自此已下覆説大業盛徳因廣明易与乾坤及其占之与事并明神之体以廣大悉備万事富有所以謂之大業日新之謂盛徳者聖人以能變通体化合変其徳日々増新是徳之盛極故謂之盛徳也生々之謂易者生々不絶之辞陰陽変轉後生次於前生是万物恒生謂之易也前後之生変化改易生必有死易主勸戒獎人為善故云生不云死也成象之謂乾者

謂畫卦成乾之象擬乾之健故謂卦爲乾也效法之
謂坤者謂畫卦效坤之法擬坤之順故謂之坤也極
數知來之謂占者謂窮極蓍策之數豫知來事占問
吉凶故云謂之占也通變之謂事者物之窮極欲使
開通須知其變化乃得通也天下之事窮則須變凡
万事乃生故云通變之謂事陰陽不測之謂神者天
下万物皆由陰陽或生或成本其所由之理不可測
量之謂神也故云陰陽不測之謂神夫易廣矣大矣
者此贊明易理之大易之變化極於四遠是廣矣窮
於上天是大矣故下云廣大配天地也以言乎遠則
不禦者禦止也言乎易之變化窮極幽深之遠則不
有禦止也謂无所止息也以言乎迩則靜而正者迩

近也言易之變化在於近近之處則寧靜而得正謂
變化之道於其近處物各靜而得正不煩亂邪僻也
遠尚不禦近則不禦可知近既靜正則遠亦靜正互
文也以言乎天地之間則備矣者變通之道徧滿天
地之内是則備矣夫乾其靜也專其動也直是以大
生焉者上經既論易道資陰陽而成故此經明乾復
兼明坤也乾是純陽德能普備无所偏二唯專一而
已若氣不發動則靜而專一故云其靜也專若其運
轉則四時不忒寒暑无差剛而得正故云其動也直
以其動靜如此故能大生焉夫坤其靜也翕其動也
闢是以廣生焉者此經明坤之德也坤是陰柔閉藏
翕斂故其靜也翕動則開生万物故其動也闢以其

如此故能廣生於物乎天躰高遠故乾云大生地躰
廣博故坤云廣生對則乾為物始坤為物生散則始
亦為生故總云生之廣大配天地者此經申明易之
徳以易道廣大配合天地大以配天廣以配地變通
配四時者四時變通易理亦能變通故云變通配四
時也陰陽之義配日月易簡之善配至徳者案初章
論乾坤易簡可久可大配至極微妙之徳也然易初
章易為賢人之徳簡為賢人之業今總云至徳者對
則徳業別散則業由徳而來俱為徳也子曰易其至
矣乎者更美易之至極是語之別端故言子曰夫易
聖人所以崇徳而廣業者言易道至極聖人用之増
崇其徳廣大其業故云崇徳而廣業也知崇禮卑者

易兼知之与礼故此明知礼之用知者通利万物象
无陽无不覆以崇為貴也礼者卑敬於物象地柔而
在下故以卑為用也崇效天卑法地者知既崇高故
效天礼以卑退故法地也天地設位而易行乎其中
矣者天地陳設於位謂知之与礼而效法天地也而
易行乎其中矣者変易之道行乎知礼之中言知礼
与易而並行也若以實象言之天在上地在下是天
地設位天地之間万物変化是易行乎天地之中也
成性存存道義之門者此明易道既在天地之中之
成其万物之性使物生不失其性在其万物之存使
物得其存成也性謂稟其始也存謂保其終也道謂
開通也義謂得其宜也既能成性存存則物之開通

物之得宜從此易而来故云道爻之門謂易与道爻
爲門戸也　注万物由之至之跡正義曰聖人
雖躰道以爲用者言聖人不能无憂之事道則无心
无跡聖人則亦无心有跡聖人能体附於道其跡以
有爲用云未能全无以爲体者道則心跡俱无是其
全無以爲体聖人則无心有跡是跡有而心无是不
能全无以爲体云故順通天下則有經營之跡者言
聖人順通天下之理内則雖是无心外則有經営之
跡則有憂也道則心跡倶无々憂無患故云不与聖
人同憂也　注神也者至於神矣　正義曰云神
也者变化之極者言神之施爲自將变化之極以爲
名也云妙万物而爲言者妙謂微妙也万物之体有

變象可尋神則微妙於万物而爲言之謂可尋求不也云不可以形詰者杳寂不測无形无体不可以物之形容所求而窮詰也云造之非我理自玄應者此言神力也我謂宰主之名也言物之造作非由我之宰主所爲其造作之理自然玄空相應而自然造作也云是以明兩儀以太極爲始者言欲明兩儀天地之体必以太極虚无爲初始不知所以然將何爲始也云言變化而称極乎神者欲言論變化之理不知涯際唯称極乎神神則不可知也云夫唯知天之所爲者窮理体化坐忘遺照者言若能知天之所造爲者會能窮其物理体其變化静坐而忘其事及遺棄所照之物任其自然之理不以他事係心端然玄寂如此者乃

能知天之所爲也言天之道亦如此也坐忘遺照之言事出莊子大宗師篇也云至虚而善應則以道爲稱者此解道之目也言至極空虚而善應於物則乃目之爲道故云則道爲稱云不思而玄覧則以神爲名者謂不可思量而玄遠覧見者乃自然爲神故云則以神爲名也云蓋資道而同乎道者此謂聖人設教資取乎道行无爲之化積久而遂同於道内外皆无也云由神而冥於神也者言聖人設教法此神之不測无体无方以垂於教久能積漸而冥合於神不可測也此皆謂聖人初時雖法道法神以爲无体未能全无但行之不已遂至全无不測故云資道而同於道由神而冥於神也

周易正義卷第十一

第六

周易正義巻第十二

国子祭酒上護軍曲阜縣開國子臣孔穎達奉　勅撰

聖人有以至如蘭　正義曰此第六章也上章明易道
変化神理不測聖人法之所以配於天地道義從易
而生此章又明聖人擬議易象以賛成変化又明人
擬議之事先慎其身在於慎言語同心行動挙措守
謙退勿驕盈保靜密勿貪非位凡有七事見行之於
急者故引七卦之義以證成之聖人有以見天下之
賾者賾謂幽深難見聖人有其神妙以能見天下深
賾之至理也而擬諸其形容者以此深賾之理擬度
諸物形容也見此剛理則擬諸乾之形容見此柔理
則擬諸坤之形容也象其物宜者聖人又法象其物

之所宜若象陽物宜於剛也若象陰物宜於柔也是
各象其物之所宜六十四卦皆擬諸形容象其物宜
也若泰卦比擬泰之形容象其泰之物宜若否卦則
比擬否之形容象其否之物宜也挙此而言諸卦可
知也是故謂之象者以是之故謂之象也謂六十四
卦是也故前章云卦者言乎象者也此以上結成卦
象之義也聖人有以見天下之動者謂聖人有其微
妙以見天下万物之動也而觀其會通以行其典礼
者既知万物以此変動觀看其物之會合変通當此
會通之時以施行其曲法礼儀也繫辭焉以斷其吉
凶者既觀其會通而行其曲礼以定爻之通変而有
三百八十四爻於此爻下繫屬文辭以斷定其吉凶

若會通典禮得則爲吉若會通典禮失則爲凶也是
故謂之爻者以是之故謂此會通之變而爲爻也是
爻者效也效諸物之通變故上章云爻者言乎變者
也自此已上結爻義也言天下之至賾而不可惡也
者此覆説前文見天下之至賾卦象義也謂聖人於
天下至賾之理必重慎明之不可鄙賤輕惡也若鄙
賤輕惡不存意明之則逆於順道也言天下之至動
而不可礼者覆説上聖人見天下之至動爻之義也
謂天下至賾變動之理論説之時明不可錯亂也若
錯亂則乖違正理也若以文勢上下言之宜云至動
而不可亂也擬之而後言者覆説上天下之至賾不
可惡也聖人欲言之時必擬度之而後言也議之而

後動者覆説上天下之至動不可乱也謂欲説之時必議論之而後動也擬議以成其變化者言則先擬也動則先議也則能成其變化之道也鳴鶴在陰者上既明擬議而動若擬議於善則善来應之若擬議於悪則悪亦随之故引鳴鶴在陰取同類相應以證之此引中孚九二爻辭也鳴鶴在幽隱之處雖在幽陰而鳴其子則在遠而和之以其同類相感召故也我有好爵者言我有美好之爵而在我身吾与尓靡之者言我雖有好爵不自獨有吾与汝外物共靡散之謂我既有好爵能靡散以施於物物則有感我之恩亦来歸從於我是善往則善者来皆證明擬議之事我擬議於善以及物物亦以善而應我也子曰君子

居其室者既引易辭前語已絶故言子曰况其迩者
乎者出其言善遠尚應之則近應可知故曰况其迩者
邪則證明擬議而動之事言身有善惡无問遠近皆
應之也言行君子之樞機者樞謂户樞機謂弩牙言
户樞之轉或明或暗弩牙之發或中或否猶言行之
動從身而發以及於物或是或非也言行君子之所
以動天地者言行雖初在於身其善惡積而不已所
感動天地豈可不慎乎同人先號咷而後笑者證擬
議而動則同類相應以同人初未知同故先號咷後
得同類故後笑也子曰君子之道者各引易之後其
文勢已絶故言子曰或出或處或默或語者言同類
相應本在於心不必共同一事或此物而出或彼物

而処或此物而默或彼物而語出処默語其時雖異
其感應之事其意則同或処應於出或默應於語二
人同心其利斷金者二人若同齊其心其纖利能斷
截於金々是堅剛之物能斷而截之盛言利之甚也
此謂二人心行同也同心之言其臭如蘭者言二人
同齊其心吐發言語氤氳臭氣香馥如蘭也此謂二
人言同也　初六藉用至盜之招也　正義曰此
第七章也此章欲求外物來應必須擬議謹慎則外
物來應之故引藉用白茅无咎之事以證謹慎之理
此藉用白茅大過初六爻辭也子曰苟錯諸地而可
矣者苟且也錯置也凡薦獻之物且置於地其理可
矣言今乃謹慎薦藉此物而用絜白之茅可置於地

第七

藉之用茅何咎之有者何愆咎之有是謹慎之至也
勞謙君子有終吉欲求外物來應非唯謹慎又須者
謙以下人故引謙卦九三爻辭以證之也子曰勞而
不伐者以引卦之後故言子曰勞而不伐者雖謙退
疲勞而不自伐其善也有功而不德厚之至者雖有
其功而不自以為恩德是篤厚之至極語以其功下人
人者言易之所言者語說其謙卦九三能以其有功
卑下於人者也德言盛禮言恭者謂德以盛為本禮
以恭為主德貴盛新禮尚恭敬故曰德言盛禮言恭
謙也者致恭以存其位者言謙退致其恭敬以存其
位者也言由恭德保其祿位也亢龍有悔者上既以
謙德保位此明無謙則有悔故引乾之上九亢龍有

悔證驕亢不謙也不出戶庭无咎者又明擬議之道非但謙而不驕又當謹愼周密故引節之初九周密之事以明之子曰亂之所生則言語以爲階者階謂梯也言亂之所生則由言語以爲亂之階梯也君不密則失臣者臣既盡忠不避危難爲君謀事君不愼密乃彰露臣之所爲使在下聞之衆共嫉怒害此臣而殺之是失臣也臣不密則失身者言臣之言行既有虧失則失身也幾事不密則害成者幾謂幾微之事當須密愼預防禍害若其不密而漏泄禍害交起是害成也是以君子愼密而不出者於易言之是身愼密不出戶庭於此又言之亦謂不妄出言語也子曰作易者其知盜乎者此結上不密失身之事若

不害人則乘此抗危而害之猶若戝之不密盜則乘
此抗危而竊之易者愛惡相攻遠近相取盛衰相變
若此爻有釁隙衰弱則彼爻乘變而奪之故云作易
者其知盜乎易曰負且乘致寇至者此又明擬議之
道當量身而行不可以小處大以賤貪貴故引解卦
六三以明之也負也小人之事也負者擔負於物者
合是小人所為也乘也者君子之器者言乘車者君
子之器物言君子合乘車今應負之人而乘車是小
人乘君子之器也則盜竊之人思欲奪之矣上慢下
暴盜思伐之矣者小人居上位必驕慢而在下必暴
虐為政如此大盜思欲伐之矣慢藏誨盜冶容誨淫
者若慢藏戝物守掌不謹則教誨於盜者使來取此

第八

物女子妖冶其容身不精慤是教誨淫者使來淫己
也以比小人而居貴位驕矜而不謹慎而致寇至也
易曰負且乘致寇至盜之招也者又引易之所云是
盜之招來也言自招來於盜以慎重其身故首尾皆
稱易曰而載易之文辭也　大衍之數至祐神矣
正義曰此第八章明占筮之法揲蓍之體顯天地之
數定乾坤之策以爲六十四卦而生三百八十四爻
大衍之數五十其用四十有九者京房云五十者謂
十日十二辰二十八宿也凡五十其一不用者天之生
氣將欲以虛來實故用四十九焉馬季長云易有太
極謂北辰也太極生兩儀〻〻生日月〻〻生四時
〻〻生五行〻〻生十二月〻〻生二十四氣

北辰居位不動其餘四十九轉運而用也荀爽云卦
各有六爻六八四十八加乾坤二用凡有五十乾初九潛
龍勿用故用四十九也鄭康成云天地之數五十有
五以五行氣通凡五行減五大衍又減一故四十九
也姚信董遇云天地之數五十有五者其六以象六
畫之數故減之而用四十九但五十之數義有多家
各有其説未知孰是今案王弼云演天地之數所賴者
五十據王弼此説其意皆与諸儒不同万物之策凡
有万一千五百二十其用此策推演天地之數唯用
五十策也一謂自然所須策者唯用五十就五十策

私云モツハラシモウニト可讀之

中其所用揲蓍者唯用四十有九其一不用以其虚
无非所用也故不數之顧懽同王弼此説故顧懽云

立此五十數以數神々雖非數因數而顯故虛其一數以明不可言之義只如此意則別无所以自然而有此五十也今依用之分而爲二以象兩者五十之内去其一餘有四十九合同未分是象太一也今以四十九分而爲二以象兩儀也掛一以象三者就兩儀之間於天數之中分掛其一而配兩儀以象三才也揲之以四以象四時者分揲其蓍皆以四々爲數以象四時歸奇於扐以象閏者奇謂四揲之餘歸此殘奇於所扐之策而成數以法象天道歸殘聚餘分而成閏也五歲再閏者凡前閏後閏相去大略三十二月在五歲之中故五歲再閏再扐而後掛者既分天地天於左手地於右手乃四々揲天之數最末之餘

皈之合於扐掛之一処是一揲也又以四々揲地之
數最末之餘又合於前所皈之扐而惣掛之是再扐
而後掛也天數五者謂一三五七九也地數五者謂
二四六八十也五位相得而各有合者天一与地若
六相得合為水地二与天七相得合為火天三与地
八相得合為木地四与天九相得合為金天五与地
十相得合為土也天數二十有五者惣合五奇之數
地數三十者惣合五耦之數也凡天地之數五十有
五者是天地二數相合為五十五此乃天地陰陽奇
偶之數非是上天演天地之策也所以成變化而
行鬼神者言此陽奇陰偶之數成就其變化言變化
以此陰陽而成故云成變化也而宣行鬼神也周言

鬼神以此陰陽而得宜行故云而行鬼神也乾之策
二百一十有六者以乾老陽一爻有三十六策六爻
凡有二百一十六策也乾之少陽一爻有二十八策
六爻則有一百六十八策此經據老陽之策也坤之
策百四十有四者坤之老陰一爻有二十四策六爻
故一百四十有四策也若坤之少陰一爻有三十二
六爻則有一百九十二此經據坤之老陰故百四十
有四也凡三百有六十當期之日者舉合乾坤兩策
有三百有六十當期之數三百六十日舉其大畧不
數五日四分日之一也二篇之策万有一千五百二
十當万物之數者二篇之爻揔有三百八十四爻陰
陽各半陽爻一百九十二爻〻別三十六揔有六千

九百一十二也陰爻亦一百九十二爻〻別二十四揔有四千六百八也陰陽惣合万有一千五百二十當万物之數也是故四營而成易者營謂經營謂四度經營蓍策乃成易之一變也十有八變而成卦者每一爻有三變謂初一揲不五則九是一變也第二揲不四則八是二變也第三揲亦不四則八是三變也若三者倶多為老陰謂初得九第二第三倶得八也若三者倶少為老陽謂初得五第二第三倶得四也若兩少一多為少陰謂初与二三之間或有四或有五而有八也或有二箇四而有一箇九此為兩少一多也其兩多一少為少陽者謂三揲之間或有一箇九有一箇八而有一箇四或有二箇八而有一箇

五此爲兩多一少也如此三變既畢乃定一爻六爻則十有八變乃始成卦也八卦而小成者象天地雷風日月山澤於大象略盡是易道小成引而伸之者謂引長八卦而伸盡之謂引之爲六十四卦也觸類而長之者謂觸逢變類而增長之若觸剛之變類以次增長於剛若觸柔之變類以次增長於柔天下之能事畢矣者天下萬事皆如此例各以類增長則天下所能之事法象皆盡故曰天下之能事畢矣也顯道神德行者言易理備盡天下之能事畢故可以顯明无爲之道而神靈其德行之事言大虛以養萬物爲德行今易道以其神靈助大虛而養物是神其德行也是故可與酬酢者酬酢謂應報對答言易道如

此若万物有所求爲此易道可与應答万物有求則
報故曰可与酬酢也可与祐神矣者祐助也易道弘
大可与助成神化之功也　注演天地之數至由
之宗也　正義曰王弼云演天地之數所賴者五十
者韓氏親受業於王弼承王弼之旨故引王弼云以
證成其義演天地之數所賴者五十謂万物籌策雖
万有一千五百二十若用之推演天地之數所須
賴者唯賴五十其餘不賴也但賴五十者自然如此不
知其所以然云則其一不用者經既云五十又云其
用四十九也既稱其用明知五十之内其一是不用
者也言不用而用以之通者若全不用理應不賴此
既當論用所以并言不用爲用五十者雖是不用其

有用從不用而来以不用而得用也故云不用而用以之通所用者則四十九蓍也蓍所以堪用者從造化虛无而生也若无造化之生此蓍何因得用也言非數而數以之成者太一虛无无形无數是非可數也然有形之數由非數而得成也即四十九是有形之數原從非數而来故將非數之一總爲五十故云非數而數以之成之言斯易之太極者斯此也言此其一不用者是易之太極之虛无无形即天數也凡有皆從无而来故易從太一爲始也言夫无不可以无明必因於有者言虛无之體處處皆虛何可以无說之明其虛无也若欲明虛无之理必因於有物之境可以部本虛无猶若春生秋殺之事於虛无之時

不見生殺之象是不可以无明也就有境之中見其生殺却推於无始知无中有生殺之理是明无必因於有也言故常於有物之極而必明其所由之宗者言欲明於无常須因有物至極之處而明其所由宗若易由太一有由於无變化由於神皆是所由之宗也言有且何因如此皆由於虛无自然而來也

第九

子曰知變化至此之謂也　正義曰此第九章也上章既明大衍之數極於蓍策之名數可以助成神化之功此又廣明易道深遠聖人之道有四又明易之深遠窮極幾神也知變化之道者其知神之所為乎者言易既知變化之道理不以為而自然也則已知神化之所為言神化亦不以為而自然也易有聖人之道

四焉者言易之爲書有聖人所用之道者凡有四叓
焉以言者尚其辭謂聖人發言而施政教者貴尚著
其爻卦之辭發其言辭出言而施政教也以動者尚
其變者謂聖人有所興動營爲故法其陰陽變化變
有吉凶聖人之動取吉不取凶也以制器者尚其象
睽兌下離上
小過艮下震上
者謂造制形器法其爻卦之象若造弧矢法睽之象
若造杵臼法小過之象也以卜筮者尚其占者策是
筮之所用并言卜者雖龜之見兆亦有陰陽五行
變動之狀故卜之與筮尚其爻卦變動之占也是以
君子將有爲也將有行也問焉而以言者既且道有
四是以君子將欲有所施爲將欲有所行往占問其
吉凶而以言命蓍也其受命也如嚮者謂蓍受人命

報人吉凶如響之應也无有遠近幽深者言易之
告人吉凶无問遠之與近及幽邃深遠之處悉皆告
之也遂知来物者物事也然易以万事告人人因此
遂知將来之事也非天下之至精其孰能與於此者
言易之功深如此若非天下万事之内至極精妙誰
能參與於此與易道同也此已上論易道功深告人
吉凶使豫知来事故以此結之也參伍以變者參三
也伍五也或三或五以相參合以相改變略舉三五
諸數皆然也錯綜其數者錯謂交錯綜謂惣聚交錯
惣聚其陰陽之數也通其變者由交錯惣聚通極其
陰陽相變也遂成天地之文者以其相變故能遂成
就天地之文若青赤相雜故称文也極其數遂定天

下之象者謂窮極其陰陽之數以定天下万物之象猶若極二百一十六策以定乾之老陽之象窮一百四十四策以定坤之老陰之象舉此餘可知也非天下至變其孰能与於此者言此易之理若非天下万變至極之變化誰能与於此者言皆不能也此結成易之變化之道故更言与於此也前經論易理功深故云非天下之至精此經論極數變通故云非天下之至變也易无思也无為也者任運自然不関心慮是无思也任運自動不須營造是无為也寂然不動感而遂通天下之故者既无思无為故寂然不動有感必應万事皆通是感而遂通天下之故也故謂事故言通天下万事也非天下之至神其孰能与於此者

言易理神功不測非天下万事之中至極神妙其孰
能与於此也此經明易理神妙不測故云非天下之
至神若非天下之至神誰能与於此也夫易者聖人之
所以極深而研幾也者言易道弘大故聖人用之所
以窮極幽深而研覈幾微也極深者則前經初一節
云君子將有為將有行問焉而以言其受命如嚮无
有遠近幽深是極深也研幾者上經次節云参伍以变
变錯綜其数通其变遂成天地之文極其数以定天
下之象是研幾也唯深也故能通天下之志者言聖
人用易道以極深故聖人德深也故能通天下之志
意即是前經上節問焉而以言其受命如嚮遂知来
物是通天下之志也唯幾也故能成天下之務者聖

人用易道以研幾故聖人知事之幾微是前經次節
參伍以變錯綜其數通其變遂成天地之文是也幾
者離无入有是有初之微以能知有初之微則能興
行其事故能成天下之事務也唯神也故不疾而速
不行而至者此覆說上經下節易之神功也以无思
無爲寂然不動感而遂通故不須急疾而事速成不
須行動而理自至也案下節云唯深也言通天下之
志唯幾也言成天下之務今唯神也直云不疾而速
不行而至不言通天下者神則至理微妙不可測知
無象無功於天下之事理絶名言不可論也故不云
成天下之功也子曰易有聖人之道四焉者此之謂
也者章首論聖人道四焉章中歷陳其三事章末結

而成之故曰聖人之道四焉是此之謂也章首聖人
之道有四者韓氏注云此四者存乎器象可得而用
者則辭也變也象也占也是有形之物形器可知也
若章中所陳則有三事一是至精精則唯深也二是
至變變則唯幾也三是至神神則微妙无形是其无
也神既无形則章中三事不得配章首四事韓氏云
四者存乎器象故章知中三事不得配章首四事者
也但行此四者即能致章中三事故章中歷陳三事
下總以聖人之道四焉結之也　注此四者存乎
器象可得而用也　正義曰辭是爻々々是器象辭
也變是變化見其來去亦是器象也象是形象占是
占其形狀並是有體之物有體則是物之可用故云

可得而用者也　注夫非忘象至乎於斯也　正
義曰云夫非忘象者則無以制象者凡自有形象者
不可以制他物之形象猶若海不能制山之形象山
不能制海之形象遺忘己象者乃能制衆物之形象
也非遺數者无以極數者若以數之物則不能極其
物數猶若以万而數則不能苞億以一億而數則不苞
苞千億万億遺去數名者則无所不苞是非遺去其數无
以極盡於數也言至精者无籌策而不可乱者以其
心之至精理在玄通无不記憶雖无籌策而不可乱
也言至変者躰一而无不同者言至極曉達変理者
能躰其淳一之理其変通无不周徧言雖万類之変
同歸於一変也斯蓋功用之母象數所由立者言至精

至變至神三者是物之功用之母物之功用象之与數由此至精至變至神所由來故云象數所由立也言象之所以立有象者豈由象而來由太虛自然而有象也數之所以有數者豈由數而來由太虛自然而有數也是太虛之象太虛之數是其至精至變也由其至精故能制數由其至變故能制象若非至精

第十

至變至神則不得參与妙極之玄理也　天一地二至謂之神　正義曰此第十章也前章論易有聖人之道四焉以卜筮尚其占此章明卜筮蓍龜所用能通神知也天一地二至天九地十此言天地陰陽自然奇偶之數也子曰夫易何爲者言易之功用其體何爲是問其功用之意夫易開物成務冒天下之

道如斯而已者此夫子還自釋易之躰用之狀言易
之開通万物之志成就天下之務有覆冒天下之
斯此也易之躰用如此而已是以聖人以通天下之
志者言易道如此是故聖人以其易道通達天下之
志極其幽深也以定天下之業者以此易道定天下
之業由能研幾成務故定天下之業也以斷天下之
疑者以易道決斷天下之疑用其蓍亀卜定天
下疑危也是故蓍之徳圓而神卦之徳方以知者神
以知来是来无方也知以蔵往是往有常也物既有
常猶方之有止數无恒躰猶圓之不窮故蓍之變通
則无窮神之象也卦列爻分有定躰知之象也知可
以識前言往行神可以逆知将来之事故蓍以圓象

神卦以方象知也六爻之義易以貢貢告也六爻
有吉凶之義變易以告人也聖人以此洗心者聖人
以此易之卜筮洗蕩万物之心万物有疑則卜之是
蕩其疑心行善得吉行悪遇凶是盪其悪心也退藏於密
者言易道進則盪除万物之心退則不知其所以然
万物日用而不知是功用藏於密也吉凶与民同患
者易道以示人吉凶民則亦憂患其吉凶是与民同
其所憂患也凶者民之所憂也上並言吉凶此獨言
同患者凶雖民之所患吉亦民之所憂也既得其吉
又患其失故老子云寵辱若驚也神以知來知以藏
往者此明蓍卦德同神知知之來藏往也蓍定数於始
於卦為来卦成象於終於蓍為往以蓍望卦則是知

於卦象將來之事故言神以知來以卦望蓍則是聚
於蓍象往去之事故言知以藏往也其孰能與於此哉者
言誰能同此也蓋是古之聰明叡知神武而不殺者夫易道深遠以
吉凶禍福威服萬物故古之聰明叡知神武之君謂
伏犧等用此易道能威服天下而不用刑殺而威服
之也是以明於天之道者言聖人能明天道也而察
於民之故者故事也易窮變化而察知民之事也是
興神物以前民用者謂易道興起神理事物豫為法
象以示於人以前民之所用定吉凶於前民乃法之
所用故云以前民用也聖人以此齋戒者聖人以易
道自齋自戒謂照了吉凶齋戒其身洗心曰齋防患
曰戒以神明其德夫者言聖人既以易道自齋戒之又

以易道神明其己之德化也是故闔戸謂之坤者聖
人既用此易道以化天下此已下又廣明易道之大
易從乾坤而来故更明乾坤也凡物先藏而後出故
先言坤而後言乾闔戸謂閉藏万物若室之閉闔其
戸故云闔戸謂之坤也闢戸謂之乾者闢戸謂吐生
万物也若室之開闢其戸故云闢戸謂之乾也一闔
一闢謂之変者開閉相循陰陽遞至或陽変為陰或
開而更閉或陰変為陽或閉而還開是謂之変也往
来不窮謂之通者須往則変来為往須来則変往為
来隨須改変不有窮已恒得通流是謂之通也見乃
謂之象者前往来不窮據其気也気漸積聚露見萌
兆乃謂之象言物躰尚微也形乃謂之器者躰質成

形是謂器物故曰形乃謂之器言其著也制而用之
謂之法者言聖人裁制其物而施用之垂爲模範故
云謂之法利用出入民咸用之謂之神者言聖人以
利而用或出或入使民咸用之是德微妙故云謂聖
之神　注易以極數至天地之數也　正義曰易
以極數通神明之德者謂易之爲道先由窮極其數
乃以數通神明之德也故明易之道先舉天地之數
者此章欲明神之德先由天地之數而成故云故明
易之道先舉天地之數也　○注圓者運至故曰方
也　正義曰圓者運而不窮者謂團圓之物運轉无
阪丸二字印　窮已猶阪上走圓也蓍亦運動不已故稱圓也言方
本丸　者止而有分者方謂處所既有處所則是止而有分

第十一

且物方者著地則安其卦既成更不移動亦是止而有分故卦稱方也

○是故易有至死不利也　正

义曰此第十一章也前章既明蓍卦有神明之用聖人則而象之成其神化此又明易道之大法於天地明象日月能定天下之吉凶成天下之亹亹也是故易有太極是生兩儀者太極謂天地未分之前元氣混而爲一即是太初太一也故老子云道生一即此太極是也又謂混元既分即有天地故曰太極生兩儀即老子云一生二也不言天地而言兩儀者指其物體下与四象相對故曰兩儀謂兩體容儀也兩儀生四象者謂金木水火禀天地而有故云兩儀生四象土則分王四季又地中之別故唯云四象也四象

生八卦者若謂震木離火兌金坎水各主一時又巽同震木乾同兌金加以坤艮之土為八卦也八卦定吉凶者八卦既立爻象變而相推有吉有凶故八卦定吉凶也吉凶生大業者万事各有吉凶廣大悉備故曰生天下大事業也是故法象莫大乎天地者言天地最大也變通莫大乎四時者謂四時以變得通是變中最大也縣象著明莫大乎日月者謂日月中時偏照天下无幽不燭故云著明莫大乎日月也崇高莫大乎富貴者以王者居九五富貴之位力能齊一天下之動而道濟万物是崇高之極故云莫大乎富貴備物致用立成器以為天下利莫大乎聖人者莫謂備天下之物招致天下所用建立成就天下之器

以爲天下之利唯聖人能然故云莫大乎聖人也探
賾索隱鉤深致遠以定天下之吉凶成天下之亹亹
者莫大乎蓍龜者探謂闚探求取賾謂幽深難見卜
筮則能闚探幽昧之理故云探賾也索謂求索隱謂
隱藏卜筮能求索隱藏之處故曰索隱也物在深處
能鉤取之物在遠方能招致之卜筮能然故云鉤深致
遠也以此諸事正定天下之吉凶成就天下之亹亹
者唯卜筮能然故云莫應乎蓍龜也案釋詁云亹亹
勉也言天下萬事悉動而好生皆勉勉營爲此蓍龜
知其好惡得失人則棄其惡而取其好背其失而求
其得是成天下之亹亹也是故天生神物聖人則之
者謂天生蓍龜聖人法則之以爲卜筮也天地變化

聖人效之者行四時生殺賞以春夏刑以秋冬是聖
人效之天垂象見吉凶聖人象之者若璿璣玉衡以
齊七政是聖人象之也河出圖洛出書聖人則之者
如鄭康成之義則春秋緯云河以通乾出天苞洛以
流坤吐地符河龍圖發洛龜書感河圖有九篇洛書
有六篇孔安國以爲河圖則八卦是也洛書則九疇
是也輔嗣之義未知何從有四象所以示者莊氏
云四象謂六十四卦之中有實象有假象有義象有
用象爲四象也今於釋卦之處已破之矣何氏以爲
四象謂天生神物聖人則之一也天地變化聖人效
之二也天垂象見吉凶聖人象之三也河出圖洛出
書聖人則之四也今謂此等四事乃是聖人易外別

有其功非專易內之物何得稱易有四象且又云易
有四象所以示也繫辭焉所以告也然則象之與辭
相對之物辭既爻卦之下辭則象謂爻卦之象也則
上兩儀生四象七八九六之謂也故諸儒有爲七八
九六今則從以爲義繫辭焉所以告者謂繫辭於象卦
下所以告其得失也定之以吉凶所以斷者謂於繫
辭之中定其行事吉凶所以斷其行事得失易曰自
天祐之吉无不利者言人於此易之四象所以示繫
辭所以告吉凶所以斷而行之行則鬼神无不祐助无
所不利故引易之大有上九爻辭以證之子曰祐者
助也者上既引易文下又釋其易理故云子曰祐者
助也天之所助者順也人之所助者信也履信思乎

順者人之所助唯在於信此上九能履踐於信也天之所助唯在於順此上九恒思於順既有信思順又能尊尚賢人是以從天已下皆祐助之而得其吉无所不利也　子曰書不盡言至乎德行　正義曰

第十二

此第十二章也此章言立象以盡意繋辭以盡言易之與廢存乎其人事也書不盡言者意以不盡意然則聖人之意其不可見乎者此一節夫子自發其問謂聖人之意難見也所以難見者書所以記言言有煩碎或楚夏不同有言无字雖欲書録不可盡於其言故云書不盡言也言不盡意者意有深邃委曲非言可寫是言不盡意也聖人之意又深遠若言之不能盡聖人之意書之又不能盡聖人之言是聖人之意其

不可見也故云然則聖人之意其不可見乎疑而問
之故稱乎也子曰聖人立象以盡意已下至幾乎息
矣此一節是夫子還自釈聖人之意有可見之理
聖人立象以盡意者雖言不盡意立象可以盡之也
設卦以盡情偽者非唯立象以盡聖人之意又設卦
以盡百姓之情偽也繫辭焉以盡其言者雖書不盡
言繫辭可以盡其言也變而通之以盡利者變謂化
而裁之通謂推而行之故能盡物之利也鼓之舞之
以盡神者此一句惣結立象盡意繫辭盡言之美聖
人立象以盡其意繫辭則盡其言可以說化百姓之
心百姓之心自然樂順若鼓舞然而天下從之非盡
神其孰能与於此故曰鼓之舞之以盡神也乾坤其

易之緼邪者上明今言今意皆由於易道此明易之所立本乎乾坤若乾坤不存則易道无由興起故乾坤是易道之所緼積之根源也是與易爲川府奥藏故云乾坤其易之緼邪乾坤成列而易立乎其中矣者夫易者陰陽變化之謂陰陽變化立爻以效之皆從乾坤而來故乾生三男坤生三女而爲八卦變而相重而有六十四卦三百八十四爻本之根源從乾坤而來故乾坤既成列位而易道變化建立乎乾坤之中矣乾坤毀則无以見易者易既從乾坤而來乾坤若缺毀則易道損壞故云无以見易也易不可見則乾坤或幾乎息矣者若易道毀壞不可見其變化之理則乾坤亦壞或其道幾乎止息矣幾近也猶若樹之枝

幹生乎根株々々毀則枝條不茂若枝幹已枯死其
根株雖未全死僅有微生將死不久根株謂乾坤也
易謂枝幹也故云易不可見則乾坤或幾乎息矣是
故形而上者謂之道形而下者謂之器道是无體之
名形是有質之稱凡有從无而生形由道而立是先
道而後形是道在形之上形在道之下故自形外已
上者謂之道也自形内而下者謂之器也形雖處道
器兩畔之際形在器不在道也既有形質可為器用
故云形而下者謂之器也化而裁之謂之變者陰陽
變化而相裁節之謂之變也是得以理之變也猶若
陽氣之化不可久長而裁節之以陰雨也是得以理之
變也陰陽之化自然相裁聖人亦法此而裁節之推

而行之謂之通者因推此以可變而施行之謂之通
也猶若亢陽之後變為陰雨因陰雨而行之物得開
通聖人亦當然也舉而錯之天下之民謂之事業者
謂舉此理以為變化而錯置於天下之民凡民得以
營為事業故云謂之事業也此乃自然以變化錯置
於民也聖人亦當法此錯置變化於万民使成其事
業也凡繫辭之說皆說易道以為聖人德化欲使聖
人法易道以化成天下是故易與聖人恒相將也以
作易者本為立教故也非是空說易道不關人事也
是故夫象聖人有以見天下之賾至是故謂之象
於第六章已具其文今於此更復言者何也為下云
極天下之賾存乎卦鼓天下之動存乎辭為此故更

列其爻也。且已下又云存乎變存乎通存乎其人廣陳所存之具所以須重論也。極天下之賾存乎卦者言窮極天下深賾之處存乎卦言觀卦以知賾也。鼓天下之動存乎辭者鼓謂發揚天下之動之有得失存乎爻卦之辭謂觀辭以知得失也。化而裁之存乎變者謂覆說上文化而裁之謂之變也。推而行之存乎通者覆說上文推而行之謂之通也。神而明之存乎其人者言人能神此易道而顯明之者存在於其人若其人聖則能神而明之若其人愚則不能神而明之故存於其人不存易象也。默而成之不言而信存乎德行者若能順理足於內默然而成就之闇理會不須言而自信也。存乎德行者有德行則得

默而成就之不言而信也若無德行則不能然此言
德行據賢人之德行也前經祇而明之存乎其人謂
聖人也

周易正義卷第十二

默而成就之不言而信德行之者若德行則不言默言

德行謂賢人之德行之前經非四明之存乎其人謂

聖人之

周易正義卷第十二

周易正義
十三 十四
中哲
116
貴重圖書

周易正義卷第十

周易繫辭上繫……國子祭孔穎達奉勅

周易繫辭下第八　正義曰此篇章數諸儒不同

劉瓛爲十二章以對上繫十二章也周氏莊氏並爲

九章今從九章爲說也第一起八卦成列至非曰義

第二起古者包犧至蓋取諸夬第三起易者象也至

德之盛第四起困于石至勿恒凶第五起乾坤其易

之門至失得之報第六起易之興至巽以行權第七

起易之爲書至思過半矣第八起三與四至吉者之

道第九起夫乾天下至其辭屈八卦成列至非

一章

曰義　正義曰此第一章標釋上繫第二章義云

剛柔吉凶悔吝之變是而詳之八卦成列象在其

周易正義卷第十三

國子祭酒上護軍曲阜縣　國子臣孔穎達奉勑撰

周易繫辭下第八　正義曰此篇章數諸儒不同
劉瓛爲十二章以對上繫十二章也周氏莊氏並爲
九章今從九章爲説也第一起八卦成列至非曰義
第二起古者包犧至蓋取諸夬第三起易者象也至
作之盛第四起困于石至勿恒凶第五起乾坤其易
之門至失得之報第六起易之興至巽以行權第七
起易之爲書至思過半矣第八起二與四至謂易之
一章
道第九起夫乾天下至其辭屈　八卦成列至非
曰義　正義曰此第一章覆釋上繫第二章象爻
剛柔吉凶悔吝之事更具而詳之八卦成列象在其

中矣。言八卦各列位万物之象在其八卦之中也者
因而重之爻在其中矣者謂因此八卦之象而更重之
之万物之爻在其於重之中矣然象亦有爻々又有
象所以象独在卦爻独在重者卦則爻少而象多重
則爻多而象少故在卦挙象在重論爻也剛柔相推
変在其中矣者則上繫第二章云剛柔相推而生変
化是変化之道在剛柔相推之中剛柔即陰陽也論推
其気即謂之陰陽語其躰即謂之剛柔也繫辞焉而
命之動在其中矣者謂繫辞於爻卦之下而呼命其
卦爻得失吉凶則適時変動好悪故在其繫辞之中
也吉凶悔吝生乎動者也上即云動在繫辞之中
動則有吉凶悔吝所以悔吝生在乎所動之中也

剛柔者立本者也言剛柔之象立在其卦之根本者
也言卦之根本皆由剛柔陰陽而來變通者趣時者
也其剛柔之氣所以改變會通趣向於時也若乾之
初九趣向勿用之時乾之上九趣向亢極之時是諸
爻之變皆臻趣於時也其剛柔立本者若剛定體為
乾若柔定体為坤陽卦兩陰而一陽陰卦兩陽而一
陰是立其卦本而不易也則上八卦成列象在其中
矣是也卦既与爻為本又是摠主其時故畧例云卦
者時也變通者趣時者也則上因而重之爻在其中
矣是也卦既摠主一時爻則就一時之中各趣其所
宜之時故畧例云爻者趣時者也吉凶者貞勝者也
貞正者言吉之与凶皆由所動不能守一而生吉凶

唯守一貞正而能克勝此吉凶謂但能貞正則免此
吉凶之累也天地之道貞觀者也謂天覆地載之道
以貞正得一故其功可爲物之所觀也日月之道貞
明者也言日月照臨之道以貞正得一而爲明也若
天覆地載不以貞正而有二心則天不能普覆地不
能兼載則不可以觀由貞乃得觀見也日月照臨若
不以貞正有二之心則照不普及爲明也故以貞不
而爲明也天下之動貞夫一者也言天地日月之外
天下万物変之動皆正乎純一也若得於純一則所
動遂其性若失於純一則所動乖其理是天下之動
得正在一也夫乾確然示人易矣者此明天之得一
之道剛質確然示人以和易由其得一　无爲物由以

生是示人易也夫坤隤然示人簡矣者此明地之得
一以其得一故坤隤然而柔自然无爲以成万物是
示人簡矣若乾不得一或有隤然則不能示人易矣
若坤不隤然或有確然則不能示人簡矣爻也者效
此者也此釋爻之名也言爻者效此物之變動也象
也者像此者也言象此物之形狀也爻象動乎内者
言爻之與象發動於卦之内也吉凶見乎外者其爻
象吉凶見於卦外在事物之上也功業見乎變者言
功業由變乃興故功業見於變也聖人之情見
乎辭者辭則言其聖人所用之情故觀其辭而知其
情也是聖人之情見乎爻象之辭也若乾之初九其
辭云潛龍勿用則聖人勿用之情見於初九爻辭也

他皆倣此天地之大德曰生者自此已下欲明聖人同天地之德廣生万物之意也言天地之盛德在乎常生故言曰生若不常生則德之不大以其常生万物故云大德也聖人之大寶曰位者言聖人大可宝愛者在於位耳位是有用之地宝是有用之物若以居盛位乃廣用无疆故稱大寶也何以守位曰仁者言聖人何以保守其位必須仁愛故言曰仁也何以聚人曰財者言何以聚集人衆必須財物故言曰財也理財正辭禁民爲非曰義者言聖人治理其財用之有節正定號令之辭出之以理禁約其民爲非僻之事勿使行惡是謂之義義々宜也言以此行之而得其宜也　注夫八卦至其中矣　○正義曰夫八卦

備天下理者前注云備天下之象擬其躰此云備天
下之理擬其用也言八卦大畧有八以備天下大象
大理大者既備則小者亦備矣直是不變之備未是
變之備也故云未極其變故因而重之以象其動用
也云則爻卦之義所存各異者謂爻之所存存乎已
變之義因而重之爻在其中是也卦之所存存於未
變之義八卦成列象在其中是也　注剛柔至例
詳矣　正義曰云立卦之義則見於彖象彖者彖象
謂卦下之辭說其卦之義也適時之功則存於爻辭
者卦者時也六爻在一卦之中各以適當時之所宜
以立功也欲知適時之功用觀於爻辭也云王氏之
例詳矣者案畧例論彖者何也統論一卦之体云彖

明其所由之主者也夫衆不能治衆々々者至寡者
也論卦体皆以一爲主是卦之大畧也又論爻云爻
者何也言乎其変者也変者何也情偽之所爲也夫
情偽之動非數之所求也故合散屈伸与体相乖形
躁好靜質柔愛剛体与情反質与願違是故情偽相
感遠近相追愛悪相攻屈伸相推見情者獲直往則
違此是爻之大略也其義既廣不能備載是王氏之
例詳矣　注貞者正也至執一御也　正義曰貞
者正也一也言貞之爲訓々正訓一正者体无傾者
邪一者情无差二寂然无慮任運而行者也凡吉凶
者由動而来若守貞靜寂何吉何凶之有是貞正能何
勝其吉凶也云夫有動則未能免乎累者寂然不動

則无所可累若動有營求則恥累將來故云動則未
免於累也云殉吉則未離乎凶者殉求也若不求其
吉无慮无思凶禍何因而至由其求吉有所貪欲則
凶亦將來故云殉吉未離乎凶也云益會通之變而
不累於吉凶者其唯貞者乎言若能窮盡万物會通
改變之理而不繫累於吉凶之變者唯貞一者乃能
然也猶若少必有老々必有死能知此理是益會通
之變既知老必將死是運之自然何須憂累於死是
不累乎吉凶唯守貞一任其自然故云其唯貞者乎
云老子曰王侯得一以爲天下貞者王侯若不得一
二三其德則不能治正天下若得純粹无二无邪則
能爲天下貞也謂可以貞正天下也云万變雖殊可

以執一御也猶若寒変爲暑々変爲寒少変爲壯々変爲老々変爲死禍変爲福盛変爲衰変改不同是万変殊也其変雖異皆自然而有若能知其自然不造不爲无喜无慼而乘御於此是可以執一御也

二章

古者包犧至取諸　正義曰此第二章明聖人法自然之理而作易象易以制器而利天下此一章其義既廣今各随文釈之自此至取諸離此一節明包犧法天地造作八卦法離卦而爲罔罟也云仰則觀象於天俯則觀法於地者言取象大也觀鳥獸之文与地之宜者言取象細也大之与細則无所不包也地之宜者若周礼五土動物植物各有所宜是也近取諸身者若耳目鼻口之屬是也遠取諸物者若雷風

山澤之類是也挙遠近則万変在其中矣於是始作
八卦以通神明之徳者言万変亦為皆是神明之徳
若不作八卦此神明之徳閉塞幽隠既作八卦則而
象之是通達神明之徳也以類万物之情者若不作
易物情難知今作八卦以類象万物之情皆可見也
作結縄而為罔罟以細以漁者用此罟罔或陸畋以
羅鳥獣或水漁以罔魚鼈也蓋取諸離者離麗也麗
謂附著也言罔罟之用必審知鳥獣魚鼈所附著之
処故称離卦之名為罔罟也案諸儒象卦制器皆取
卦之爻象之体今韓氏之意直取卦名因以制器案
上繫云以制器者尚其象則取象不取名也韓氏乃
取名不取象於義未善矣今既遵韓氏之学且依此

釈之　包犧氏至取諸噬嗑此一節明神農取卦造器之義一者制耒耜取於益卦以利益民也二者日中爲市聚合天下之貨設法以合物取於噬嗑象物噬齧乃得通也包犧者案帝王世紀云大皞包犧氏風姓也母曰華胥燧人之世有大人跡出於雷澤花胥履之而生包犧長於成紀蛇身人首有聖德取犧牲以充包廚故號曰包犧氏後世音謬故或謂之伏犧或謂之宓犧一號皇雄氏在位一百一十年包犧氏没女媧氏代立爲女皇亦風姓也女媧氏没次有大庭氏栢皇氏中央氏栗陸氏驪連氏赫胥氏尊盧氏混沌氏皞英氏有巢氏朱襄氏葛天氏陰康氏无懷氏凡十五世皆習包犧氏之號也神農者案帝王

世紀云炎帝神農氏姜姓也母曰任己有蟜氏女名曰
女登為少典正妃游華山之陽有神竜首感女登於
尚羊生炎帝人身牛首長於姜水有聖徳繼无懷之
後本起烈山或称烈山氏在位一百二十年而崩納
奔水氏女曰聽談生帝臨魁次帝承次帝明次帝直
次帝釐次帝哀次帝楡罔凡八代及軒轅氏　神農
氏没至吉无不利此一節明神農氏没後乃至黄帝
堯舜通其易之変理於是廣制器物此節与下制器
物為引緒之勢為下起文黄帝堯舜氏作者案世紀
云黄帝有熊氏少典之子姫姓也母曰附宝其先即
炎帝母家有蟜氏之女附宝見大電光繞斗樞星
照於郊野感附宝孕二十四月而生黄帝於壽丘長於

姬水竜顔有聖德戰蚩尤于涿鹿擒之在位一百年崩
子青陽代立是爲少皞々々帝名摯字青陽姬姓也母
曰女節黃帝時大星如虹下臨華渚女節夢接意感
生少皞在位八十四年而崩顓頊高陽氏黃帝之孫
昌意之子母曰昌僕蜀山氏之女爲昌意正妃謂之
女樞瑤光之星貫月如虹感女樞於幽房之宮生顓
頊於弱水在位七十八年而崩少皞之孫蟜極之子
代立是爲帝嚳々々帝〔高〕氏姬姓也其母不見生而
神異自言其名在位七十年而崩子帝摯立在位九
年摯立不肖而崩弟放勳代立是爲帝堯々々陶唐
氏伊祁姓母曰慶都生而神異常有黃雲覆其上爲
帝嚳妃出以觀河遇赤竜晻然陰風而感慶都孕十

四月而生堯於丹陵即位九十八年而崩帝舜代立
帝舜姚姓其先出自顓頊〻〻生窮蟬〻〻生敬康
〻〻生句芒〻〻生蟜牛〻〻生瞽叟〻〻妻握登
見大虹意感而生舜於姚墟故姓姚氏此歷序三皇
之後至堯舜之前所以爲君也此既云黄帝即云堯舜
者略舉五帝之終始則少皡顓頊帝嚳在其間也通
其変使民不倦者叓久不変則民倦而窮今黄帝堯
舜之等以其叓久或窮故開通其変量時制器使民
用之日新不有懈倦也神而化之使民宜之者言所
以通其変者欲使神理微妙而変化之使民各得其
宜若黄帝已上衣鳥獸之皮其後人多獸少叓或窮
乏故以絲麻布帛而制衣裳是神而変化使民得宜

也易窮則變々則通々則久者此覆説上文通其變之變所以通其變者言易道若窮則須隨時改變所以須變者變則開通得久長故云通則久也是以自天祐之吉无不利者此明若能變通則无所不利故引易文證結變通之善上繫引此文者證明人事之信順此乃明易道之變通俱得天之祐故各引其文

黄帝堯舜至取諸乾坤自此已下凡有九事皆黄帝堯舜取易卦以制象此於九事之第一也何以連云堯舜者謂此九事黄帝制其初堯舜成其末事相連接共有九事之功故連云黄帝堯舜也案皇甫謐帝王世紀載此九事皆爲黄帝之功如所論則堯舜无事易繫何須連云堯舜則皇甫之言未可用也乘

衣裳者以前衣皮其制短少今衣絲麻布帛所作衣
裳其制長大故云垂衣裳也取諸乾坤者衣裳辨貴
賤乾坤則上下殊體故云取諸乾坤也

二

至取諸渙此九事之第二也舟必用大木刳鑿其中
故云刳木也剡木爲楫者楫必須纖長理當剡削故
曰剡木也取諸渙者渙散也渙卦之義取乘理以散
動也舟楫亦乘水以載運故取諸渙也

三

服牛乘馬
至取諸隨此九事之第三也隨者謂隨時之所宜也
今服用其牛乘駕其馬服牛以引重乘馬以致遠是
以人之所用各得其宜故取諸隨也

四

重門擊柝
至取諸豫此九事之第四也豫者取其豫有防備韓氏
以此九事皆以卦名而爲義者特以此豫文取備豫

之義其爻相合故其餘八爻皆以卦名解義蓋爲此
也斷木爲杵至取諸小過此九爻之第五也杵須
短木故斷木爲杵臼須鑿地故掘地爲臼取諸小過
以小爻之用過而濟物杵臼亦小爻過越而用以利
民故取諸小過也　弦木爲弧至取諸睽此九爻之
第六也案爾雅弧木弓也故云弦木爲弧取諸睽者
睽謂乖離弧矢所以服此乖離之人故取諸睽也案
弧矢杵臼服牛乘馬舟楫皆云之利此皆器物益人
故稱利也重門擊柝非如舟楫杵臼故不云利也變
稱禦暴客是亦利也垂衣裳不言利者此亦隨便立
稱故云天下治々亦利也此皆義便而言不可以一
例取也　上古穴居而野處至取諸大壯此九爻之

七

八

第七也已前不云上古已下三事或言上古或言古
与上不同者已前未造此器之前更无餘物之用非
是後物以賛前物故不云上古也此已下三事皆是
未造此物之前已更別有所用今將後用而代前用
欲明前用所有故本之云上古及古者案未有衣裳
之前則衣鳥獸之皮亦是已前有用不云上古者雖
云古者衣皮必不專衣皮也或衣草衣木事无定体
故不得称上古衣皮也若此穴居野処及結縄以治
唯專一事故可称上古由後物代之也取諸大壯者
以造制宮室壯大於穴居野処故取大壯之名也
古之葬者至取諸大過此九事之第八也不云上古
直云古之葬者若極遠者則云上古其次遠者則直

云古則厚衣之以薪葬之中野猶在穴居結繩之後故直云古也不封不樹者不積土爲墳是不封也不種樹以標其處是不樹也喪期无數者哀除則止无日月限數也後世聖人易之以棺槨者若禮記云有虞氏瓦棺未必用木爲棺也則禮記又云殷人之棺槨以前云槨无文也取諸大過者送終追遠欲其甚大過厚故取諸大過也案書稱堯崩百姓如喪考妣三載四海遏密八音則喪期无數在堯已前而棺槨自殷已後則夏已前棺槨未具也所以其文參差前後不齊者但此文舉大畧明前後相代之義不必確在一時故九事上從黃帝下稱堯舜連延不絕更相增脩也　上古結繩而治至取諸夬此明九事之終

九

也。夬者决也。造立書契、所以决断万事、故取諸夬也。
結縄者、鄭康成注云、事大大結其縄、事小小結其縄。
義或然也。　是故易者、至徳之盛也。　正義曰、此

三章

第三章、明陰陽二卦之体、及日月相推而成歳、聖人
用之安身崇徳、々之盛也。是故易者象也。但前章
皆取象以制器、以是之故、易卦者写万物之形象、故易
者象也。象也者像也。謂卦為万物象者、法像万物、者
猶若乾卦之象、法像於天也。彖者材也。者、謂卦下彖
辞者、論此卦之材徳也。爻也者、效天下之動者、謂毎
卦六爻、皆倣效天下之物、而発動也。吉凶生而悔吝
著者、動有細小疵病、故悔吝著也。陽卦多陰、々卦多
陽。其故何者、此夫子将釈陰陽二卦不同之意、故先

動有得失、故吉凶為生也
此九字在本なし

發其問云其故何也陽卦多陰謂震坎艮一陽而二
陰也陰卦多陽謂巽離兌一陰而二陽也陽卦奇陰
卦耦者陽卦則以奇爲君故一陽而二陰陽爲君陰
爲臣也陰卦則以耦爲君故二陽而一陰々爲君陽
爲臣也故注云陽卦二陰故奇爲之君陰卦二陽故
耦爲之主其德行何者前釈陰陽之体未知陰陽德
行之故々夫子將釈德行先自問之故云其德行何
也陽一君而二民君子之道者夫君以无爲統衆无
爲者爲每事因循委任臣下不司其事故稱一也臣
則有事代終各司其職有職則有對故稱二也今陽
爻以一爲君以二爲民得其尊卑相正之道故爲君
子之道者也陰二君而一民小人之道者陰卦則以

今

三爲君是失其正以一爲臣乖反於理上下失序故
稱小人之道也易曰憧々往來朋從爾思者此明不
能无心感物便物來應乃憧々然役用思慮或來或
往然後朋從爾之所思若能虚寂以純一感物則不
須憧々往來朋自歸也此一之爲道得爲可尚結成
前文陽卦以一爲君是君子之道也注云天下之動
必歸乎一思以求朋未能一也一以感物不思而至
矣子曰天下何思何慮者言得一之道心既静寂何
假思慮也天下同歸而殊塗者言天下万事終則同
歸於一但初時殊異其塗路也一致而百慮者所致
雖一慮必有百言慮雖百種必歸於一致也塗雖殊異
亦同歸於至真也言多則不如少動則不如寂則天

下之叓何須思也何須慮也日往則月来至相推而
歳成者此言不須思慮任運往来自然明生自然歳
成也往者屈也来者信也者此覆明上日往則月来
寒往則暑来自然相感而生利之叓也往是去藏故
爲屈也来是施用故爲信也一屈一信遞相感動而
利生則上云明生歳成是利生也尺蠖之屈以求信
者覆明上往来相感屈信相須尺蠖之蟲初行必屈
者欲求在後之信也言信必須屈屈以求信是相須
也竜蛇之蟄以存身者言静以求動也蛟蛇初蟄是
静也以此存身是後動也言動必因静静而得動
亦動静相須也精義入神以致用者亦言先静而後
動此言人叓之用言聖人用精粹微妙之義入於神

化非然不動乃能致其所用精義入神是先靜也以
致用是後動也是動因靜而來利用安身以崇德者
此亦言人事也言欲利己之用先須安靜其身不須
役其思慮可以增崇其德言利用安身是靜也言崇
德是動也此亦先靜而後動動亦由靜而來也過此以
往未之或知也者言精義入神以致用利用安身以
崇德此二者皆人理之極過此二者以往則微妙不
可知故云未之或知也窮神知化化之盛者此言過
此二者以往之事若能過此以往則窮極微妙之神
曉知變化之道乃是聖人德之盛極也　注陽君
道至小人之道也　正義曰陽君道者陽是虛无爲
體純一不二君德亦然故云陽君道也陰臣道者陰

是形器各有質分不能純一臣職亦然故云脩臣道
也案經云民而注云臣者臣則民也經中對君故稱
民注意解脩故稱臣也　注利用之道至愈彰矣
正義曰云利用之道皆安其身而後動者言欲利
益所用先須自安其身々既得安然後舉動德乃益
崇若不先安身々有患害何能利益所用以崇德也
云精義由於入神以致其用者言精粹微妙之義由
入神寂然不動乃能致其用云利用由於安身以崇
德者言欲利益所用先須自安其身乃可以增崇其
四章
德也　易曰困于石至勿恒凶　正義曰此第四
凡九節
章凡有九節以上章先利用安身可以崇德若身自
一節
危辱何崇德之有故此章第一節引困之六三危辱

之爻以證之也困之六三履非其位欲上干於四々
自應初不納於己是困於九四之石也三又乘二々
是剛陽非己所乘是下向據於九二之蒺藜也六三
又无應是入其宮不見其妻死期將至所以凶也子
曰非所困而困焉者夫子既引易文又釋其義故云
子曰非所困而困謂九四若六三不往犯之非六三之所
困而六三彊往干之而取困焉名必辱者以向上而
進取故以邑名言之之名必辱也非所據而據焉者
謂九二也若六三能卑下九二則九二不爲其害是
非所據也今六三彊往陵之是非所據而據焉身必
危者下向安身之處故以身言之云身必危也　易
曰公用射隼于高墉至語成器而動者也以前章先

須安身可以崇德故此第二節論明先藏器於身得
時而動而有利也故引解之上六以證之三不應上
又以陰居陽此上六處解之極欲除其悖亂而去其
三也故云用射此六三之隼於下体高墉之上云自
上攻下合於順道故獲之无不利也子曰隼者禽也
者既引易文於上下以解之故言子曰也君子藏器
於身待時而動何不利之有者猶若射人持弓矢於
身此君子若包藏其器於身待時而動何不利之有似
此射隼之人也動而不括者言射隼之人訖持弓矢
隼可射之動而射之則不括結而有礙也猶若君子
藏善道於身待可動之時而興動亦不滯礙而括結
也語成器而後動者謂易之所說此者語論有見成
二節

之器而後與動也　子曰小人不恥不仁至滅趾无咎者此章第三節也明小人之道不能恒善若因懲誡而得福也此亦證前章安身之變故引易噬嗑初九以證之以初九居无位之地是受刑者以処卦初其過未深故屨校滅趾而无咎也　善不積不足以成名至何校滅耳凶此章第四節也明惡人爲惡之極以致凶也此結成前章不能安身之變故引噬嗑上九之義以證之上九処斷獄之終是罪之深極者故有何校滅耳之凶案第一第二節皆先引易文於上其後乃釈之此第三已下皆先豫張卦義於上然後引易於下以結之体例不同者蓋夫子隨義而言不爲例也　子曰危者安其位者也至繫于苞桑此

〔三節〕　〔四節〕

五章

第五節以上章有安身之事故此節恒須謹慎可以安
身故引否之九五以證之危者安其位者也言所以
令有傾危者由往前安樂於其位自以爲安不有畏
愼故致今日危也亡者保其存者所以今日滅亡者
由往前保有其存恒以爲存不有憂懼故今致滅亡
也亂者有其治者所以令有禍亂者由往前自恃有
其治理也謂恒以爲治不有憂慮故今致禍亂也是
故君子今雖獲安心恒不忘傾危之事國之雖存心
恒不忘滅亡之事政之雖治心恒不忘禍亂之事其
亡々々繫于苞桑者言心恒畏愼其將滅亡々々
々乃繫于苞桑之固也　子曰德薄而位尊至不
勝其任此第六節言不能安其身知小謀大而遇禍

也故引易鼎卦九四以證之鼎折足覆公餗其形渥
凶者處上体之下而又應初既承且施非己所堪故
有折足之凶既覆敗其美道災及其形以致渥凶也
言不勝其任者此夫子之言引易後以此結之其文
少故不云子曰也　子曰知幾其神乎至万夫之望

七節

者此第七節前章云精義入神故此章明知幾入神
之事故引豫之六二以證之云易曰介于石不終日
貞吉知幾其神乎者神道微妙寂然不測人若能豫
知事之幾微則能与其神道合會也君子上交不諂
下交不瀆者上謂道也下謂器也若聖人知幾窮理
冥於道絶於器故能上交不諂下交不瀆若於道不
冥而有求焉未能離於諂也於器不絶而有交焉未

能免於瀆也正无諂瀆知幾窮理者乎幾者動之微吉之先見者此釋幾之義也幾微也是已動之微動謂心動事動初動之時其理未著唯纖微而已若其已著之後則心事顯露不得為幾若未動之前又寂然頓无兼亦不得稱幾也幾是離无入有在有无之際故云動之微也若事著之後乃成為吉此幾在吉之先豫前已見故云吉之先見者也此直云吉不云凶者凶者凡豫前知幾皆向吉而背凶違凶而就吉无復有凶故特云吉也諸本或有凶字者其定本則无也君子見幾而作不俟終日者言君子既見事之幾微則須動作而應之不得待終其日言赴幾之速也易曰介于石不終日貞吉者此豫之六二辭也得位居

中故守介如石見幾則動不待終其一日也介如石
焉寧用終日斷可識矣者此夫子解釈此爻之辭既
守志耿介如石不動纔見幾微即知禍福何用終竟
其日當時則斷可識矣君子知微知彰者初見事幾
是知其微既見其幾逆知事之禍福是知其彰著也
知柔知剛。柔是変化之道既知初時之柔則逆者剛
知在後之剛言凡物之体従柔以至剛凡事之理従
微以至彰知幾之人既知其始又知其末是合於神
道故為下夫所瞻望也一万夫挙大略而言若知幾合
神則為天下之主何直只云万夫而已此知幾其神
八章
乎者也　子曰顔氏之子至元吉者此第八節上節
明其知幾是聖人之徳此節論賢人唯庶於幾虽未能

知幾故引顏氏之子以明之也其殆庶幾乎者言聖人知幾顏子亞聖未能知幾但近庶慕而已故云殆其殆庶幾乎又以殆爲辭有不善未嘗不知者若知幾之人本无不善以顏子未能知幾故有不善不近幾者有不善未嘗不自知也知之未嘗復行者以顏子近幾既知不善之事見過則改未嘗復更行之但顏子於幾理闇昧故有不善之事於形器顯著乃自覺悟所有不善未嘗復行以去幾既近尋能改悔故引復卦初九以明之也以復卦初九既在卦初則能復於陽道是速而不遠則能復也所以无大悔而有元吉也

九節

天地絪縕至勿恒凶此第九節也以前章於幾之人既有不善不能自知於惡此顏子以其近

利用安身以崇德也安身之道在於得一若已能得一則可以安身故此節明得一之事也天地絪縕万物化醇者絪縕相附著之義言天地无心自然得一唯二氣絪縕共相和會万物感之変化而精醇也天地若有心爲二則不能使万物化醇也男女構精万物化生者構合也言男女陰陽相感任其自然得一之性故合其精則万物化生也若男女无自然之性而各懷差二則万物不化生也　易曰三人行則損一人〻〻行則得其友者此損卦六三辞也言六三若更与二人同往承上則上所不納是三人俱行并六三不相納是則損一人也若六三独行則上所容受故云一人行則得其友此言衆不如寡三不及一

也言致一也者此夫子釈此文之意謂此文所論致其
醇一也故一人独行乃得其友也子曰君子安其身
而後動者此明致一之道致一者在身之謂若己之
爲得則万事得若己之爲失則万事失也欲行於天
下先在其身之一故先須安静其身而後動和易其
心而後語先以心選定其交而後求若其不然則傷
之者至矣易曰莫益之或撃之立心勿恒凶者此益
之上九爻辞在无位高亢独唱无和是莫益之亢
怒雖把是或撃之也勿无也由己建立其心无能有
恒故凶危也易之此言若虚己存誠則衆之所与躁
以有求則物之所不与也　子曰乾坤其易至失
得之報　○正義曰此第五章也前章明安身崇德之

五章

逆在於知幾得一也此明易之体用辞理遠大可以
濟民之行以明失得之報也子曰乾坤其易之门邪
者易之変化従乾坤而起猶人之與動従门而出故
乾坤是易之门邪乾陽物也坤陰物也陰陽合徳而
剛柔有体者若陰陽不合則剛柔之体无従而生以
陰陽相合乃生万物或剛或柔各有其体陽多為柔
陰剛也以体天地之撰者撰數也天地之内万物之
象非剛則柔或以剛柔体象天地之數也以通神明之
德者万物変化或生或成是神明之徳易則象其変
化之理是其易能通達神明之徳也其称名也雜而
不越者易之其称万物之名万变論説故辞理雜碎
各有倫叙而不相乖越易之大辞多載細小之物若

見豕負塗之屬是雜碎也辞雖雜碎各依爻卦所宜
而言之是不相踰越也於稽其類其衰世之意邪者
稽考也類謂事類然考校易辞事類多有悔吝憂虞
故云衰亂之世所陳情意也若盛德之時物皆遂性
人悉懽娛无累於吉凶不憂於禍害今易所論則有
亢龍有悔或稱龍戰于野或稱箕子明夷或稱不如
西鄰之禴祭此皆論戰爭盛衰之理故云衰意也凡
云邪者是疑而不定之辞也夫易彰往而察來者往
事必載是彰往也來事豫占是察來也而微顯闡幽
者闡明也謂微而之顯幽而闡明也言易之所說論
其初微之事以至其終末顯著也論其初時幽闇次
至終末闡明也皆從微以至顯從幽以至明觀其易

辭是微而幽闇也演其義理則顯見著明也以体言之則云微顯也以理言之則云闡幽其義一也但以体以理故別言之開而當名者謂開釋爻卦之義使各當所象之名若乾卦當龍坤卦當馬辨物正言者謂辨天下之物各以類正定言之若辨健物正言其龍若辨順物正言其馬是辨物正言也斷辭則備矣者言開而當名及辨物正言凡此二事決斷於爻卦之辭則備具矣其稱名也小者言易辭所稱物名多細小若見豕負塗噬腊肉之屬是其辭碎小也其取類也大者言雖是小物而比喻大事是所取義類而廣大也其旨遠者近道此事遠明彼事是其旨意深遠若龍戰于野近言龍戰乃遠明陰陽鬬爭聖人變革

睽上九睽孤見豕負塗
噬嗑六三噬腊肉

是其旨遠也其辭文者不直言所論之事乃以義理明之是其辭文飾也若黃裳元吉不直言得中居職乃云黃裳是其辭文也其言曲而中者變化无恒不可爲体例其言随物屈曲而各中其理也其事肆而隱隱者其易之所載之事其辭放肆顯露而所論義理深而幽隱也因貳以濟民行者貳二也謂吉凶二理言易因自然吉凶二理以濟民之行也欲令取吉而避凶行善而不行惡也以明失得之報者言易明人行失之與得所報應也失則報之以凶得則報之以吉是明失得之報也　易之興至巽以行權　正義曰此第六章明所以作易爲其憂患故作易既有憂患須脩德以避患故明九卦爲德之所用也其於

中古乎者謂易之爻卦之辭起於中古若易之爻卦之象則在上古伏犧之時但其時理尚質素聖道凝寂直觀其象足以垂教矣但中古之時事漸澆浮非象可以爲教又須繫以文辭示其變動吉凶故爻卦之辭起於中古則連山起於神農歸藏起於黃帝周易起於文王及周公也此之所論謂周易也作易者其有憂患乎者若无憂患何思何慮不須營作今既作易故知有憂患也身既患憂須垂法以示於後以防憂患之事故繫之以文辭明其失得与吉凶也其作易憂患已於初卷詳之也是故履德之基者以爲憂患行德爲本也六十四卦悉爲脩德防患之事但於此九卦最是脩德之甚故特舉以言焉以防憂患

之事故履卦爲德之初基欲爲德之時先須履踐其
禮敬事於上故履爲德之初基也謙德之柄也者言
爲德之時以謙爲用若行德不用謙則德不施用是
謙爲德之柄猶斧刃以柯柄爲用也復德之本者言
爲德之時先從靜默而來復是靜默故爲德之根本也
恒德之固者言爲德之時恒能執守始終不變則德
之堅固故爲德之固也損德之脩者行德之時恒自
降損則其德自益而增新故云損德之脩也謙者論
其退下於人損者能自減損於己故謙損別言也益
德之裕者裕寬大也能以利益於物則德更寬大也
困德之辨者若遭困之時守操不移德乃可分辨也
井德之地者改邑不改井井是所居之常處能守處不

移是德之地也言德亦不移動也巽德之制者巽申明號令以示法制故能與德為制度也自此已上明九卦各與德為用也履和而至者自此已下明九卦之德也言履卦與物和諧而守其能至故可履踐也謙尊而光者以能謙卑故其德益尊而光明也復小而辨於物者言復卦於初細微小之時即能辨於物之吉凶不遠速復也恒雜而不厭者言恒卦雖與物辨碎並居而常執守其操不被物之厭薄也損先難而後易者先自減損是先難也後乃无患是後易也益長裕而不設者益是增益於物能長養寬裕於物皆因物性自然而長養不空虛妄設其法而无益也困窮而通者言困卦於困窮之時而於守節使道通

行而不屈也井居其所而遷者言井卦居得其所恒
住不移而能遷其潤澤施惠於外也巽称而隠者言
巽称揚號令而不自彰伐而幽隠也自此已上辨九
卦性徳也自此已下論九卦各有施用
而有利益也言履以礼敬事於人是調和性行也謙
以制礼者性能謙順可以裁制於礼復以自知者既
能反覆求身則自知得失也恒以一徳者恒能終始
不移是純一其徳也損以遠害者自降損脩身无物
害己故害遠也益以興利者既能益物〻亦益己故
興利也困以寡怨者遇困守節不移不怨天不尤人
是无怨於物故寡怨也井以辨義者井能施而无私
則是義之方所故辨明於義也巽以行權者巽順也

七章

既能順時合宜故可以行權也若不順時制変不可
以行權也　易云爲書至思過半矣　正義曰此
第七章明易書体用也不可遠者言易書之体皆倣
法陰陽擬議而動不可遠離陰陽物象而妄爲也其
爲道也屢遷者屢數也言易之爲道皆法象陰陽數
々遷改若乾之初九則潛竜九二則見竜是屢遷也
変動不居者言陰陽六爻更互変動不恒居
一体也若一陽生爲復二陽生爲臨之属是也周流
六虚者言陰陽周徧流動在六位之虚六位言虚者
位本无体因爻始見故稱虚也上下无常者初居一
位又居二位是上无常也既窮上位之極又下來定
居於初是上下无常定也若九月剝卦一陽上極也

十一月一陽下來皈初也剛柔相易不可爲典要者
言陰陽六爻兩相交易或以陰易陽或以陽易陰或
在初位相易或在二位相易六位錯綜上下所易皆
不同是不可爲典常要會也唯變所適者言剛柔相
易之時既无定准唯隨應變之時所之適也其出入
以度者出入猶行藏也言行藏各有其度不可違失
於時故韓氏云豐以幽隱致凶明夷以处昧利貞是
出入有度也外内使知懼者外内猶隱顯言欲隱顯
之人使知畏懼於易也若不應隱而隱不應顯而顯
必有凶咎使知畏懼凶咎而不爲也又明於憂患与
故者故事故也非但使人隱顯知懼又使人明曉於
憂患并与万事也无有師保如臨父母者言使人畏

懼此易，既行善道，不須有師保教訓，恒常恭敬，如父
母臨之，故云如臨父母也。初率其辭而揆其方者，率，
循也；揆，度也；方，義也。言人君若能初始依循其易之
文辭而揆度其易之義理，則能知易有典常也。故云
既有典常。易雖千変万化，不可爲典要，然循其辭度
其義，原尋其初，要結其終，皆唯変所適，是其常典也。
言唯変是常，既以変爲常，其就変之中，剛之與柔相
易，仍不常也，故上云不可爲典要也。苟非其人，道不
虛行者，言若聖人則能循其文辭，揆其義理，知其典
常，是易道得行也。若苟非通聖之人，不曉達易之道理，
則易之道不虛空得行也。言有人則易道行，若无人
則易道不行，无人而行，是虛行也。必不如此，故云道

私云常爲常典也

不虚行也易云爲書原始要終以爲質也此以下亦明易辭体用尋其辭則吉凶可以知也原始要終以爲質者質体也言易之爲書原窮其事之初始乾初九潛竜勿用是原始也又要會其事之終末若上九亢竜有悔是要終也言易以原始要終以爲体質也此潛竜亢竜是一卦之始終也諸卦亦然若大畜初畜而後通皆是也亦有一爻之中原始要終也故坤卦之初六履霜堅氷至履霜是原始也堅氷至是要終也六爻相雜唯其時物者物事也一卦之中六爻交相雜錯唯各會其時唯各主其事若屯卦初九磐桓利居貞是居貞之時有居貞之事六二屯如邅如是乗陽屯邅之時是有屯邅之事也略挙二爻餘爻倣此也其初難

知者謂卦之初始起於微細始擬議其端緒事未顯
著故難知也其上易知者其上謂卦之上爻事已終
極成敗已見故易知也上云其上則其初宜云下也
初既言初則上應稱末互文也以易經爻辭言初言
上故此從經文也本末也者其初難知是本也其上
易知是末也以事本故難知以事末故易知故云本
末也初辭擬之者覆釋其初難知也以初時以辭擬
議其始故難知也卒成之終者覆釋其上易知也言
上是事之卒了而成就終竟故易知也若夫雜物撰
德辯是與非則非其中爻不備者言雜聚天下之物
撰數衆人之德辯定是之與非則非其中之一爻不
能備具也謂一卦之内而有六爻各主其物各數其

位故欲辨定此六爻之是非則摠攝於中爻言中爻
統攝一卦之義多也若非中爻則各守一爻不能尽統
卦義以中爻居一无偏故能統卦義也猶乾之九二見
竜在田利見大人九五飛竜在天利見大人是摠摂
乾卦之義也乾是陽長是行利見大人之時二之与
五統攝乾位又坤之六二之直方大摂坤卦地道之
義六五黄裳元吉亦統攝坤之臣道之義也噫亦要
存亡吉凶則居可知矣者噫者發竜之辞卦爻雖冗
竜義必在其中爻噫乎發歎要定或此卦存之与亡
吉之与凶但觀其中爻則居然可知矣謂平居自知
不須営為也知者觀其彖辞則思过半矣者彖辞謂
文王卦下之辞言聡明知達之士觀此卦下彖辞則能

思慮有益以過半矣　注夫彖者至不宜乎　正
義曰云夫彖者舉立象之統者謂文王卦下彖辭舉
明立此卦象之綱統也云論中爻之義者言彖辭論
量此卦中爻義意也舉立象之統者若屯卦彖云利
貞夫子釋云動於險中大亨貞者是舉立象之統也
論中爻之義者若蒙卦云蒙亨初筮告注云剛爲初
噬其唯二乎是彖之初筮其在九二是論中爻之義
也云約以存博簡以兼衆者唯舉中爻是約是簡存
備六爻之義是存博也兼衆也云雜物撰德而一以貫之
者一卦六爻雜聚諸物撰數諸德而用一道以貫穿
之一帽中爻也以其居中於上於下无有偏二故稱
上也其爻彌繁則愈滯乎彌者愈益也滯帽陷滯也

若爻勢弥更繁多則轉益滯陷於形体言処々妨礙
也云其理弥約則轉近乎道者若理既簡約則轉々
附近於道々以約少无爲之称故少則近於道也

八章

○二与四至易之道也　正義曰此第八章也明諸卦
二三四五爻之功用又明三才之道并明易興之時
惣賛明易道之大也各随文釈之柔之爲道不利遠者
者此覆釈上四多懼之意凡陰柔爲道須親附於人
以得濟今乃遠其親援而欲上逼於君所以多懼其
不宜利於踈遠也其要无咎其用柔中者覆釈上二
多誉也言二所以多誉者言二所以要會无罪咎而多誉也所
以然者以其用柔而居中也貴賤之等其柔危其剛勝耶
者此釈三与五同功之義五爲貴三爲賤是貴賤之等也

此並陽位若陰柔處之則傾危陽剛處之則尅勝其任故云其柔危其剛勝也猶本三多凶五多功之下皆有注今定本无也三居下卦之極故多凶五居中處尊故多功也易之爲書至吉凶生焉此節明二材之義六爻相雜之理也六者非他三材之道也者言六爻所效法者非更別有儀義唯三材之道也道有變動故曰爻者言三材之道既有變化而移動故重畫以象之而曰爻也爻有等故曰物者物類也言爻有陰陽貴賤等級以象万物之類故謂之物也物相雜故曰文者言万物遞相錯雜若玄黃相間故謂之文也文不當故吉凶生焉者若相與聚居間雜成文不相妨害則吉凶不生也由文之不當相與聚居

不當於理故吉凶也易之興也至易之道也此一生
節明易之興起在紂之末世故其辭多憂其傾危也
以當紂世憂畏滅亡故作易辭多述憂危之事亦以
垂法於後使保身危懼避其患難也周氏云謂當紂
時不敢指斥紂惡故其辭微危而不正也今案康伯
之注云文王与紂之事危其辭也則似周氏為得也
案下云危者使平則似危謂憂危是非既未可明
所以两存其義也危者既有傾危以蒙大難文王有
天下是危者使平也易者使傾者若其慢易不循易
道者則便之傾覆若紂為凶惡以至誅滅也其道甚
大百物不廢者言易道功用甚大百種之物賴之不
有休廢也懼以終始者言恒自憂懼於終始自於始

九章

思終能於思始也其要无咎者若能始終皆懼要會終
歸於无咎也此之謂易之道者言易之爲道若能終
始之懼則无凶咎此謂易之所用之道其大体如此也
○夫乾天下至其辭屈　正義曰此第九章自此已
下終篇末揔明易道之美兼明易道愛惡相攻情僞
相感吉凶悔吝由此而生人情不等制辭各異也德
行恒易以知險者謂乾之德行恒易略不有艱難以
此之故知險之所由若不有易略則爲險也故行
易以知險也德行恒簡以知阻者言坤之德行恒爲
簡靜不有煩亂以此之故知阻之所興也若不簡則
爲阻難故行簡靜以知阻也大難曰險乾以剛健故
知其大難小難曰阻坤以柔順故知其小難知大難

曰險者案坎卦彖云天險不可升地險山川丘陵言
險不云阻故知險爲大難險既爲大明阻爲小也能說
諸心者萬物之心皆患險阻今以險阻逆告於人則
萬物之心无不喜說故曰能說諸心也能研諸侯之
慮者研精也諸侯既有爲於萬物育養萬物使令得
所易既能說諸物之心則能精妙諸侯之慮謂諸侯
以此易之道思慮諸物轉益精粹故云研諸侯之慮
也定天下之吉凶者言易道備載諸物得失依之則
吉逆之則凶是易能定天下之吉凶也成天下之亹
亹者亹亹勉也天下有所營爲留勉亹亹不息者依此
易道則所爲得成故云成天下之亹亹也是故變化
云爲者易既備含諸爻以是之故物之或以漸變改

或煩從化易或口之所云或身之所爲也吉事有祥者若行吉事則有嘉祥之應也象事知器者觀其所象之事則知作器物之方也占事知來者言卜占之事則知未來之驗也言易之爲道有此諸德也天地設位者言聖人乘天地之正設貴賤之位也聖人成能者聖人因天地所生之性各成其能令皆得所也人謀鬼謀百姓與能者謂聖人欲舉事之時先與人衆謀圖以定得失又卜筮於鬼神以考其吉凶是與鬼爲謀也聖人既先與人謀鬼謀不煩思慮與探射自然能類万物之情能通幽深之理是其能也則天下百姓親與能人樂推爲主也自此已上論易道之大聖人法之而行自此已下又明卦爻剛柔變動

情僞相感之事也剛柔雜居而吉凶可見矣者剛柔
二爻相雜而居得理則吉失理則凶故吉凶可見也
変動以利言者若不変不動則於物有損有害今変
而動之使利益於物是変動以利而言説也吉凶以
情遷者遷謂遷移凡得吉者由情遷移於善也所得
凶者由情遷於悪也是故愛悪相攻而吉凶生者若
泯然无心事无得失何吉凶之有由有所貪愛有所
憎悪兩相攻撃或愛攻於悪或悪攻於愛或兩相攻攻
撃事有得失故吉凶生也遠近相取而悔吝生者遠
謂兩卦上下相應之類近謂比爻共聚迭相資取取
之不以理故悔吝生也情僞相感而利害生者情謂
實情僞謂虛僞虛實相感若以實情相感則利生若

以虛僞相感則害生也凡易之情近而不相得則凶
者近謂兩爻相近而不相得又各无外應則致凶咎
若各有應雖近不相得不必皆凶也或害之悔且吝
者言若能弘通不偏對於物盡竭順道物豈害之今
既有心於物情意二三其外物則或欲害之則有凶
禍假令自能免濟猶有悔及吝也故云或害之悔且
吝也將叛者其辭慙者此已下說人情不同其辭各
異將欲違叛已者貌雖相親辭不以實故其辭慙也
中心疑者其辭枝者枝謂樹枝也中心於事疑惑則
其心不定其辭分散若樹枝也吉人之辭寡者以其
吉善辭直故辭寡也躁人之辭多者以其煩躁故其
辭多也誣善之人其辭游者游謂浮游誣罔善人其

辭虛漫故言其辭浮也失其守其辭屈者居不值游時失其所守之志故其辭屈撓不能申也凡此辭者皆論易經之中有此六種之辭謂作易之人述此六人之意各準望其意而制其辭也

周易正義卷第十三

周易正義卷第十四

国子祭酒上護軍曲阜縣開国子臣孔穎達奉　勅撰

周易説卦第九　　正義曰説卦者陳説八卦之徳業変化及法象所爲也孔子以伏犧畫八卦後重爲六十四卦八卦爲六十四卦之本前繋辞中畧明八卦小成引而伸之觸類而長之天下之能事畢矣又曰八卦成列象在其中矣因而重之爻在其中矣又云古者包犧氏之王天下也仰則觀象於天俯則觀法於地觀鳥獸之文与地之宜近取諸身遠取諸物於是始作八卦以通神明之徳以類万物之情然引而伸之重三成六之意猶自未明仰觀俯察近身遠物之象亦爲未見故孔子於此更備説重卦之由及

八卦所名之彖故謂之說卦焉先儒以孔子十翼之次乾坤文言在二繫之後說卦之前以彖附上下二經爲六卷則上繫第七下繫第八文言第九說卦第十輔嗣以文言分附乾坤二卦故說卦爲第九

以彖象不附於注六卷

昔者聖人至以至於命　正義曰此一節將明聖人引伸因重卦之意故先叙聖人本制蓍數卦爻備明天道人事妙極之理攸令而稱上世謂之昔者也聰明叡知謂之聖人此聖人即伏犧也不言伏犧而云聖人者明以聖知而制作也且下繫已云包犧氏之王天下也於是始作八卦今言作易明是伏犧非文王等凡言作者皆本其事之所由故云昔者聖人之作易也聖人作易其作如何以此聖知深明神明之道

而生用蓍求卦之法故曰幽贊於神明而生蓍也倚
立也既用蓍求卦其揲蓍所得取奇數於天取耦數
於地而立七八九六之數故曰參天兩地而倚數也
言其作易聖人本觀察變化之道象於天地陰陽而
立乾坤等卦故曰觀變於陰陽而立卦也既觀象立
卦又就卦發動揮散於剛柔兩畫而生變動之爻故
曰發揮於剛柔而生爻也蓍數既生爻卦又立易道
周備无理不盡聖人用之上以和協順成聖人之道
德下以治理斷割人倫之正義又能窮極万物深妙
之理究盡生靈所禀之性物理既窮生性又盡至於
一期所賦之命莫不窮其短長定其吉凶故曰和順
於道德而理於義窮理盡性以至於命也　○注幽深

至而然也　正義曰幽者隱而難見故訓為深也贊者佐而助成而令微者得著故訓為明也蓍受命如嚮不知所以然而然者欲聖人所以深明神明之道便能生用蓍之意以神道與用蓍相協之故也神之為道陰陽不測妙而无方生成変化不知所以然而然者也蓍則受人命令告人吉凶應人如嚮亦不知所以然而然與神道為一故繫辭云蓍之德圓而神其受命如嚮亦繫辭文也　注參奇至陰数　正義曰先儒馬融王肅等解此皆依繫辭云天數五地數五五位相得而各有合以為五位相合以陰從陽天得三合謂一三與五也地得兩合謂二與四也鄭玄亦云天地之数備於十乃三之以天兩之以地而

倚託大演之數五六也必三之以天兩之以地者天
三覆地二載欲極於數度得吉凶之審也其意皆以
繫辞所云大演之數五十其用四十有九明用蓍之
數下云天數五地數五々位相得而各有合天地之
數五十有五以爲大演即天地之數又此上言幽賛
於神明而生蓍便云参天兩地而倚數験文準義故
知如此韓康伯注繫辞云大演之數五十用王輔嗣
意云易之所頼者五十其用四十有九則其一不用
也不用而用以之通非數而數以之成斯与不用本
不合數故五十也以大衍五十非即天地之數故不
幽賛於神明而観変於陰陽
用馬融鄭玄等説並此倚數生數在生蓍之後立卦
之前明用蓍得數而布以爲卦故以七八九六當之

七九爲奇天數也六八爲耦地數也故取奇於天取
耦於地而立七八九六之數也何以參兩爲目奇耦
者蓋古之奇耦亦以三兩言之且以兩是耦數之始
三是奇數之初故也不以一目奇者張氏云以三中
含兩有一以包兩之義明天有包地之德陽有包陰
之道故天舉其多地言其少也　注卦象也至陰
陽　正義曰卦則雷風相薄山澤通氣擬象陰陽變
化之体若此言六十四卦非小成之八卦也伏犧初
畫八卦以震象雷以巽象風以艮象山以兌象澤八
卦未重則雷風各異山澤不通於陰陽變化之理未
爲周備故此下云八卦相錯數往者順知來者逆注
云八卦相錯變化理備於往則順而知之於來則逆

而數之是也知非八卦者先儒皆以繫辭論用蓍之
法云四營而成易十有八變而成卦者謂用蓍三扐
而布一爻則十有八變為六爻也然則用蓍在六爻
之後非三畫之時蓋伏犧之初直仰觀俯察用陰陽
兩爻而畫八卦後因而重之為六十四卦然後天地
變化人事吉凶莫不周備縕在爻卦之中矣文王又於
爻卦之下繫之以辭明其爻卦之中吉凶之義蓍是
數也傳稱物生而後有象象而後有滋滋而後有數
然則數從象生故可用數求象於是幽贊於神明而
生蓍用蓍之法求取卦爻以定吉凶繫辭曰天生神
物聖人則之无有遠近幽深遂知來物是也繫辭言
伏犧作易之初不假用蓍成卦故直言仰觀俯察此

則論其既重之後端策布爻故先言生蓍後言立卦
非是聖人幽贊元在觀變之前　注命者至其極
也　正義曰命者人所稟受有其定分從生至終
有長短之極故曰命者生之極也此所賦命乃自然
之至理故窮理則盡其極也　○昔者至成章　○正
義曰此一節就爻位明重爻之意八卦小成但有三
畫於三才之道陰陽未備所以重三爲六然後周盡
故云昔者聖人之作易也將以順性命之理者本
意將此易卦以順從天地生成万物性命之理也其
天地生成万物之理須在陰陽必備是以造化闢設
之時其立天之道有二種之氣曰成物之陰與施生
之陽也其立地之道有二種之形曰順承之柔與持

載之剛也天地既立人生其間立人之道有二種
性曰愛惠之仁与斷割之義也既兼備三才之道而
皆兩之作易本順此道理須六畫成卦故作易者因
而重之便六畫而成卦也六畫所处有其六位分二
四為陰位三五為陽位迭用六八之柔爻七九之剛
爻而来居之故作易者分布六位而成爻卦之文章
也　注或有至其終也　正義曰在形而言陰陽
者即坤象辭云履霜堅氷至陰始凝是也在氣而言柔
剛者即尚書云高明柔克及左傳云天為剛德是也
○注二四為陰三五為陽　正義曰王輔嗣以為初
上无陰陽定位此注用王之說也　○天地至逆數
也　正義曰此一節就卦象明重卦之意易以乾坤

象天地艮兌象山澤震巽象雷風坎離象水火若使天地不交水火異処則庶類无生成之用品物无変化之理所以因而重之令八卦相錯則天地人事莫不備矣故云天地定位而合德山澤異体而通氣雷風各動而相薄水火不相入而相資既八卦之用変化如此故聖人重卦令八卦相錯乾坤震巽坎離艮兌莫不交在而相重以象天地雷風水火山澤莫不交錯則易之爻卦与天地等成性命之理吉凶之數既往之事將來之幾備在爻卦之中矣故易之爲用人欲數知既往之事者易則順後而知之人欲數知將來之事者易則逆前而數之是故聖人用此易道以逆數知來事也

注作易至民用　正義曰易

雖備知来往之事莫不假象知之故聖人作易以逆
覩来事也以前民用者昔白事在其民用之前此繫
辞文引之以澄逆數来事也　○雷以至藏之　正
義曰此一節總明八卦養物之功烜乾也上四舉象
下四舉卦者王肃云在相備也明雷風与震巽同用
乾坤与天地通功也　○帝出至乎艮　正義曰康
伯於此无注然益卦六二王用享于帝吉王輔嗣注
云帝者生物之主興益之宗出震而齊巽者也王之
注意正引此文則輔嗣之意以此帝爲天帝也帝者
出万物則在乎震絜齊万物則在乎巽令之万物相見
則在乎離致役以養万物則在乎坤說万物而可言
者則在乎兌陰陽相戰則在乎乾受納万物勤勞則乎

在乎坎能成万物而可定則在乎艮也万物出乎震
々東方者解上帝出乎震以震是東方之卦斗柄指
東爲春々時万物出生也齊乎巽々東南也齊也者
言万物之絜齊也解上齊乎巽以巽是東南之卦斗
柄指東南之時万物皆絜齊也離也者明也万物皆
相見南方之卦也聖人南面而聽天下嚮明而治蓋
取諸離也者解上相見乎離因明聖人法離之叓以
離爲象日之卦故爲明也日出而万物皆相見也又
位在南方故聖人法南面而聽天下嚮明而治也故
云蓋取諸此也坤也者地也万物皆致養焉故曰致
役乎坤者解上致役乎坤以坤是象地之卦地能生
養万物是有象役故云致役乎坤鄭云坤不言方其

者所言地之養物不專一也兌正秋也万物之所説
也故曰説言乎兌者辭上説言乎兌以兌是象澤之
卦説万物者莫説乎澤又位是西方之卦斗柄指西
是正秋八月也正秋而万物皆説成也戰乎乾々西
此之卦也言陰陽相薄也者辭上戰乎乾以乾是西
北方之卦西北是陰地乾是純陽而居之是陰陽相
薄之象也故曰戰乎乾坎者水也正北方之卦也労
卦也万物之所歸也故曰労乎坎者辭上労乎坎以坎
是象水之卦水行不舍晝夜所以爲労卦又是正北
方之卦斗柄指北於時爲冬々時万物閉藏納受爲
労是坎爲労卦也艮東北之卦也万物之所成終而
所成始也故曰成言乎艮者辭上成言乎艮也以艮是東

止方止之卦也東北在寅丑之間丑爲前歲之末寅爲後歲之初則是万物之所成終而所成始也　○神也至成万物也　正義曰此一節別明八卦生成之用八卦運動万物變化應時不失无所不成莫有使之然者而求其真宰无有遠近了无晦跡不知所以然而然況之曰神也然則神也者非物妙万物而爲言者神既範圍天地故此之下不復別言乾坤直擧六子以明神之功用故曰皷動万物者莫疾乎震々象雷也撓散万物者莫疾乎巽々象風也乾燥万物者莫熯乎離々象火也說万物者莫說乎兌々象澤也潤溫万物者莫潤乎坎々象水也終万物始万物者莫盛乎艮々東北方之卦也故水火雖不相入而相逮及雷

風雖相薄而不相悖逆山澤雖相懸而能通氣然後能行変化而尽成万物也艮不言山独挙卦名動撓燥潤之功是雷風水火至於終始万物於山義為微故言艮而不言山也上章言水火不相入此言水火相逮者既不相入又不相及則无成物之功明性雖不相入而気相逮及也上言雷風相薄此言不相悖者二象倶動々若相薄而相悖逆則相傷害亦无相成物之功明雖相薄而不相逆也

乾健也至兊説也

正義曰此一節説八卦名訓乾象天々体運転不息故為健也坤象地々順承於天故為順也震動也震象雷々奮動万物故為動也巽入也巽象風々行无所不入故為入也坎陥也坎象水々処険

故為陥也離為麗也離象火々必著於物故為麗也艮止也艮象山々体靜止故為止兌説也兌象澤々潤万物故為説也

○乾為馬至為羊　正義曰此一節説八卦畜獸之象畧明遠取諸物也乾象天々行健故為馬也坤象地任重而順故為牛也震為竜震動象竜々動物故為竜也巽為雞巽主號令雞能知時故為雞也坎為豕坎主水瀆豕処汚湿故為豕也離為雉離為文明雉有文章故為雉也艮為狗艮為靜止狗能善禁止外人故為狗也兌為羊兌説也王廙云羊者順從之畜故為羊也

○乾為首至兌為口　正義曰此一節説八卦人身之象畧明近取諸身也乾尊而在上故為首也坤為腹坤能包藏

含容故爲腹也震爲足足能動用故爲足也巽爲股々隨於足則巽順之謂故爲股也坎爲耳坎北方之卦主聽故爲耳也離爲目離南方之卦主視故爲目也艮爲手艮既爲止手亦能止持其物故爲手也兌爲口兌西方之卦主言語故爲口也　○乾天至少女

正義曰此一節說乾坤六子明父子之道王氏云索求也以乾坤爲父母而求其子也得父氣者爲男得母氣者爲女坤初求得乾氣爲震故曰長男坤二求得乾氣爲坎故曰中男坤三求得乾氣爲艮故曰少男乾初求得坤氣爲巽故曰長女乾二求得坤氣爲離故曰中女乾三求得坤氣爲兌故曰少女

○乾爲天至木果　正義曰此下歷就八卦廣明卦象

者也此一節廣明乾象乾既爲天天動運轉故爲圜
也爲君爲父取其尊首而爲万物之始也爲玉爲金
取其剛而清明也爲寒爲氷取其西北寒氷之地也
爲大赤取其盛陽之色也爲良馬取其行健之善也
爲老馬取其行健之久爲瘠馬取其行健之甚瘠馬
骨多也爲駮馬言此馬有牙如鋸能食虎豹爾雅云
倨（或作鋸）牙食虎豹此之謂也王廣云駮馬能食虎豹取其
至健也爲木果取其果實著木有似星之著天也
坤爲地至爲黑正義曰此一節廣明坤象坤既爲
地地受任生育故謂之爲母也爲布取其地廣載也
爲釜取其化生成熟也爲吝嗇取其地生物不轉移
也爲均取其地道平均也爲子母牛取其多蕃育而

順之也為大輿取其能載万物也為文取其万物之
色雜也為衆取其地載物非一也為柄取其生物之
本也其於地也為黒取其極陰之色也　震為雷
至蕃鮮　正義曰此一節廣明震象為玄黄取其相
雜而成蒼色也為尃取其春時氣至草木皆吐尃布
而生也為大塗取其万物之所生出也為長子如上
文稱震為長子為決躁取其剛動也為蒼筤竹竹初
生之時色蒼筤取其春生之美也為萑葦萑葦竹之
類也其於馬也為善鳴取其象雷造之遠聞也為馵
足馬後足白為馵取其動而見也為作足取其動而
行健也為的顙白額為的顙亦取動而見也其於稼
也為反生取其始生戴甲而出也其究為健究極也

極於震動則爲健也爲蕃鮮々明也取其春時草木蕃育而鮮明 巽爲木至躁卦 正義曰此一節廣明巽象巽爲木々可以輮曲直即巽順之謂也爲風取其陽在上搖木也爲長女如上釈巽爲長女也爲繩直取其號令齊物如繩之直木也爲上亦皆取繩直之類爲白取其風吹去塵故絜白也爲長取其風行之遠也爲高取其風性高遠又木生而上也爲進退取其風之性前却其物進退之義也爲不果取其風性前却不能果敢決斷亦皆進退之義也爲臭王肅作爲香臭也取其風所發也又取下風之遠聞其於人也爲寡髮寡少也風落樹之花葉則在樹者稀疎如人之少髮亦類於此故爲寡髮也爲廣顙顙

輮　如九反

闊爲廣顙髮寡少之義故爲廣顙也爲多白眼取其躁人之眼其色多白也爲近利取其躁人之情多近於利也市三倍取其木生蕃盛於市則三倍之宜利也其究爲躁卦究極也取其風之勢極於躁急也

坎爲水至多心　正義曰此一節廣明坎象坎爲水取其北方之行也爲溝瀆取其水行无所不通也爲隱伏取大水藏地中也爲矯輮取使曲者直爲矯使直者曲爲輮水流曲直故爲矯輮也爲弓輪弓輪者激矢取如水激射也輪者運行如水行也其於人也爲加憂取其憂險難也爲心病憂其險難故心病也爲耳病坎爲勞卦也又北方主聽々勞則耳病也爲血卦取其人之有血猶地有水也爲赤亦取血之色

其於馬也爲美脊取其陽在中也爲亟心亟急也取其中堅固動也爲下首取其水流向下也爲薄蹄取其水流迫地而行也爲曳取其水磨地而行也其於輿也爲多眚取其表裏有陰力弱不能重載常憂災眚也爲通取其水行有孔穴也爲月取其月是水之精也爲盜取水行潛竊如盜賊也其於木也爲堅多心取剛在内也○離爲火至上槁　正義曰此一節廣明離象離爲火取南方之行也爲日取其日是火之精也爲電取其有明似火之類也爲中女如上釋離爲中女也爲甲冑取其剛在外也爲戈兵取其剛在於外以剛自捍也其於人也爲大腹取其懷陰氣也爲乾卦取其日所烜也爲鼈爲蟹爲蠃爲蚌爲龜皆

取剛在外也其於木也為科上槁科空也陰在内為空木既空中者上必枯槁也　○艮為山至多節

正義曰此一節廣明艮象艮為山取陰在於下為止陽在於上為高故艮象山也為徑路取其山雖高有澗道也為小石取其艮為山又為陽卦之小者故為小石也為門闕取其有徑路又崇高也為果蓏木實為果草實為蓏取其出於山谷之中也為閽寺取其禁止人也為指取其執止物也為狗為鼠取其皆止人家也為黔喙之屬取其山居之獸也其於木也為堅多節取其山之所生其堅勁故多節也　○兌為澤至為羊

正義曰此一節廣明兌象兌為澤取其陰卦之小地類卑也為小女如上釋兌為少女也為巫

五事白言ヿ東ヿ西
視ヿ南　聽ヿ北
思ヿ中
五字ニ配也

取其口舌之官也爲口舌取西方於五事爲言取口舌爲言語之具也爲毀折爲附決兌西方之卦又兌主秋也取秋物成熟槁稈之屬則毀折也果蓏之屬則附決也其於地也爲剛鹵取水澤所停則鹹鹵也爲妾取小女從姊爲娣也爲羊如上釋取其羊性順也

周易序卦第十　正義曰序卦者文王既繇六十四卦分爲上下二篇其先後之次其理不見故孔子就上下二經各序其相次之義故謂之序卦焉其周氏就序卦以六門往攝第一天道門第二人事門第三相因門第四相反門第五相須門第六相病門如乾之次坤泰之次否等是天道運數門也如訟必有

師々必有比等是人事門也如因小畜生履因履故通等是相因門也如遯極反壯動竟歸止等是相反門也如大有須謙蒙稚待養等是相須門也如賁盡到剝進極致傷等是相病門也韓康伯云序卦之所明非易之縕也蓋因卦之次託象以明義不取深縕之義故云非易之縕故以取其人理也今驗六十四卦二々相耦非覆即變覆者表裏視之遂成兩卦屯蒙需訟師比之類是也變者反覆唯成一卦則變以對之乾坤坎離大過頤中孚小過之類是也且聖人本定先後若元用孔子序卦之意則不應非覆即變然則康伯所云因卦之次託象以明義蓋不虛矣故不用周氏之義

○注屯剛至始生也

○正義曰丰

彖云屯剛柔始交而難生故爲物之始生也盧氏云物之始生故屯難皆以物之始生屯難之義業上言屯者盈也屯次乾坤其言已畢更言屯者物之始生者開說下物生必蒙直取始生之意非重屯之義也故韓康伯直引剛柔始交以屯物之始生也

○注順以至所隨　正義曰鄭玄云喜樂而出人則隨從孟子曰吾君不游吾何以休吾君不豫吾何以助此之謂也王肅云歡豫人必有隨々者皆以爲人君喜樂歡豫則以爲人所隨案豫卦彖云豫剛應而志行順以動豫々順以動故天地如之而況建侯行師乎天地以順動故日月不過而四時不忒聖人以順動則刑罰清而民服此上云有大而能謙必豫故

受之以豫其意以聖人順動能謙爲物所説所以爲
豫人既説豫自然隨之則謙順在君説豫在人也若
以人君喜樂游豫人則隨之紂作靡靡之樂長夜之
飲何爲天下離叛乎故韓康伯云順以動者衆之所
隨在於人君取致豫之義然後爲物所隨所以非斥
先儒也　注不養至則厚　正義曰鄭玄云以
養賢者宜過於厚王輔嗣注此卦云音相過之過韓
氏云養過則厚与鄭玄輔嗣義同唯王肅云過莫大
於不養則以爲過失之過案此序卦以大過次頤也
明所過在養子雅以爲過在不養違經反義莫此之
尤而周氏等不悟其非更以過失釋大過之名已是
論之於經也　注言感至遠矣　正義曰韓於此

一節注破先儒上經明天道下經明人事於咸卦之初已論之矣

周易雜卦第十一

正義曰上序卦依文王上下而次序之此雜卦孔子更以意錯雜而對辨其次第不與序卦同故韓康伯云雜卦者雜糅衆卦錯綜其義或以同相類或以異相明也虞氏云雜卦者雜六十四卦以為義其於序卦之外別言也此者聖人之興因時而作隨其事宜不必皆相因襲當有損益之意也故歸藏名卦之次亦多異於時王道踳駮聖人之意或欲錯綜以濟之故次序卦以其雜也

周易正義卷第十四

一所以然，先儒上經明天道，下經明人事，於[illegible]

初已論之矣。

周易雜卦第十一

正義曰：上序卦依文王上下而次序之，此雜卦孔子

更以意錯雜而對辨其次第，不依序卦之次[illegible]

注雜卦者，雜糅衆卦，錯綜其義，或以同相類，或以異

相明也。虞氏云：雜卦者，雜六十四卦以為義，其於序卦

之外別言也。昔者聖人之興，因時而作，隨其時宜，

不必皆相因襲，當有損益之意也。故歸藏名卦之次，

亦多異於時王之道，雜聖人之意，或欲錯綜以濟之，

故次序卦以其雜也。

周易正義卷第十四

周易要事記

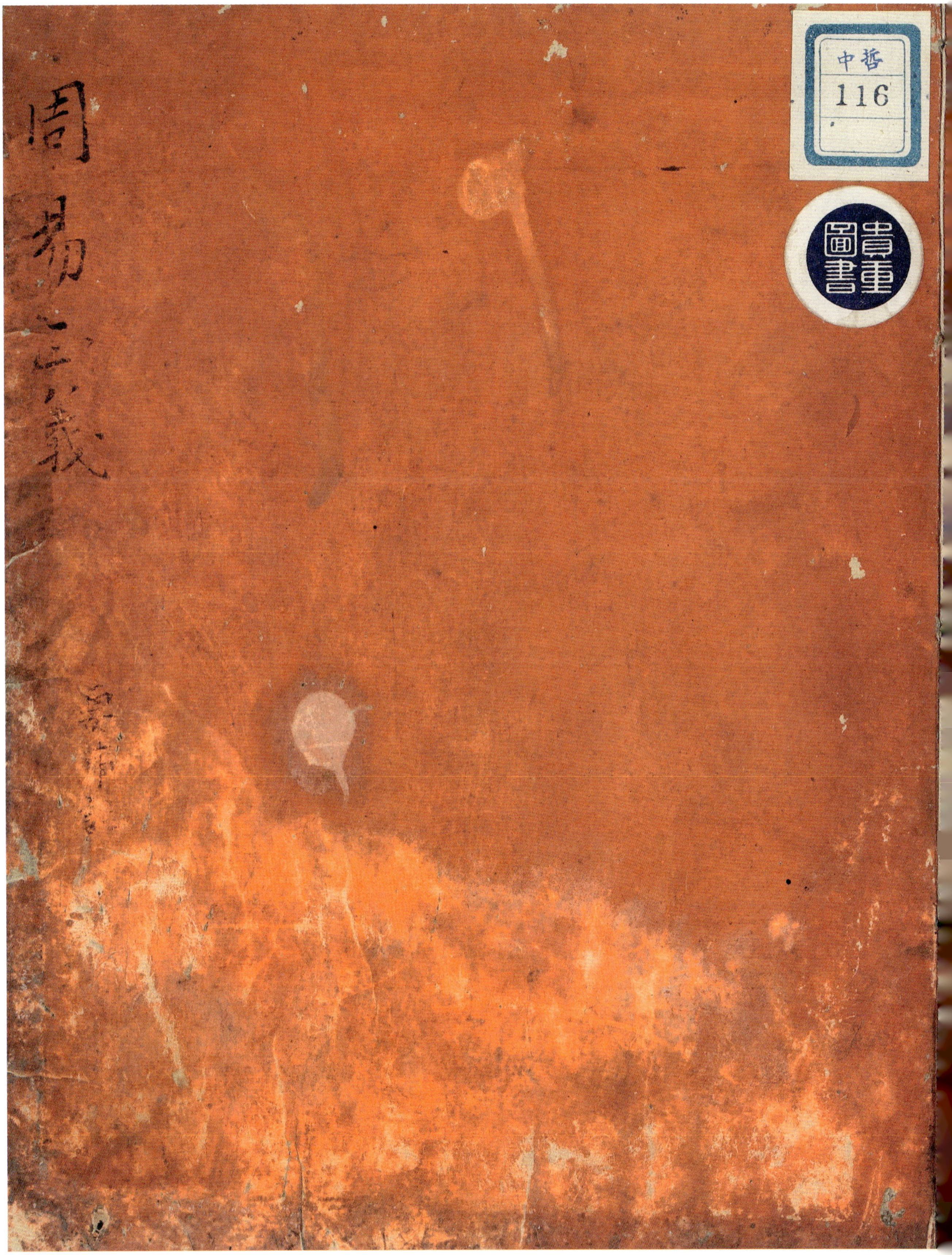
中哲
116
貴重圖書

關書傳授記

一　傳授式　關書有三古九靈之秘書也不可授[illegible]

欲受學之先須齋戒正心身除不義[illegible]眼身[illegible]學

習之者[illegible]但天子三日大臣七日[illegible]丈[illegible]

者下除之者[illegible]十六三七日文

一　灌頂式　[illegible]在先淨室灌洗淨[illegible]者淨衣[illegible]

[illegible]淨衣可衛[illegible]不可飲食須內齋之物絕房心

[illegible]丈婦不可同席亦不可同器但[illegible]心[illegible]穢死穢[illegible]

等試朗食數多服粥初日五更沐浴水[illegible]七[illegible]

又沐浴者三七日初日沐浴但洗數只在初[illegible]

周易要事記

一 傳授式 周易者三古九聖之秘書也妄不可授之欲受学之先須潔齋正心身除不義静心修身以学習之齋者三七日但天子三日大臣七日卿大夫以次才下降之士已下三七日也

一 潔齋式 居淨室者无淨室須洗淨常居着淨衣者淨衣可澣濯常服不可飲食須肉葷鯹之物絶房心遠丈婦不可同席不可同器但可忌産穢死穢月水等或朝食飯夕服粥初日五更沐浴才二七日初日又沐浴才三七日初日沐浴但洗髮只在初日後之

澣 手菅切 濯也
鯹 先丁切 魚臭臭也

初日不可洗髪

一行事式　對影前焚香撃鐘鼓祈願静心凝慮思忖道義念救苦天尊太乙神拖卦童子六卦童郎六爻神將飛伏二神世應兩眼皆在宗北辰北斗念咒之毎清旦（寅辰子時）或起坐向北方拜天道日中拜南方常在先聖卦影前凝思静心宜勿散亂心神矣

一影象式　造一位配書之日周易先生之卦畫并六字若本尊置香炉一口於前華瓶在左右燈炉左右晝夜勿斷明毎朝備供物設別机依支度法安蓍亀飯飯等

一　具物式　飯兩盃菜六種財八種或依其堪否略之
飯与菜肴毎改供之勿令人伺望其室而已矣
一　受授法　天子御讀之次唯讀乾坤二卦与咸恒二
卦大臣已下至諸卿讀上下經六卷記授術了其已
下肴初一七日精進之後免授本令許可令讀之才
十四日讀才七卷授並法式（口訣之）未可授才十五日授六
日七分令期等滿三七日了一部書私記口訣等授
之古肴鄭玄注本説之今肴王弼注用之不讀略例
一　卷或略儀讀才一四七八九已上五卷讀之
一　受者式　天子高座南面摂籙對座北面卿大夫同

之士已下乚座北面但乚座之時者師南面資北面、
乄高座對座之時者師可向北乄對座者无甲乚乄
一授者式　天子諸大臣同日數而潔齊三日七日同數乄於
其已下者自才十五日入淨室才八日雖葷辛酒嬬
腥臊未可入同室乄但重受之人者潔齊雖二七日
可足乄若二七日時者一七日可潔齊乄
一授受礼　淨席二枚對敷之授者着座南面受者再
拜而着座北面置札於其間前敷淨布或用紙膝各敷二已
授卷之時弟子退座執卷而恭敬　師告曰須後本
席弟子揖師再告弟子屈伏三告弟子一拜而着座

一讀書音以呂音讀之如例

一起請式　若在大夫已下者須用起請安不可授人又不可令授之不可令披露此奧頤儀式不可以此書慢人不可以此書爭才此說拫不可教人設教此書不可貪名利若猶有名利之心者須禁為師之儀為秘惜此書強不可称有名利之心窮理盡性者窮物之理義各已之情欲也心有私甚可慎之也不可輕忽此書不可翔弄此儀深信聖人之遺典可思先達之古儀者也

一教授日時　天子有定日　如例其餘入月庚子日戒

入月取吉日　其忌日者正月辰巳亥二月戌巳未三月寅午戌四月未申酉五月巳卯六月酉子卯七月辰酉午八月午酉戌九月丑巳子十月亥卯十一月申午十二月酉未又甲乙日酉辰丙丁子辰戊己丑辰庚辛巳辰壬癸未辰忌之授受并台筮取蓍龜皆忌之天子之外夜侵可授之但忌丙丁日授筮之時宜用浴淨

一安蓍法　其室南面中央置床々長五尺廣三尺高至膝上亦安案机於床前當中安炉其前安可置櫝之隟　香盦於其前其机二層造之上層刻穴左之一穴右之以皁囊之以囊裹納之入櫝中以安（高床）高床上

以錢并亀殼安香爐前以亀殼安亀臺上

一 揲蓍法（付錢法在口伝）持策法以左手握下以右手握上開

眼作坐三揖以本安左掌以右掌覆末傾轉誦呪

一 筮式 筮者正整衣冠北面焚香以兩手授櫝蓋置

爐與爐之間出蓍去右囊（右囊色口伝）置櫝左（人右也）執策以兩

手執之薰香若人筮則主人焚香畢少退對小立（北今）筮

人進立於床前少西南向受命主人具述所占之意

筮人許諾主人右還對而立筮人右還對北立

一 筮呪 願頌文易出天門參駕九龍上定三光下定

四時天地陰陽八卦五行三皇五帝文王孔子六十

四卦各六爻四十九蓍十有八變十二文錢而成卦
体令日某甲來蓍上問吉則言吉凶則言凶隨卦所趣
爻定是非急〻如律令一並畢式　誦奉送頌文曰
三光四明二儀五行皇帝周孔卦爻蓍變童文單折
内卦九龍各還本宮向後奉請必當降臨必當照鑒
急〻如律令礼拜七返出堂以蓍如本納櫝

一各目式吳音相交乾平声輕讀純卦乾蹇吳音平讀艮下坎上謙上声讀艮下坤上
坤平音純卦｜艮上音純卦｜困去声坎下兌上｜訟去声坎下乾上｜朱平声
巽下坤上｜比去声坤下坎上｜否上声坤下乾上｜賁平｜离下艮上｜履上｜
兌下乾上｜离平｜純离｜泰去｜乾下坤上｜兌吳音上｜純卦｜從上｜觀去｜

坤下巽上渙平丨或巽音上丨坎下巽上坎去丨卦丨丨純咸平丨兌上丨艮下恒
平丨或巽音去丨巽下震上姤去丨乾上丨巽下晉去丨离上丨坤下震平丨卦丨純
損巽音平丨兌下艮上巽去丨純卦丨丨卦名目之呼音相似之呼者
可呼其上下体也不可呼其字訓也比与否相似仍
坤下坎上之比或坤下乾上〻〻否可呼之并之比非
之否等否等不可呼之以為通批也

一讀易可避忌諱否事　口傳曰讀聖人之典法無所
避諱云云　殊於易雖改加減尤可存故質欲但蕭陸
本蹇卦彖辞以正邦是後朝劉氏之祖高帝諱之間
以邦作国也恒字唐家穆宗諱之間作常字是皆避

之故質也

一　五十以前不讀易有其説哉　師御説云王弼夜夢
鄭玄責輔嗣曰君年少何輕穿鑿易乎有忿色弼心
生畏悪小時遇癘疫而卒見天地瑞祥云（志）云々　王弼卒
時年廿四歳也少年見易新有其憚欲但商瞿者孔
子之弟子孔子卒時商瞿年四十四歳也若言五十
以前不可讀易者商瞿亦何人哉論語皇侃疏孔子
自幼少誦易云早年讀易雖有先覲當時初学之輩
屢可思慮慎審欲有子細之書也云　世人多以論
語加我数年五十而讀易者可有大過之義畏五十

已前之讀易於理甚不可又孔子晩而好易々々仍
以為晩年々々学疏歟之以為四十七歳服詞但授史
記孔子世家在七十已後之事也已王郎説以為自
幼誦易亦何讀易之遅哉不在禁内

一易学傳授生自何来哉　孔子點八索以賛易道以授
商瞿子木々々以傳授魯橋子庸疵々々授江東馯臂
子弓々々授燕周醜子家々々授東武孫虞子乗々々授齊
田何子莊々々授東武王同子中及雒陽周王孫梁人
丁寛齊服生等同授菑川楊何叔元々々傳京房々々
々々傳梁丘賀々々授子臨々々授王駿又丁寛授高相开

田王孫〻〻授施讎孟喜梁丘賀楊雄等孟喜授蓋寛饒焦延壽等延壽又授京房延壽嘗曰得我術以亡身者京生也田何秦敗儒士也以治卜筮免難易亦以為卜筮書不焚得存唯其說卦三篇後河内女子得之隷初所授讎易傳淮南九師道州琮後重定蓍十二篇淮南王聘善為易者九人從之採獲故中書署曰淮南九師書又古五子書除復重定者十八篇分六十四卦著之日辰故号之五子之後施讎授張禹〻〻授彭宣又孟喜授由先趙賓翟牧等梁丘賀先從京房受易後從田王孫游学以授子臨〻始

從施讎以学易後受梁丘賀易漢末有費直易不立
於学官以授鄭衆馬融王弼等馬融以授鄭玄文王
弼授韓康伯魏代王肅王弼之易列於国学齊代唯
傳鄭玄易隋代王氏注盛行於世鄭氏易浸微至唐
孫絶今所傳易大抵皆絶失飯藏之術漢初已亡宗
與初有希夷先生陳摶以傳徴驛與慶跡以授种放
〻以授李漑許堅穆脩里以授李處幼〻〻授范諤
昌〻〻授劉牧〻〻授呉秘黄黎獻等黎獻近作略例
以弘世脩授李才周敦實等程顥從周氏以受易張
載邵雍從本氏以受易邵雍以授子伯温丘顛朱震

司馬光等光授牛師德〻授子田純文正穎授鄭東
珊〻〻者鄭玄之裔先者司馬談之儕也談昔從田
何以受易玄從馬融以受易元慶二年戊戌之年也
至明應二年乙卯已得六百十八年也本朝元慶二（日本易学傳受「陽成院御代」）
年大唐易学博士駱說中來留易說至今殆三百年
留者吉備公以十三經奉授高野姫天皇也受戌傳
（我朝五十七代陽成院之御代戊年也當唐十九代僖宗乾符四年戊戌）
其說奉授寬平天子加減爛脫說者中起之唐穆
州司戶郭京以王弼韓康伯兩師手写注定傳授真
本校写之利改今易一百三處作舉正三卷宋與洪
邁於福州道藏中看書之次求得其本以弘於世是

公武所進易解多引用其說是罕有世今取其最良
要處二十件以傳之秘中之真秘也相傳其說以爲
爛脫加減之說尤叶經義大意其餘兩說等上古之
真傳也上古来漏脫正義之前以口訣先儒相傳發
明大義後与正義之有異同故先達異義紛諸上古
易筮術細〻用之至今者頗中絕適有中興之道深
秘若亡真言陰陽筭家紀傳明經共有之長保四年（長保四年者壬寅也六十六代一条院御代也自壬刀至明應四乙卯已得四百九十四年也）
十一月十四日江匡衡以易筮募身労以被申子息
易進所望其先維時傳易又都良香讀傳易說或
說唐陸龜蒙来傳易於本朝聖廟習傳此術給真言

流者一行阿闍梨授珎曇和尚珎曇授弘法〻〻旣
朝之後授負觀寺僧正〻〻敎修理大夫臣見又清
行〻〻以授日蔵上人〻〻〻〻授小野僧正〻〻
授小野少僧正〻〻授遍智院僧都〻〻授仁親〻
〻授心也今之易中無多出自此信西從心也受易
並以季親古者清行者受駱漢中等之説清行以此
術敎三人所謂日蔵淨蔵文江也宿曜相傳者淨蔵
授法蔵〻〻授接安〻〻授仁祚〻〻授忠允〻〻
授彥祚〻〻授文賛〻〻授懷尊尋實等算家相傳
者文江授茂明〻〻授雅頼〻〻授爲長〻〻授爲

康〻〻授行康明経相傳有其相傳祖兼各見家業
譜也有其人必可傳之不可不傳無其人必可深韜
若傳之師資受害鬼神所秘神靈以隠可秘

一

讀書説 才一 二 三 四 五 六 七
八 九 已上 八巻 有説

内題説 周易上経乾傳第一

奥題説 義大 器禅

天文十四年乙巳夷則上七傳易之後書之[illegible]

周易命期略秘傳

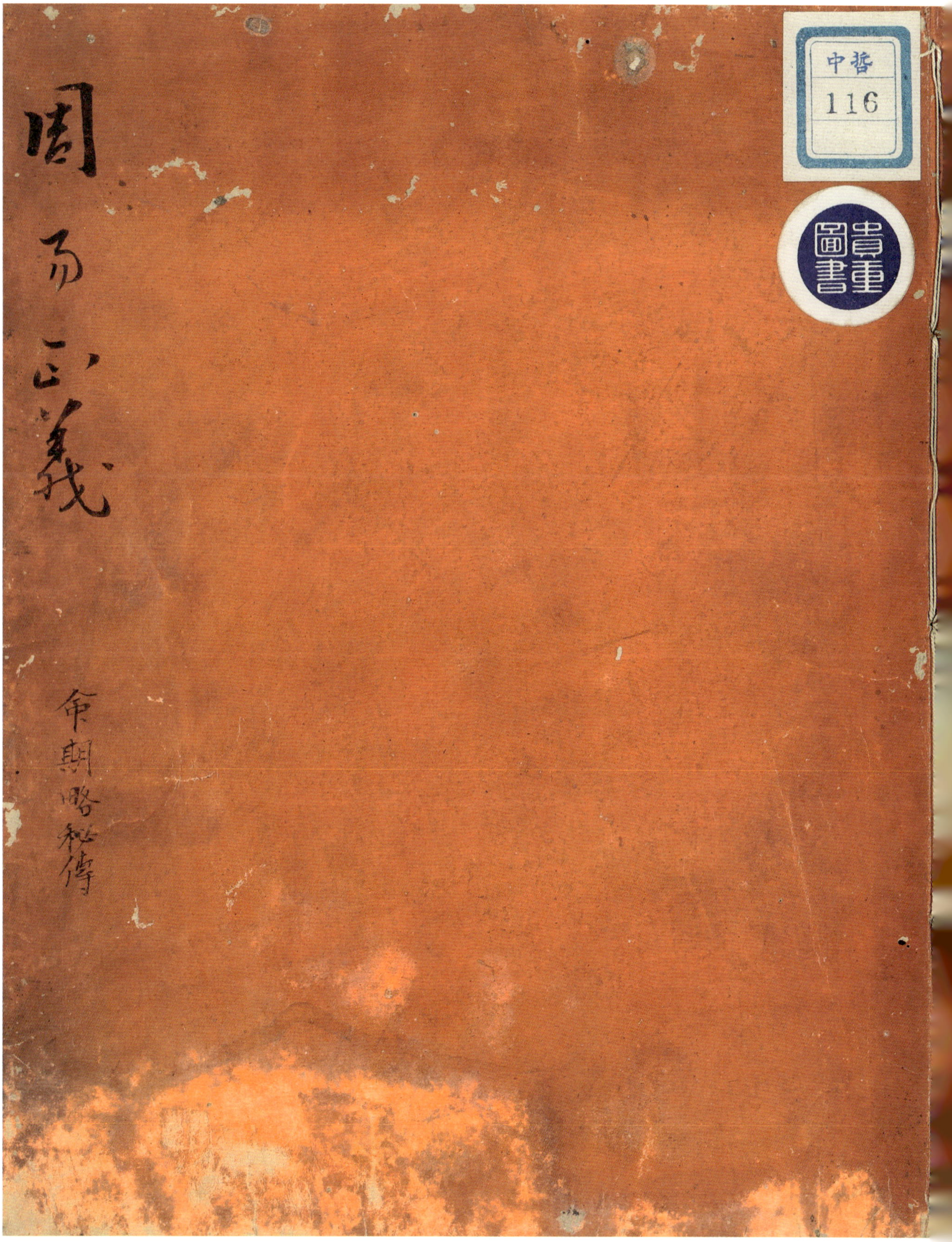
周易正義
中哲
116
貴重圖書

論盈縮法　經曰其軌限不盈之變徵之數者以卅九乘以律除若
齊之變徵之數者以特乘以於除而叶之上生之變若五十七已上至之九
十六者以星乘以風除剝之變徵之數之不盈之高極之數者以星乘
以風除犢若齊之九十一之者以眇乘以行除而揔之陰陽之用若盈
高極之數至之百十九之者以律乘以卅九除齊之八象十五之策者即
以伐乘以於除而叶之下生之變之若之朓八象十五之策者以伐為期之
周易命期略秘傳終　日經私云此六行半自此奥未之自之下并之可勘之
一書入之本ニ在之　私云陽生陰曰下生陰生陽曰上生之者三分而益一
下生者三分去一　自天元甲寅至天文十四年乙巳二百七十六万一千九百七十二年之
天元者或天地開闢之年或伏羲降誕之年伏羲即位之年未知是非

周易命期秘傳用易命期勘文私記　長野今宮別當道照御傳之
勘申或謹奏但付天子　周易命期運數変　誕生　為陰爻　元應元年
歳次己未十月一日壬子　卦遇晉明夷　推易緯積年術　自天元甲寅至
今年積年二百七十六万一千七百四十六以紀法六十除之得商四万六百二十
九周不盡單六即當己未年　推軌數術　置天元甲寅以來積年以
元法卅二除之得八万六千三百四不盡十八即入晉明夷軌々數七百四誕生
十月配明夷上六爻陰得正位　推命限術　置軌數以陰得位六乘之
得四千二百二十四明夷上六律當角之數六十四以為法除之得六十六以為
命期令案依法陰得位以六十六為初限以七十二為中限以七十八為壽
限口傳云陰陽共失位之時者於右得之壽限數減之以失位數共得位

之販所得壽限加増之得位数也
余期運数変 御除誕 私記云甲寅八四万六千九周三十一年也不尽也至康永三年甲申 勘申 白川御勘文云 周易御
二百七十六万一千七百七十一年也 械一定 天喜元年大次癸巳六月二十日戊子
卦遇謙豫 世爲復爻 推易緯積年術 自天元甲寅至于天喜元
年積年二百七十六万一千四百八十以紀法除之得四万六千零二十四周不
尽四十即當癸巳年 推御軌数 甲寅如是周其上加四年則二万八十也當癸巳也
推御軌數術 置天元甲寅以来積年以元法卅二除之得八万六千二百九
十六不尽二八即入謙豫軌之数六百八十八降誕生六月即配豫上六爻復
得正位 推御命限術 置御軌数以復得位法六乗之得四千一百
廿八豫上六律當徴之数五十四以爲法除之得七十六爲御命限云云
明年戊申御行年七十六當御命限之運数也 謹按本條曰君修德積
善即得其壽限之重案推帝王與衰篇曰若有道之君雖遇其災之
即免矣更得延期而乗運数云之是則積善之家有餘慶之故而已
右依經説勘申如件 大始二年三月二十五日 散位安部 兼長勘申
大始四年己酉七月六俄御不豫七日御崩 周易余期運数変
誕生康永三年歳次甲申七月十九日卦遇噬嗑貢世爲陽爻 自天元甲寅
至今積算二百七十六万一千七百七十一以紀法除之得商四万六千零二十九
周不尽三十一即當甲申年 推軌数術 置積算以元法除之得八万六
千三百單五不尽十一即入噬嗑賁軌之数七百廿 誕生七月配噬嗑初九爻
陽得正位

金石絲竹匏土革木

宮君　一越　四季ニハ土用　方角中央　五色黄ハ　五味甘　五常信

商臣　平　四ノ秋　五ノ金　方ノ白　五ノ辛　五ノ義　角民双　春木東　青酸仁　徵事　黄　夏火南赤　苦礼　羽物

盤　冬北水　鹹知　一　依テ五調子ノ変易ニ五音ノ相剋相生ニ依テ吉凶アリ　假令土剋水盤渉調ノ時ニ一越調ノ音出来ハ凶也金

剋木ノ故也十六　双木　平金ニ凶也　黄火　盤水ニ凶　水剋火ノ故也　火剋金故也十八　平金　黄火ニ凶　一越土

双木ニ凶　木剋土ノ故也　一　相生吉　一越　平吉　平盤吉　宮乱君凶

商乱臣凶　角乱民凶　徵乱事凶　羽乱物凶

物凶トハ五穀不熟財産不集等ノ類也

十二支異名　子　困敦　丑　赤奮若　寅　摂提格　卯　単閼

辰　執徐　巳　大荒落　午　敦牂　未　恨洽　申　涒灘　酉　作噩

戌　閹茂　亥　大淵献　注曰君困敦之年居下一年君不可将兵ハ揺向　困敦子歳異名也

十二辰異名　子　枵　丑　星紀　寅　析木　卯　大火　辰　寿星　巳　鶉尾　午　鶉火

未　鶉首　申　實沈　酉　大梁　戌　降婁　亥　娵陬訾

十干異名　閼逢甲　旃蒙乙　柔兆丙　強圉丁　著雍戊
屠維己　上章庚　重光辛　玄黓壬　昭陽癸

周易命期畧秘傳

推御軌積年法

釋氏要命期經積軌術曰置伏犧命起天元甲子以來至始受命即位年數以三十二除之餘不足除者位乾坤爲始筭終之上即主歲之軌也知主歲之軌即知御軌之數以詳陰陽命曆短長云云

假令自天元甲子至本朝義元四年庚午積年二百七十六万一千六百三十七以六十去之不尽十七自甲寅命之筭上值庚午

又置積年以元法三十二除之餘筭五自
乾坤命之筭上遇小畜履佗同之推所住運限大凶災祥者
用所住之積年推命期者用誕生之積年也

○御軌立成十五元四百八十年而一周終而更始
合軌合体一二三四五六七八九十十一十二十三十四十五

一

合	一		二		三		四		五	
軌	乾	坤	屯	蒙	需	訟	师	比	小畜	履
卦体	䷀	䷁	䷂	䷃	䷄	䷅	䷆	䷇	䷈	䷉
一	甲	寅	乙	卯	丙	辰	丁	巳	戊	午
二	丙	戌	丁	亥	戊	子	己	丑	庚	刀
三	戊	午	己	未	庚	申	辛	酉	壬	戌
四	庚	刀	辛	卯	壬	辰	癸	巳	甲	午
五	壬	戌	癸	亥	甲	子	乙	丑	丙	寅
六	甲	午	乙	未	丙	申	丁	酉	戊	戌
七	丙	刀	丁	卯	戊	辰	己	巳	庚	午
八	戊	戌	己	亥	庚	子	辛	丑	壬	刀
九	庚	午	辛	未	壬	申	癸	酉	甲	戌
十	壬	刀	癸	卯	甲	辰	乙	巳	丙	午
十一	甲	戌	乙	亥	丙	子	丁	丑	戊	刀
十二	丙	午	丁	未	戊	申	己	酉	庚	戌
十三	戊	刀	己	卯	庚	辰	辛	巳	壬	午
十四	庚	戌	辛	亥	壬	子	癸	丑	甲	刀
十五	壬	午	癸	未	甲	申	乙	酉	丙	戌
	七百六十八	六百七十二	七百四		七百廿六		六百八十八		七百五十二	

二										三	
六		七		八		九		十		十一	
泰	否	同人	大有	謙	豫	隨	蠱	臨	觀	噬嗑	賁
己	未	庚	申	辛	酉	壬	戌	癸	亥	甲	子
辛	卯	壬	辰	癸	巳	甲	午	乙	未	丙	申
癸	亥	甲	子	乙	丑	丙	寅	丁	卯	戊	辰
乙	未	丙	申	丁	酉	戊	戌	己	亥	庚	子
丁	卯	戊	辰	己	巳	庚	午	辛	未	壬	申
己	亥	庚	子	辛	丑	壬	寅	癸	卯	甲	辰
辛	未	壬	申	癸	酉	甲	戌	乙	亥	丙	子
癸	卯	甲	辰	乙	巳	丙	午	丁	未	戊	申
乙	亥	丙	子	丁	丑	戊	寅	己	卯	庚	辰
丁	未	戊	申	己	酉	庚	戌	辛	亥	壬	子
己	卯	庚	辰	辛	巳	壬	午	癸	未	甲	申
辛	亥	壬	子	癸	丑	甲	寅	乙	卯	丙	辰
癸	未	甲	申	乙	酉	丙	戌	丁	亥	戊	子
乙	卯	丙	辰	丁	巳	戊	午	己	未	庚	申
丁	亥	戊	子	己	丑	庚	寅	辛	卯	壬	辰
七百廿		七百五十二		六百八十八		七百廿		七百四		七百廿	

下四

十二		十三		十四		十五		十六		十七	
剝	復	无妄	大畜	頤	大過	坎	離	咸	恒	遯	大壯
乙	丑	丙	寅	丁	卯	戊	辰	己	巳	庚	午
丁	酉	戊	戌	己	亥	庚	子	辛	丑	壬	寅
己	巳	庚	午	辛	未	壬	申	癸	酉	甲	戌
辛	丑	壬	寅	癸	卯	甲	辰	乙	巳	丙	午
癸	酉	甲	戌	乙	亥	丙	子	丁	丑	戊	寅
乙	巳	丙	午	丁	未	戊	申	己	酉	庚	戌
丁	丑	戊	寅	己	卯	庚	辰	辛	巳	壬	午
己	酉	庚	戌	辛	亥	壬	子	癸	丑	甲	寅
辛	巳	壬	午	癸	未	甲	申	乙	酉	丙	戌
癸	丑	甲	寅	乙	卯	丙	辰	丁	巳	戊	午
乙	酉	丙	戌	丁	亥	戊	子	己	巳	庚	寅
丁	巳	戊	午	己	未	庚	申	辛	酉	壬	戌
己	丑	庚	寅	辛	卯	壬	辰	癸	巳	甲	午
辛	酉	壬	戌	癸	亥	甲	子	乙	丑	丙	寅
癸	巳	甲	午	乙	未	丙	申	丁	酉	戊	戌
六百八十八		七百廿六		七百四	七百廿六	七百四	七百廿六	七百廿		七百廿六	

十八		十九		二十		廿一		廿二		廿三	
晉	明夷	家人	睽	蹇	解	損	益	夬	姤	萃	升
辛	未	壬	申	癸	酉	甲	戌	乙	亥	丙	子
癸	卯	甲	辰	乙	巳	丙	午	丁	未	戊	申
乙	亥	丙	子	丁	丑	戊	刀	己	卯	庚	辰
丁	未	戊	申	己	酉	庚	戌	辛	亥	壬	子
己	卯	庚	辰	辛	巳	壬	午	癸	未	甲	申
辛	亥	壬	子	癸	丑	甲	刀	乙	卯	丙	辰
癸	未	甲	申	乙	酉	丙	戌	丁	亥	戊	子
乙	卯	丙	辰	丁	巳	戊	午	己	未	庚	申
丁	亥	戊	子	己	丑	庚	刀	辛	卯	壬	辰
己	未	庚	申	辛	酉	壬	戌	癸	亥	甲	子
辛	卯	壬	辰	癸	巳	甲	午	乙	未	丙	申
癸	亥	甲	子	乙	丑	丙	刀	丁	卯	戊	辰
乙	未	丙	申	丁	酉	戊	戌	己	亥	庚	子
丁	卯	戊	辰	己	巳	庚	午	辛	未	壬	申
己	亥	庚	子	辛	丑	壬	刀	癸	卯	甲	辰
七百四		七百卅六		七百四		七百廿		七百五十二		七百四	

六

廿四	廿五	廿六	廿七	廿八	廿九
困 井	革 鼎	震 艮	漸 歸妹	豐 旅	巽 兌
丁丑	戊寅	己卯	庚辰	辛巳	壬午
己酉	庚戌	辛亥	壬子	癸丑	甲寅
辛巳	壬午	癸未	甲申	乙酉	丙戌
癸丑	甲寅	乙卯	丙辰	丁巳	戊午
乙酉	丙戌	丁亥	戊子	己丑	庚寅
丁巳	戊午	己未	庚申	辛酉	壬戌
己丑	庚寅	辛卯	壬辰	癸巳	甲午
辛酉	壬戌	癸亥	甲子	乙丑	丙寅
癸巳	甲午	乙未	丙申	丁酉	戊戌
乙丑	丙寅	丁卯	戊辰	己巳	庚午
丁酉	戊戌	己亥	庚子	辛丑	壬寅
己巳	庚午	辛未	壬申	癸酉	甲戌
辛丑	壬寅	癸卯	甲辰	乙巳	丙午
癸酉	甲戌	乙亥	丙子	丁丑	戊寅
乙巳	丙午	丁未	戊申	己酉	庚戌
七百四	七百廿六	七百四	七百廿	七百廿	七百廿六

二十一

三十	渙	癸乙丁己辛癸乙丁己辛癸乙丁己辛	七百廿
	節	未卯亥未卯亥未卯亥未卯亥未卯亥	
卅一	中孚	甲丙戊庚壬甲丙戊庚壬甲丙戊庚壬	七百卅六
	小過	申辰子申辰子申辰子申辰子申辰子	七百四
卅二	既濟	乙丁己辛癸乙丁己辛癸乙丁己辛癸	七百廿
	未濟	酉巳丑酉巳丑酉巳丑酉巳丑酉巳丑	

右法師李淳風等令期經無此立成今依唐開成録著之

合軌爻值支之立成

一								二			
乾				坤				屯			
九月世	上九	陽失	位羽	八月世	上六	陰得	位角	十一月	上六	陰得	反徵
七月	九五	陽得	徵	十月	六五	陰失	商	九月	九五	陽得	角
五月	九四	陽失	變徵	十二月	六四	陰得	宮	七月	六四	陰得	商
三月	九三	陽得	角	二月	六三	陰失	反宮	五月	六三	陰失	商
正月	九二	陽失	商	四月	六二	陰得	羽	三月	六二	陰得	宮
十一月	初九	陽得	宮	六月	初六	陰失	徵	正月	初九	陽得	變宮

二				三							
蒙				需				訟			
六月	上九	陽失	角	正月	上六	陰得	反徵	四月	上九	陽失	羽
八月	六五	陰失	商	十一月	九五	陽得	角	六月	九五	陽得	徵
十月世	六四	陰得	宮	九月世	六四	陰得	商	八月世	九四	陽失	反徵
十二月	六三	陰失	宮	七月	九三	陽得	角	十月	六三	陰失	宮
二月	九二	陽失	反宮	五月	九二	陽失	商	十二月	九二	陽失	反宮
四月	初六	陰失	羽	三月	初九	陽得	宮	二月	初六	陰失	羽

組	卦	月	爻	陰陽得失	音
四	師	三月	上六	陰得	角
		正月	六五	陰失	商
		十一月	六四	陰得	宮
		九月世	六三	陰失	宮
		七月	九二	陽失	反宮
		五月	初六	陰失	羽
	比	二月	上六	陰得	反徵
		四月	九五	陽得	角
		六月	六四	陰得	商
		八月	六三	陰失	反宮
		十月	六二	陰得	羽
		十二月	初六	陰失	徵
五	小畜	五月	上九	陽失	商
		三月	九五	陽得	宮
		正月	六四	陰得	反宮
		十一月	九三	陽得	角
		九月	九二	陽失	商
		七月世	初九	陽得	宮

五	履	十二月	上九	陽失	羽
		二月世	九五	陽得	徵
		四月	九四	陽失	變徵
		六月	六三	陰失	變徵
		八月	九二	陽失	角
		十月	初九	陽得	商
六	泰	七月	上六	陰得	角
		五月	六五	陰失	商
		三月	六四	陰得	宮
		正月世	九三	陽得	角
		十一月	九二	陽失	商
		九月	初九	陽得	宮
	否	十月	上九	陽失	羽
		十二月	九五	陽得	徵
		二月	九四	陽失	變徵
		四月世	六三	陰失	變宮
		六月	六二	陰得	羽
		八月	初六	陰失	徵

七								八			
同人				大有				謙			
九月	上九	陽失	羽	八月	上九	陽失	宮	十一月	上六	陰得	角
七月	九五	陽得	徵	十月	六五	陰失	反宮	九月世	六五	陰失	商
五月	九四	陽失	反徵	十二月	九四	陽失	羽	七月	六四	陰得	宮
三月世	九三	陽得	徵	二月世	九三	陽得	角	五月	九三	陽得	反宮
正月	六二	陰得	反徵	四月	九二	陽失	商	三月	六二	陰得	羽
十一月	初九	陽得	角	六月	初九	陽得	宮	正月	初六	陰失	徵

八		九									
豫				隨				蠱			
六月	上六	陰得	徵	正月	上六	陰得	反宮	四月	上九	陽失	角
八月	六五	陰失	反徵	十一月	九五	陽得	羽	六月	六五	陰失	商
十月	九四	陽失	角	九月	九四	陽失	徵	八月	六四	陰得	宮
十二月	六三	陰失	反宮	七月世	六三	陰失	商	十月世	九三	陽得	羽
二月	六二	陰得	宮羽	五月	六二	陰得	宮	十二月	九二	陽失	徵
四月世	初六	陰失	徵	三月	初九	陽得	反宮	二月	初六	陰失	反徵

十  十一

	臨				觀				噬嗑		
三月	上六	陰得	角	二月	上九	陽失	商	五月	上九	陽失	宮
正月	六五	陰失	商	四月	九五	陽得	宮	三月	六五	陰得 失	反宮
十一月	六四	陰得	宮	六月 世	六四	陰得	反宮	正月	九四	陽失	羽
九月	六三	陰失	反徵	八月	六三	陰失	變宮	十一月	六三	陰失	商
七月 世	九二	陽失	角	十月	六二	陰得	宮 羽	九月	六二	陰得	宮
五月	初九	陽得	商	十二月	初六	陰失	徵	七月 世	初九	陽得	反宮

十一 賁	十二月	二月	四月	六月	八月	十月世
	上九	六五	六四	九三	六二	初九
	陽失	隂失	隂得	陽得	隂得	陽得
	角	商	宫	徵	變徵	角
十二 剥	七月	五月	三月世	正月	十一月	九月
	上九	六五	六四	六三	六二	初六
	陽失	隂失	隂得	隂失	隂得	隂失
	角	商	宫	變宫	羽	徵
復	十月	十二月	二月	四月	六月	八月世
	上六	六五	六四	六三	六二	初九
	隂得	隂失	隂得	隂失	隂得	陽得
	角	商	宫	商	宫	變宫

十三

無妄

九月	上九	陽失	羽
七月 世	九五	陽得	徵
五月	九四	陽失	変徵
三月	六三	陰失	商
正月	六二	陰得	宮
十一月	初九	陽得	変宮

大畜

八月	上九	陽失	角
十月	六五	陰失	商
十二月	六四	陰得	宮
二月	九三	陽得	角
四月 世	九二	陽失	商
六月	初九	陽得	宮

十四 ䷚

頤

十一月	上九	陽失	角
九月	六五	陰失	商
七月 世	六四	陰得	宮
五月	六三	陰失	変宮 商
三月	六二	陰得	羽 宮
正月	初九	陽得	徵 変宮

十四 大過	六月	八月	十月世	十二月	二月	四月
	上六	九五	九四	九三	九二	初六
	陰得	陽得	陽失	陽得	陽失	陰失
	爻宮	羽	徵	羽	徵	爻徵
十五 習坎	正月世	十一月	九月	七月	五月	三月
	上六	九五	六四	六三	九二	初六
	陰得	陽得	陰得	陰失	陽失	陰失
	爻徵	角	商	宮	爻宮	羽
離	四月世	六月	八月	十月	十二月	二月
	上九	六五	九四	九三	六二	初九
	陽失	陰失	陽失	陽得	陰得	陽得
	宮	爻宮	羽	徵	爻徵	角

十六

咸

三月	上六	陰得	变宮
正月	九五	陽得	羽
十一月	九四	陽失	徵
九月世	九三	陽得	变宮
七月	六二	陰得	羽
五月	初六	陰失	徵

恒

二月	上六	陰得	徵
四月	六五	陰失	变徵
六月	九四	陽失	角
八月世	九三	陽得	羽
十月	九二	陽失	徵
十二月	初六	陰失	变徵

十七

遯

五月	上九	陽失	商（羽）
三月	九五	陽得	宮（徵）
正月	九四	陽失	变宮（变徵）
十一月	九三	陽得	变宮
九月世	六二	陰得	羽
七月	初六	陰失	徵

十七 ䷡								十八			
大壯				晉				明夷			
十二月	上六	陰得	徵	七月	上九	陽失	宮	十月	上六	陰得	角
二月	六五	陰失	反徵	五月	六五	陰失	反宮	十二月	六五	陰失	商
四月(世)	九四	陽失	角	三月(世)	九四	陽失	羽	二月(世)	六四	陰得	宮
六月	九三	陽得	角	正月	六三	陰失	反宮	四月	九三	陽得	徵
八月	九二	陽失	商	十一月	六二	陰得	宮	六月	六二	陰得	反徵
十月	初九	陽得	宮	九月	初六	陰失	徵	八月	初九	陽得	角

十九								廿			
家人				睽				蹇			
九月	上九	陽失	商	八月	上九	陽失	羽（宮）	十一月	上六	陰得	反徵
七月	九五	陽得	宮	十月	六五	陰失	徵（変宮）	九月	九五	陽得	角
五月	六四	陰得	反宮	十二月世	九四	陽失	反徵（羽）	七月世	六四	陰得	商
三月	九三	陽得	徵	二月	六三	陰失	反徵	五月	九三	陽得	反宮
正月世	六二	陰得	反徵	四月	九二	陽失	角	三月	六二	陰得	羽
十一月	初九	陽得	角	六月	初九	陽得	商	正月	初六	陰失	徵

廿

解

六月	上六	陰得	徵
八月	六五	陰失	変徵
十月	九四	陽失	角
十二月	六三	陰失	宮
二月世	九二	陽失	変宮
四月	初六	陰失	羽

廿一

損

正月	上九	陽失	角
十一月	六五	陰失	商
九月世	六四	陰得	宮
七月	六三	陰失	変徵
五月	九二	陽失	角
三月	初九	陽得	商

益

四月	上九	陽失	商
六月	九五	陽得	宮
八月	六四	陰得	変宮
十月世	六三	陰失	商
十二月	六二	陰得	宮
二月	初九	陽得	変宮

廿二

廿三

夬				姤				萃			
三月	上六	陰得	反宮	二月	上九	陽失	羽	五月	上六	陰得	反宮
正月世	九五	陽得	羽	四月	九五	陽得	徵	三月	九五	陽得	羽
十一月	九四	陽失	徵	六月	九四	陽失	反徵	正月	九四	陽失	徵
九月	九三	陽得	角	八月	九三	陽得	羽	十一月	六三	陰失	反宮
七月	九二	陽失	商	十月	九二	陽失	徵	九月	六二	陰得	羽
五月	初九	陽得	宮	十二月世	初六	陰失	反徵	七月世	初六	陰失	徵

廿三 

升

十二月 二月 四月世 六月 八月 十月

上六 六五 六四 九三 九二 初六

陰得 陰失 陰得 陽得 陽失 陰失

角 商 宮 羽 徵 反宮（反徵）

廿四

困

七月 五月 三月 正月 十一月 九月世

上六 九五 九四 六三 九二 初六

陰得 陽得 陽失 陰失 陽失 陰失

反宮 羽 徵 宮 反宮 羽

井

十月 十二月世 二月 四月 六月 八月

上六 九五 六四 九三 九二 初六

陰得 陽得 陰得 陽得 陽失 陰失

反徵 角 商 羽 徵 反徵

廿五								廿六			
革				鼎				震			
九月	上六	陰得	反宫	八月	上九	陽失	宮	十一月世	上六	陰得	徵
七月	九五	陽得	羽	十月	六五	陰失	反宮	九月	六五	陰失	反徵
五月世	九四	陽失	徵	十二月	九四	陽失	羽	七月	九四	陽失	角
三月	九三	陽得	徵	二月	九三	陽得	羽	五月	六三	陰失	商
正月	六二	陰得	反徵	四月世	九二	陽失	徵	三月	六二	陰得	宮
十一月	初九	陽得	角	六月	初六	陰失	反徵	正月	初九	陽得	反宮

廿六

艮

六月世	上九	陽失	角
八月	六五	陰失	商
十月	六四	陰得	宮
十二月	九三	陽得	反宮
二月	六二	陰得	羽
四月	初六	陰失	徵

廿七

漸

正月	上九	陽失	商
十一月	九五	陽得	宮
九月	六四	陰得	反宮
七月世	九三	陽得	反宮
五月	六二	陰得	羽
三月	初六	陰失	徵

歸妹

四月	上六	陰得	徵
六月	六五	陰失	反徵
八月	九四	陽失	角
十月世	六三	陰失	反徵
十二月	九二	陽失	角
二月	初九	陽得	商

廿八								廿九			
豐				旅				巽			
三月	上六	陰得	徵	二月	上九	陽失	宮	五月世	上九	陽失	商
正月世	六五	陰失	反徵	四月	六五	陰失	反宮	三月	九五	陽得	宮
十一月	九四	陽失	角	六月	九四	陽失	羽	正月	六四	陰得	反宮
九月	九三	陽得	徵	八月	九三	陽得	反宮	十一月	九三	陽得	羽
七月	六二	陰得	反宮	十月	六二	陰得	羽	九月	九二	陽失	徵
五月	初九	陽得	角	十二月世	初六	陰失	徵	七月	初六	陰失	反徵

廿九

兌

十二月世	二月	四月	六月	八月	十月
上六	九五	九四	六三	九二	初九
陰得	陽得	陽失	陰失	陽失	陽得
夂宮	羽	徵	夂徵	角	商

三十

渙

七月	五月世	三月	正月	十一月	九月
上九	九五	六四	六三	九二	初六
陽失	陽得	陰得	陰失	陽失	陰失
商	宮	夂宮	宮	夂宮	羽

節

十月	十二月	二月	四月	六月	八月世
上六	九五	六四	六三	九二	初九
陰得	陽得	陰得	陰失	陽失	陽得
夂徵	角	商	夂徵	角	商

卄一								卄二			
中孚				小過				既濟			
九月	上九	陽失	商	八月	上六	陰得	徵	十一月	上六	陰得	反徵
七月	九五	陽得	宮	十月	六五	陰失	反徵	九月	九五	陽得	角
五月世	六四	陰得	反宮	十二月世	九四	陽失	角	七月	六四	陰得	商
三月	六三	陰失	反徵	二月	九三	陽得	反宮	五月世	九三	陽得	徵
正月	九二	陽失	角	四月	六二	陰得	羽	三月	六二	陰得	反徵
十一月	初九	陽得	商	六月	初六	陰失	徵	正月	初九	陽得	角

卅二

未濟

六月	上九	陽失	宮
八月	六五	陰失	變宮
十月	九四	陽失	羽
十二月世	六三	陰失	宮
二月	九二	陽失	變宮
四月	初六	陽失	羽

軌爻配月法

一軌二卦之中一卦爲陽一卦爲陰以配十

二月陽卦者配陽月自初爻順行陰卦者配

陰月自初爻逆行假令乾是陽卦初九配十（是ト可見二十八字下ニ注之イ）

一月九二正月九三三月九四五月九五七

月上九九月坤是陰卦初六配六月六二四

月六三二月六四十二月六五十月上六八

月如此配之自餘篇末作立成依彼可見

陰陽爻得位失位法

陽爻号九（連爻是也）陰爻号六（斷爻是也）最下位号初

自是上計初三五是陽位也二四上是陰位也陽爻得陽位得陰位爲陽失位陰爻得陰位爲陰得位得陽位爲陰失位諸卦初九々三九五陽得位也九二九四上九陽失位也　六二六四上六陰得位也初六六三六五陰失位也　同見立成

○陰陽得位失位数法

陽得位九　陽失位七　陰得位六　陰失位八

○配律呂七均法

乾上　上九羽兆　九四変徴　九五徴

乾下　九三角　初九宫　九二商

坤上 上六角 六四宮 六五 商 坤下 六三變宮 初六徵 六二 羽

震上 上六徵 九四角 六五 變徵 震下 六三商 初九變宮 六二 宮

巽上 上九商 六四變宮 九五 宮 巽下 九三羽 初六變徵 九二 徵

離上 上九宮 九四羽 六五 變宮 離下 九三徵 初九角 六二 變徵

艮上 上九角 六四宮 六五 商 艮下 九三變宮 初六徵 六二 羽

兌上 上六變宮 九四徵 九五 羽 兌下 六三變徵 初九商 九二 角

坎上 上六變徵 六四商 九五 角 坎下 六三宮 初六羽 九二 變宮

○此法不載英法師李淳風等命期經今依

圖府决著之委曲又注

○律呂七均數 宮八十一 商七十二 角六十四 徵五十四 羽四十八 變宮四十二

變徵 五十六

軌限盈縮法　不盈五十六已下者以九乘以六除

○經曰其軌限不盈變徵之數者以陽得位以乘之陰得位以除之齊五十六者以四乘之以三除 王曰齊變徵之數五十六者乘之以四時除之以三才而叶上生之變

五十七已上齊九十者　注清家相傳隱君子命期經不說五十七已上至九十之盈縮法是可通用齊五十六法之故欲又不用盈縮法唯用軌限爲命期云々但或本云五十七已

上至九十者以七策陽失位以八除陰失位剝爻徴之數不盈高極之數者如陽失位策之陰失位以除之云云兩說雖是非者也齊九十一者以四策以五除經曰齊高極之數九十一者策之以四時除之以五行而揔陰陽之用九十二已上至百十九者以六策以九除注曰盈高極之數者如陰得位策之陽得位以除之齊一百二十者以三策之以三除之注云齊八象策一百二十者即策之以兩儀除之以三才而叶下生之爻一百二十一已上者此盈縮法謂君子命期雖不論之。以九十二已上盈縮法或六策九除或二策三除異法而術一也百二十已上又可通用耳或云半減軌限爲命期無盈縮云云兩化又可思量耳

推帝王命期法 凡人可通用

高說云莫法師年期經不載帝王年限甚希今依圖讖符文著此法案聖說推帝王誕生年知御軌數即置軌數以陰陽得位失位法注不盡依生月值爻可知之以案之

以律呂七均數依生月爻配之限之爲軌限不盡半法已上收一置軌限以盈縮法案陳爲定之年期若生月爻陰陽得位以九陽失位以陰得位以六陰失位以各得位加之失位減之爲定初

中期之三限加減不過三等或云以得失之位數决第減之所遇爻爲厄年聖云陰陽正不正即增之減之以義也

假令自天元甲寅後入第五元之九年庚午歲正月節帝王誕生依法推之得隨盈卦其軌數七百二十。正月配隨上六爻爲陰得位配變宮即置軌數七百二十以陰得位六乘之得四千三百二十以變宮四十二除之得一百二爲軌限不盡三十六半法已上收一得一百三依盈縮法九十一已上至一百二十者以六乘之得六百十八以九除之得六十八以為命期（不足六十年之理也）隱得位之故以六加之七十四八十各為延期若修德積善即得其壽限背此不及他皆效之

○推帝王命軌甲子吉凶法（凡人可準）薦記云命軌甲子吉凶者以軌限減一筭余命生月甲子筭上得丙丁戊已者吉也得甲乙庚辛者凶也（丙丁得戊已吉甲乙得庚辛凶可讀歟）假令庚午歲正月節帝王誕生得隨蠱卦依法乘除得軌限一百二（不取不足）減生年一筭余百一從御生月建戊寅命之筭上得戊午火為吉干又与御本納音庚午土

相生也佗皆効之（已上一章入行推）

○推帝王即位法（帝王即位之王）

莢法師命期經曰夫帝王（流演云即位之月在其爻直即知貫屬其卦即其卦即看其卦世之屬陽以九除以三乘）（因而半之是即位之初期之　代本注ニ如此アリ）命世必御軌以乘蓍（或作策）若乾竜九五之年（即位之年也）之值何軌之當消息（震坎离兌木卦是也　消息卦也）可謂合曆應符値六子軌年（六子雜卦是也）必乘襄撥亂復昇壇改号値之何月爻辭善惡可以詳之若乘運受禪即以卦下辭言其吉凶若撥乱乘期即以爻辭詳其善惡以即位明月（時イ）爲正以知陰陽直变之爻（世爻是也　立既注之）爻在何辰世屬陽者以九除之以三乘之所得因而半之是即位期也世屬陰者

以六除之以二乘之所得曰之而半之即是

即位期也以九六除皆盡无餘筭者陽以乘

所得陰以二乘所得是其年常數也以九六

除有餘筭者所得乘之陽得正位八增九於所

乘得五十四生位增七於所乘得四十二陰

得正位八增六於所乘爲三十六年生位增八

於所乘得四十八是即位之數也若陰陽正

不正增之云々

本文混前後以義取之

假令即位歳月卦值貢者世在初九是世

屬陽位置三十六以九除之得四以三乘

廿四爲又爻數也

之得十二因而半之得六是即位之期也
能過此者如所衆得十二即中期也復能
過之者三衆十八年終是為陽也尼私云猶能過之者四九三十六加之得五十四年耳故
巫云增九於所衆得五十四是也即位歲月卦值遁者世在六二是
世イ也屬陰得位置二十四以六除之得四以二
衆之得八因而半之得四即位之期也若能
過此者如所衆得八即位中期也復能過
此者三衆十二歲終是為陰世尼私云猶能過之者四六二十
四加之得三十六耳故云巫云增六於所衆得三十六年是也世屬陽生位置二
十八以九除得三一余筭以三衆之得九因而

半之得四半々者收一可爲得五是即位
之期也能過之如所余得九是中期也復能
過之者三余十三年收半十四年終是又
陽世之厄也猶能過之者加四七廿八得
四十二所謂經曰陽失位增七於所余得
四十二大厄所遭是也世屬陰失位者置
三十二以六除之得五二余筭以二余之得
十四而半之得五即位之期也能過此者
如所余得十即中期也復能過此者三余
得十五餘筭二同三余得六滿法之故加

之爲十六是終矣是陰世之厄也猶能過
之者加四八三十二得四十八所謂王曰
陰失位增八於所衆得四十八是其義也
以前先達勘文等多陽世厄者不論得失
位以六十二十八等當之陰世厄又不論
得位失位四八十二當之失王旨尤陽失
位者五九十四當之陰失位五十々六當
之々耳
右今期王水旱蕭云若有道之君雖值其災
々即免矣更得延期而衆運數若无道之主

至災即絶矣不得冬軋數若中年之主至某
厄會或乱或絶或天災沵（流イ）変或地陥山崩或
於其年或於後歳或乱雖三四歳若改過修
德或致延期之福各以五運本數絶滅期之
○假令木死於午墓於未絶於申火死於酉
墓於戌絶於亥土死於戌墓於辰絶亥金
死於子墓於丑絶於寅水死於卯墓於辰
絶於巳土金水至絶重木至墓重火至絶
重云云
○五運絶滅或以本命納音死墓絶滅論之

或以直年卦本宮之五行論之所謂乾姤遯否觀剥晉大有已上八卦者乾宮為金坎節屯既濟革豐明夷師已上八卦坎宮為水艮賁大畜損睽履中孚漸已上八卦艮宮為土震豫解恒昇井大過隨已上八卦震宮為木巽小畜家人益无妄噬嗑頤蠱已上八卦巽宮為木離旅鼎未濟蒙渙訟同人已上八卦離宮為火坤復臨泰大壯夬需比已上八卦坤宮為土兌困萃咸蹇謙小過歸妹已上八卦兌宮為金凡五運絶滅

厄者凡人通用之厄也能々可傳習者歟

○推帝王興衰法

吴法師命期經曰欲求水旱之災帝王興衰者以初即位年々値何軌知其軌数即以入位之数除軌数其有餘筭者即以初入位太歳命之筭尽之上即災祥可知甲乙為飢丙丁為旱戊己為中興庚辛為兵壬癸為水子受又位行又之吏但得除先王所値也軌得不得更自立軌云々釈氏吴依緯家之説修命期經云甲乙為飢戊己為中興々々而畾

讖符訣云推帝王之曆數以天元甲寅為元始
甲者旬之始也戊者旬之中也以甲乙為元
以戊己為中興以此推之每屬甲乙戊己建
元廢立之年
命期經云今依大唐軌損蓋其數七百廿以
戊寅年初即位也即位九年以除軌數得周八
十元餘筭以初即位之戊刀命之得戊戌主
中興其年太武皇帝禪位秦王太宗入位三
十六年以除軌數得周二十元餘筭以初即
位之戊寅命之得戊戌主中興其永徽元年

庚戌高宗受禪入位四十八年以除軌得十
五周元餘筭以初爻位之戊寅命之得戊戌
主中與其年是麟德二年（九年甲子也）駕往泰山入
位四十九年以除軌數得積周十四餘三十
四以初爻位戊寅命之得辛亥辛主與其年
是軌（乾）卦元年（丙刀之年也）倫陳礼樂盛列兵威他皆効之（云云）
自天元甲寅至大唐武德元年戊刀積二百
七十六万一千四十五以三十二除之不盡
於一遇損益軌故吳法師依大唐損益推中
與年以為百王之軌鑒今按圖讖符光說帝

王當中興有揖讓干戈遷都之事若遷宮改
號修德緩刑自得延祚之福故殷宗遷河南
周公卜洛邑又按英法師說唐高宗當中興
之年則駕幸東都卦泰山開元改踐也當兵
厄之年則備陳礼樂盛列兵威也因之延天
筭致太平

○周易命期秘傳

合軌者乾坤之外二卦數各同故軌數則同
故云合軌也

○軌數之事

陽數八也謂九一躰故除一以用八爲陽數也陰數七也謂八一躰故除一以用七爲陰數也而乾卦軌數勘樣以六爻陽數八乘之得四十八是生數〻〻又四十八以四乘〻得百九十二爲成數〻〻又則百九十二以四乘〻得七百六十八爲老數〻〻是乾卦軌數也次坤卦軌數者陰數七以六爻陰數乘之得四十二爲陰生數也又四十二以四乘之得百六十八又（爲成數也又百六十八）以四乘之得六百七十二爲老數也是則坤卦軌數也又屯卦軌

數支此卦陽爻二陰爻四也故陽數八以陽
爻二乘之得十六又陰數七以陰爻四乘之
得二十八陽數十六合得四十四爲生數也
又則四十四以四乘之得百七十六以四乘 爲虎數七又百七十六
之得七百四爲虎數也又蒙卦數也如先可
勘也自之下準之可勘

天文十四年乙巳五月四日乙巳金曜庄嚴道場本經始之同廿二日癸未 本卦傳受之
同六月二日癸巳金曜 蓍傳受之 同八日己亥 令期相傳畢

天文十三甲辰曆三月廿八日於一条烏丸書之 主年廿三才

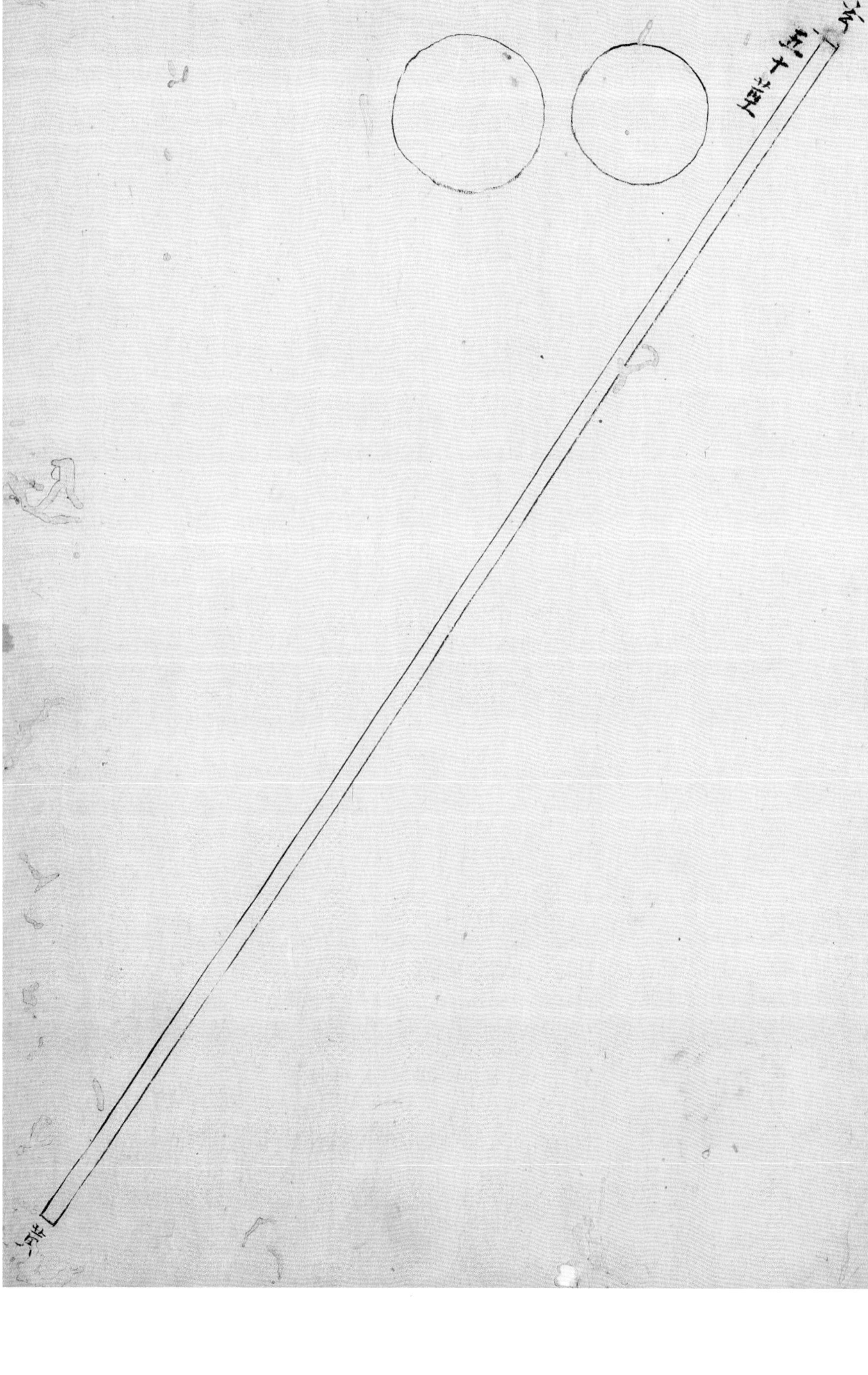
五十莖

日經私云 丙丁日筮ニ不用 惣易入学ス 一世ニ生ル、吉應ハ カラカラ心持アリ、 一蓍ノ数之吉 十三ノ點ハ口
十七ノ點ハ 廿一ノ時ハ 一廿五ノ點ハ 又又云く 一数ヲ本卦ハ 蠱 文王本卦明夷 聖德太子ハ同人 孔子ハ旅

當没日人ノ求ニ本卦ヲ口傳
没日 五ハ陽 乾用九
没日 上六陰 坤用六

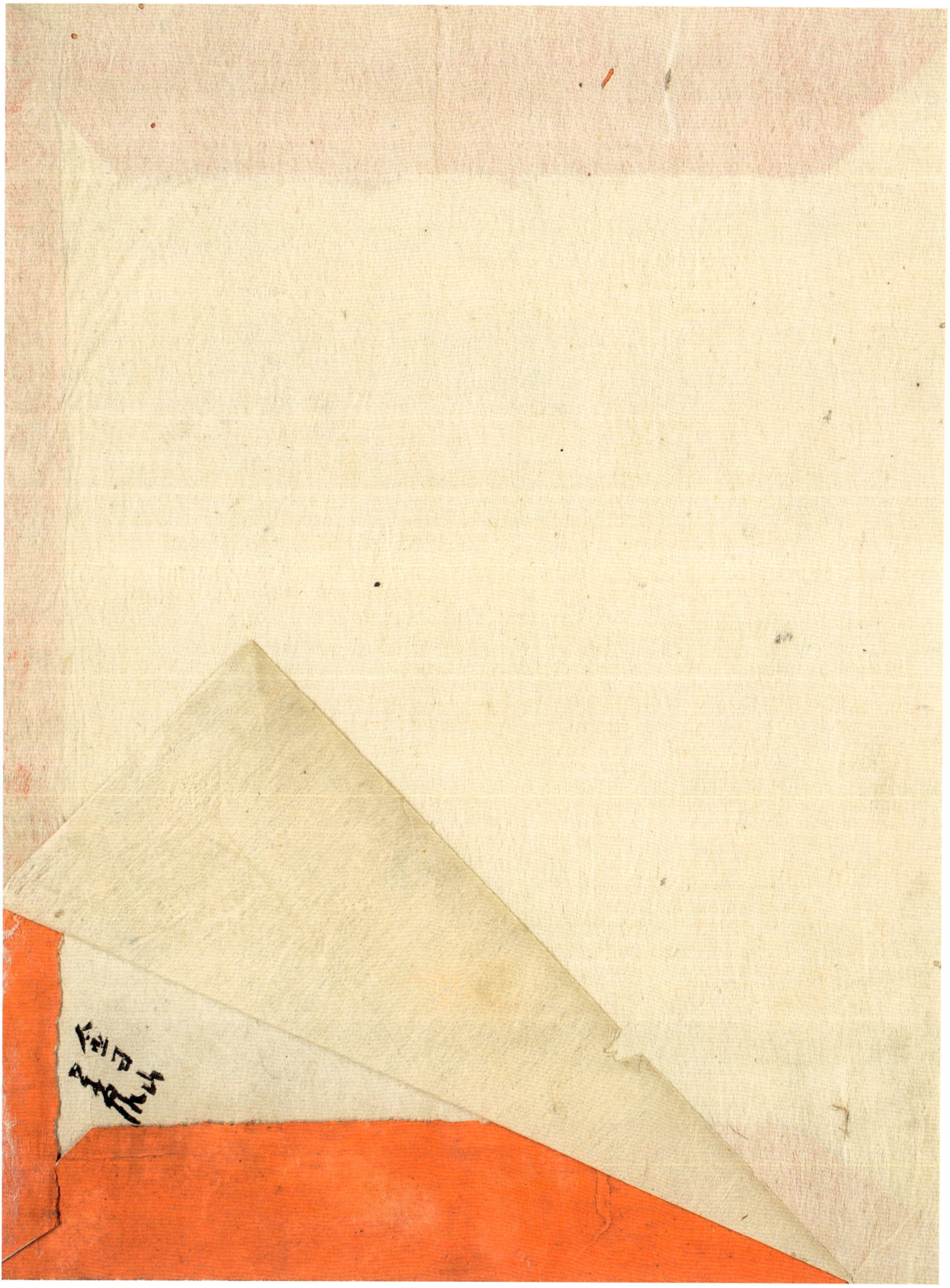

傅斯年圖書館藏敦煌本（188071）

周易正義·賁卦

周易正義殘卷

存三十二行

亦不釋所以亨下不得重結賁字也分剛上而柔故小利有攸往者釋小利攸往義乾體在下今分乾之九二上向文飾坤之上六是分剛上而文柔也并此九二之中往居無位之地是奇善從要往無大利故小利有攸往也天文也者天為體之象剛柔交錯成文是天文明以上人文者文明離也以止艮也同此文明之道裁止於人之德之教此賁卦之象既有天文欲廣美天文人文之義聖人用以治於物也觀乎天文以察時者變言聖人當觀視天文剛柔交相飾成以察四時變化若四月純陽陰在其中薺草死也十月純陰用事陽在其中薺麥生也是觀柔而察時變也觀乎人文以化成天下者言聖王觀察天文人文則詩書礼樂之謂當法此為教而化成天下也　注坤之上六来居二位是柔来文剛也乾之九二分居上位分剛上而文柔之義也　正義曰坤之上六何以来居二位不居於三乾之九二何以分居上位不居於五者乾性剛亢故以己九二居坤極坤性柔順不為物首故以己上六下居乾二也且若柔不分居乾二剛不分居坤極則不得文明以正故也又陽本在上陰本在下應分剛而下分柔而上何由分剛向上分柔向下者今謂此本泰卦故也若天地交泰剛柔得相交若乾上坤下則是天地否閉剛柔不得相交故分剛而上分柔而下也　山下有火賁至無敢折獄　正義曰云山下有火者欲見火上照山有光明文飾也又取山含火之光明象君子内含文明以理庶政故云山下有火也以明庶政者用此文章明達以理庶政也無敢折獄者勿得直用果敢折斷獄訟　初九賁其趾至義弗乘　正義曰賁其趾舍車而徒者在賁之始以剛處下居於

用果敢折斷獄訟　初九賁其趾舍車而徒　正義曰賁其趾舍車而徒者在賁之始以剛處下居於無位棄於不義舍其不義之車而從有義徒步故云舍車而徒以其志行高潔不苟就輿乘是以義不肯乘故象云義不乘也　六二賁其須至與上興　正義曰賁其須者須是上附於面六二上附於三似若賁飾其須也循其所履以附於上與上同為興起故云與上興也　九三賁如至終莫之陵　正義曰賁如濡如者賁如華飾之貌濡如潤澤之理居得其位與二相比和合文飾而有潤澤故曰賁如濡如其美如此長保貞吉物莫之陵故象云永貞之吉終莫之陵　六四賁如至終无尤也　正義曰賁如皤如者是素白之色六四有應在初欲往從之三為己難故己猶豫或欲文飾故賁如也或守質素故皤如也白馬翰如者但鮮絜其馬其色翰如徘徊待之未敢輒進也匪寇婚媾者若非有九三為己寇害乃得与初為婚媾也六四當位疑者以其當位得与初為應但礙於三故居疑也若不當位則与初非應何須欲往致疑也匪寇婚媾無尤者釋匪寇婚媾之義若待匪有寇難乃為婚媾則終無尤過若犯寇難而為婚媾則終有尤也　六五賁於丘園至有喜　正義曰賁於丘園者丘園是質素之處六五處得尊位為飾之主若能施飾在於質素之處不華侈費用則所束之帛戔戔衆多也吝終吉者初時儉約是其吝也必儉約之吝乃得終吉而有喜也故云六五之吉有喜也　注處得尊位至終吉　正義曰云處為飾之主為飾之盛若宮室輿服之屬五為飾主若施設華飾在於輿服宮館之物則大道損害也云施飾丘園盛莫大焉者丘謂墟園謂圃唯草木所生是質素之處非華美之所若能施飾每事質素与

飾丘園盛莫大焉者丘謂墟園謂圃唯草木所生是質素之處非華美之所若能施飾每事質素与
丘園相似盛莫大焉故賁於束帛言之則金銀珠玉之等皆是也若賁飾於此束帛珍寶則質
素之道乃隤落也故云丘園乃落賁於丘園帛乃戔〻者若設飾在於丘園質素之所則不糜費財物
帛乃戔〻衆多也諸儒以爲若賁飾束帛不用聘士則丘園之士乃廢落也若賁飾丘園之士束帛与之
故束帛乃戔〻也諸家注易多爲此解但今案輔嗣之注全無聘賢之意且爻之与象亦無待士之

周易正義

〔唐〕孔穎達　撰
朱瑞澤　解題

解題校理研究

本册目録

序言

儒家傳統經典，相沿有「五經」「九經」「十三經」諸目。漢魏以降，因應官學博士制度，逐步形成各經與傳注的權威組合，呈現爲「經注本」的文本形態。南北朝時期，義疏之學興起，多以「經注本」爲基礎，疏通經義，兼釋注文，且備采衆説。唐朝貞觀年間，孔穎達奉命主持撰修《五經正義》，基於前人義疏，爲《周易》《尚書》《毛詩》《禮記》《左傳》編定新疏，幾經修訂，最終於永徽四年(653)頒布天下，以求達到統一經義目的。其後，唐又有賈公彦等撰《周禮疏》《儀禮疏》，徐彦撰《春秋公羊疏》(一説徐彦爲南北朝時人)，楊士勛撰《春秋穀梁疏》，北宋邢昺等撰《論語正義》《孝經正義》《爾雅疏》。以上孔、賈及至邢昺等所撰諸經義疏，均與經注別行，自成一書，故後世稱其爲「單疏本」。唐代單疏本長期以寫本形式流傳，今存數種敦煌殘卷，即其孑遺。北宋國子監首次刊刻唐九經義疏，以及邢昺等撰三部新疏，南宋又覆刊北宋監本。北宋本今已無存，南宋覆刊本尚有數種傳本遺存。

單疏本獨立於經注文本，在經師記誦發達時代，經注信手拈來，本無多大問題；但是進入刊本時代，加之科舉背景之下功利化的需求，讀書苟簡，單疏本與經注本參互閱讀有所不便。故此南宋高宗以降有注疏合刻之舉，因相繼刊於越州官府，款式均爲半葉八行，後世遂統稱爲「越州本」「八行本」。其後，福建建陽書坊又興起附帶陸德明釋文的注疏合刻本，融匯經注、義疏、釋文於一書，較之經注本、單疏本和越州八行本使用更加便利，因而廣受歡迎，元、明、清時代遞相翻刻。此文本形式行款爲半葉十行，故被稱爲「十行本」。總之，南宋之後，十三經的組合方式，經、注、疏、釋文的文本結構，逐漸形成固定搭配，十三經注疏遂成爲士人閱讀的基本文獻，影響深遠。注疏合刻本通行之後，單疏本缺乏閱讀需求，漸趨湮没無聞，傳本日稀。延至清代，學人可利用的單疏本已僅限於《儀禮疏》《爾雅疏》及殘鈔本《春秋穀梁疏》。錢大昕有云：「予三十年來所見疏與注別行者，唯有《儀禮》《爾雅》兩經，皆人世稀有之物也。」陳鱣亦云：「群經之疏，本自單行，今尚存宋本有三，而皆萃於吴中。三者何？《儀禮》也，《穀梁傳》也，《爾雅》也。」阮元《十三經注疏校勘記》廣羅善本，備列異同，洵稱群經校勘的典範之作，但是所採用的單疏本仍不出上述三書，而且不乏據他人校本過録者。國内現今存世的單疏本，亦僅有南宋覆刊本《周易正義》、《春秋公羊疏》(存七卷)、《爾雅疏》，清覆刊本《儀禮疏》，以及清鈔本《春秋穀梁疏》(存七卷)。

反觀日本方面，從寫本時代起，即不斷流入中土經籍文獻，及至刊本時代，規模更盛，唐鈔宋刊不絶於書，而且歷經傳鈔，存世數量頗爲可觀。以單疏本而論，據傳世本收藏印記，鐮倉時代金澤文庫五經齊備，今公私單位仍藏有南宋刊本《尚書正義》、《毛詩正義》（存三十三卷）、《禮記正義》（存八卷），以及古鈔本《周易正義》（存十部之多）、《毛詩正義》（存四篇）、《周禮疏》、《儀禮疏》（存兩卷）、《禮記正義》（存卷五）、《春秋正義》、《春秋公羊疏》。其中，《尚書正義》、《毛詩正義》、《禮記正義》、《周禮疏》、《春秋正義》，國内不傳；《春秋公羊疏》，國内存本不全。此外，古鈔本《禮記正義》（卷五）、《毛詩正義》（四篇）源出唐寫本；《周易正義》（廣島大學藏本）或源出不傳的北宋刊本；《儀禮疏》（二卷）源出南宋刊初印本，較國内影鈔、覆刊本更佳。

諸經注疏合刻本與單疏本相較，由於經疏文字率爾搭配，章節分合、長短無定，而且相互遷就改易，人爲造成經典文本的混淆。錢大昕有云：「唐人五經正義，本與注别行，後人欲省兩讀，併而爲一，雖便於初學，而卷弟多失其真，不復見古書真面。」盧文弨亦云：「古來所傳經典，類非一本。陸氏所見，與賈、孔所見本不盡同。今取陸氏書附於『注疏本』中，非强彼以就此，即强此以就彼。欲省兩讀，翻致兩傷。」單疏本與注疏本大别有二：一是卷次，二是出文。單疏本撰成於卷子本時代，多據内容分卷，不太考慮篇幅的長短，而坊刻注疏本則照顧各卷篇幅的均衡，因此造成兩者卷次的差異。出文方面，單疏本獨立於經注，故引經注文字，形式多樣，或長或短；注疏本因爲經注齊備，所以疏前引經注文字，多以固定字數標起訖方式。單疏本與注疏本卷次、出文的區别，反映出從寫本形態到刊本標準化的變異。單疏本分唐鈔與宋刊系統，宋刊雖對唐鈔有所整飭，但大致保留了原本面貌。許多注疏本的文本矛盾之處，有賴於單疏本的校勘而得以揭示。此外，單疏本所據經注文字，不乏與注疏本相異之處，也具有重要的異文價值。當然，今存單疏刊本已屬南宋覆刻，鈔本又多據南宋本傳寫，輾轉傳鈔之際，不乏文字訛脱衍倒，别體俗寫，利用亦需精加鑒别。

近代楊守敬日本訪書，率先發掘日傳單疏本，影鈔《周易正義》、《尚書正義》、《禮記正義》、《春秋正義》，並撰寫題跋揭示其文獻價值。楊氏影鈔四經單疏本經繆荃孫歸於劉承幹，今存復旦大學圖書館。劉承幹《嘉業堂叢書》即據楊氏影鈔四經單疏本，加之借鈔日本竹添光鴻藏《毛詩正義》，國内涵芬樓藏《穀梁疏》、蔣氏密韵樓藏《春秋公羊疏》，彙刻單疏本七經併附校勘記。這是單疏本首次集中刊佈，不惟底本珍罕，所附繆荃孫等校勘記亦頗具價值。其後，日本陸續將《尚書正義》《毛詩正義》《禮記正義》《春秋正義》影印出版，商務印書館《四部叢刊》又將之收録，單疏本遂得到學界廣泛利用。

但是，群經單疏尤其是古鈔本的公佈出版仍存在明顯不足。日本廣島大學圖書館藏《周易正義》、京都大學圖書館藏

《周禮疏》、蓬左文庫藏《春秋公羊疏》，迄今未見出版。已經出版者，《嘉業堂叢書》據影鈔本刊刻，難免訛誤，而且統一板式、擅改文字，今日已不足重。日本影印本流傳不廣，獲取不易，黑白印刷方式也無法反映原本的豐富信息。《四部叢刊》據日本影印本覆印，與原本相去更遠。已經發佈的線上資源有限，而且存在觀覽不便、圖像質量不高問題。有鑒於此，我們決定彙編現存群經單疏古鈔本，獲取收藏單位授權高清圖像，予以彩印刊佈，力求再現古鈔本全面信息，同時附録相關敦煌殘卷參照。爲輔助開展深度研究，本叢編邀請各經專家撰寫研究性解題，並附録與存世刊本的詳盡校勘記，以及相關重要研究論文。此外，叢編還附印了日本慶應義塾圖書館新獲皇侃《論語義疏》最古寫本殘卷，以及該校附屬研究所斯道文庫藏日本文明十九年（1487）寫本《論語義疏》，並附録慶應義塾大學論語疏研究會同人的校理研究成果，據之可以思考單疏本與南北朝義疏體的關係問題。

本叢編的出版，得到了日本宫内廳書陵部、東洋文庫、蓬左文庫、京都大學附屬圖書館、慶應義塾圖書館、斯道文庫、廣島大學圖書館和國内北京大學圖書館的大力支持，高田時雄、野間文史、住吉朋彦、陳翀教授給予了無私的幫助。各經解題撰寫與校理者朱瑞澤、韓悦、杜以恒、郜同麟、李霖、郜積意、石傑、張麗娟諸同道，撥冗合作，展示了深入研究的成果。上海古籍出版社郭冲編輯是叢編的倡議者，積極參與籌劃與聯絡工作，精心編校。在此，一併表示衷心感謝。叢編或存在這樣那樣的問題，作爲主編，自然難辭其咎，請不吝批評指正。

劉玉才

二〇二四年秋於北京大學大雅堂

廣島大學圖書館藏舊鈔本《周易正義》解題

朱瑞澤

一、《易》學發展與《周易正義》的東傳

《養老令》卷十五《學令》云「凡經，《周易》《尚書》《周禮》《儀禮》《禮記》《毛詩》《春秋左氏傳》，各爲一經」，「凡教授正業，《周易》鄭玄、王弼注」，[一]可見至遲在八世紀中葉，《周易》鄭、王經注本已經傳入日本。考慮到史籍中還有日本「五經博士」的記載，如《日本書紀》卷十七繼體天皇十年（516）條百濟「別貢五經博士漢高安茂，請代博士段楊爾」等，[二]雖無法確認此等博士所治具體經目，但《周易》很有可能在此前已傳入日本；此時中國流傳的經書單經本已尟，傳入日本的應當也是經注本。修習經書要求學習者能通曉經書内容、義理，《養老令》規定「凡學生，通（續）〔讀〕經文，通熟，然後講義」，[三]博士講義，學生聽講，都需要參考《周易》的注疏之作。九世紀末藤原佐世所編《日本國見在書目録》載「《周易正義》十四卷」及其他數種《周易》義疏，這些典籍當是在此種背景下傳入日本。不過和銅五年（712）所上《古事記》序已化用長孫無忌《上五經正義表》，因此其傳入應當更早。

《周易》一經，不僅關涉經義，還與數術密切相關，在平安時代，貴族的生活幾乎事無巨細與占卜、數術，進而與《周易》密切相關。例如日本長期遵循「革命改元」之制，改元是朝廷大事，而《周易》在此過程中十分重要，以致平安末期著名公卿、學者藤原賴長在其日記《台記》中感嘆「革命之起，出自《周易》，若不窺此書，何以陳其起」。[四]進入中世後，日本各地豪强蜂起，戰事不絶，《周易》也被兵學視爲重要典籍，因而傳習不輟。正因此經與日本社會生活、歷史進程關係較他經爲密切，日本現存《周易正義》單疏本纔較他經單疏本爲多，不過除水户彰考館本成於鎌倉時代中期以外，其餘皆爲室町時代鈔本。[五]此次影印的廣島大學所藏《周易正義》舊鈔本即是傳存的室町時代舊鈔本之一。

二、廣大本《周易正義》的書誌信息

廣島大學附屬圖書館藏舊鈔本《周易正義》十四卷附《周

[一]《令集解　第一》，國書刊行會，1912年，第481頁。
[二]《國史大系　第一卷　日本書紀》，經濟雜誌社，1897年，第293頁。
[三]《令集解　第一》，第483頁。
[四]康治二年十二月七日條，《史料大觀　記録部　台記》，哲學書院，1898年，第107頁。
[五]《本邦現存漢籍古寫本類所在略目録》，載《阿部隆一遺稿集　第一卷　宋元版篇》，汲古書院，1993年，第212—213頁。

易要事記》一卷、《周易命期略秘傳》一卷（下稱「廣大本」），〔一〕凡十册，紅色書衣，五眼線裝。前八册題「周易正義　卷數」，第九册題「周易正義　要事記」，第十册題「周易正義　周易命期略秘傳」。第一册（「周易正義序」與「八論」）、第十册單邊，半葉十行行十七字；第二册至第八册無界欄，半葉十二行行二十字；第九册無界欄，半葉十行行二十字。

此本各册卷末有多條奥書（略當中國文獻學所謂「識語」），然而書寫者署名被挖去。經過考證可以得知，這些部分的書寫者爲室町末期日蓮宗僧立本寺日經，日經爲曾任右大臣的大炊御門經名之子，後奈良天皇宫中上臈女官之兄，與伏見宮貞成親王、轉法輪三條家、三條西家都有交遊，本人又是洛中法華宗本山立本寺貫首，身份高貴，與其時宫廷學術圈（如清原家、三條西家）容有密切關係。〔二〕

整理奥書情況可以得知，此本書寫約在天文十二至十四年（1543—1545），爲室町末期鈔本。野間文史先生指出：「第一册、第二册全册，以及第三册卷第三十七葉裏、卷第四十七葉裏、第四册卷第五十七葉後半六行、卷第六十四葉以降至於卷末等局部葉面，以及第九册《周易要事記》與第十册《周易命期略秘傳》，還有貫通全書的訂正、加筆部分出於一手，此人恐怕就是鈔本的所有者。」事實上，不止前揭一、二、九、十等日經親筆的卷册與其他卷册性質不同，即不同卷册之間亦可分辨不同鈔手的痕跡。將卷帙浩繁的書籍分配給多個寫手鈔寫，最終由寫本擁有者加點、校讀一過，這種做法從初有記載的平安時代以來始終行用，以至於室町時代。如慶應義塾大學所藏永禄六年（1563）周超世譽書寫本《論語集解》録有清原宣賢的本奥書（寫本所據底本的奥書）云「其中有琢磨之秘本，以之爲準的，假手新寫之，卒予加朱墨」，〔三〕此亦宣賢倩人鈔寫而親加點勘的實例。

不過日經也會補寫分鈔部分：卷四葉17b如野間先生所指出，爲此本擁有者（即日經）補寫，察其葉面，折線處有裁切、黏糊痕跡，可知原本倩人分鈔，一葉具足，日經則裁去後半，手自補寫。此外，第四册卷五葉20b第七行中部至第十行亦爲日經補寫，前後均爲鈔手字跡，此數行紙墨顔色有異，又有黏糊之跡，知爲後補。日經親手筆寫序、八論、乾坤二卦及《要事記》《秘傳》等重要部分，又對倩人代寫的部分精加點勘，其態度不苟可見一斑。

三、廣大本《周易正義》的成立過程與文本價值

廣大本所反映的書寫者相關信息相當豐富。擷取此本部

〔一〕本次影印所附野間文史先生專文研究這一鈔本，詳細記載書誌信息，此處僅揭示基本情況與野間先生未及注意的信息。

〔二〕關廣大本書寫者、傳本定位與文本價值，又有拙文《廣島大學藏舊鈔本〈周易正義〉的傳本定位與文本價值——兼論日系單疏鈔本的内部系統》（《中國典籍與文化》待刊稿）。

〔三〕參第32回慶應義塾圖書館貴重書展示會《古代・中世日本人の讀書》，慶應義塾圖書館，2020年，第38—39頁。

分奥書，如第一册末「天文十二癸卯曆九月十八日一條烏丸於柳原亭書之訖　□□□□經　春秋三十二才（附花押）」，第九册《要事記》末「天文十四年乙巳夷則上七傳易已後書之□□□□□（附印）」，第十册《秘傳》「天文十四年乙巳五月四日（朱書注：乙丑金曜）莊嚴道場本經始之。同廿二日癸未本卦傳受之」，「同六月二日癸巳（朱書注：金曜）著傳授之。同八日己亥命期相傳畢（附印，印上名署被切去）」，「天文十三甲辰曆三月廿八日於一條烏丸書之　□□□□經　生年三十三才（附花押）」，可以發現奥書内容涉及書寫者名號、年齡、住所以及傳授《周易》的環節。廣大本信息之豐富使我們可以據此大致還原與廣大本製作相關的一系列事件，這在日系《易》疏傳本中是絶無僅有的。

現存於世的日本傳來《周易正義》單疏本往往信息僅少，如内閣文庫藏林羅山舊藏本（別 046-0002）末册卷尾題「持主修養道人永好齋永雲之□。時天□（正）十年壬午孟冬吉月吉日，在武州川越郡抄書也」，此外則僅有數處「大明國人王氏月軒（謹）書」云云題識，並且其人與日經地位較高不同，身份無考。京大藏船橋家舊藏本（1-62／シ／3 貴）僅有「舩橋藏書」印可供辨認收藏者，慶應義塾大藏柴野栗山舊藏本（110X@167@5@4）只有江户時代以後的藏印，除「永禄龍集辛未」云云奥書可以考知書寫時間外，別無書寫信息。楊守敬購歸本中，水野忠央舊藏本、澀江抽齋舊藏本、狩谷棭齋舊藏本以及有「竹蔭書屋」藏印的森立之舊藏本缺乏可考信息；伏原家舊藏本與京大本類似，只有「天師明經儒」「伏⿺辶龠」印而無法確認書寫信息；[一]題「天隱禪師」的森立之舊藏本也「書中並無佐證，且筆跡可疑」。[二]

儘管我們未及對廣大本每一處書寫信息進行系統清理，但其成立過程可以大致推出：

1. 天文十二年九月十八日，日經於家中書寫《序》、八論，十九日，朱筆點勘（第一卷奥書）。
2. 十二月廿六日朱筆點勘第五册（第五册奥書）。
3. 天文十三年正月九日朱筆點勘第三册，二月十二日點勘第四册（第三、四册奥書）。
4. 三月廿八日於家中書寫《秘傳》。天文十四年五月四日於「莊嚴道場」開講「本經」，廿二日傳授「本卦」。六月二日傳授「著」，八日傳授「命期」（第十册奥書）。
5. 七月「夷則上七傳《易》已後書之」（第九册奥書）。第二卷乾卦後未有奥書，但應當與第一卷書寫同時或相去不遠。第十册奥書所謂「命期」當即《周易命期略秘傳》或其

[一] 此二印可能是伏原家的印記，也可能是伏原家某學者個人私印，參宫内廳書陵部編《圖書寮叢刊　書陵部藏書印譜（上）》，明治書院，1996 年，第 82—83 頁。

[二] 楊氏購歸本情況參考阿部隆一《中國訪書志》，汲古書院，1976 年，第 15—17 頁。

承載的知識。(4)(5)對應的奥書即更早寫本中頻繁出現的「傳授奥書」，廣大本作爲傳授者所持的底本，直接關係著一場《周易》傳授，其價值絶不止於文本校勘。

需要注意，日經在廣大本底本基礎上的「新筆」其實相對有限：例如第二册卷三葉 15b 第十行「而則告之再三則瀆々蒙也者若（傍線注曰『印本』）印本以棄此初本之意（下畫圈，小字注『而』）」，正文「印本」左側有「ヒ」形點滅符號，此部分經審筆跡不出日經之手。顯然，鈔手誤將底本旁注「印本」當作正文，本行擠入二字，遂使行末「此初本之意」擠入四字空間，又不得不以圈號標識補入本行的「而」字。隨即發現錯誤，加以改正。此一過程，皆出鈔手，可知「印本」云云皆爲底本校語。廣大本還有許多頭注、旁注，亦多爲當部分正文鈔手筆跡，不難推知，很大一部分頭注、旁注、校語都來自廣大本所據底本，而並非日經新筆。而將廣大本與其他日系《易》疏傳本對校也可發現頭注、訓點、文本皆不乏相似之處，諸本互有異同、親疏，但顯然擁有一個共同的文本來源，在流傳中逐漸各自産生差異。日經稱自己對分鈔部分文本做了「朱就」的工作，其實雖不止於此（如部分文本勘誤、頭注補寫），但其主要工作應當還是以用朱筆施加句讀、鉤點（文字左上角或右上角用以標明獨立表意單元的鉤狀符號）、朱引等符號爲主，其餘文本内容多屬底本的忠實寫照。把握廣大本的成立背景及其環節，借助筆跡、墨色等線索分析其中日經本人的痕跡，可以離析出「廣大本底本」與「日經新筆」兩個乃至更多層次，爲廣大本賦予在日系單疏本群中的坐標。

日本所傳存經書寫本，向來學界多認爲可能存在唐鈔淵源，彌足珍貴，但《周易正義》一書經學者從卷次分合、内容構成、起止語提示語標注體式及其文本異同、首尾題署與異文等多角度論證，當可以説《易》疏舊鈔並非淵源唐寫，而屬於宋刻本系統（很可能是北宋單疏本）。[一] 作爲日本傳存各種《周易正義》單疏本的一員，廣大本在反映宋刊單疏文本面貌，佐證、衡量海内版本異文時有其獨特文本價值。不僅如此，其詳密的訓點、校語、批注有時足以提供他本所無的信息，從而反映室町時代《周易》學實態乃至《周易》文本的情況，在日系單疏本群中也有較爲特殊的性質。

四、廣大本所附《周易要事記》與《周易命期略秘傳》

此外，廣大本與現存其餘《周易正義》單疏本顯著的不同還在於其書末附有《周易要事記》《周易命期略秘傳》各一卷，如前所述，這與廣大本所反映的《周易》傳授密切相關。野間文史先生曾撰寫此二種文獻的解題，並做了《要事記》的録文。

[一] 顧永新《日系古鈔〈周易〉單疏本研究》，《歷史文獻研究》第 45 輯，廣陵書社，2020 年，第 1—21 頁、379—382 頁。又見本書附録二。

兩種文獻有獨特價值，而中國讀者可能不甚熟悉，因而擬在最後稍作介紹。

《周易要事記》大致可以分爲三個部分：第一部分以「傳授作法」爲主，分點敘述《周易》傳授的時間、齋戒、供物、儀式、內容，以及授受者的禮儀、座次等；第二部分分點敘述筮法筮式相關內容；第三部分則和《周易》內容密切相關，以廣大本爲例，包括「名目式」（卦名讀法，標明其吳音、漢音和四聲，還注明每卦上下體以便指稱）、「讀《易》可避忌諱否事」（講讀《周易》是否應該避諱，《要事記》提供的解答是若本有避諱則可保留，不必另外避新的諱字）、「五十以前不讀《易》有其説哉」（「師御説」舉出五十以前學《易》有忌諱的文獻，又徵引文獻中五十以前讀《易》的例證表示疑義）、「《易》學傳授自何來哉」（敘述中日《易》學傳授脈絡）、「讀書説」（列舉日本《易》學講説的一些重點）。其文章用日本「變體漢文」寫成，混雜日文語法、詞彙，因而不可純用漢文語法理解。

《國書總目録》記載《周易要事記》四種，略録如下：〔一〕

一、一册。著：五條爲康。寫：宮書（自筆）

二、一册。著：近衛家熙。寫：陽明

三、一册。著：柏舟宗趙。寫：慶大（附於《周易抄》），大東急（《周易要事式》、抄，室町末期寫，附於《周易抄》）。

四、一册。寫：宮書，京大（元禄一一永井清昌寫）（舟橋經賢寫），高野山三寶院（大屋嚴僊寫），学書言志。

（三）（四）所著録慶應大學所藏本（110X@64@3@1）、京大藏本（1-62／シ／5 貴）、宮內廳書陵部所藏五條爲康自筆本（457・199）與廣大本所附《要事記》系統同，〔二〕其餘傳本受限於資料條件無法驗證，其中京大藏本有所增補，以某一種文獻爲基礎隨時間增補，屬日本寫本文獻衍生常態，慶應本內容與廣大本內容互有出入，但總體內容差别不大。廣大本《要事記》部分文本不如他本詳細，但日經書寫、點勘認真，文本中附有詳細的訓點、朱筆勾畫，有時利於解讀文本，舉一例而言，「《易》學傳授（生）自何來哉」有「尤叶經義大義」一句，野間先生誤釋「尤」爲「左」，實則「尤」字右下標注送假名「モ」，據訓讀規則可知爲「尤」字，慶應本、京大本皆無訓點。此外，判讀訓點還可得知日經所取訓法如何句讀、理解。利用廣大本文本還可辨識晚出文本中的附益，例如「五十以前不讀《易》有其説哉」「仍以爲晚年之學。疏釋之，以爲四十七歲時詞，但授（案：疑當作按）《史記・孔子世家》在七十已後之事也」數句，

〔一〕國書研究室編補訂版《国書総目録》第四卷，岩波書店，1990年，第237頁。

〔二〕五條本情況參見足利衍述《鎌倉室町時代之儒教》有明書房，1970年，第855頁。

慶應本、京大本「疏」上並有「孔穎達」三字，憑廣大本可判爲附益，此疏當指同段提及的《論語義疏》。

《要事記》是反映日本《易》學發展的一部重要文獻，現存不少《要事記》寫本附於抄物之後，説明至少在室町時代此文獻是《周易》傳授可以參考的重要資料。廣大本《要事記》作爲訓説信息豐富、文本面貌較早、文本性質較爲獨特的傳本，自有重要參考意義。

《周易命期略秘傳》則是室町時代相當流行的一部有關《周易》的數術書，其組成部分相當繁多，但相關的幾節仍大致以類相從：（1）「推御軌積年法」敘述根據上元積年求主歲之軌的方法，「御軌立成」即用於查詢「推御軌積年法」所云主歲之軌、御軌之數的一覽表；（2）「合軌爻值事之立成」列表排列出每軌二卦各爻所值月份、陰陽消息以及律吕相配結果，與其後「軌爻配月法」至「軌限盈縮法」數節相關；（3）「推帝王命期法」至「推帝王興衰法」數節都是此類推算在人事上的應用。廣大本《秘傳》主體部分可劃分爲以上三個主要單元，此外末尾還以「周易命期秘傳」爲題另起，敘述合軌之義、各卦軌數計算方法、盈縮法等問題，又附鈔「周易命期運數事」及勘文等「事」「文」。[一]

《國書總目録》記載《周易命期略秘傳》爲「三卷一册」，寫本有「慶大（室町末期寫　二部）」「大東急（室町末期寫　慶長補寫）」「天理（卷三　卜部兼右寫，與《周易抄》合爲三册）」「天理吉田（江户初期寫）」。[二]慶應本即慶應所藏兩種室町末鈔本（110X@77@1 和 132X@32/5@1），此外早稻田大學尚有源貴義安政四年寫本（ロ14 01586），諸本皆與廣大本《秘傳》主幹相同，但與《要事記》一樣，各本之間互有出入，隨時增補者當所在多有。此書文本層次多不分明，或用圈號、鉤點區分，或以提行另起標識，或兩者兼用，各本之間標識文本層次互有出入，其中亦有以廣大本所標層次爲勝者。要之，廣大本《秘傳》同樣充滿日經的朱筆點勘、訓點，有時可以提供相較於他本的全新文本信息；同時廣大本文本層次也可與他本對照，提供對這部室町時代影響甚大的數術文獻的「共時的」理解。

[一] 「周易命期秘傳」的「論盈縮法」以下皆爲日經據其他傳本補寫，綴於卷端。
[二] 國書研究室編補訂版《国書總目録》第四卷，第237頁。

傅圖 188071《周易正義・賁卦》解題

許建平

傅圖 188071 號，[一]起《賁卦・彖辭》正義「以亨之與賁相連而釋」之「連」字，至《六五》正義「亦無待士之文」之「之」，共 32 行，行 40 字左右，相當於注疏本 37 頁下欄 10 行—38 頁上欄 25 行。「卷背有印，粘著於裱背之紙，難以辨識」。[二]

此卷收藏在臺北「中研院」傅斯年圖書館，《傅斯年圖書館藏目録》擬題「周易正義」，鄭阿財定名爲《周易正義・賁卦》，[三]茲依例擬名爲《周易正義（賁卦）》。

此卷是抗戰勝利後，「中研院」歷史語言研究所在北平（今北京市）買到的。[四]至於它的來歷如何，則不得而知。

1917 年 9 月 17 日羅振玉給王國維的信中説：「弟前日往看李木齋藏書，敦煌卷軸中書籍有《周易》單疏（賁卦），有《左傳》，有《尚書》（帝典）……以上諸書乃木齋所藏。」[五]信中所言「《周易》單疏（賁卦）」，即此傅斯年圖書館藏卷無疑，據此可知寫卷確爲藏經洞之物而爲李盛鐸所竊者。[六]

黄彰健《唐寫本周易正義殘卷跋》根據寫卷面貌，對孔穎達《周易正義》原本的體裁與格式作了考證，該文以宋刻單疏本《周易正義》與殘卷對勘，發現殘卷記經文、注文起訖所用字多較單疏本爲繁，因而推測孔穎達《周易正義》原本對經文及注文並不省略，而是抄録全文。[七]而蘇瑩輝則認爲英藏《毛詩正義》及法藏《春秋左傳正義》均以朱書標傳、注起止，因而此注語偶出全文和記經注起訖所用的字數較繁的《周易正義》殘卷未必爲原本《正義》，而且「其紙張的厚度，既不及敦煌所出一般唐、五代的卷子，色澤又不類初、盛唐寫本；但就書體言，似不能晚於五代」。[八]

案：今所見 S. 498《毛詩正義》及 P. 3634v＋3635v《春秋左傳正義》皆經、注朱書，正義墨書；而此《周易正義》殘卷經、注、正義皆墨書，已非原本舊式。殘卷「治」字不諱；「棄」均寫

[一] 鄭阿財《臺北「中研院」傅斯年圖書館藏敦煌卷子題記》編爲 06 號，《慶祝吴其昱先生八秩華誕敦煌學特刊》，臺北文津出版社，2000 年，第 361 頁。

[二] 同上。

[三] 同上。

[四] 黄彰健《唐寫本周易正義殘卷跋》，《大陸雜誌》42 卷 9 期（1971 年 5 月），第 296 頁。

[五] 《羅振玉王國維往來書信》，東方出版社，2000 年，第 470 頁。

[六] 鄭阿財《臺北「中研院」傅斯年圖書館藏敦煌卷子題記》云：「（『中研院』史語所）民國十八年，由廣州遷北平；九一八事變後由北平遷設上海。此一期間，正逢前清文士收藏敦煌寫卷紛紛散出，當是蒐購之時機。正如中央圖書館所藏敦煌卷子一樣，大部分係抗戰期間及抗戰勝利後在上海、北京等地蒐購所得。」（《慶祝吴其昱先生八秩華誕敦煌學特刊》第 401 頁）此卷可能是李盛鐸去世（1935 年）後，其子女散出者。

[七] 《唐寫本周易正義殘卷跋》，《大陸雜誌》42 卷 9 期（1971 年 5 月），第 296—298 頁。

[八] 《略論五經正義的原本格式及其標記經、傳、注文起訖情形》，《敦煌論集續編》，臺北學生書局，1983 年，第 82 頁。

作「弃」，然「婚」或寫作「婚」，「媾」寫作「姘」，皆爲避唐太宗「世」「民」二字之諱而成之别體。此等避諱情形，在敦煌寫卷中，應屬較晚時期的抄本。

圖版

黄彰健《唐寫本周易正義殘卷跋》，《大陸雜誌》42 卷 9 期（1971 年 5 月），299 頁。http：／／lib．ihp．sinica．edu．tw／c／rare／dunhuang／metadatahtml／188071．htm（網址）。

圖版

S. 12282：《英藏》14 卷第 91 頁。

S. 5992：《寶藏》44 册第 643 頁。《英藏》10 卷第 15 頁。

研究

陳鐵凡《敦煌本易書詩考略》，《孔孟學報》17 期（1969 年 4 月），152 頁。

附録一　廣島大學藏舊鈔本《周易正義》攷

[日本]野間文史 撰　朱瑞澤 譯

目次

【補記】本稿主要部分已發表於《日本中國學會報》第四十七集（1995年），但限於篇幅，論證所據資料和前人研究成果介紹都有所省略。本稿則復歸其本，將可爲論證根據的《校勘記》收録在附録一中。又在附録二、三中載録附於廣大本《周易正義》的《周易要事記》和《周易命期略秘傳》解題。

一、緒論

本稿以廣島大學附屬圖書館所藏舊鈔本《周易正義》十四卷解題（附上對勘此舊鈔本和「南宋刊單疏本」所得《廣大本周易正義校勘記》[附録一]）爲主要內容。解明此本所屬系統是草成本稿的動機，也是本稿的目的，考察的過程中也會涉及與《周易正義》及其校勘相關的前人研究。

户田豐三郎博士在《周易注疏諸本考》（《東洋文化》復刊第九號，1964年。收録於《易經注釋史綱》，風間書房，1968年）中，已經立足於舊鈔本調查的基礎，在解説《周易注疏》諸版本後，提出了下面四條結論：

（一）可以稱爲現行九卷本注疏諸本祖版的十行本

已遺明人臆改，較十三卷注疏本價值爲低。

（二）十三卷注疏本以足利學校藏宋刊本爲第一，以常熟瞿氏藏刊本爲次。

（三）就疏文言，當重十四卷單疏本，南宋刊本與我國舊鈔本互有出入。

（四）我國舊鈔本所據似有北宋刊本或李唐傳抄本，但足以定論的資料尚不多。

與本稿相關的是第（三）（四）條，但此所言「我國舊鈔本」並不單指廣島大學藏舊鈔本（以下隨宜略稱「廣大本」），而泛指第三章詳述的各種舊鈔本。總之，户田博士保留了對「北宋刊本還是李唐傳抄」的判斷，展示了極爲慎重的態度。但令人遺憾的是，並沒有其考證的詳細記録。

由此，儘管三十年前和現在的資料狀況不會有太大的差異，在此筆者還是根據此傳本和「南宋刊單疏本」的通校結果，試圖提出「此舊鈔本屬於刊本以前李唐鈔本的系統」的假說。以下報告達到這一結論的過程，祈就正於方家。

二、廣大本《周易正義》的形式

此舊鈔本《周易正義》書寫於天文十二年（1543），也就是室町時代末期，分爲八册，還附録了另外兩種文獻，納於一函，

其具體卷次、内容如下。所謂單疏本也就是不含經、注文的「正義單行本」，這不必説就是唐代《周易正義》的原本體裁。

第一册：周易正義序　周易正義卷第一（八論）　十四葉

第二册：周易正義卷第二（乾卦）　三十二葉

第三册：周易正義卷第三（坤至訟）　二十八葉；周易正義卷第四（師至同人）　二十七葉

第四册：周易正義卷第五（大有至剥）　三十三葉；周易正義卷第六（復至離）　二十七葉

第五册：周易正義卷第七（咸至解）　三十葉；周易正義卷第八（損至革）　二十九葉

第六册：周易正義卷第九（鼎至豐）　二十二葉；周易正義卷第十（旅至未濟）　二十六葉

第七册：周易正義卷第十一（周易繫辭上第七）　二十二葉；周易正義卷第十二（自「聖人有以至如蘭」）　二十二葉

第八册：周易正義卷第十三（周易繫辭下第八）　三十葉；周易正義卷第十四（周易説卦第九、周易序卦第十、雜卦第十一）　十四葉

第九册：周易要事記　九葉

第十册：周易命期略秘傳　二十八葉

此書以紅色書衣(二十六釐米×二十點六釐米)、五眼裝訂分爲八册,外題「周易正義　幾」,第九册外題「周易正義要事記」,第十册外題「周易正義　周易命期略秘傳」(此二書參看附録二、三)。

第一册「周易正義序」與卷第一「八論」部分單邊(二十釐米×十六點七釐米),有界欄,半葉十行行十七字。第二册以降則無界欄,有字部分高約二十釐米,半葉十二行行二十字,經、傳、注文(基本都是標起止)和正義文句都是大字。

第一册首揭「周易正義序」,這一部分一直到第三葉第一面,第三葉第二面第一行題「周易正義卷第一」[一],第二行低一行題「國子祭酒上護軍曲阜縣開國子臣孔穎達奉敕撰定」(卷第二以下無定字),第三行題「八論」,第四行題「自此爲八段」,下爲八論正文,卷末尾題「周易正義八論之終」。南宋單疏刊本中「自此分爲八段」與八論正文之間用八行列舉了「第一論三易之名」到「第八論誰加經字」的目次。

第二册第一行題「周易正義卷第二」,第二行低一格題「國子祭酒上護軍曲阜縣開國子臣孔穎達奉」,缺「敕撰」二字者僅此一卷。第三行起是《正義》正文「䷀乾元亨利貞」,接第四行「正義曰……」,卦形並非木印而是手寫,但只有此乾卦卦象下缺脱應有的「乾下乾上」雙行四字小注。卷尾題「周易正義卷第二」,尾題後並無字數記載,這一點引人注目。

全書施以朱點(除卷第一外),附加朱筆勾劃和墨筆訓點,行間有日文標注和異本(イ)、印本校語。天頭有批注,時引程《傳》、《本義》、《廣韻》、《互注》、《勺》、毛晃、《韻會》、《説文》,也多施音注。另外一提,除了乾卦卦辭「元亨利貞」貞字之外,全書都未見闕筆。

第一、二、五卷末各有識語:

第一卷　天文十二癸卯曆九月十八日一條烏丸於柳原亭書之訖　□□□□經　春秋三十二才(花押)
同十九日朱就(朱書)

第二卷　天文十三甲辰正月九日朱就(朱書)

第五卷　天文十二癸卯曆十二月廿六日朱就(朱書)

不知爲何,書寫者名字被削去,僅能判讀最後一字爲「經」,非常遺憾,根據花押也無法確認其人身份。

第九册《周易要事記》與第十册《周易命期略秘傳》卷末也各有識語:

天文十四乙巳夷則上七傳易之後書之　□□

[一] 譯者注:以下某葉 a 面徑稱某葉表,b 面徑稱某葉裏。

□□□㊞

天文十四年乙巳五月四日［乙丑金曜］莊嚴道場本經始之同廿二日癸未本卦傳受之（［ ］内爲朱書）

同六月二日癸巳［金曜］著傳授之同八日己亥命期相傳平㊞

天文十三甲辰曆三月廿八日於一條烏丸書之

□□□□經　生年三十三才（花押）

可知《周易要事記》與《周易命期略秘傳》兩書書寫與《周易正義》基本同時。

第一册、第二册全册，以及第三册卷第三十七葉裏、卷第四十七葉裏、第四册卷第五十七葉後半六行、卷第六十四葉以降至於卷末等局部葉面，以及第九册《周易要事記》與第十册《周易命期略秘傳》，還有貫通全書的訂正、加筆部分出於一手，此人恐怕就是鈔本的所有者。第三册以後每卷書寫者似乎都不同，但並無補配。全册紙質相同，還可以觀察到同一葉中途乃至一行中途改變書寫者的地方，朱點、朱筆勾劃也可以見出其一貫性，因此推測並無補配，蓋短時間中多人分擔書寫的寫本。或許正因如此，出於書寫者不同，似也有欠缺精審的卷次。對平常只接觸版本而未諳鈔本的筆者而言，略字、異體字、重文符號非常令人在意，這是筆者的真實感想。

三、現存舊鈔本《周易正義》

衆所周知，唐孔穎達奉敕撰《五經正義》，加《周禮疏》《儀禮疏》爲「七經疏」，降及《十三經注疏》，被刊刻的版本大致如下。今取爲考察對象的廣島大學附屬圖書館所藏舊鈔本《周易正義》十四卷是否源出其中某種版本的鈔本，本稿的目的就在於探求這一問題的答案。

單疏本

Ⅰ唐代寫本

Ⅱ北宋國子監本　《五經正義》刊刻在端拱元年至淳化五年（988—994）

Ⅲ南宋覆國子監本　南宋初，《周易正義》在乾道年間（1165—1173）

經注疏本

Ⅳ南宋越刊八行本　乾道、淳熙、紹熙、慶元年間（1165—1200）

經注疏附釋音本

Ⅴ南宋宋刊十行本　刊刻在紹熙三年至嘉定十七年（1192—1224）

Ⅵ明正德十行本　刊刻在正德年間（1506—1521）

Ⅶ明閩本（嘉靖本）　刊刻在嘉靖十一、十二年至十五、十六年（1532—1537）

Ⅷ明監本（萬曆本）　刊刻在萬曆十四年至二十一年（1586—1593）

Ⅸ明毛本（汲古閣本）　刊刻在崇禎元年至十二年（1628—1639）

Ⅹ清殿本（乾隆本）　刊刻在乾隆四年（1739）

Ⅺ清阮本（嘉慶本）　刊刻在嘉慶二十年（1815）

最先開列的是Ⅰ唐代寫本，其見存可考者中，後第五章將要詳述的《禮記正義・曲禮》篇殘卷、《毛詩正義・秦風》殘卷以及敦煌本《春秋正義・哀公》篇殘卷廣爲人知，《周易正義》唐鈔本的傳存則由近來臺灣「中研院」黄彰健氏的研究闡明，遺憾的是，傳存的僅是賁卦的一部分殘卷（關於此寫本，本稿末尾也有所提及）。

下面的Ⅱ北宋國子監本如今没有傳存，例如阿部隆一氏的各篇研究就指出，直至最近還被視爲北宋刊本的版本實際上也都是南宋刊本（《阿部隆一遺稿集》第一卷等）。Ⅲ南宋覆國子監本被認爲覆刻了Ⅱ北宋國子監本，或者是它頗爲相似的翻刻，但如後所述，問題在於Ⅱ、Ⅲ之間有多大的鴻溝，對這一點的回答也對本稿結論相當重要。幸運的是，《周易正義》的南宋覆國子監本完整傳存。

Ⅳ南宋越刊八行本如後所述，此書内容爲《周易注疏》，今存兩部内容基本完整的傳本。至於Ⅴ南宋宋刊十行本，令人意外的是，可以確認爲南宋刊本的只有《毛詩正義》和《春秋正義》，此外都是元刊明修本（長澤規矩也《正德十行本注疏非宋本考》）。Ⅵ以下皆存，最後的「阮本」衆所周知是現在最爲流行的版本。

我國還傳存大量與上述諸版本系統相異，或與此諸版本源流關係尚不明確的《周易正義》十四卷本（也就是「單疏本」形式）的舊鈔本，這是早在江户時代就爲人所知的事實。例如江户末期著名的書志學家澁江全善（抽齋，1805—1858）和森立之（枳園，1807—1855）共著的《經籍訪古志》中，就「《周易正義》十四卷」著録以下六種舊鈔本。

應永年間（1394—1427）鈔本　求古樓藏，九行二十一字。

永禄年間（1558—1569）鈔本　求古樓藏，八行十七字、八行二十一字。

永禄年間（1558—1569）鈔本　柴邦彦家藏、竹陰書屋藏，十二行二十字。

元龜年間（1570—1572）鈔本　澁江氏柳原書屋藏，十三行二十字。

天正年間（1573—1592）鈔本　求古樓藏，十七行二十五字。

天正壬午十年(1582)鈔本　昌平學藏，十一行二十字。

此等鈔本中前二通經文大字，「正義」雙行小注，相對地後四通「正義」則與經文同樣爲大字，二者還由此判斷前者是唐本遺制，後者蓋臨書北宋本。「求古樓」是江户時代的考證學者狩谷望之(棭齋，1775—1835)書室之名。廣大本是與上述六種不同的鈔本，形式接近後一類則不待言，此類果真自北宋刊本臨書來嗎？

幾乎同時期的近藤重藏(正齋，1771—1821)《正齋書籍考》中關於「舊鈔本《周易正義》」可見如下敘述([ ]内是雙行小字自注)：

《周易正義》古鈔真本十四卷，世間時有傳本。予亦珍儲古鈔數通，有大永、永禄寫本，又有清家傳本。書風小有異同，卷首有唐高宗永徽四年長孫無忌等《上五經正義表》[注疏本闕此表]，次有孔穎達序，其次行直題「周易正義卷第一國子祭酒[中略]臣孔穎達奉敕撰定」，是卷子本之遺制也。其次行有八論，其次卷題「周易正義卷第二」，此可見《正義》分卷之式……

書中不書經注全文，唯標記經注某字至某字，下承以「正義」曰之二字，餘可概見。此本原是卷子書體，以其無宋孔維板行之跡，彌信爲李唐傳本。

由此，近藤正齋在大永(1521—1527)、永禄(1558—1569)年間寫本以外似還藏有清原家傳本，他僅據「無宋孔維板行之跡」就直接「信爲李唐傳本」，此説果真可信嗎？由於解題中並不言及寫本内容，不得不認爲在這一點上有所未備。

後述的海保元備(漁村，1798—1866)以所藏舊鈔單疏本與阮元《周易注疏校勘記》對校，著《周易校勘記舉正》一卷，據島田翰(1879—1914)《古文舊書考》，海保漁村所得蓋是大永(1521—1527)年間鈔本，另外《周易校勘記舉正》中的重要條目基本都被《古文舊書考》引用了。島田自身也藏有貞和年間(1345—1349)鈔本，關於此本記述如下：

《正義》同經文大書，每葉十五行，行二十四字，「貞」「玄」等字，間闕其末筆。蓋《正義》單行之書，多是十五行，而又有避諱可以徵之，其出於宋本審矣。

島田翰以其所藏舊鈔本出於「宋本」，但並未提及是北宋刊本還是南宋刊本。

以上介紹的大量舊鈔本今日存於何處？我們欲知此類信息，莫如瀏覽阿部隆一氏的成果《本邦現存漢籍古寫本類所在略目録》(《阿部隆一遺稿集》第一卷)，據此，直至昭和三十年代後半阿部氏確認所在的《周易正義》鈔本情況如下。引人注意的是，與《五經正義》中其他書相比，《周易正義》傳存的舊鈔本之多令人意外，或許我國《周易正義》或者毋寧説《周易》的接受中有什麽特殊情況（在阿部氏目録中求索其餘書，《尚書正義》有二種，《毛詩正義》有四種，但僅存殘卷。《春秋正義》《禮記正義》《周禮疏》《儀禮疏》各有一種）。

周易正義十四卷	存卷五—九	鎌倉寫，金澤文庫舊藏	五	彰考
同		室町末寫	七	内閣
同	欠卷五、六	室町末寫，清原家舊藏	三	龍門
同		室町寫	五	仁和
同		室町寫	一	日光天海
同	存序、卷一	室町寫	一	蓬左
同	存卷二、十	室町寫	一	静嘉
同	存卷五—七	室町末寫	一	東急
同	存序、卷一	室町末寫	一	東急
同	存序、卷一	天正十二寫	一	東急
同		室町末寫，清原家舊藏	三	京大
同		室町末近世初寫	七	人文
同	有欠	元龜二寫，柴野立山舊藏	五	慶應
同		室町寫	七	武田
同 附周易要事記、周易命期略秘傳各一卷		天文寫	十	廣大

可以看到，「廣大本」著録在最後。

阿部氏更在臺灣故宫博物院展開調查，其重要研究成果《「中華民國國立故宫博物院」藏楊氏觀海堂善本解題》（收録於《增訂中國訪書志》）中也記載以下六種《周易正義》舊鈔本的存在。

周易正義十四卷		室町寫，水野忠央舊藏	七	14行20字
同		室町寫，澀江抽齋舊藏	七	13行20字
同		室町寫，森立之舊藏	七	12行20字
同		室町寫，伏原家舊藏	十四	8行21字
同		室町寫，狩谷棭齋舊藏	三	8行17字 8行21字
同	存卷七—十二	室町寫，森立之舊藏	三	12行20字

「觀海堂」是明治六年伴隨駐日公使黎庶昌來日的楊守敬（1839—1915）的藏書樓名稱。他廣泛搜求我國傳存的古抄本、古刊本，其部分成果後來作爲《古逸叢書》刊行，他在其中大有貢獻，同時他還撰作了《日本訪書志》《留真譜》等書籍。這六種《周易正義》舊鈔本也是此時楊守敬購歸者。其中狩谷望之舊藏本後來被清末民國著名藏書家劉承幹作爲《嘉業堂叢書》的一種刊刻出來，詳見下一章第三節。

總之，直至江户時代還可以確認存在的傳本中，有如今所在不明，後來發現乃至遠渡臺灣等種種情況，而「廣大本」則在阿部氏目録中初見著録。此本昭和二十八年被廣島大學購入，遺憾的是其來歷尚且不明。

下一章是考察「廣大本」内容前的準備工作，試圖回顧前人撰作《周易正義》校勘記的成果，在這一過程中，筆者想要獲取追索廣大本定位的提示。

四、《周易正義》校勘記

（一）阮元《周易注疏校勘記》

嘉慶十一年(1806)阮元文選樓刊刻的《宋本十三經注疏併經典釋文校勘記》二百四十五卷，不必説，自是清朝考據學的一大成果。阮元更於九年後的嘉慶二十年刊行《重刊宋本十三經注疏》四百一十六卷，這一功績也值得高度評價，刊行注疏時附載了盧宣旬摘録本《校勘記》，應該也可以當作「阮本」廣泛流傳的一個原因。

這十三種校勘記中，下面將要討論的《周易注疏校勘記》其實並没有得到後世很好的評價，甚至被評爲十三經校勘記中最劣者。江蘇元和生員李鋭(1768—1817)擔當了《周易注疏》的任務，但其評價較低的主要原因，可以説就在於校勘所用資料的不完備。根據阮元序文，除「單經本」唐石經、「單注本」岳本、古本、足利本外，還利用了這些傳本：

單疏本

宋本　據錢遵王校本，案錢跋有單疏本一、單注本二、注疏本一，今不能復識別，但稱錢校本。

注疏本

影宋鈔本　據餘姚盧文弨傳校明錢孫保(作「保孫」者爲誤)求赤校本，今稱錢本。

宋本　據《七經孟子考文補遺》。

十行本　凡九卷，附《音義》一卷，無《略例》。

閩本　凡九卷，附《略例》一卷《音義》一卷。

監本　與閩本同。

毛本　凡九卷，無《略例》《音義》。

單疏本中「錢遵王校本」並不區別單疏本、單注本、注疏本，這是因爲「不能復識別」，但錢氏是否果真精校過單疏本非常令人懷疑。又此處「影宋鈔本」和「宋本」實指八行本，前者通過「錢本」，後者通過《七經孟子考文補遺》來利用。「十行本」則是明「正德十行本」，第三章開頭列出的諸版本中，阮元得以實見的不過是Ⅵ以下諸本，Ⅲ、Ⅳ則都是間接利用，其評價較低似也並非無理，這也是後述幾種《周易注疏校勘記》的補正本出現的原因。

下面將要討論阮元《校勘記》的補正之書，但在此之前事先對阮元不及見的「單疏刊本」「八行本」做出若干説明應該有助於本稿後半的理解。

先述單疏刊本。如前所述，現存單疏刊本中並無北宋刊本，《周易正義》也不例外，此本之爲南宋刊本，阿部隆一氏早就根據闕筆下及南宋諸帝名諱、刻工名從紹興年間降及寧宗慶元年間等事實判斷其刊刻在孝宗朝（《金澤文庫舊藏鎌倉鈔本周易正義と宋槧單疏本について》，《金澤文庫研究》241號，1976年，收録於《阿部隆一遺稿集　第一卷》）。

問題在於此書久不爲人所知，公諸世間晚到民國二十三年（1934）。其間情況，阿部氏有極爲簡要的説明，以下介紹其説：

> 另一方面到了清後期，宋刊單疏本秘傳至今的事實爲人所知。阮元《周易注疏校勘記》引據各本中所用錢遵王校本據云對單疏本有所參照，盧文弨傳校明錢孫保校本曾用宋刊單疏本，從這些信息可以知道這一點。但宋刊本的所在則不爲人知，據程恩澤撰《程侍郎遺集》中的記載可知徐星伯家傳存此本。根據清末的情況可以確認，此本在尚不爲世所知時從程家經由長沙何氏歸於徐梧生家，但梧生堅秘之而不示人。梧生没後，清末民初大藏書家、書志學第一人傅增湘終於在民國廿三年（昭和九年）得此曠世奇寶，第二年，當時我國在北京設立的北京人文科學研究所以珂羅版影印的形式將此傳氏藏單疏本隨其跋文公之於世，以饜學界多年之渴望。這一孤存海內的傳氏藏本戰後歸於北京圖書館公藏。

現在「北京人文科學研究所」影印本也頗罕見，幸而其書收録於嚴靈峯編輯《易經集成》（臺灣成文出版社，1975年），使我們易於得見其書，這是卷首冠以《五經正義表》的完本。

次論八行本。現在八行本可以確認以下兩種傳本，其一是足利文庫所藏國寶《周易注疏》十三卷，相傳是南宋著名詩人陸游（放翁，1125—1209）第六子陸子遹舊藏，傳來我國後，由上杉憲忠寄進足利學校。此本一大缺憾是卷首「表、序、八論」殘缺（故爲十三卷），但作爲南宋紹興乾道年間兩浙東路茶鹽司所刊最早的經注疏合刻本，遵從單疏本舊式，如實繼承了單疏本卷次。山井鼎《七經孟子考文補遺》中所謂「宋板」，《周易注疏校勘記》所謂「宋本」都是此本。此本也有汲古書院影印本（1973年），便於觀覽，順帶一提，其影印是户田博士研究發表之後的事情。

另一傳本爲明孫景芳舊藏，屢易其主，經清陳鱣、瞿氏鐵琴銅劍樓遞藏，現藏於北京圖書館。但此書經元明遞修，而且卷首「表、序、八論」和卷一（乾卦）都是陳鱣據錢孫保傳抄本補寫。此書收録於《古逸叢書第三編》，近來（1988年）由北京中華書局出版爲廉價小型影印本兩册，實在可喜。

筆者將此本與足利本對照，發現陳鱣據錢孫保傳抄本補寫的卷一也與足利本頗相逕庭，其他卷次也有妄改之處。八行本仍當「以足利學校藏宋刊本爲第一，以常熟瞿氏藏刊本爲次」，户田博士的論斷堪稱鐵案。

（二）海保漁村《周易校勘記舉正》

在較早的補正阮元《校勘記》的嘗試中，有海保漁村（1798—1866）《周易校勘記舉正》（自筆稿本藏於静嘉堂，收録於《日本儒林叢書》三編，在鳳出版的重刊版中則收録於第十四卷），其撰時所用對校資料是他收藏的舊鈔單疏本，這一點符合本稿目的，因此對筆者來説此書饒有趣味。其序文中還介紹此書著作目的和價值，雖然篇幅頗長，但正確指出了阮元《校勘記》的不足，因此介紹如下。

阮氏元之作《十三經校勘記》也，稱單行之疏，今僅存《儀禮》《穀梁》《爾雅》，而他經多亡。及閲《周易》引據書目，又載有單疏本，標曰「宋本」，「今不復能識别，但稱錢校本」。始讀至此，以爲所謂錢校本者，必其以單疏相比校者矣。及徧檢通篇，其專指引單疏者，僅一見乾《象》内，餘皆不復能識别。則又以爲所謂單疏者，與宋注疏本，亦不甚相徑庭矣。迨獲舊鈔單疏校之，則疑其異同紛然出於錢校本之外者，何其夥也。意者所謂宋單疏本者，錢氏蓋偶一寓目，而未經點校。當阮氏校書時，則此種已屬絶響。於是僅存其目於卷首，猶據《七經考文》所引，直標宋本，實未始目擊而檢尋之也。今詳加點勘，其可據以訂今本之訛，補阮氏未道之遺者，蓋有更僕不能罄者焉。而盧文弨、浦鏜、孫志祖輩，以意私改之陋，亦皆灼然可辨。譬如揭日星以行，明莫不照，豈不亦愉快乎。蓋無是本，則《校勘記》之作，吾知其不得已也。有是本矣，《校勘記》可復不作焉。遂條舉其字句之大者，以示是本之卓然可據，名曰《周易校勘記舉正》。嗟夫，是本在天壤間，《周易正義》十四卷始無一疑滯矣。《正義》十四卷無一疑滯，而王注始可得而讀焉。王注可讀，而後兩漢先儒之義詁，亦得以溯洄從之矣，豈不更偉乎。聞又有應永間抄本、永禄間抄本，若得比校以從一是，抑亦善之善者矣。跂予望之。

據此，他指出阮元《校勘記》所謂錢校本並非精校單疏本的成果，阮校所引清儒盧文弨、浦鏜、孫志祖頗有臆改。漁村對所藏舊鈔本還做出了「是本在天壤間，《周易正義》十四卷始無一疑滯矣」的高度評價。不過其跋文云「其傳録果出自唐時古本，與鈔自北宋刊本，皆未可知也」，對筆者在本稿中關心的問題慎重地避免了意必之斷。考慮到他並未見到單疏刊本，這種態度毋寧説是當然的。

筆者簡要檢視其校勘記，校勘一百九十八條之中有漁村特表藏本優長的十八例，與單疏刊本一致的四十四例，其中還有與八行本一致的二十八例，但與單疏刊本、八行本不相符合，只和廣大本一致的有七十八例，這一點引人注意，由此看來，可以推測我國傳來舊鈔本擁有共同的祖本。

漁村校勘時似以毛本爲主要校本，當然也參考了阮元《校勘記》，但總之他應該不及見「嘉慶二十年刊阮本」。作爲「海保本」獨特優長被開列的條目中四十例與廣大本和後述嘉業堂本都不符合，海保本文是正是誤難以判斷，毋寧説誤者恐怕還多一些吧。此海保本與其他舊鈔本相比可以説與毛本頗有一致之處，筆者推測此本在舊鈔中恐怕較廣大本爲晚。

（三）劉承幹《周易單疏校勘記》

嘉業堂校刊《周易正義》是吴興劉承幹於民國三年(1914)出版的《嘉業堂叢書》中的一種，其底本是第三章所述楊守敬從日本攜歸的舊鈔本中舊藏狩谷望之求古樓者。當時單疏刊本的存在已經爲人所知，但仍屬徐梧生慳於示人的傳本，劉氏遺憾自己不能得見此本，於是刊此舊鈔。同時，此本附有《周易單疏校勘記》二卷，這一點應該得到較高評價。讀《周易正義》時，當與阮元《校勘記》同備座右。

但多達八百四十餘條的詳細校勘記也以通校阮本爲主，單疏刊本之不得見屬於無可奈何，但連八行本也未得參校則十分可惜。例如劉承幹在跋文中所舉「無此書，則無人知之」的此書佳處四例：

觀卦脱去二十四字。

咸卦脱去八十九字。

遯卦脱去七字。

艮卦脱去六字。

前二例長段脱文單疏刊本和八行本不脱，則此二例大概在十行本階段脱落。但後二例既不見於單疏刊本也不見於八行本，只存在於廣大本，這一點引人注意。前云「可以推測我國傳來舊鈔本擁有共同的祖本」，這一例似乎就是這種情況。

據劉氏跋文，舊鈔本訛字、破體頗多，同一字反覆則用重文符號代替，劉氏對這種鈔本多有的形式感到不滿，在翻刻時認爲「不得奉日鈔爲金科玉律」而盡改之。結果原本體裁本來是「序、八論」每葉八行行十七字，卷二以後每葉八行行二十一字，全都被改换成每葉十一行行二十一字。每標起止則加以改行，雖然確實便讀，但恐怕也並非原本樣式。正如户田博士已經指出的，「就筆者所檢視，我國古抄本在何種程度上如實、正確地傳達了原貌，是不無疑問的」，筆者也可以指出此刊本許多臆改，誤刻亦復不少，利用時需要加以注意。

就筆者粗略檢視的印象而言，嘉業堂本也和海保本一樣，似乎是比廣大本稍晚的鈔本，這一點不一定是由於廣大本寫於天文十二年（1543）而嘉業堂本書寫於永禄年間（1558—1569），而是由於嘉業堂本中有將廣大本旁注誤認爲正文的例證。

另外此劉氏嘉業堂本《周易正義》也收録於《易經集成》，近來（1987）又由北京中國書店出版了小型影印本兩册，入手便利。

（四）長澤規矩也《周易校勘記補遺（一）》

下面介紹的長澤規矩也《周易校勘記補遺（一）》（《書志學》第五卷第四號，1935年，收録於《長澤規矩也著作集》第一卷）是静嘉堂文庫所藏舊鈔本《周易正義》與阮元《校勘記》對校的成果，也參照了海保漁村《周易校勘記舉正》、嘉業堂《周易單疏校勘記》，十分周詳，但不知爲何並未提及單疏本。同時不知出於何種原因（二）以下並未發表，此篇（一）只相當於阮本卷二、三部分，這一點十分可惜。

敘述舊鈔本價值的《序言》對本稿有很重要的意義，引用如下：

> 日本往往存宋刊單疏本，而其他傳入舊鈔本亦不尠，此等舊鈔本之價值，於經書宋刊本之失傳者爲可貴也。今存宋刊本，亦如前人所言，其舊鈔本並非宋刊本之傳鈔，乃所謂李唐時代傳來之本，即唐鈔本之傳鈔，猶可珍視也。《周易》單疏之舊鈔本，傳入日本者亦不少。然宋刊單疏本，今猶有徐氏舊藏而歸北平傅增湘之庋藏者，此等《周易》單疏舊鈔本，皆非所謂李唐之傳鈔本，則價值不高。[一]

他指出，如果舊鈔本傳抄自宋刊本，那麽在宋刊本存在爲人所知且已經公開的現在，其存在就基本没有價值，這不得不説是的當的見解。長澤氏因而基於如下見解撰作此校勘記：

> 是余所覩静嘉堂文庫所藏舊鈔本《周易正義》，乃元龜、天正間鈔本，且原十四卷中僅存六卷之殘本，其所校合異本之標注，一律記作「イ」，此外亦有標明「印本」者。此「印本」固非明刊諸本，乃宋刊本，蓋單疏本也。故此舊鈔本所據原本並非宋刊本之系統，蓋當爲李唐傳鈔本之系統。

記録異本對校結果的旁注中印本指單疏刊本，因此判斷舊鈔本爲李唐傳抄本，但是印本果真指單疏刊本嗎？這是需

[一] 譯者注：長澤氏此文石立善有譯本，參石立善《長澤規矩也〈周易注疏校勘記補遺〉》，《傳統中國研究集刊》2018年第2期，上海人民出版社，2018年7月。本稿採用石譯。

要考察的問題。此問題將在下一章再行考察。

另外，若將長澤氏八十七條校勘記中的静嘉堂本與廣大本對校，其文本基本一致，這一點引人注意。其中也有四例不同，但這類鈔本之間的異同應該也十分常見。静嘉堂本與廣大本似乎有極爲密切的關係。

（五）馬光宇《周易經文注疏考證》

最後介紹臺灣馬光宇氏的成果《周易經文注疏考證》（《「臺灣省立師範大學」國文研究所集刊》第六號，1962 年），此成果正如其名所示，是《周易》經、注、疏文全文的校勘記，在這一點上它和前舉四種單疏校勘記有所不同。只看其疏部分，是以阮本爲底本，並主要以此與北京人文科學研究所影印本對校，則此文是利用了單疏刊本的校勘記，不過條目無多，但其網羅單疏刊本佳處則應該受到較高評價。它應該也是現有阮校補正成果中最爲詳細的一種。在這一意義上，閱讀《周易正義》時此書應當與《嘉業堂本校勘記》一起置於座右。

遺憾的是這一成果完成於汲古書院影印本出版之前，仍然只通過山井氏《七經孟子考文補遺》間接利用八行本，同時也不知爲何並未參照嘉業堂所刊劉承幹《周易單疏校勘記》，若言完璧，誠不可期。馬光宇氏慨嘆道「校書之難，有如穀中拾稗，即使專心循求，亦有遺漏之虞。此次校《易》，每當校訖一篇，再次檢閲，仍有疏略之處。至於漏校之文，訛謬之處，或所難免」，這固然是基於從事校勘者共同經驗的太息之語。但更在此之前的問題是此書校勘資料不得不説尚不充足，這一點十分遺憾，同時誤植頻繁也是此書的缺點。

以下作爲參考列舉馬氏校勘所用諸版本。除了以上所言若干不備，比起阮元的校勘記，此書仍可言内容充實。

單經本

漢石經　「中央圖書館」所藏漢石經殘碑拓片。

唐石經　世界書局縮印皕忍堂影刊本石經凡九卷，附《略例》。

巾箱本　「中研院」藏景宋巾箱本，丙寅季夏涉園影印。

單注本

景印北宋本《周易》　「中研院」藏本，附釋文。

涵芬樓景印宋本　「臺灣省立師範大學」圖書館藏本。

古本　據商務印書館《叢書集成初編》之《七經孟子考文補遺》。

足利本　據《七經孟子考文補遺》。

單疏本

宋監本《周易正義》　凡十四卷，北平人文科學研究所假藏園傅氏藏本印行。

注疏本

《周易兼義》十行本　宋建刊元明修補，九卷附《略例》一卷、《釋文》一卷，「中央圖書館」藏。

《周易兼義》九行本　明嘉靖間李元陽刊本，九卷附《略例》、《釋文》，中央圖書館藏。

《周易注疏》　凡九卷，附《略例》，汲古閣刊本。

宋板　據《七經孟子考文補遺》。

參考本

《周易集解》　唐李鼎祚集解，嘉慶戊寅五月木瀆周氏刊印枕經校樓藏本。

《周易虞氏義》　嘉慶八年揚州阮氏琅嬛僊館刊板。

五、廣大本《周易正義》内容的考察

本章終於進入了對廣大本内容的考察。前文已經介紹了前人研究成果，間附筆者之見，但我國傳來的舊鈔本究竟屬於哪一個系統呢？如上所述，有認爲其源自李唐傳抄本的近藤正齋、長澤規矩也氏，也有以之爲宋本傳抄的島田翰，還有認爲有唐本、北宋刊本兩個源頭的《經籍訪古志》，此外還有認爲難以判斷的海保漁村、户田博士之説。立足於這些前人成果，以下敘述筆者有關廣大本的意見。

（一）廣大本與單疏刊本的異同

先從南宋單疏刊本與廣大本的比較開始，上舉前人中得見單疏刊本的只有長澤、户田兩氏（當然也只是通過影印本）。從前述單疏刊本爲世所知的經過來看這也是不得已的事情。筆者校勘南宋單疏刊本與廣大本，認爲不應該推測兩者有相互的繼承關係，也就是説兩者是不同系統的版本。這一點在户田博士以下論述中也體現出來：

今就乾卦疏舉數例校勘，順帶一提，其中有許多阮氏《校勘記》未及之處。

十行本	宋刊單疏本	廣大本	静嘉堂本	足利十三卷本
可與**幾**也	「幾」上無「言」字	「幾」上有「言」字	同前	同宋刊本
持疑猶予	遟	遟（持）	遟（持イ）	持
大而極盛	天上	天上	天上	天而
純陽**進**極	雖	進	進	進
无祇**悔**之類	「悔」下二字空白	「悔」下有「元吉」	同前	（元吉二字無，空白亦無）
貌恭心**狠**	恨	狠	？	恨（當作「狠」）
所以今**日**潛者	日	曰	曰	日

足利學校十三卷本既有沿誤自單疏本者，也有改正，

> 宋刊單疏本與我國舊鈔本則大體一致。時或異同，也有舊鈔爲是的情况，故狩野君山博士亦在研究所藏鈔本的識語中指出此本有足正刊本之誤者。……今用以參校的宋刊單疏本或以爲是南宋刊本，但舊鈔與之有所異同，因此不得不認爲是其他刊本。

文末云「別種に刊本と考えねばなるまい」，恐怕是「別種の刊本と」或「別種に刊本を」的誤植，這一點姑且不論，這一結論應該是意識到北宋刊本的發言，也就是説他認爲廣大本從南宋刊本傳抄，而與之不同的單疏刊本就是北宋本（户田博士所舉七例之中，第二例「持疑猶予」、第六例「貌恭心狠」實際上檢查足利八行本分別作「遲」與「當作『很』」。第三例「大而極盛」「足利十三卷本」項也不應該作「天而」，應作「天」。恐怕博士並未親見足利本，而是通過《七經孟子考文補遺》校勘，因而產生這類誤記。山井鼎《七經孟子考文補遺》也有這樣的不完善，實在是意外的遺憾發現，但並不妨礙此處有關單疏刊本的結論）。

就筆者調查，廣大本與單疏刊本之間有不少異同，詳參附録一《廣大本周易正義校勘記》。除去明顯的廣大本傳抄誤寫也遠超兩百例，其中或許也包含誤寫之例，但如此大量的差異也自然讓人覺得兩者屬於不同系統，同時可以判斷廣大本爲是的例子也所在多有。在此引用其中若干例（但除了明顯的誤刻、誤寫，判斷正誤是非常困難的事情。以下是筆者判斷廣大本爲是的例子，當然也可能有不同意見，但即便如此，單疏本和廣大本的不同是事實，至少不對本論題的展開構成障礙）。

最先舉出的這些例子，是只有單疏刊本爲誤的例証，也就是説八行本以下諸版本不誤：

卷一	序	唯魏世王輔嗣之注獨**冠**古今	單疏刊本誤「見」
卷一	第二論	伏犧神農**黄**帝之書	單疏刊本誤「皇」
卷二	乾用九	非是一爻之**九**	單疏刊本誤「几」
卷二	乾象	恐**學**者之徒勞心不曉也	單疏刊本誤「牽」
卷十	中孚上九	信衰則**詐**起	單疏刊本誤「誰」
卷十	中孚上九	虛聲**遠**聞也	單疏刊本誤「進」
卷十一	繫上四章	**是**易无體也	單疏刊本誤「骨」

這些基本都是單疏本由於字形相近而誤刻，此類有五十二例，八行本、十行本階段這些錯誤應該已經被訂正，而廣大本自然無誤。

以下舉十八例，第一行是廣大本，下面的静嘉堂本筆者没能實際調查，而通過長澤規矩也《周易校勘記補遺（一）》間接利用，但此文只及卷二、三。海保本也據海保漁村《周易校勘記舉正》。

	廣大本	靜嘉堂本	嘉業堂本	海保本	單疏刊本	八行本
①卷二乾文言六節	上第**五**節	五	五	五	六	六
②卷三坤上六	故曰**戰**于野	同前	同前	同前	無「戰」	同前
③卷三坤文言	則上云履霜堅冰**至**是也	同前	同前	無「至」	同前	同前
④卷三坤文言	由**辨**之不早**辨**者	辨	辨	辯	辯	辯
⑤卷二乾九四	猶疑**惑**也	惑	或	惑	或	或
⑥卷二乾文言	亦有先云亨更陳餘事**於下**	於下	乃始	於下	乃始	乃始
⑦卷一第八論之後	周易正義八論**之**終	？	同廣大本	無「之」	周易正義卷第一	
⑧卷五噬嗑象	是滅**下**而益上卦	？	下	下	三	三
⑨卷二乾文言	隨時**由**變	由	曲	曲	曲	曲
⑩卷二乾文言九三	不驕**者謂居下體之上位而不驕也**	同前	十一字無	同前	同前	同前
⑪卷三蒙初六	**小爾雅**云	？	爾雅	小爾雅	小雅	小雅
⑫卷五噬嗑象	所居**陽**位	？	陰	陽	陰	陰
⑬卷七遯	須遯而後得通**故曰遯而後得通**	？	同廣大本	無七字	同前	同前
⑭卷九艮六四	**注止求諸身者**求責也諸之也	？	同廣大本	無六字	同前	同前
⑮卷四同人彖	**諸**卦之象辭	？	諸	謂	謂	謂
⑯卷一第七論	獨得不**焚**	？	焚	禁	禁	（禁）
⑰卷三蒙	師若以廣深**之**義	？	二	二	二	二
⑱卷十三繫下二章	或水**漁**以罔魚鼈也	？	澤	澤	澤	澤

①②兩例廣大本與靜嘉堂本、嘉業堂本、海保本一致，此諸本爲是，單疏刊本爲誤。③④則廣大本與靜嘉堂本、嘉業堂本一致，⑤⑥與靜嘉堂本、海保本一致，⑦⑧則與嘉業堂本、海保本一致（但⑦例廣大本和嘉業堂本作「周易正義八論之終」，海保本作「周易正義八論終」），這些例子充分證明我國傳來舊鈔本的祖本並非南宋單疏本，也顯示其祖本可能在南宋單疏本之前。

其他例證也與此相同，⑨⑩廣大本只和靜嘉堂本一致，⑪⑫與海保本一致，⑬⑭⑮⑯與嘉業堂本一致，很難說這些例子裏面廣大本都是正確的，但如果有另一本存在，或許就可作爲補證。

例如⑪阮校出文「小雅云」，「錢本、宋本、閩、監、毛本小作爾。○按爾字誤。《小爾雅》唐人多作《小雅》。《文選注》亦然」。但此處正如海保漁村所言「按據是本，則今本之脱小字明甚。《校勘記》曲爲之説，不可從矣」，廣大本、海保本應該保持了文本原貌（北京圖書館所藏八行本改刻爲「小爾雅」，其下引文由於被擠佔一字空間而字號稍小，這種後世訂正值得注意）。

再看⑯例，此例出文是《漢書·藝文志》引文的一部分，引及前後疏文則是「及秦燔書，《易》爲卜筮之書，獨得不焚，故傳授者不絶」，此「焚」字諸本作「禁」，但足利八行本卷首殘缺，因此上表舉「禁」字爲北京圖書館藏八行本。今本《漢書·儒林傳》（中華書局校點本）作「及秦禁學，《易》爲筮卜之書，獨不禁，故傳授者不絶也」（《藝文志》中也有「及秦燔書，而《易》爲筮卜之事，傳者不絶」這樣類似的表述）。據此，「禁」字似乎没什麽問題。但考慮到此指秦所謂「焚書」，似乎仍以「焚」字爲當，或許也存在文本如廣大本的《藝文志》。嘉業堂本也作「焚」，似乎是這一點的補證（後述廣大本所附《周易要事記》中也有「《易》亦以爲卜筮書，不焚得存」的表述，可以參考）。劉承幹《周易單疏校勘記》並未言及此「焚」字，恐怕是其疏忽，就此也可痛感校勘記撰作之難。⑬⑭例則如上一章第三節所述，劉氏《校勘記》已經指出。

最後的⑰⑱兩例，只有廣大本作「師若以廣深之義」「或水漁以罔魚鼈也」，其他諸本分别作「二」「澤」，這樣一來或許應該以廣大本爲誤，但有人曾在未見廣大本的情況下做出此處當校如廣大本的判斷，這判斷就出自清浦鏜《十三經注疏正字》。浦鏜校定就⑰言「『二義』當『之義』誤」，就後者⑱言「『漁』誤『澤』」，確實是值得注意的見解。浦鏜《十三經注疏正字》在前述海保漁村所指出的臆改之外還有許多臆改，多爲先學所批評，但其校定精審者亦復不少，這一點筆者在舊稿（《邢昺爾雅疏について》，《廣島大學文學部紀要》第52卷，1992年）中已經指出。這兩例中，他也提出了正確觀點，尤其第⑱例海保漁村亦贊同道「浦鏜之説得之」。

在這一節結束之際，另舉一處只有廣大本傳存《周易正義》原貌的例子，例在乾卦卦辭疏：

> 此既象天，何不謂之天，而謂之乾者，天者定體之名，乾者體用之稱。故《説卦》云「乾，健也」，言天之體以健爲用。聖人作《易》，本以教人，欲使人法天之用，不法天之體，故名乾不名天也。

上所舉是廣大本以外的疏文，其内容在於解説這一卦象徵著天，但卻不稱天而稱乾的理由，它以體用關係來説明天與乾的關係。這段文字經常作爲「體用」之語的較早用例被稱引，這一點姑且不論，文段以天爲體，以乾爲用的對應容易理解，稍後的《大象》疏也可以見到「然則天是體名，乾是用名，健是其訓」的表現，這樣理解，上舉疏文就會有意義不通之處，即「天者定體之名，乾者體用之稱」，或者説「乾者體用之稱」一句，因爲如此理解，乾就會兼爲體用。但廣大本此處作「乾者作用之稱」，如此「定體」「作用」對文，文理通暢，想來此處應該是體的「体」與「作」字字形相似帶來的誤寫。此例雖然没有其他版本可爲佐證，但從内容上也可以判斷廣大本爲是。

從以上例子可以看出廣大本顯非南宋單疏刊本的傳抄本，考慮到廣大本足以訂正南宋單疏本之處頗多，似乎可以設想其底本在南宋單疏本之前，但這究竟是北宋刊單疏本還是李唐傳抄本呢？

（二）廣大本的「印本」注記

上一章第四節已經介紹，長澤規矩也認爲静嘉堂本中有與異本的校語，其中標爲「印本」者即單疏刊本，由此他推測静嘉堂本或屬李唐傳抄本系統。遺憾的是，長澤氏並没有舉出印本鈔本異同的具體例子，這也是其後户田博士提出「校記所引印本或許是注疏合刻本」這種不同意見的原因（儘管户田博士所舉反駁例證，如前所述都沿《七經孟子考文補遺》之誤）。

廣大本也與静嘉堂本一樣，可以看到許多用旁注、頭注記載異本校勘結果的例子，這些例子主要表記爲「印本」或「印」（三十八例），也有記「イ」者（十例），此外還有「異本」「一本」「或」等注記各一例。此處「イ」即異本，也就是其他鈔本，印本則當如長澤氏所言指刊本（另外這些旁注、頭注應該是在廣大本所直接依據的底本上就已經存在，因爲存在「印本云云」與《正義》正文混同書寫，又在書寫後的檢查階段加以訂正的例子。嘉業堂本中誤旁注爲正文的例子如前所述也存在）。

此「印本」所指究竟是哪種刊本呢？要考察此點，將此「印本」諸例與現存諸刊本比較，可知基本與單疏刊本一致，這一結果某種程度上也可以預料，但這些注記同時也和八行本一致，其中只有兩例與單疏刊本不同而符合八行本。即：

卷七　蹇　故稱爲蹇蹇利西南不利東北者　印本無

卷十二　繫上十章　猶版上走圓也　「阪」「丸」二字印本也

前一例單疏刊本與廣大本同，後者單疏本則作「阪」「圓」，反而八行本符合注記所稱「印本」狀況。上面雖然只有兩例，但應該可以認爲注記所稱印本蓋指八行本，或者至少不是單疏刊本。由此，以印本指單疏刊本爲前提的長澤氏，認爲舊鈔本屬於李唐傳鈔本系統的見解，其根據就不得不説欠妥了。

雖然只有一例，但以下仍附言「監本」注記：

卷八　益六三　宜以文德燮理　燮悉協切，和也，熟也。《説文》从言从炎从又，又監本下从火誤。

上舉批注寫在天頭，但後半部分似有誤字（原文「説文以言双炎双又又監本下双火誤」），筆者暫且校讀如上，總之此語蓋指監本「燮」字作「爕」。檢查單疏刊本和八行本，兩本則都作「爕」，如果如上所述印本就是八行本，那麽此處監本就應該是國子監本也就是單疏刊本，但究竟是北宋本還是南宋刊本則難以辨明。不論如何，「印本」注記即使可以做確定廣大本版本爲宋刊本系統還是李唐鈔本系統的一個旁證，也不能作爲主要根據。

（三）金澤文庫舊藏《周易正義》

在此想要附帶説一些別的問題。在第二章根據阿部隆一氏的目録介紹了現存《周易正義》舊鈔本，其開頭著録的一本極早鈔本應該已經有學者注意。其餘諸鈔本基本都是室町時期寫本，金澤文庫舊藏、現藏水户明德會的《周易正義》殘卷（重要文化財）則是鎌倉時代的寫本。有關此卷的研究，前揭阿部隆一《金澤文庫舊藏鎌倉鈔本周易正義と宋槧單疏本》頗可參考，下面以此研究爲基礎，敘述與本稿有關的一些要點。

此舊鈔本非常遺憾的是在《周易正義》全十四卷中僅存卷五至卷九的殘卷，本爲卷子裝，被改裝爲折疊裝，兩折攤開爲一紙大小，是鎌倉中期鈔本。阿部氏根據疏文單行大字書寫、北宋諸帝廟諱闕筆等現象認定此本爲宋刊單疏本的忠實的傳抄本。

《周易正義》最早在奈良時代就傳入我國，這一點尋檢藤原佐世《日本國見在書目録》就灼然可知，平安末期藤原賴長的日記《台記》中有獲得《周易正義》「摺本」的記載，前此研究已經反覆提及這一點，阿部氏推測此「摺本」爲北宋監本。根據阿部氏的研究，金澤文庫舊藏《周易正義》的特點、血脈究竟來自北宋刊本還是南宋刊本很難判斷，但仍提出「金澤文庫舊藏單疏本如後所述有《書》《詩》《禮》的南宋初刊本，將此鈔本認爲是新渡來的南宋版的傳寫本或許比較妥當」的見解。

如果認爲此見解不誤，那麼距今大約三百年的室町時期鈔本就有根據北宋本書寫的，這似乎有些不合理，如果進而看作是繼承了唐鈔本系統，恐怕就差之更遠了。

遺憾的是，筆者未能親見此金澤文庫舊藏本，似應避免妄發空論，但只讀阿部氏的研究，不免認爲將其判斷爲南宋刊本的證據稍弱。不過南宋刊本卷八末尾不知爲何並不記載字數，此鈔本則録之，筆者認爲這一事實毋寧説也透露出此本是重寫北宋刊本的可能。這一舊鈔本和南宋單疏本之間如果沒有太大差別，那麼考慮到廣大本與南宋刊單疏本異同之夥，認爲廣大本並非傳抄自宋刊單疏本或許也沒有那麼不合理。

（四）唐鈔本《禮記正義》

在此容易想起吉川幸次郎氏題爲《舊鈔本〈禮記正義〉を校勘して》（《東方學報京都》第九册，1938年，收録於《吉川幸次郎全集》第十卷），此研究解説了書寫於平安末期，繼承了唐鈔本系統的《禮記正義》舊鈔本，强調了它的文本價值，是管見所及討論經書唐鈔本和宋刊本關係最詳細的研究。在這一意義上，這是爲本稿提供了重要提示的研究成果，今借吉川氏之語介紹其要點。

此舊鈔本是東洋文庫所藏《禮記正義》殘卷，僅存卷五《曲禮篇》的一部分，狩谷望之舊藏。其書寫最遲不晚於寬弘五年（1008），此年距離北宋淳化五年（994）也就是國子監本《禮記正義》刊刻不過十四年，從當時的交通情況與信息交流看來，這不會是傳抄自北宋刊本，而應該繼承了唐鈔本的系統。吉川氏首先斷言此舊鈔本忠實傳達唐鈔本《禮記正義》樣態如下：

此古寫本亦即我們所說的舊鈔本，應該相當忠實地傳達了原本面目，而宋版則與此不同，可知與原本有相當的距離。也就是說此鈔本一卷是顯示現在行世的版本文本，哪怕是其中最古從而最值得信賴的宋版，都如何難以信賴的標本。

《禮記正義》南宋單疏刊本完本今已不存，僅存身延山久遠寺所藏殘卷（存卷六十三—七十，重要文化財）。此書長久以來被誤解爲北宋版，但應該與其他現存單疏本一樣是南宋初年北宋監本的覆刻版。此書有昭和五年《東方文化叢書第二》影印本和《四部叢刊續編》所收本，但此本與舊鈔本《曲禮篇》對應的部分今已不存，因此吉川氏在此研究中引爲比較對象的是南宋紹熙三年（1192）所刊最早的經注疏合刻本八行本。

此紹熙本在國子監本之後出現，是《禮記正義》的第二次刊板，其正義文句大體上一本國子監本，這一點從國子監本尚存部分與紹熙本的對校中可以得到證實，就今所舉例而言，認爲八行本如實繼承了北宋國子監本也沒什麼問題。並不只是國子監本與紹熙本之間有這種關係，紹熙本之後，宋元明清四代之間《正義》版本先後有七八種，這些版本都直線繼承著宋監本的系統，都是宋國子監本直接間接的重版。因此，這些版本之間雖有異文，要之不過是反覆重版時越晚近的版本越有校勘疏漏，如此堆積以至於今，這些版本之間的距離毋寧說是相當小的。

如果正如上引吉川氏所言刊本相互之間距離很小，那麼前述廣大本與單疏刊本的距離究竟應該怎麼把握呢？吉川氏爲了證明舊鈔本與紹熙版之間距離較大，分出如下三例，其後更引具體例證詳加論說。

第一例　有宋版誤脱不辭，但可據鈔本訂正通讀的異文。

第二例　有宋人所據文本恐不誤，宋人未能得著者孔穎達之意，而擅自加以不必要的改動的異文。第一例是校正所不及，此第二例則是校正太過。

第三例　出於有宋人「詳定」正義時所用《禮記》經注與孔穎達撰《正義》時所用《禮記》經注之間的異同而產生的異文。……宋人所欲「詳定」的《正義》與其所據經注之間自然會有矛盾，宋人則似乎毫無顧慮地改動此類異文，以求合於當時的經注。觀此鈔本，可以發現此結論不是「似乎」，而是「確實曾經如此」，以下即其例證。

其中筆者特别注意的是第三例，也就是《正義》文中所引《禮記》經注與宋代通行經注不同，宋人求合於通行本，妄加改動。其具體例證引用吉川氏文中一例加以展示。

所以使民決嫌疑，定猶與也。

（疏）定猶與也者，《説文》云猶獸名，玃屬。與亦是獸名，象屬。此二獸皆進退多疑，人多疑惑者似之，故謂之猶與。

以上是宋版經文和疏文，此疏内容是解釋「猶與」二字，但有頗爲奇怪的地方，即引用《説文》從字形上説明猶、與皆是獸名，猶從犬爲是，但「與」字中却不含與犬旁有關的要素，同時「與」之爲獸名，不只是《説文》，在其他各種字書中都查檢不到。這種情況非常奇怪，觀鈔本，則疏中三「與」字皆作「豫」，則疑問涣然冰釋矣。如君所見，豫字從「象」，從字形上看無疑就是獸類，也是象屬。作「豫」則疏文可以通讀，也就顯示《正義》原本應該是「豫」，同時《正義》所據經文也就應該作「定猶豫也」。如此，宋時經文演變爲與「豫」字同音的「與」，從而孔維等也就爲求合致强改疏文「豫」字爲「與」。確實表面上與宋版經文相合，但如此疏文文意就全不可通，顧頭不顧尾了。

與第三例相關聯，吉川氏雖然認爲這「恐怕是《禮記正義》特有的現象」，但仍指出疏文標題也就是「標起止」統一爲「□□至□□」五字是宋版以後的事情，同時還舉出足利學校所傳室町時代鈔本也就是所謂「足利古本」爲與孔穎達所見古本經注接近的經注本實物。也就是説他認爲我國舊鈔本之中有保持宋代以前經注文本面貌的傳本。

（五）廣大本所繼承的早期文本

廣大本與單疏刊本不同的例證中實際上可以找出若干與吉川氏所謂第三例相同的例子。遺憾的是並没有上文吉川氏所舉那種宋人妄改導致《正義》無法讀通的例子，雖然如此，也是可以認爲相比現行本殘存了早期經注文本的例證。

以下舉例卷次、經文、注文據足利文庫所藏八行本，僅有疏文據廣大本，引用部分長度盡可能保持在必要最小限度。各例中八行本經注與廣大本所引經注的異同都值得注意。

①卷一　乾《文言》　「知至至之可與幾也」

【疏】故《文言》云「因時而惕」，又云「知至至之可與言幾也」，……「知至至之可與言幾」者……

此最初的例①實際已經楊守敬《日本訪書志》指出。楊氏就自己購歸的狩谷望之舊藏舊鈔本（即《經籍訪古志》中推測爲唐本遺制的永禄年間鈔本）論述如下：

> 其文字大抵與明錢保孫所校宋本單疏合。……唯錢本所據尚是宋刻，此則爲唐鈔之遺。如《文言》「知至至之，可與幾也」，日本古鈔本皆有「言」字，自唐石經以下皆無「言」字。此《正義》覆述經文有「言」字，且前九三疏引《文言》云云，此本亦有「言」字。可知《正義》所據經文本有「言」字，後人據石經並刪《正義》。錢氏所據單疏已刪此字，不待注、疏合刻矣。

楊氏所言「日本古鈔本」當是足利學校所藏《周易》舊鈔經注本，亦即山井鼎《七經孟子考文補遺》中所謂「古本」或「足利本」（校勘三種古本並印爲活字版者）。也就是説，根據此狩谷本《周易正義》與我國古抄本所傳經文一致，判斷狩谷本爲「唐鈔之遺」，此屬吉川氏第三例。關於此例，不只是狩谷本，廣大本以及静嘉堂本、海保本文本都相同，海保漁村更判斷有「言」字者爲文本原貌，與古抄經注本一致的自藏單疏舊鈔本文本無誤。

②卷七　升《大象》　《象》曰：地中生木升。君子以順德，積小以高大。

【疏】「君子以順德，積小以**成**高大」者，地中生木，始於毫末，終至合抱……

這一例只有廣大本、海保本有「成」字，正如漁村所云「今本無『成』字，按據此本，則知孔氏所見，與古本、足利本合」，《七經孟子考文補遺》所校足利本《象》傳有「成」字。這樣的文本有較早的淵源，從陸德明《經典釋文》中『以高大』，本或作『以成高大』」可以看出，這應該也是《周易正義》及其所據傳文的本來樣態（王引之《經義述聞》卷二「積小以成高大」中駁斥以有「成」字爲是的惠棟《周易述》之説，認爲《釋文》所引「或本」爲誤，王氏説自然是在没有見到有「成」字的《周易正義》鈔本基礎上的考證）。

③卷二　蒙《象》　蒙亨以亨行時中也。

【疏】「蒙亨以亨行**得**時中」者，疊「蒙亨」之義。

④卷三　小畜上九　「上九，既雨既處尚德載」。

【疏】「尚德**積**載」者，體巽處上，剛不敢犯……

⑤卷七　夬九四　九四，臀无膚，其行次且。

【疏】《正義》曰：「臀无膚，其行**趑趄**」者……

此三例中，③蒙卦和④小畜卦只有廣大本有「得」、「積」之字。據《七經孟子考文補遺》可知，「足利古本」有「得」字、「積」字（關於例③，阮校認爲「按此『得』字蓋涉注文而衍」）。⑤夬卦根據下引《經典釋文》則並非廣大本誤寫，可以證明應該傳達了較早的文本面貌。

次，本亦作「趑」，或作「欪」……馬云：卻行不前也。且，本亦作「趄」，或作「跙」……王肅云：趑趄，行止之礙也。

上舉五例都可以認爲是較早面貌的經文文本。以下引用王弼注文之例。

⑥ 卷三　小畜上九　《象》曰：既雨既處德積載也。

（注）……故可得少進，不可盡陵也。

【疏】「不可得盡陵」者，九三欲陵上九，被上九所固，是「不可得盡陵」也。

⑦ 卷七　升上六　《象》曰：冥升在上，消不富也。

（注）勞不可久也。

【疏】然「榮不可久」，終致消衰，故曰「消不富也」。

前第⑥例小畜卦只有廣大本和嘉業堂本有「得」字，此仍與足利本一致。後第⑦例升卦則廣大本、海保本「勞」字作「榮」。這兩例在《七經孟子考文補遺》和《經典釋文》中都不可見，但從海保漁村「今本『榮』誤『勞』，注同。唯古鈔經注本作『榮』，與此本合」的言論看，漁村似乎還有可據的鈔本。

以上七例都應該是包括廣大本的舊鈔本保存六朝時代以來較早經注文本的例子，如果同意吉川幸次郎或者楊守敬的説法認爲這些是宋版之後纔被改變的文本，那麽就應該認爲廣大本有可能繼承了宋版以前的系統。

但下面一例要如何解釋呢？

⑧ 卷六　咸　咸亨利貞取女吉。

【疏】「咸亨利貞娶女吉」者……故云「咸亨利貞娶女吉」也。

此例只有廣大本和嘉業堂本「取」作「娶」，《經典釋文》此處有「取，七具反，本亦作『娶』，音同」，正如阮校所述「按『娶』正字，『取』假借字」，「娶」應該是此例文本原貌，從而應該認爲與上文介紹的七例同類。但問題在於廣大本和嘉業堂本在標起止中直接抄録經文全句，則作「咸亨利貞取女吉」，也就是説標起止和疏文之間存在齟齬。

還有一例，是前舉例⑤夬卦疏文後面的一段疏文，其例雖然只有廣大本作「趑趄」，宋版以後作「次且」，但接續這段疏文的後半疏文則作「次且，行不前進也」而不作「趑趄」。

但這兩例或許可以作爲單純的誤寫，付之不問。廣大本寫定的天文十二年，十行本以前的宋刊本恐怕已經傳來我國，這一點根據本章第四節「印本」注記的存在可知，廣大本傳寫的過程中可能被這些版本影響了。從此鈔本省體之多看來，或許也可能是書寫中加以省略。由此，雖然存在上舉這兩例，但以之爲例外，認爲廣大本保存了六朝以來較早的文本的推測應該也有充分可能。

【補注】

王引之《經義述聞》卷二「莫大乎蓍龜」條有如下考證（「（）」內爲王氏自注）：

《九經古義》曰：「《釋文》『大』作『善』，云『本亦作大』。案何休注《公羊》（定八年）、《漢書・藝文志》皆引作『善』，《儀禮疏》同（《士冠禮》）。《釋文》是也。」

家大人曰：「本亦作大」者，涉上文五「莫大」而誤。自唐石經始定從「大」字，而各本皆從之。《白虎通義・蓍龜篇》《家語・禮運篇》注引此皆作「善」。魏徵《群書治要》、《後漢書・方術傳》注、《文選・廣絶交論》注、鈔本《北堂書鈔・藝文部一》（明陳禹謨本又改「善」爲「大」）、《白帖》三十一引此亦作「善」。又《北堂書鈔・藝文部三》引舊注云「唯蓍龜最爲妙善」（陳本刪），宋本《周易正義》亦作「善」（見《校勘記》）。今本作「大」者，後人依唐石經改之（《曲禮》正義引《易》作「大」，亦後人所改）。

此條考證今本《繫辭上傳》「莫大乎蓍龜」，是旁徵博引以補證以《經典釋文》「莫善乎蓍龜」爲是的惠棟説的考證。王氏最後舉出的「宋本《周易正義》」指當處疏文中引用的《繫辭傳》此文，蓋從阮元《校勘記》轉引，實際上廣大本以下各傳本（據阮校，除監本、毛本外）都作「莫善乎蓍龜」，進而此考證應該説是合理的。

王氏最後自注所言「《曲禮》正義引《易》作『大』，亦後人所改」之推測完全正確，這一點也可以根據本稿第五章第四節介紹的唐鈔本《禮記正義》中果然作「莫善乎蓍龜」確定。同時近年公開的馬王堆帛書本《繫辭傳》中也作「莫善乎蓍龜」（陳松長《帛書〈繫辭〉釋文》，《道家文化研究》第三集，1993 年），這應該就是文本原貌。

此處是有問題的《繫辭傳》疏文，但王氏所引疏文前面的疏文部分也作「莫大乎蓍龜」，這是怎麽回事呢？今與前面一段疏文一起引用如下：

「探賾索隱，鉤深致深，以定天下之吉凶，成天下之亹亹者，莫**大**乎蓍龜」者，探謂闚探究取，頤謂幽深難見，卜筮則能闚探幽昧之理，故云「探頤」……唯卜筮能然，故云「莫善乎蓍龜」也。

也就是説，此處不標起止而全句抄録傳文，這一部分中字作「大」，此處各版本情況都相同，從而對同一句傳文的引用前後疏文就出現了差異，這是唐以後被改動的文本嗎？

在此引用《周易正義》中另一處徵引此句《繫辭傳》的例子，即乾卦初九爻辭所引，此處包括廣大本在内各版本都作「莫大乎蓍龜」。據王念孫之説，則距所引傳文當句較遠的乾卦疏文尚不及改動，從前文介紹的唐鈔本《禮記正義》看，這種可能性應該也頗大。

筆者接下來想要提及的是王念孫並未引用的「何休注《公羊》」對應文句的疏文，何休言「《易》曰定天下之吉凶，成天下之亹亹者，莫善乎蓍龜」，引用《周易·繫辭傳》，此文之疏如下：

> 解云：此皆上《繫辭》文也。今《易》本「善」作「大」字爲異。彼注云「凡天下之善惡，及没没之衆事，皆成定之，言其廣大無不包也」。

《公羊疏》作者傳統上認爲是唐代徐彦，實際上應該是六朝時代北朝的著作，其成立在陸德明《經典釋文》（陳末成立）以前，這一點經過重澤俊郎氏《公羊傳疏作者時代考》（《支那學》六—四，1932年）論證，近來由森秀樹《公羊疏について1·2》（《立正大學日本文學》五十一、五十二，1983年）再確認。如此，根據《公羊疏》的記載，我們可以知道唐代以前作「大」的文本已經普及（所引《易注》被《通德遺書所見録》視爲鄭玄注），從而《周易》文本的原貌如何姑且不論，《周易正義》編纂之時已作「大」字的可能性也應該充分考量，附言於此，以俟後日考察。

（六）標起止

最後考察吉川氏所言標起止問題在廣大本中的表現。他認爲或許這是《禮記正義》特有的情況，「標起止」統一爲「□□至□□」五字是宋版以後的事情。但《周易正義》標起止在刊本中也很少有五字者，而一般使用長句標起止，從而「統一爲五字」這一點與《周易正義》情況不相符。

但廣大本標起止的特徵在於卷九、卷十二與單疏本不同者顯著增多，其餘卷次中異同也偶爾存在，但基本都來自廣大本的脱、誤，這兩卷似乎性質有異。其數量，卷九則有二十一例，卷十有四十二例，附録一《廣大本周易正義校勘記》後附《廣大本單疏刊本標起止異同表》，請參照。

爲什麽只在這兩卷中有此等異同呢？現在筆者尚難詳知其故。或許與兩卷書寫者有關，但總之廣大本（或在其傳抄所用底本的階段）此二卷的標起止似乎欠缺正確、忠實傳寫出文的熱情。例如下面這一例，上面是廣大本，下面是單疏刊本，各引其標起止。

歸妹初九

注夫承嗣——

注夫承嗣以君之子雖幼而不妄行

單疏刊本標起止引長句時，廣大本則多畫直線「——」，省略其下長文，與此類似的有二十四例。

像下面這一例廣大本標起止更短的情況也不少。

艮六五

六五艮其至正也

六五艮其輔至中正也

漸六二

六二至素飽也

六二鴻漸至不素飽也

但像下面這兩例一樣，廣大本用長句標起止的情況也很多，因此其間關係並非單疏刊本向廣大本演變。從而也就與上文所言廣大本保存較早文本形態的結論不相矛盾。

豐初九

初九遇配主雖旬无咎至通過旬災也

初九遇其至旬災也

小過

小過亨利貞可小事不可大事飛鳥至大吉

小過亨至大吉

廣大本這兩卷（或其底本）不認真（？）的標起止書寫態度反而讓人注意到單疏刊本標起止的統一性。以下所舉例子在兩者標起止之前引用標起止的基礎也就是經文全文，以此在一定程度上瞭解唐代標起止的原本樣式和單疏刊本整理過的樣態。與上舉例同樣，上面是廣大本，下面是單疏刊本。

豐

上六，豐其屋，蔀其家，闚其户，闃其无人，三歲不覿，凶。《象》曰：豐其屋，天際翔也。闚其户，闃其无人，自藏也。

上六豐其屋天——至自藏也

上六豐其屋至自藏也

巽

九五，貞吉悔亡，无不利，无初有終，先庚三日，後庚三日，吉。《象》曰：九五之吉，位正中也。

九五貞——象曰九五至正中也

九五貞吉悔亡至正中也

巽

上九，巽在牀下，喪其資斧，貞凶。《象》曰：巽在牀下，上窮也。喪其資斧，正乎凶也。

上九巽在——象曰巽在至乎凶也

上九巽在牀下喪其至正乎凶也

最初的豐卦之例中，兩本標起止所示經文範圍自然一致，但廣大本有「天」字，由此可知其上「豐其屋」三字是《象傳》一部分，其下有用省略記號的直線「——」，由此可以推想廣大本標起止原本應該是一長句。

下面兩例也同樣，廣大本有「象曰」二字，明示標起止包含了《象傳》，單疏刊本雖然還没到《禮記正義》單疏刊本中那種統一程度，形式上仍然可以窺見一定統一性，因爲其文字雖然長短有所差別，但仍舊明確表示了標起止上下限。

但下面所舉三例與以上所舉諸例稍有不同，兩本標起止所示範圍有所不同。

艮

《象》曰：艮止也，時止則止，時行則行。動静不失其時，其道光明。艮其止，止其所也。上下敵應，不相與也。是以不獲其身，行其庭，不見其人，无咎也。

《象》曰艮止也至其所也

《象》曰艮止至无咎也

廣大本標起止指示到《象傳》中間爲止的文句，單疏刊本則指示到《象傳》末尾爲止的文句，標起止以下實際的疏文内容則與單疏刊本相符。廣大本應該不是特地將單疏本正確的標起止誤改爲較短形態，恐怕應該看作是單疏本訂正了原本的錯誤。

中孚

初九，虞吉，有它不燕。《象》曰：初九虞吉，志未變也。

《象》曰初九至未變也

初九貞吉至未變也

上例中廣大本指示《象傳》以下部分，但與疏文内容符合的還是包含爻辭的單疏刊本的標起止。下例也一樣：

未濟

《象》曰：未濟亨，柔得中也。小狐汔濟，未出中也。濡其尾，无攸利，不續終也。雖不當位，剛柔應也。

《象》曰未濟至續終也

《象》曰未濟至剛柔應也

廣大本指示到《象傳》中間爲止的文句，單疏本指示全文，這也是疏文範圍與單疏刊本標起止一致的例子。

從這些例子看來，《周易正義》本來的標起止應該有相當數量的長句，可以推測引用經文全文來標起止的條目也不少，這或許是因爲《周易》經文除了「十翼」外都是短句。但從注文標起止多用省略符號「——」來看，注文似乎也是用較長句子標示起止。可知，這些標起止在單疏刊本中被刊削、被短句化，應該認爲《周易正義》在刊本階段確實經過了整理統一。根據對標起止的考察也可以看出廣大本保存了比單疏刊本更早的文本形態。

六、結論

下面對本稿觀點加以總結：本稿以户田豐三郎博士認爲難以判斷廣大本傳抄自北宋單疏本還是李唐鈔本的觀點爲出發點，先在第二章介紹了廣大本的物質形態與書寫信息等外在信息。廣大本是十四卷的單疏本也就是「《正義》單行本」，傳達了其書在唐代的原本形態。第三章論及廣大本以外我國傳存的舊鈔本《周易正義》，第四章介紹補正阮元《校勘記》時利用了這些舊鈔本的前人研究成果，以此探索研究廣大本的線索。

在這些考察的基礎上，第五章展開了對廣大本内容的考察：第一節通過指出廣大本與南宋單疏刊本不同的大量異文例證論證廣大本並非南宋單疏刊本的重寫本，而繼承著更早的文本系統。第二節確認廣大本注記中所見「印本」並非南宋單疏刊本而是指八行本，遺憾的是無法根據「印本」注記的存在論證廣大本是李唐傳抄本。第三節介紹了我國傳存的最古老的舊鈔本金澤文庫舊藏《周易正義》和阿部隆一氏認爲此本是南宋單疏刊本重寫本的觀點，並推測不一定要將此本看成南宋刊本的傳寫，而也有傳抄自北宋刊本的可能性。

總之，本稿的論題最終歸結到如何判斷第一節中指出的廣大本和南宋單疏刊本之間的距離，作爲參考，介紹了吉川幸次郎氏對李唐鈔本之中向乏研究的《禮記正義》殘卷的考察。吉川氏在此研究中證明了唐鈔本和宋刊本之間的鴻溝，五、六節則運用其研究的原理考察廣大本和南宋單疏刊本的關係。第五節舉出例子，展示廣大本對遭到宋以後人變改之前的較早文本型態的保存，第六節則闡明廣大本標起止殘存了較南宋刊單疏本更爲古早的型態。

經過以上考察，筆者提出了如本稿開頭所言認爲廣大本繼承李唐鈔本系統的假説。

不過，應該承認，做出這種判斷時實際上不禁感到多少有點躊躇，最大的理由全在於最早的刊本北宋刊單疏本今已不存。同時廣大本與南宋單疏刊本之間的距離似乎也並没有《禮記正義》唐鈔本和宋刊本之間的距離那麼大，這似乎也是一個理由，也就是説廣大本與南宋單疏刊本的距離似也有可能就只是北宋刊本與南宋單疏刊本之間的距離。但如前所述，南宋單疏刊本是北宋刊單疏本的覆刻或相似翻刻是今日通行的定説，從而，如果遵循這種兩者之間距離無多的通説，筆者的假説似乎就可以成立。這就是爲什麼筆者提出廣大本繼承宋版以前李唐鈔本系統的假説。

除了乾卦卦辭「元亨利貞」之「貞」字之外，全書都未見北宋諸帝廟諱闕筆；没有南宋刊單疏本中應有的尾題後字數記載；還有「萬」字全部書寫成「万」，這是唐鈔本的一個特徵。這些現象應該都可以作爲上文假設的補證。

另外，第三章提到《周易正義》現存有唐寫本，似有必要依據前此研究附論此唐寫本《周易正義》。此本在黄彰健氏《唐寫本周易正義殘卷跋》（《大陸雜誌》42卷9期，1971年，收録於《經學理學文存》，1975年）中有介紹，以下介紹黄氏研究，對此寫本稍加考察。

據黄氏説，此寫本由「中研院」歷史語言研究所在抗戰勝利後購於北平，其發現的詳細狀況與由來很遺憾並無更加詳細的説明。此寫本是《周易正義》全卷中僅當賁卦疏八成的一小部分，僅存從《彖傳》疏中間「而釋所以」到六五注疏「無待士之」的三十二行。從黄文附載的照片看，原本似乎是卷子本，其紙張大小則未見記載。

這一寫本究竟是否是唐寫本？從内容上自然可以研究，從書體等各個方面都值得就此問題進行考察，黄氏則以此本是唐寫本爲前提展開討論。其研究通過寫本與南宋單疏刊本的對校舉出標起止的異同，展示兩本標起止的不同。其中寫本標起止之爲長句，他由此推測孔穎達《周易正義》的原貌或許没有省略經文、注文。由這種形式變成「標起止」的單疏本形式是《周易正義》傳寫過程中唐人以意省略的結果，他由此還提出此形式受到佛教經疏、論疏影響的假説，但黄氏對疏文本身並無考察。

就賁卦言，廣大本與南宋單疏刊本並没有明顯的不同點，由此，廣大本、南宋單疏本和唐寫本之間的距離不可謂不大。筆者以黄氏論文附載的照片爲基礎，將其與南宋單疏刊本對校，則注意到寫本多有疑爲誤倒之處，至於脱字則更爲夥頤，這一點引人注意，至有脱去整整十三字者，然則此本文本難言絶非優質。更奇妙的是其中還有與單疏本、八行本不同，而與後世阮本相同的三處異文，這是怎麼回事呢？如果這真的是唐代寫本，就不得不認爲它與以廣大本爲首的我國傳存舊鈔本屬於不同系統，可以説廣大本相比起這個寫本與單疏刊本更加接近。

但正如黄氏所指出的，其標起止都是比單疏刊本更長的長句，這一點似乎符合上一章第六節筆者的推測，即推測唐寫本標起止比宋版爲長，有全文引用經文者，注文也採取長句標示起止。黄氏由此推測《周易正義》原本可能不省經注文，這一推測是否合理呢？唐初孔穎達撰定的《周易正義》已經與八行本體裁相同，兼備經注這一假設，從《五經正義》其他書看來還是難以接受的。這也正如上一章第六節所述，《周易》看似全文引用經注，這當認爲是《周易》經文短小的緣故。

此寫本究竟是不是唐寫本（或者繼承了唐寫本的寫本），在此筆者尚不能判斷。但卷中也有若干例子可以訂正南宋單疏刊本之誤，詳俟日後研究。

附録1　廣大本《周易正義》校勘記

凡例

一、本篇爲廣大本《周易正義》之校勘記。上段卷、葉數及引文並據廣大本。

二、校勘首要目的在於揭示廣大本與南宋刊單疏本的異同。顯爲廣大本寫誤，脱漏的部分並不揭出，但也有雖可判斷爲誤，仍列舉以備參考者。又異體字（如「万—萬」「与—與」之類）與重文符等加以省略。又，標起止部分的異同別載於附録1之末。

三、嘉業堂刊本、海保漁村所藏本、静嘉堂所藏本以其爲舊鈔本，亦盡可能揭示其異文。但海保漁村所藏本據《周易校勘記舉正》，静嘉堂所藏本據長澤規矩也氏《周易校勘記補遺（一）》。

四、如有必要亦舉出八行本、阮元本異文，但此等諸本並不通校。

五、本篇所用略稱如下所示：

單本　南宋刊單疏本（《易經集成》所收本）
八本　南宋刊八行本（汲古書院影印《周易注疏》）
阮本　嘉慶二十年刊《周易注疏附校勘記》
嘉本　嘉業堂刊《周易正義》
海本　海保漁村《周易校勘記舉正》（《日本儒林叢書》三編所收本）
静本　據長澤規矩也氏《周易校勘記補遺（一）》

卷第一

1b 序　唯魏世王輔嗣之注獨冠古今　單本誤「見」。

3a 序　今既奉　勑删定　單本於「敕」字改行。

3a 序　去其花而取其實　諸本作「華」。

3a 序　至十六年又奉勑　單本於「敕」字改行。

3b 八論　國子祭酒……孔頴達奉勑撰定　單本、嘉本作「國子祭酒……孔頴達奉／勑撰定」，「勑撰定」以下改行。又單本、嘉本、阮本作「穎」，八本卷二作「頴」。

3b 八論　八論　自此下分爲八段（無八論題目）　單本、嘉本無「八論」二字。單本自「自此下分爲八段」次行起分八行列，舉八論題目如下：

第一論易之三名
第二論重卦之人
第三論三代易名
第四論卦辭爻辭誰作

第五論分上下二篇
第六論夫子十翼
第七論傳易之人
第八論誰加經字。
嘉本則分二段四行排列。

4b 第一論　崔覲劉貞　簡　　單本「貞」下空一格，嘉本亦空格。

5a 第一論　普用此義　　諸本作「並」。

6b 第一論　則乾鑿度云　　諸本作「即」。

9a 第二論　伏犧神農黃帝之書　　單本誤「皇」。

10a 第三論　故易緯云因代以題是也　　諸本「題」下有「周」字。嘉本無「周」字。

10a 第三論　雖欲无所避棄　　諸本作「遐」。

10b 第三論　着七八九六之爻棄　　諸本作「著」。

11a 第四論　通卦驗又云蒼芽通靈　　諸本作「牙」。

11a 第四論　王用享於岐山　　諸本作「亨」。

11a 第四論　不應云王用享於岐山　　諸本作「亨」。

11a 第四論　武王視兵之後　　諸本作「觀」。

12b 第六論　先儒更无異端　　諸本作「論」。

13a 第七論　以授魯橋疵子庸　　諸本作「庇」。

13b 第七論　獨得不焚　　諸本作「禁」。

14a 第八論　安前漢孟嘉易本云　　諸本「安」作「案」，「嘉」作「喜」。

14b 第八論之後　周易正義八論之終（此本並無字數記載）　　單本無此八字，有「周易正義卷第一」七字。嘉本作「周易正義八論之終」，海本作「周易正義八論終」。單本空一行記載字數「計五千三百六十七字」，嘉本亦無字數記載。

卷第二

1a 乾　國子　祭酒……孔穎達奉　　單本次行有「敕撰」二字，嘉本同一行有「敕撰」二字。

1a 乾　䷀乾元亨利貞（貞字闕筆）　　諸本有「乾下乾上」（雙行小字）。嘉本亦無。

1b 乾　乾者作用之稱　　諸本作「體」。

1b 乾　「難」取物象乃以人事而爲卦名者　　諸本作「雖」。

3a 乾初九　「此」潛龍始起在建子之月　　單本、八本誤「比」。

3a 乾初九　他皆効之　　單本、八本作「放」，阮本作「倣」，嘉本作「放」。

4a 乾九二　九二見龍至大人（此本只有乾卦標起止改行）　單本「九二」上空兩格，接續《正義》前文。下同。嘉本全書皆改行。

5a 乾九二 二爲**大**人 單本、八本誤「夫」。
6a 乾九二 仍有陽**存** 諸本誤「在」。嘉本、海本、静本作「存」。
7a 乾九三 可與**言**幾也 諸本無「言」字，海本、静本有「言」字。
7b 乾九四 猶疑**惑**也 諸本作「或」，海本、静本作「惑」。
8a 乾九四 上下皆无定**位**所處也 單本誤「住」。
8a 乾九四 但迫**於**下群衆未許 單本誤「在」。
8b 乾九四 用心**存**公進不在私者 嘉本誤「在」。
9a 乾上九 至**天上**而極盛 八本脱「上」字，阮本「天上」誤「大」。
9a 乾上九 純陽**進**極 單本、阮本作「雖」，八本、嘉本作「進」。
9a 乾上九 其悔若**亢** 諸本作「无」。
9b 乾上九 无祇悔**元吉**之類是也 單本空兩格，諸本無「元吉」，海本、静本有「元吉」。
9b 乾用九 聖人能用天德則**是**群龍之義也 諸本作「見」。
9b 乾用九 非是一爻之**九** 單本誤「几」。
10a 乾彖 所以**名**爲象也 單本誤「明」。
13a 乾彖 恐**學**者之徒勞心不曉也 單本誤「牽」。
13a 乾大象 **但萬**物之體 單本誤「釋爲」。
13a 乾大象 今夫子釋**此**卦之所象 單本誤「其」。
13a 乾大象 火在水上**未**濟也 單本誤「末」。

18a 乾文言 **土**則分王四季 單本誤「士」。
19b 乾文言 亦有先云亨更陳餘事**於下** 諸本作「乃始」，海本、静本作「於下」。
20a 乾文言 隨時**由**變 諸本作「曲」。
20a 乾文言 利是**益利**也 諸本作「利益」，嘉本「益利」，静本「剥是益利也」。
21a 乾文言初九 心**志**守道 八本脱「志」。
22a 乾文言九三 可與**言**幾者 諸本無「言」，静本有「言」。
22b 乾文言九三 不驕**者謂居下體之上位而不驕也**（旁注曰「自是十一字衍文」） 諸本無此十一字，嘉本、静本有十一字。
26b 乾文言三節 故云天下治**也** 八本脱「也」字。
27a 乾文言三節 貌恭心**狠** 單本、八本作「恨」，嘉本、静本作「狠」。
27b 乾文言三節 **未**之能也 單本誤「末」。
29b 乾文言三節 明**龍潛見之義** 單本脱此五字，八本、嘉本作「明龍潛龍見之義」。
29b 乾文言五節 初末雖无**不**位 諸本作「正」。
29b 乾文言六節 上第**五**節 諸本誤「六」，嘉本、海本、静本作「五」。
30a 乾文言六節 所以今**曰**潛者 諸本誤「日」，嘉本、海本、静本作「日」。

30a 乾文言六節　以時**未**可見　單本誤「末」。

31b 乾文言　故心**或**之也　單本、八本作「惑」，阮本或。嘉本、静本作「惑」。

31b 乾文言　是疑**或**之辭　諸本作「惑」，嘉本、静本作「或」。

卷第三

4b 坤初六象　不敢**于**亂先聖正經之辭　單本亦誤「于」。八本、嘉本作「干」，是也。

4b 坤初六象　故分**爻**之象辭　單本誤「文」。

4b 坤初六象　與傳**年**附　單本、嘉本作「相」，海本、静本作「與傳年相附」。

5a 坤初六象　不可不制其**節**度　單本誤「尊」。

7b 坤上六　故曰**戰**于野　諸本無「戰」。

7b 坤用六　則柔而又圓　諸本則下有「是」字，嘉本、静本無「是」。

8a 坤文言　即不敢爲**物**之先　單本誤「如」。

8a 坤文言　則上云履霜堅冰**至**是也　諸本無「至」，嘉本、静本有「至」。

8b 坤文言　由**辨**之不早**辨**者　諸本作「辯」，下同。嘉本、静本作「辨」。

8b 坤文言　**乃**終至禍亂　静本無「乃」。

11a 屯象　不言利者始**屬利**於貞　諸本作「利屬」。

12a 屯象　造物之始始**於**冥昧者　諸本作「于」，嘉本作「於」。

14a 屯六三　獵先虞官**適**度鹿之所在　諸本「獵」下有「人」字，「適」作「商」。

15a 屯九五　不容他人間厠其**間**　諸本「間」下有「也」字，嘉本無。

15b 蒙　師若以廣深**之**義　諸本作「二」（浦鏜云當作「之」）。

16a 蒙　**乃**所避是也　諸本作「巧」。

16a 蒙象　蒙亨以亨行**得**時中者　諸本無「得」。

17a 蒙初六　**小爾雅**云　諸本誤「小雅」，嘉本誤「爾雅」，海本作「小爾雅」。

18b 蒙六五　是**委**二也　諸本「委」下有「任」字，嘉本無。

19b 需　或以兼**象**爻而爲卦德者　諸本「象」下有「兼」字，嘉本無。

20a 需大象　正義曰坎既爲險又爲**雨**　單本、八本「雨」下空格。

20b 需初九　故**待**在于郊　諸本待下有「時」字。

22b 需上六　或有去難遠近**也**　諸本無「也」字，嘉本有「也」字。

23a 訟象　猶人意懷險惡**惟**又剛健　諸本作「性」，是也。

嘉本作「往」。

23b 訟象　可以獲中**吉**謂獲中**正**之吉　單本「吉」誤「言」，諸本「正」作「止」。

23b 訟象　不使訟又至也　諸本作「使訟不至也」。

25a 訟九二　方十里爲**城**　諸本作「成」，嘉本作「城」。

25a 訟九二　即此三百户者一**城**之地也　諸本作「成」，嘉本作「城」。

25b 訟九二　故須貞正自危（旁注：厲故曰貞厲然六三柔體不争，異本有此十二字）　諸本此句下有「厲故曰貞厲然六三柔體不争」十二字。

卷第四

5a 比象　原筮元永貞**剛**无咎以**筮**剛中者　諸本無「剛」「筮」。

5a 比象　群陰未得其**處**　諸本作「所」。

7a 比六四　正義曰五應於二（旁注：九五顯比到使中也，已上八字一本也）　諸本此句上有「九五顯比至使中也」八字。

8a 比九五　則**背**去者與來向已**者**悉親附　諸本「背」下有「已」字，「者」下有「皆」字。

10a 小畜象　貴於**止**往　諸本作「上」。

11a 小畜大象　君子以辨上下尊卑之義　諸本作「君子以辨上下取上下尊卑之義」。

12a 小畜九五　即必實富貴　諸本作「即必富實」。

12b 小畜上九　尚德**積**載者　諸本無「積」。

13a 小畜上九　不可**得**盡陵者　諸本無「得」，嘉本有「得」。

14a 履象　是柔之履**剛**　單本誤「則」。

15b 履九三　**以**履虎尾　諸本「以」下有「此」字，嘉本無。

16b 履九五　以其位**正**當也　單本正下空兩格，八本空一格。

17a 泰象　**止**由天地氣交而生養萬物　八本以下諸本作「正」。

19a 泰九三　此九三將棄**三**而向四　單本誤「二」。

21b 否大象　辟其陰陽**危**運之難　單本、八本、海本作「厄」，嘉本作「危」。

22a 否六二　良**明**否閉小人防之以得其道　諸本作「由」。

22a 否六三　**所**包承之事唯羞辱也　海本「所」下有「以」字。

24a 同人象　**諸**卦之象辭　諸本誤「謂」，嘉本作「諸」。

26b 同人上九　注　郊者至其志　單本亦於「注」下空格。

26b 同人上九　**楚**愛國俞甚益爲它災者　諸本楚上有「楚人亡弓不能亡」七字，是也。

27a 同人上九　哀**公**六年　諸本無「公」，嘉本有。

卷第五

1b 謙大象　**哀**揚其善　諸本作「襃」。

1b 謙初九　雖无交**地**之害　諸本作「切」。
2b 謙九二　車材**疆**壯　諸本作「彊」。
5a 謙象　以結**君子**能終之義也　單本「君子」二字處空格。
5a 謙象　卑**者**謙而不可踰越　八本以下諸本脱「者」字。
5b 謙大象　**裒**多者　單本、八本誤「裦」，下同。
5b 謙大象　物更裒聚**施**益多也　諸本作「彌」。
6b 謙六二　**謙**聲名也　諸本作「謂」。
8a 豫　不可長行以經**邪**訓俗　諸本作「邦」。
8b 豫象　故日月**石過**而四時不忒　諸本作「不過」。
13a 隨象　大亨**利**无咎而天下隨時者　諸本作「貞」。
13a 隨象　若不以大亨**利**貞无咎　諸本無「利」。
13b 隨象　**釋**隨時之義　八本脱「釋」。
15a 隨六三　正義曰**四**俱无應　諸本「四」下脱「三」字，嘉本、海本有「三」字，是也。
15b 隨上六　維之王用**享**于西山者　諸本作「亨」。
16a 蠱　**甲**後三日取丁寧之義　八本脱「甲」。
16b 蠱象　**援**極危難　諸本作「拔」。
16b 蠱象　**往**當有事　八本誤「位」。
17b 蠱初六　處事之首**以柔之首**　諸本無「以柔之首」四字。
21a 臨上六　行此中**知**之行　諸本作「和」。
21a 臨上六　**志**在助賢　單本誤「至」。

24a 觀上九　爲**衆**所觀　八本脱「衆」。
24b 噬嗑象　乃**後**言曰某卦　諸本作「復」，嘉本作「後」。
25a 噬嗑象　所居**陽**位　諸本誤「陰」，海本作「陽」。
25a 噬嗑象　輔嗣此注恐**思**之適五位　諸本作「畏」，嘉本作「思」。
25b 噬嗑象　是滅**下**而益上卦　諸本誤「三」，嘉本、海本作「下」。
25b 噬嗑六五　故雖貞正自**厲**　諸本作「危」。
27a 噬嗑上九　何謂**擔荷**　諸本作「檐何」，嘉本作「擔荷」。
27a 噬嗑上九　**荷擔**枷械　諸本作「何檐」，嘉本作「荷擔」。
27a 噬嗑上九　尋**常**刑罪　諸本作「當」，阮本作「常」。
29b 賁六四　若**得**匪有寇難　諸本作「待」。
30b 賁六五　則不**縻**費財物　八本、嘉本作「靡」。
32a 剥初六　言牀足**以**剥也　諸本作「已」，單本作「以」。
32b 剥六二　此**爲**蔑甚極　八本、嘉本脱「爲」。
33b 剥上九　養育**其**民　八本「其」下空格。
33b 剥上九　**若**小人處此位爲君　諸本作「言」。

卷第六

1b 復象　**今**示法爾　諸本作「以」。
4b 復六三　去復**未**示甚大遠　單本誤「末」。
6b 无妄大象　其德乃**爾耳**　諸本脱「爾」，監、毛本脱「耳」。

嘉本有「爾」，海本脱「耳」。
8b 无妄九五　**急**逢禍患　諸本作「忽」。
10b 大畜九二　輿説其**輻**　阮本（十行本以下諸本）作「輹」。
15b 大過　以**極**患難　諸本作「拯」，是也。下同。
16b 大過九二　**朽**老之夫　阮本（十行本以下諸本）作「枯」。
18a 大過九四　何得**云**不被橈于在下　單本、八本、阮本誤「之」，毛本、嘉本、海本作「云」。
21a 坎象　故**使**地之所載之物保守　八本脱「使」。
24b 離象　是以**畜**牝牛吉者　諸本脱「畜」，嘉本有「畜」。
26a 離六二　故象**曰**得中道　諸本作「云」，是也，嘉本作「曰」。

卷第七

1b 咸　咸亨利貞**娶**女吉者　諸本作「取」，下同。嘉本作「娶」。
4b 咸九五　雖**諸**説不同　八本脱「諸」。
5a 恒　濟彼**王**事　諸本作「三」。
6b 恒象　正義曰**咸**明感應　單本咸下空兩格。
8b 遯　須遯而後得通**故曰遯而後得通**　諸本無此七字，嘉本有七字。
10b 遯九四　**若**好遯君子超然不顧　單本誤「吉」。
11b 大壯大象　**誠誠**以非禮勿履也　諸本無「誠」，阮本無「誠」。

12a 大壯九三　用之**以**爲羅罔於己　八本脱「以」。
12b 大壯六五　正義曰羊剛**狠**之物　諸本作「很」，阮本作「狠」。
13a 大壯六五　必有喪**其羊**之理　八本以下諸本作「有必喪之理」。
14a 晉象　俱不盡一日**者**　八本以下諸本脱「者」。
14b 晉大象　**準**此二説　單本作「准」。
15a 晉六二　故曰貞**吉**也　單本誤「正」。
21b 家人上六　刑于寡妻以**着**於外　諸本作「著」。
23a 睽初九　**見**謂遜接**之**　諸本「之」下有「也」字，八本脱「見」。
23b 睽六三　不能得進也　八本作「不獲進也」，嘉本作「不得進也」。
24b 睽上九　故爲**是**舉筳與楹　諸本無「是」，嘉本有「是」。
24b 睽上九　**與**縱横好醜恢詭譎怪　諸本作「舉」。
25a 蹇　**蹇**利西南不利東北者　八本以下諸本脱「蹇」。

卷第八

7a 益六三　用此以救衰**戹**　諸本作「危」。
7b 益六三　宜以文德**燮**理　單本、八本作「燮」。
10a 夬初九　**熟**知不勝果決而往　諸本作「孰」。
10b 夬九四　正義曰臀无膚其行**趑趄**者　諸本作「次且」。

10b 夬九四　羊者牴狠難移之物　諸本作「很」，阮本、嘉本作「狠」。
14b 姤九五　杞性柔仞　單本、八本作「刃」，阮本、嘉本作「仞」。
14b 姤九五　且屈橈　單本、嘉本作「撓」，阮本、八本作「橈」。
18b 升大象　積小以成高大者　諸本無「成」，海本有「成」。
19b 升上六　然榮不可久　諸本作「勞」，海本作「榮」。
21a 困九二　正義曰困于酒食朱紱方来利用亨祀者　諸本無此八字，嘉本有八字。
22a 困九四　欲棄之　八本誤「乘」。
22b 困九五　乃寬緩修其德　諸本作「道德」。
22b 困九五　若能不遂迷志　單本作「君」。
24b 井大象　勤恤民德　單本、海本、阮本作「隱」，八本、嘉本作「德」。
26a 井九五　必須井潔而寒泉　諸本作「絜」，嘉本作「潔」。
26a 井上六　凡物可快成者　諸本作「凡物可收成者」，嘉本作「凡物收成者」。
26b 革　如此大通利貞　諸本作「能」。
27a 革象　變革而當理　諸本脱「變」，海本有「變」無「理」。

卷第九

1a 鼎　以供烹飪之用　單本、八本作「亨」，阮本、嘉本作「烹」，下同。
1b 鼎象　特牲而已　八本誤「牡」。
4b 震　撓鼎之器　諸本作「橈」，嘉本作「撓」。
5a 震　取赤心之義　諸本取下有「其」字，嘉本無。
8a 艮　既兆而止則傷物情　單本脱「兆」。
8b 艮象　艮止也者説其名也　諸本作「訓」。
8b 艮象　時止則止時行則行　單本誤「時」。
8b 艮象　自各有時運　單本作「若」。
10a 艮九三　是分裂其夤　諸本作「列」，下同，嘉本、海本作「裂」。
10b 艮六四　注止求諸身者求責也諸之也　諸本欠此六字，嘉本有六字。
13a 漸九三　故曰鴻漸于陸也　八本脱「漸」。
13a 漸九三　利用禦寇者異體合好　諸本無「用」，嘉本、海本有「用」。
14b 歸妹　若妄進求寵　諸本作「妄」，阮本作「妾」。
15b 歸妹象　此因六三六五乘剛　八本誤「二」。
16b 歸妹初九　此爲少女作此例也　單本、八本作「比」，阮本、嘉本作「此」。
17b 歸妹六五　雖所居貴位然長不如少也　八本脱「貴」。
20a 豐六二　陰又處於内　諸本脱「陰」，八本有「陰」。
20b 豐九三　是所以豐其沛　諸本作「在」，海本作「其」。

卷第十

2b 旅九四　**九四**處上體之下　單本「九四」上空兩格。

4a 巽彖　**明**柔皆順剛之意　單本、阮本作「則」，八本、嘉本作「明」。

4b 巽大象　故君子**象**之　單本、八本作「則」，阮本作「訓」，嘉本作「象」。

6a 巽九五　**己**服其罪　諸本作「民」。

8a 兑九四　此之爲喜　八本此句上有「除邪」二字。

9a 渙彖　建立宗廟而祭**亨**　單本、八本作「享」，阮本、嘉本作「亨」。

9b 渙彖　何**因**得亨通濟難利貞而不邪乎　諸本作「由」。

10a 渙初六　可用馬以自拯**援**而得壯吉也　諸本作「拔」。

12b 節九二　正義曰不出門庭凶**者**　單本誤「若」。

15b 中孚六三　**正**爲不當其位妄進故也　諸本作「止」。

15b 中孚六四　上**承**於五　單本誤「之」。

16a 中孚上九　信衰則**詐**起　單本誤「誰」。

16a 中孚上九　虚聲**遠**聞也　單本誤「進」。

16a 中孚上九　何可久長**也**　諸本無「也」，嘉本有「也」。

19b 少過六五　少過之**弋**　諸本作「才」，嘉本作「弋」。

21a 既濟大象　故君子思其後患而豫防之**也**　諸本無「也」，嘉本有「也」。

22b 既濟六四　懼其侵**事**　諸本作「克」。

23a 未濟　小狐**汔**濟　單本誤「沆」。

卷第十一

2b 繫上一章　**謂**天以剛陽　諸本無「謂」，嘉本有「謂」。

2b 繫上一章　**不**得其位矣　八本以下諸本「不」上衍「則」字。

5b 繫上一章　正義**曰**方有類者　諸本曰下有「云」字，嘉本無。

5b 繫上一章　**既**是非類　諸本作「即」。

5b 繫上一章　正義**曰**天地之道　諸本「曰」下有「云」字。

5b 繫上一章　正義**曰**聖人不爲　諸本「曰」下有「云」字。

6b 繫上一章　正義**曰**天下之理　諸本「曰」下有「云」字。

8a 繫上二章　**諸**皆嫌其吉凶不明　諸本無「諸」，海本有「諸」。

8b 繫上二章　則是吉象之**竟**　諸本作「境」。

12b 繫上三章　故知**死生**説者　八本以下諸本誤倒爲「生死」。

12b 繫上三章　知生死數也　諸本作「知死生之數也」。

13a 繫上三章　言**變**所以明吉凶者　諸本「變」下有「化」字，嘉本無。

13a 繫上三章　**生**乎變者　諸本作「言」，嘉本作「生」。

16a 繫上四章　**是**易无體也　單本誤「骨」。

21a 繫上五章　正義**曰**聖人雖體道以爲用者　諸本「曰」下有「云」字，嘉本無。

卷第十二

2a 繫上六章　此覆說前文見天下之**至**頤　諸本無「至」，海本有「至」。

2a 繫上六章　必擬度之而後言**者**也　諸本無「者」，嘉本有「者」。

2b 繫上六章　若擬**議**於惡則惡亦隨之　諸本無「議」，嘉本、海本有「議」。

4b 繫上七章　故引乾之上九亢龍有**悔**　單本誤「海」。

4b 繫上七章　**機**事不密則害成者**機**謂幾微之事　諸本作「幾」。

5b 繫上七章　以**此**小人而居貴位　單本、八本、嘉本作「比」，阮本作「此」。

7b 繫上八章　陽爻一百九十二爻**別**三十六　單本作「則」。

8b 繫上八章　言易理備盡天下能事**畢**　單本、八本無「畢」，阮本、嘉本有「畢」。

9a 繫上六章　韓氏**親**受業於王弼　單本、八本「親」下空一格。

9b 繫上六章　此蓍何**因**得用也　諸本作「由」。

10a 繫上九章　又明易之深遠窮極**機**神也　諸本作「幾」，嘉本作「機」。

12b 繫上九章　章首論聖**人**道四焉　諸本「人」下有「之」字，嘉本無。

13a 繫上九章　二是至變變則**唯**幾也　單本誤「口」。

15a 繫上十章　吉亦民之所**憂**也　諸本作「患」，嘉本作「憂」。

15b 繫上十章　神武**而**不殺者夫　八本脫「而」。

16b 繫上十章　猶**版**上走**圓**也　諸本「版」作「阪」，八本「圓」作「丸」。

19a 繫上十一章　所以告吉**凶**所斷而行之行　諸本「凶」下有「告」字，嘉本無。

21a 繫上十二章　形而下者謂之**器**　諸本「器」下有「者」字，嘉本無。

卷第十三

6a 繫下二章　或水**漁**以罔魚鼈也　諸本作「澤」（浦鏜云當作「漁」）。

6b 繫下二章　大**皞**包犧氏風姓也　諸本「皞」下有「帝」字。

6b 繫下二章　或謂之**宓**犧氏　諸本作「虙」。

6b 繫下二章　驪**速**氏　諸本作「連」。

7a 繫下二章　繞**虹**斗樞星　諸本作「北」。

8a 繫下二章　蟜牛生**鼓**·**蝮**　諸本作「瞽瞍」。

8a 繫下二章　**鼓**·**蝮**妻生握登見大**虹**　諸本脫「鼓」，「虹」

作「虹」。

9a 繫下二章　衣裳辨貴賤　單本、八本作「辯」，阮本、嘉本作「辨」。

9b 繫下二章　蓋爲此也　諸本作「量」，嘉本、海本作「蓋」。

10b 繫下二章　後世聖人易之以棺槨者　諸本作「椁」，下同。嘉本作「槨」。

11a 繫下三章　吉凶生而悔吝著者　諸本此句下有「動有得失故吉凶生也」九字。

14b 繫下四章　何不利之有者　單本脱「之有」，八本脱「有」，嘉本、海本有「之有」。

15a 繫下四章　善不積不足以成名至何校滅耳凶　單本此句下有「者」字。

19a 繫下五章　陽多爲柔陰剛也　諸本作「陽多爲剛陰多爲柔也」，是也。

19b 繫下五章　多有悔吝憂慮　諸本作「虞」。

19b 繫下五章　未來豫占是察來也　諸本作「來事」。

21b 繫下六章　能以利益於物　八本脱「以」。

24b 繫下七章　略舉二爻餘爻倣此也　諸本誤「一」。

28a 繫下九章　恒易略不有艱難　八本誤「難」。

28b 繫下九章　今以險阻逆告於人　諸本作「阻險」，嘉本作「險阻」。

30b 繫下九章　故其辭屈撓不能申也　諸本作「橈」。

卷第十四

1b 說卦　八卦所名之象　諸本作「爲」。

1b 說卦　將明聖人引伸因重卦之意　單本「卦」字處空格。

3a 說卦　欲極於數度得吉凶之審也　諸本作「庶」，嘉本、海本作「度」。

6a 說卦　故聖人作易以逆觀來事也　諸本作「覩」，嘉本作「觀」。

6b 說卦　是有其象役　諸本作「勞」，是也。

9b 說卦　言此馬有牙如鋸能食虎豹　諸本作「倨」，毛本、嘉本作「鋸」。

9b 說卦　的有似星之著天也　諸本無「的」。

10a 說卦　白額爲的顙　諸本作「頟」，阮本作「額」。

11a 說卦　取使曲者　諸本「取」下有「其」字。

11a 說卦　聽勞則耳病也　諸本作「痛」。

11b 說卦　取其中堅固動也　諸本作「内」。

12b 序卦　以六門往攝　八本作「主」。

13a 序卦　是人事門也　八本脱「門」。

13a 序卦　如賁盡到剥　諸本作「致」。

13a 序卦　故以取其義人理也　諸本無「義」，八本無「人」，嘉本、海本有「義」。

13a 序卦　若无用孔子序卦之意　諸本作「元」，海本作「无」。

13b 序卦　故爲物之始生也　　諸本脱「之」，嘉本、海本有「之」。

單本末葉有銜名。

廣大本、單疏刊本標起止異同表

卷第七

14a 晉大象

象曰明德（右側：廣大本）

象曰明出至明德（左側：單疏本）

卷第九

6a 震六二

六二震來至剛也

六二震厲來至剛也

7a 震六三

注位非—

注位非所處故懼蘇蘇又云懼行而无眚

8b 艮象

象曰艮止也至其所也

象曰艮止至无咎也

9b 艮初六

初六艮其至正也

初六艮其至未失正也

9b 艮六二

六二不拯至聽也

六二艮其腓至退聽也

11a 艮六五

六五艮其至正也

六五艮其輔至中正也

12b 漸六二

六二至素飽也

六二鴻漸至不素飽也

12b 漸六二

注磐山—

注磐山石之安也

13a 漸九三

注陸高—

注陸高之頂也

14a 漸九五

注進以—

注進以正邦三年有成

14a 漸上九

上九其羽至可亂也

上九鴻漸至不可亂也

14b 歸妹

歸妹至攸利

歸妹征凶无攸利

15b 歸妹彖

注以征—

注以征至之逆

16b 歸妹初九

注夫承嗣—

注夫承嗣以君之子雖幼而不妄行

17a 歸妹六三

六三歸妹至未當也

六三歸妹以須至未當也

18a 歸妹上六

上六至虛筐也

上六女承至虛筐

19b 豐初九

初九遇配主雖旬无咎至通過旬災也

初九遇其至旬災也

20a 豐初九

注過均—

注過均則争交斯叛也

20a 豐六二

六二豐其蔀至發志也

六二豐其至發志也

20b 豐九三

九三豐其至用也

九三豐其沛至可用也

21a 豐六五

六五來章有慶譽吉也

六五來章至有慶也

21b 豐上六

上六豐其屋天—至自藏也

上六豐其屋至自藏也

卷第十

4a 巽彖

注明无—

注明无違逆故得小亨

4b 巽九二

九二巽至象曰—中也

九二巽在至得中也

5a 巽九三

九三至象曰頻—窮也

九三頻巽至志窮也

5a 巽六四

六四田獲至有功也

六四悔亡至有功也

6a 巽九五

九五貞—象曰九五至正中也

九五貞吉悔亡至正中也

6a 巽上九

上九巽在—象曰巽在至乎凶也

上九巽在牀下喪其至正乎凶也

6a 兌

兌亨利

兌亨利貞

7b 兌九四

九四商兌—至有慶也

九四商兌至有慶

8b 渙

渙亨王至利貞

渙亨至利貞

9a 渙彖

注凡—

注凡剛至利貞也

9b 渙彖

注乘木—

注乘木即涉難也木者專所以涉川也

10a 渙初六

初六用極馬至吉順也

初六用拯至順也

10a 渙六三

六三渙其躬无悔至志在外也

六三渙其至在外也

10b 渙六四

六四渙其群至元吉—大也

六四渙其羣至光大也

11a 渙九五

九五渙其王居至正位也

九五渙汗至正位也

11a 渙上九

上九渙其血至害也

上九渙其血至遠害也

11b 節

節亨苦至可貞

節亨苦節不可貞

11b 節彖

彖曰節亨至害民
彖曰節亨至不害民
12a 節大象
象曰澤上有至德行
象曰澤上至德行
12b 節初九
注爲節——
注爲節之初將整離散
13a 節六四
六四安節亨至承上道也
六四安節至上道也
13b 中孚
中孚豚至利貞
中孚豚魚至利貞
15b 中孚初九
象曰初九至未變也
初九虞吉至未變也
15a 中孚六三
六三或鼓至不當也
六三得敵至不當也
15b 中孚六四
六四幾望至類上也

六四月幾至類上也
16a 中孚九五
九五有孚攣如位正當也
九五有孚至正當也
16a 中孚上九
上九翰音登于天至可長也
上九翰音至可長也
16a 小過
小過亨利貞可小事不可大事飛鳥至大吉
小過亨至大吉
17a 小過
注飛鳥——
注飛鳥遺其音聲哀以求處
17b 小過大象
象曰山上至乎儉
象曰山上至過乎儉
18a 小過六二
六二過其祖至可過也
六二過其至可過也
18b 小過九三
九三弗防之至如何也
九三弗過至如何也

19a 小過九四

注夫宴—

注夫宴安酖毒不可懷也

19b 小過六五

注除過—

注除過至能雨也

19b 既濟

既濟亨小利貞初吉終亂

既濟亨至終亂

20b 既濟彖

彖曰既濟亨至道窮也

彖曰既濟至道窮也

22a 既濟六四

六四繻有衣至所疑也

六四繻有至所疑也

22b 既濟九五

注沼沚—

注沼沚之毛蘋蘩之菜可羞於鬼神

22b 既濟九五

注在於—

注在於合時

23a 未濟

未濟亨至攸利

未濟亨至无攸利

23b 未濟彖

彖曰未濟至續終也

彖曰未濟至剛柔應也

24a 未濟初六

初六濡其尾至不知極也

初六濡其至知極也

24a 未濟初六

注不知—

注不知紀極者

25a 未濟六五

六五貞吉至君子之光其暉吉也

六五貞吉至暉吉也

25b 未濟上九

上九有孚至節也

上九有孚至不知節也

附録2 《周易要事記》(解題、録文)

如本稿第二章所述，廣大本《周易正義》附有《周易要事記》《周易命期略秘傳》兩種成於日本人之手的書。筆者不學，前者姑且不論，後者則並不能充分理解其内容，後者包含圖表，分量頗多。因爲紙幅有限，以下載録《周易要事記》的解題、録文，《周易命期略秘傳》則只能介紹其内容概要，其録文則等待日後發表。

解題

據《國書總目録》(岩波書店)，此書傳本有：

周易要事記

一册　類　漢學　著　五條爲康　寫　宮書(自筆)

一册　類　漢學　著　近衛家熙　寫　陽明

類　漢學　著　柏舟宗趙　寫　慶大(附於《周易抄》)

類　漢學　著　柏舟宗趙　寫　大東急(附於《周易抄》・周易要事式)

一册　類　漢學　寫　宮書・京大(元禄十一　永井清昌寫　舟橋經賢寫)

寫　高野山三寶院

不知爲何未見廣大本著録，但仍可知現存這幾種寫本，同時似乎也多與廣大本不同，而附見於《周易正義》以外的書籍。慶應義塾大學藏本的信息在阿部隆一氏《慶應義塾圖書館新收善本解題》(《慶應義塾圖書館月報》第16號，1956年，收録於《阿部隆一遺稿集　第二卷》)中已經附於釋柏舟宗趙撰《周易抄》解題，簡單説明如下：

周易抄　六卷　附周易要事記　釋柏舟宗趙撰　江户初期寫

卷首《周易要事記》並非柏舟所撰，撰者未詳，但顯爲文明以前編纂，敘述有關《周易》傳授、傳習的知識、儀式，以及《易》學概論、和漢《易》學傳授譜系等内容。

又正如阿部氏所指出的，足利衍述氏《鎌倉室町時代之儒教》(日本古典全集刊行會，1932年；重印本，有明書房，1970年)爲此書在前揭《國書總目録》第一個著録的寫本撰寫如下解題，也可參考：

周易要事記

五條爲康手寫本一冊　圖書寮藏

此書分爲潔齊式、行事式、影像式、受授式、受者式、授者式、授受禮、起請式、安著法、揲著法、筮式、筮吮願頌文、筮畢式、名目式、讀《易》可避忌諱否、五十以前不讀《易》有其説哉、《易》學傳授、日本《易》學傳授等二十二條，記録有關《周易》傳授、傳習的知識、儀式。撰者不詳，但全載於柏舟《周易抄》、桃源《百衲》卷首，則顯爲文明以前著述。《易》學傳授一條中敘述孔子、商瞿以來至於宋儒的傳統，可知當是室町時代《易》學之徒在舊本之上增補，但增補者不詳。

再列舉廣大本標目如下，以爲參考：

＊傳授式　潔齊式　行事式　影象式　＊具物式　受授法　受者式　授者式　授受禮　＊讀書音以呂音讀之如例　起請式　＊教授日時　安著法　揲著法　筮式　筮咒　名目式　讀易可避忌諱否事　五十以前不讀易有其説哉　易學傳授生自何來哉　＊讀書説　＊内題説　＊奥題説

上加「＊」號者是足利氏解題所不見的標目，但相同標目之間内容是否有差别，筆者尚未調查，無法判明。同時「易學傳授生自何來哉」足利氏解題似分爲「《易》學傳授」「日本《易》學傳授」二目，恐怕内容無甚變化。

據足利氏解題，此書從柏舟宗趙(1416—1495)《周易抄》書寫年代來看是文明年間(1469—1486)以前的著作，也正如所言「當是室町時代《易》學之徒在舊本之上增補」，「《易》學傳授」中確有「元應二年戊戌之年也。至明應二年乙卯，已得六百十八年也」之記載。元應二年是公元878年，明應二年是公元1495年，正當柏舟卒年、後土御門天皇治世、將軍足利義澄之時代，也就是説書中也包含此年以後書寫的内容。或許標目「讀易可避忌諱否事」以下部分蓋增補所得。

其中「日本《易》學傳授」部分敘述我國《易》學的繼承關係，筆者對此頗感興趣。製作系譜如下，以供參考。但此文似乎雜糅了多種資料，欠缺我國儒學相關知識的筆者不知道是否還有其他記述此類事情的文獻，從而也就不知道應該如何評判此文章的意義了，這一點很遺憾。

【真言流】

一行阿闍梨—玠曇和尚—弘法大師—貞觀寺僧正—修理大夫臣見

大唐易學博士駱漢中……清行

清行—日藏上人—小野僧正—小野少僧正—遍智院僧都

遍智院僧都—仁親—心也—信西—季親

【宿曜相傳者】

浄藏—法藏—接安—仁祚

仁祚—忠允—彦祚—文贇—懷尊

文贇—尋實

【算家相傳者】

文江—茂明—雅頼

雅頼—爲長—爲康—行康

【明經相傳者】各見家系譜

廣大本《周易要事記》半葉十行二十一字，全九葉。除正文大字、雙行小注和校勘異本、添加注釋的旁注之外還有兩例用以注音的頭注。一部分文字施加訓點，異體字和省體較《周易正義》爲多，脱誤亦復不少。不知是否因是成於日人之手的漢文，有些地方意義不甚明白，不是筆者平日慣讀的漢文。例如：

「左叶經義大意」似即「さも經義の大意に叶ふ」。

「聖廟習傳此術給」似即「聖廟、此の術を習ひ傳へたまふ」。

由此，以下録文錯誤應當不少，祈就正於方家。

內容録文

凡例

1. 以下是廣大本《周易正義》所附《周易要事記》的録文。
2. 異體字皆改爲通行字，重文符號轉寫爲對應重字，並訂正明顯的脱誤。
3. 雙行小注用〔 〕括起[一]，旁注、頭注用（ ）括起。
4. 據己意加以句讀，文句過長則進行適宜的分段，引文用「 」括起。
5. 旁注例如「齊田何子莊（裝イ）」意即「莊」字異本作「裝」。

周易要事記[二]

一　傳授式

《周易》者三古九聖之秘書也，妄不可授之。欲受學之，先須潔齊，正心身，除不義，静心修身，以學習之。齊居三七日。但天子三日、大臣七日，卿大夫以次第下降之。士已下三七日也。

一　潔齊式

居浄室，若无浄室，須洗浄常居。著浄衣，若无浄衣，可澣

〔一〕譯者注：本次雙行小注改爲單行小注，以字號區分，而不用〔 〕括起。下同。

〔二〕本次距野間先生撰作此録文已有相當長的時間，資料條件、研究現狀皆有變化，録文除日文句讀轉換爲中文標點及少數必要變更之外，仍暫維持原樣，未加更動。

（澣，手菅切，濯也）濯常服。不可飲食須肉葷鯹（鯹，先丁切，魚臭也）之物。絶房心淫，夫婦不可同席，不可同器。但可忌産穢、死穢、月水等。或朝食飯，夕服粥。初日五更沐浴，第二七日初日，又沐浴，第三七日初日，沐浴。但洗髮只在初日，後之初日，不可洗髮。

一　行事式

對影前，焚香擊鐘鼓，祈願。静心凝慮，思忖道義，念救苦天尊、太乙神、抛卦童子、亦卦童即、六爻神將、飛伏二神、世應兩時，皆在前。北辰北斗念咒之。每清旦寅時或子時起坐向北方，拜天道。日中拜南方。常在先聖卦影前，凝思静心，宜勿散亂心神矣。

一　影象式

造一位配，書之曰「周易先生之卦」。書此六字，名本尊。置香爐一口於前，華瓶在左右。燈爐左右，晝夜勿斷明。每朝備供物，設別机，依支度法，安蓍龜飯版等。

一　具物式

飯兩盃、菜六種、財八種，或依其堪否略之。飯與菜者，每改供之，勿令人伺望其室而已矣。

一　受授法

天子御讀之時，唯讀乾坤二卦與咸恒二卦。大臣已下至諸卿，讀上下經六卷，記授術了。其已下者，初一七日精進之後，免授本，令許可，令讀之。第十四日，讀第七卷，授筮法式未可授口訣也。第十五日，授六日七分命期等。滿三七日了，一部書、私記、口訣等授之。古者鄭玄注本翫之，今者王弼注用之。不讀《略例》一卷，或略儀讀。第一、四、七、八、九已上五卷讀之。

一　受者式

天子高座南面，攝籙對座北面，卿大夫同之。士已下乙座北面，但乙座之時者，師南面資北面也。高座對座之時者，師可向北也對座者无甲乙也。

一　授者式

天子諸大臣同日數而潔齊三日七日同數也。於其已下者，自第十五日，入浄室。第八日，雖葷辛酒婬腥臊，未可入同室也。但重受之人者，潔齊雖二七日可足也。若二七日時者，一七日可潔齊也。

一　授受禮

浄席二枚，對敷之。授者著座南面，受者再拜，而著座北面。置札於其間二前、敷浄布或用紙二肱各敷。已授卷之時，弟子退座，執卷而恭敬。師告而曰「須復本席」。弟子揖，師再告。弟子屈伏，三告，弟子一拜而著座。

一　讀書音以吕音讀之如例

一　起請式

若在大夫已下者，須用起請，妄不可授人。又不可令授之，不可令披露此奧題儀式，不可以此書慢人，不可以此書争戈。此説猥不可教人。設教此書，不可貪名利。若猶有名利之心者，須禁爲師之儀。爲秘惜此書，强不可稱有名利之心。窮理盡性者，窮物之理義，盡己之情欲也。心有私甚可慎之也。不可輕忽此書，不可調弄此儀。深信聖人之遺典，可思先達之古儀者也。

一　教授日時

天子有定日如例，其餘入月庚子日，或入月取吉日。其忌日者，正月辰巳亥、二月戊巳未、三月寅午戌、四月未申酉、五月巳卯、六月酉子卯、七月辰酉午、八月午酉戌、九月丑巳子、十月亥卯、十一月申午、十二月酉未。

又甲乙日酉時、丙丁子時、戊己丑時、庚辛巳時、壬癸未時。忌之，授受并占筮取蓍龜，皆忌之。天子之外，夜陰可授之，但忌丙丁日。授筮之時，宜用浴浄。

一　安蓍法

其室南面，中央置床。床長五尺，廣三尺，高至臍上。亦案机於床前，當中安爐其前，安可置櫝之隙。香奩於其前，其机二層造之，上層刻穴左之，一穴右之，以皁囊之，以囊納之，入櫝中以安高（高瓦）床上，以錢并龜殼安香奩前，以龜殼安龜臺上。

一　揲蓍法付錢法在口訣

持策法，以左手握下，以右手握上，閉目乍坐三揖，以本安左掌，以右掌覆末，順轉誦咒。

一　筮式

筮者正整衣冠，北面焚香，以兩手授櫝。蓋置爐與奩之間，出蓍去囊囊色口訣，置櫝左人右也，執策以兩手執之。薰香，若人筮，則主人焚香。畢少退，對小（北）立。筮人進立於床前，少西南向受命。主人具述所占之事，筮人許諾。主人右還，對而立。筮人右還，對北立。

一　筮咒

願頌文：易出天門，參駕九龍，上定三光，下定四時，天地陰陽，八卦五行，三皇五帝，文王孔子，六十四卦，各六爻，四十九蓍，十有八變，十二文錢，而成卦體。今日某甲來蓍上問，吉則言吉，凶則言凶。隨卦所趣，決定是非，急急如律令。一筮畢式。

誦奉送頌文曰：三光四時，二儀五行，皇帝周孔，卦爻蓍變，重交單折，内卦九龍，各還本宮，向後奉請，必垂降臨，必垂照鑒，急急如律令。禮拜七返，出堂以蓍如本納櫝。

一　名目式吴漢相交

乾平聲輕讀。純卦乾蹇吴漢平讀。艮下坎上蹇謙上聲讀。艮下坤上謙坤平聲。純卦坤艮上聲。純卦艮困去聲，坎下兑上困訟去聲。坎下乾上訟升平聲。巽下坤上升比去聲。坤下坎上比否上聲。坤下乾上否賁平聲。離下艮上賁履上聲。兑下乾上履離平聲。純卦離泰去聲。乾下坤上泰兑吴音上聲。純卦兑。漢上聲觀去聲。坤下巽上觀涣平聲。坎下巽上涣。或吴音上聲坎去聲。純卦坎咸平聲。艮下兑上咸恒平聲。

巽下震上恒。或吴音去聲姤去聲。巽下乾上姤晉去聲。坤下離上晉震平聲。純卦震損吴音平聲。兑下艮上損巽去聲。純卦巽

卦名目之時，音相似之時者，可呼其上下體也，不可呼其字訓也。比與否相似，仍坤下坎上之比、或坤下乾上之否，可呼之。并之比非之否等，否等不可呼之，以爲迂拙也。

一　讀《易》可避忌諱否事

口傳曰：讀聖人之典法，無所避諱云云。殊於《易》難改加減，尤可存故質歟。但荀陸本，蹇卦《象》辭「以正邦」，是漢朝劉氏之祖高帝諱之間，以「邦」作「國」也。「恒」字唐家穆宗諱之間，作「常」字。是普避之，故質也。

一　五十以前不讀《易》有其説哉

師御説云：王弼夜夢，鄭玄責輔嗣曰「君年少，何輕穿鑿《易》乎」。有忿色。弼心生畏惡，小時遇癘疫而卒，見《天地瑞祥志》云云。王弼卒時，年廿四歲也。少年見《易》，聊有其憚歟。

但商瞿者孔子弟子，孔子卒時，商瞿年四十四歲也。若言五十以前不可讀《易》者，商瞿亦何人哉。《論語》皇侃疏，孔子自幼少讀《易》云，早年讀《易》，雖有先規，當時初學之輩，屢可思慮慎密歟。有子細之書也云云。

世人多以《論語》「加我數年，五十而讀《易》者，可有大過」之義，畏五十已前之讀《易》。於理甚不可。又孔子晚而好《易》云云，仍以爲晚年之學疏釋之，以爲四十七歲時詞。但授《史記·孔子世家》，在七十已後之事也已。王即説以爲，自幼誦《易》，亦何讀《易》之速哉。不在禁内。

一　《易》學傳授生自何來哉

孔子黜八索，以贊《易》道，以授商瞿子木。子木以傳授魯橋子庸庇（庇子庸イ），庇授江東馯臂子弓，子弓授燕周醜子家，子家授東武孫虞子乘，子乘授齊田何子莊（裝イ），子莊授東武王同子中，及洛陽周王孫、梁人丁寬子襄、齊伏生等。王同授菑川楊何叔元，叔元傳京房，京房傳梁丘賀，賀授子臨，臨授王駿。又丁寬授高相并田王孫，王孫授施讎（讎イ）長卿、孟喜、梁丘賀長翁、楊雄子雲等。孟喜授蓋寬饒、焦延壽等，延壽又授京房，延壽常曰「得我術以亡身者，京生（主イ）也」。

田何秦時儒士也，以治卜筮兑難。《易》亦以爲卜筮書，不焚得存。唯《説卦》三篇，後河内女子得之。隙初（讀イ）所校犨（讎イ）《易傳》《淮南九師道州》（訓イ），琮（除イ）復重，定著十二篇。淮南王聘善爲《易》者九人，從之採獲故中書，署曰「淮南九師書」。又古五子書，除復重，定者十八篇，分六十四卦著之日辰，故號之「五子之書」。

施讎授張禹，張禹授彭宣。又孟喜授白先（白光子）、趙賓、翟牧（翟牧子兄、趙賓イ）等。梁丘賀先從京房受《易》，後從田王孫遊學，以授子臨（子洞洞臨イ）。臨始從施讎以學《易》，後受梁丘賀《易》。

漢末有費直長翁，《易》不立於學官，以授鄭衆、馬融、王弼

等。馬融以授鄭玄，又王弼授韓康伯。魏代王肅、王弼之《易》列於國學，齊代唯傳鄭玄《易》，隋代王氏注盛行於世，鄭氏《易》浸微，至唐孫（殆イ）絶。今所傳《易》，大抵皆絶失。《歸藏》之術，漢初已亡。

宋興初有希（布イ）夷先生陳摶以傳，微暉興廢跡，以授犁放。放以授李溉、許堅、穆脩，堅以授本（李イ）處幼，處幼授范諤昌，諤昌授劉牧，牧授吴秘、黄黎獻等。黎獻近作略例，以弘世（行于世）。脩授李才（李之才）、周敦實茂才等。程顥伯淳、程頤正叔兄弟從周氏以受《易》。張載子厚、邵雍堯夫從本（李イ）氏以受《易》。邵雍以授子伯温、丘穎、朱震、司馬光等。光授牛師德，德授子田純。又丘穎授鄭東（束）卿，東卿者鄭玄之裔。光者司馬談之胤也，談昔從田何以受《易》。玄從馬融以受《易》。

元慶二年戊戌之年也，至明應四年乙卯，已得六百十八年也。（日本《易》學傳授）本朝（陽成院御代）元慶二年（我朝五十七代陽成院之御代，戊年也。當唐十九代僖宗乾符四年戊戌），大唐易學博士駱漢中來留《易》説，至今殆三百年。留者吉備公以十三經奉授高野姫天皇也，愛成傳其説，奉授寛平天子，加減爛脱。説者中起之。

唐蘇州司户郭京以王弼、韓康伯兩師手寫注定傳授真本，授寫之，利（刊）改今《易》一百三處，作《舉正》三卷。宋興，洪邁於福州《道藏》中看書之次，求得其本，以弘於世。晁公武所進《易解》，多引用其説，是罕有世。今取其最良要處二十件，以傳之，秘中之真秘也。相傳其説，以爲爛脱加減之説，尤叶經義大意。其餘兩説等，上古之真傳也。上古未漏脱，《正義》之前，以口訣先儒相傳，發明大義。後與《正義》之有異同，故先達異義紛諸（訟）。

上古《易》筮術，細細用之。至今者頗中絶。適有中興之道，深秘若亡。真言、陰陽、算家、紀傳、明經共有之。長保四年（長保四年者壬寅也，六十六代一條院御代也。自壬丑至明應四年乙卯，已得四百九十四年也）十一月十四日，江匡衡以《易》筮募身勞，以被申子息昇進所望。其先維時卿傳《易》，又都良香讀傳《易》説。或説唐陸龜蒙來，傳《易》於本朝，聖廟習傳此術給：

真言流者，一行阿闍梨授珎雲和尚，珎曇授弘法。弘法歸朝之後，授貞觀寺僧正，僧正教修理大夫臣（巨イ）見，又清行。清行以授日藏上人，日藏上人授小野僧正，僧正授小野少僧正，少僧正授遍智院僧都，僧都授仁親，仁親授心也。今之《易》中興，多出自此。信西從心也，受《易》筮以季親。

古者清行者，受駱漢中等之説。清行以此術教三人，所謂日藏、浄藏、文（大イ）江也。

宿曜相傳者，浄藏授法藏，法藏授接安，接安授仁祚，仁祚授忠允，忠允授彦祚，彦祚授文贊，文贊授懷尊、尋實等。

算家相傳者，文江授茂明，茂明授雅頼，雅頼授爲長，爲長（長爲イ）授爲康，爲康授行康。

明經相傳者，其相傳祖承，各見家系譜也。有其人，必可傳之，不可不傳。無其人，必可深韜。若强傳之，師資受害。鬼神所秘，神靈以隱可秘。

一　讀書説第一二三四五六七八九，已上八卷有説

內題説　周易上經乾傳第一

奥題説　義大　器禪

（天文十四乙巳夷則上七傳《易》之後書之　□□□□□印）

附録3　《周易命期略秘傳》(解題)

《國書總目録》記載此書現存的四種寫本：

周易命期略秘傳　三卷一册

別　周易圖略　類　占卜　寫　慶大(室町末期寫，二部)

寫　大東急(室町末期寫，慶長補寫)

寫　天理(卷三，卜部兼右寫，與《周易抄》合爲三册)

寫　天理吉田(江户初期寫)

與前面《周易要事記》一樣，仍没有記載廣大本。阿部隆一氏《慶應義塾圖書館新收善本解題》(《慶應義塾圖書館月報》第十六號，1956年，收録於《阿部隆一遺稿集　第二卷》)也已經有如下解題，引用於此：

周易命期略秘傳　室町末　寫　半一册

二十三葉。半葉十二行行二十一字。注文小字雙行。以朱筆施加句讀、勾劃，間以墨筆施訓點。全文漢文。以《命期經》等爲基礎，雜糅易筮、陰陽道、密教等資源創作的占筮書。此類書籍流行於室町時代。

廣大本則有二十七葉，半葉十行行十七字的一部分内容，還有半葉十二行的圖表内容十四葉。注文小字雙行、全文漢文，則與慶大本相同。

其内容介紹以摘録標目代替，雙行小注用[　]括起，(　)内則是筆者的補足説明。

推御軌積年法

御軌立成十五元四百八十年而一周終而更始

合軌卦體一、二、三、四、五、六、七、八、九、十、十一、十二、十三、十四、十五

(以下有圖表三葉。表最後有『英法師李淳風等命期經無此立成。今依唐開成録著之』注記)

合軌爻值事之立成(以下有圖表十一葉)

軌爻配月法

陰陽爻得位失位法

陰陽得位失位數法

配律呂七均法

律呂七均數

軌限盈縮法不盈五十六已下者，以九乘，以六除

推帝王命期法凡人可通用

推帝王命期甲子吉凶法凡人可準

推帝王即位法

推帝王興衰法

周易命期秘傳

軌數之事

卷首一葉在論盈縮法、周易命期運數事、推軌數術、推命限術、勘申、卦遇謙豫、推御軌數、推御軌數術、推御命限術、明季戊申、周易命期運數事、推軌數術等標目下有雙行小字文句，第二葉則有金石絲竹匏土革木、十二支異名、十干異名等記載，這些恐怕是後來增補的部分，似本應在卷末，誤冠於卷首。

附録二　日系古鈔《周易》單疏本研究*

顧永新

唐太宗貞觀十二年（638），孔穎達等奉敕纂修「五經正義」，高宗永徽四年（653）頒行天下。其後一直以寫本形態流傳，直至北宋太宗朝國子監校定刊行「五經正義」（其中《周易正義》於端拱元年，即988年校定完成），進入刻本時代。單疏本《周易正義》傳入日本，可以追溯至奈良朝，所傳入者當爲唐寫本。九世紀末藤原佐世奉敕編纂《日本國見在書目録》即著録單疏本《正義》十四卷。[一]而據平安朝末期藤原賴長的日記《台記》記載，日本康治二年（1143）至三年間，他精勤講讀《周易正義》，十分珍視並且手自校勘「《周易正義》摺本」，亦即宋刻本，阿部隆一先生推定當爲北宋國子監本。[二]可見，日本流傳的單疏本《周易正義》當有唐寫本和宋刻本兩個源頭。至於今存鎌倉和室町時代古鈔《周易》單疏本究竟出於哪一系統，訖無定論。本文擬以敦煌寫本和宋刻單疏本爲參照系，根據經眼日系古鈔本及相關著録信息，[三]通過文本校勘，在中日兩國學者已有研究成果的基礎之上，對此問題做進一步深入的探討。

一、學術史梳理

除日系古鈔本外，單疏本《周易正義》早期文本尚有敦煌本和宋刻本，圍繞着這些傳本，中日兩國學者展開了一系列的整理和研究。我們首先梳理一下這些研究成果，並對本文所參校之古鈔本略作説明。

唐代單疏寫本今僅存臺灣「中研院」史語所傅斯年圖書館藏敦煌卷子《周易正義・賁卦》殘卷（第188071號，以下簡稱「敦煌本」），起自《彖傳・正義》「（以亨之與賁相）連而釋」，終於六五爻辭王注疏文「亦無待士之（文）」，凡三十二行，行四十字不等，無邊框，無界欄。疏文連同經、注文起止語俱大書，不提

* 本文是教育部人文社會科學重點研究基地北京大學中國古文獻研究中心重大項目「儒家經典整理與研究・《周易》經傳注疏定本（附校勘記）」（19JJD750001）的階段性成果。拙作完成後，曾延請北大中文系博士張劍同學審讀，謹致謝忱。

[一] 孫猛：《〈日本國見在書目録〉詳考》本文篇，上海古籍出版社，2015年，第4頁。

[二]《關於金澤文庫舊藏鎌倉鈔本〈周易正義〉與宋槧單疏本》，原發表在《金澤文庫研究》通卷241號（神奈川縣立金澤文庫發行，1976年9月）；後收入《阿部隆一遺稿集》第一卷《宋元版篇》，東京：汲古書院，1993年，第494—495頁。

[三] 爲了區別日本鎌倉、室町時代古鈔本和敦煌唐寫本，我們引入了「日系古鈔本」這一概念（下文或省稱古鈔本），這是因爲古鈔本系統內部有其相對的封閉性，各本的文本樣貌及其特徵亦皆相對一致。

行，上下分別空一格。黃彰健先生稱此殘卷係抗戰勝利後史語所在北平購得。[一]至於書寫年代，一般認爲是晚唐至五代。[二]

宋刻單疏本今僅存中國國家圖書館（以下簡稱國圖）藏傅增湘舊藏南宋刻遞修本《周易正義》十四卷（以下簡稱「傅本」）。卷首長孫無忌《五經正義表》和孔穎達《周易正義序》，卷一「八論」，卷二以下正文起。左右雙邊（二十三點八釐米×十六點五釐米），有界，每半葉十五行，行二十六字不等。版心白口，單魚尾，記「易幾」（附記葉次）。此本經過宋代修補版，原版和修補版玄、鉉、弦、蓄、敬、驚、弘、殷、筐、竟、境、鏡、恒、貞、徵、樹、讓、桓、完、構、媾、慎字缺筆，避諱至孝宗，敦、郭等光宗、寧宗以下諱字不缺筆。阿部先生通過對刻工、諱字以及字體的研究，認爲此本也是應高宗紹興年間詔由臨安府或江浙地方州郡鏤版、孝宗初期隆興、乾道年間刊刻完成的，修補版距原刻時間不長，或爲孝宗朝後期，恐怕不會晚到光宗紹熙以後。[三]

自宋元之際俞琰以下，此本迭經明唐寅、王世貞，清季振宜、莊虎孫、徐松、徐坊，民國傅增湘、陳清華等遞藏，私家嚴扃深鐍，故不爲世人所知。宋刻《周易》單疏本最早爲學人所取資，始於明末清初藏書家錢孫保（1624—？，字求赤）鈔本《周易注疏》（以下簡稱「錢本」），他彙校衆本，其中包括「予所獲單疏本一，注疏合刻一，又單注本二，皆宋刻最精好完善者，真天下之至寶也」。[四]不過錢氏藏本當爲另一本，恐非前揭傅本。錢本並未注明哪些內容或異文屬單疏本所有，[五]所以並無直接可資利用的單疏本異文。乾嘉學者盧文弨（1717—1796）、阮元（1764—1849）先後校勘《周易》經傳、注疏即以錢本爲參校本，[六]明確提及單疏本者止乾卦《彖傳·正義》「《正義》曰夫子所作彖辭」，阮元《校勘記》云：「按自此以下，錢本揔在注『各以有君也』之下，蓋每一節末下接《正義》，又釋經都畢，然後釋注。錢校單疏本、注疏本亦同。十行本、閩、監、毛本每節內每段分屬，雖便讀者，究失舊第。後皆準此。」[七]

[一] 黃彰健：《唐寫本〈周易正義〉殘卷跋》，《大陸雜誌》第42卷第9期，第296頁。後收入氏著《經學理學文存》，臺北：臺灣商務印書館，1976年，第241—248頁。

[二] 參見蘇瑩輝《略論「五經正義」的原本格式及其標記經、傳、注文起訖情形》，《敦煌論集續編》，臺北：臺灣學生書局，1983年，第82頁；許建平：《敦煌文獻合集·敦煌經部文獻合集》，北京：中華書局，2008年，第96—97頁。

[三] 以上避諱字係阿部先生查考所得，參見《關於金澤文庫舊藏鎌倉鈔本〈周易正義〉和宋槧單疏本》，第500—503頁。趙萬里先生認爲「此書當是紹興十五年後南宋監本」（《中國版刻圖録·目録》圖版二八，北京：文物出版社，1961年增訂本，第12頁）。張麗娟教授、橋本秀美教授亦皆有說，詳參下文。

[四] 國圖藏陳鱣舊藏宋刻宋元遞修八行本《周易注疏》卷首迻録錢求赤康熙九年（1670）題記（《中華再造善本》影印本，北京圖書館出版社，2003年）。

[五] 錢本并非影鈔本，而是以宋刻宋元遞修八行本和明萬曆北監本爲主體，兼及單疏本和經注本，彙校各本異文重構而成的、新的校定本。說詳拙作《錢求赤鈔本〈周易注疏〉考實》（《文獻》2018年第1期）。

[六] 阮元主持校勘「宋本」《十三經注疏·周易兼義》所引據之錢本係據盧文弨校本過録，并非直接參校錢本。

[七] 《宋本十三經注疏併經典釋文校勘記》卷一《周易注疏校勘記》，《續修四庫全書》第180冊影印清嘉慶十一年（1806）文選樓刻本，上海古籍出版社，1995年，第292頁。

最早言及日系古鈔單疏本《周易正義》的日本學者是江户時代中期考證學者吉田篁墩（1745—1798），他本人曾抄寫一通，所從出之底本爲「孔穎達《周易正義》十四卷，永禄年鈔本，柴學士（邦彦）家藏，《繫辭》以下缺。增島子篤（信道）亦有鈔本。余合二家本，謄録成足本」。〔一〕他的鈔本後來歸增島氏竹蔭書屋插架，《經籍訪古志》見於著録。〔二〕接下來是近藤守重（1771—1821），他自己珍藏「《周易正義》古鈔真本十四卷」數通，其中，大永永禄鈔本和清家傳本寫樣小有異同。卷首長孫无忌《進五經正義表》，次孔穎達《周易正義序》，序後提行題「周易正義卷第一」（「這是卷子本遺制」），次行題「八論」。《周易》上、下經正文始於卷二，首題「周易正義卷第二」。這種分卷舊式，「保留卷子寫樣，無孔維版行標記，更信其爲李唐傳本」。〔三〕

澀江全善（1805—1858）和森立之（1807—1855）合著《經籍訪古志》，共著録古鈔單疏本《周易正義》十四卷六通，舉凡兩種體式，一是經文大書，疏文小字雙行，計有二通：求古樓舊藏應永間鈔本（九行二十一字）、弘治永禄間鈔本（八行二十一字）；〔四〕一是經文、疏文俱大書，計有四通：竹蔭書屋舊藏弘治永禄間鈔本（十二行二十字。今藏臺北故宫），澀江氏容安書院（十三行二十字。今藏臺北故宫）、求古樓（十七行二十五字）、昌平學（十一行二十字。今藏日本國立公文書館）舊藏元龜天正間鈔本。〔五〕其中，卷首有長孫《進表》者僅求古樓舊藏元龜天正間鈔本一通，餘者卷首僅有《孔序》。按語云：

以上六通，並係單疏本。前二通則《正義》分注，後四通則《正義》同經文大書。意者分注者蓋即爲唐本舊式。古人情樸實，無改單行爲雙行之理。且句末長有「之」「矣」等字，亦絶與諸卷子古本類。其《正義》爲大書者，蓋從北宋本鈔，其體與楓山官庫所藏《尚書正義》北宋槧本相符。以二本相比校，自當知其所淵源也。〔六〕

森氏等以爲上述兩種體式分别源出唐寫本和北宋刻本，其實

〔一〕《近聞寓筆》卷一，日本國會圖書館藏和泉屋金右衛門文政九年（1826）序刊本，第6頁b。

〔二〕《經籍訪古志》卷一經部上，廣谷國書刊行會《解題叢書》本，1925年，第9頁。

〔三〕《正齋書籍考》卷一經部經總類一「五經正義」，《近藤正齋全集》第二，國書刊行會，1964年，第27頁。

〔四〕（日）阿部隆一《中國訪書志·楊氏觀海堂善本解題》著録此本（三册），正文部分八行廿一字，經文大書，《正義》小字雙行；另有伏原家舊藏本（十四册），行款、體式亦同，且卷首有長孫《進表》，爲他本所無（東京：汲古書院，1976年，第16頁）。

〔五〕《經籍訪古志》卷一經部上，第9—10頁。各書存佚及今藏者信息采自長澤規矩也《〈經籍訪古志〉考·儒部現藏者表》（《長澤規矩也著作集》之二《和漢書的印刷及其歷史》，東京：汲古書院，1985年，第214頁）。其中，求古樓、竹蔭書屋舊藏弘治永禄間鈔本、容安書院舊藏弘治永禄間鈔本又見於阿部隆一《中國訪書志·楊氏觀海堂善本解題》著録（第15—17頁）。

〔六〕《經籍訪古志》卷一經部上，第10頁。

不然。宋刻單疏本沿襲的就是唐寫本舊式，經傳、注文標示起止語和疏文盡皆單行大書，並無分注者。蓋森氏等未見唐寫諸經單疏本，故此致誤。

楊守敬（1839—1915）光緒六年至十年（1880—1884）在日期間，致力於蒐集漢籍珍善本，所得日系古鈔《周易》單疏本即有六通，除前揭竹蔭書屋舊藏弘治永禄間鈔本和澀江氏容安書院藏元龜天正間鈔本外，另有紀州新宫城主水野忠央、森立之、伏原家舊藏室町寫本三通（森立之舊藏本有楊氏校以崇禎毛氏汲古閣刻本的校記），以及求古樓舊藏弘治永禄間鈔本。[一]其中，求古樓舊藏本著録於《日本訪書志》，稱作「單疏古鈔本」，「凡標經注起止並大字居中，《正義》則雙行小字」。楊氏注意到「其文字大抵與明錢保孫（當作「孫保」）所校宋本單疏合」，[二]至於疏文所出位置及其内容分合，單疏本和錢本爲「總疏」，與十行本以下各本「分屬」不同，「唯錢本所據尚是宋刻，此則爲唐鈔之遺」。此外，他還根據日系古鈔《周易》經注本乾卦《文言》「知至至之，可與幾也」「與」下有「言」字，求古樓舊藏本疏文復述傳文亦有「言」字，「可知《正義》所據經文本有『言』字，後人據石經並刪《正義》，錢氏所據單疏已刪此字，不待注疏合刻矣」。[三]楊氏認爲古鈔本的祖本是唐寫本，此説當受到森立之的影響。

最早以日系古鈔單疏本《周易正義》校勘通行刻本的日本學者是海保漁村（1798—1866），嘉永三年（1850），海保以所獲舊鈔單疏本（以下簡稱「海保本」）校勘並訂補阮元《周易注疏校勘記》，撰成《周易校勘記舉正》一卷，首次具體地揭示了古鈔本的諸多優長。卷首《周易校勘記舉正序》有曰：

今詳加點勘，其可據以訂今本之訛，補阮氏未道之遺者，蓋有更僕不能罄者焉。而盧文弨、浦鏜、孫志祖輩，以意私改之陋，亦皆灼然可辨。譬如揭日星以行，明莫不照，豈不亦愉快乎？蓋無是本，則《校勘記》之作，吾知其不得已也；有是本矣，《校勘記》可復不作焉。遂條舉其字句之大者，以示是本之卓然可據，名曰《周易校勘記舉正》。

嗟夫！是本在天壤間，《周易正義》十四卷始無一疑滯矣；《正義》十四卷無一疑滯，而王注始可得而讀焉；王注可讀，而後兩漢先儒之義詁，亦得以溯洄從之矣，豈不更偉乎？聞又有應永間抄本、永禄間抄本，若得比校，以從一是，抑亦善之善者矣。跂予望之。[四]

[一]《中國訪書志·楊氏觀海堂善本解題》，第15—17頁。

[二]如上所述，錢本的整體架構出自八行本，至於其異文何者出自八行本，何者出自單疏本，多已不辨。因此，楊氏以爲錢本異文皆屬單疏本是不準確的。

[三]《日本訪書志》卷一「舊鈔本《周易正義》十四卷」解題，《日本藏漢籍善本書志書目集成》影印光緒二十三年宜都楊氏鄰蘇園刻本，北京圖書館出版社，2003年，第9册第23—24頁。

[四]《周易校勘記舉正》卷首，〔日〕關儀一郎編《儒林雜纂》本，東洋圖書刊行會，1938年，第1—2頁。

海保盛稱古鈔本的校勘價值和學術意義，一則可以取代《校勘記》乃至其他清儒的校勘成果，二則基於是本足以使《正義》「無一疑滯」，進而上溯王弼注乃至漢儒訓詁，無不迎刃而解。由是知其過份迷信古鈔本，抹殺清儒的校勘成果，不足深取。至於古鈔本的文本來源，他認爲「其卷數與《現在書目》《台記》及《舊唐書》所記皆合，其傳録果出自唐時古本，與鈔自北宋刊本，皆未可知也。但據陳振孫所記，稱『序云十四卷，《館閣書目》亦云，今止十三卷』，則其失舊第，蓋亦久矣。而是本全然存唐以來之本真，豈不可貴重乎？」〔一〕

島田翰（1879—1914）繼之，其所撰貞和鈔本《周易正義》十四卷解題，起首迻録海保《舉正》序言及部分異文，論曰：

> ……但漁邨所獲即大永鈔本，而予所校則係於貞和鈔本。其體式則首載《周易正義序》，卷端題「周易正義卷第一」，次行記「國子祭酒上護軍曲阜縣開國子臣孔穎達奉勅撰」。（原注：「臣穎達」三字小書，「勅」字提起，與「國」字等。）《正義》同經文大書，每葉十五行，行二十四字，「貞」「玄」等字間闕其末筆。蓋《正義》單行之書，多是十五行，而又有避諱可以徵之，其出於宋本也審矣。末卷尾有「貞和三丁亥年二月廿三日書寫加點」之識語。〔二〕

前揭海保《舉正》序言及跋語皆未及舊鈔本的抄寫時間，島田氏却明確稱作「大永鈔本」（1521—1527），不知何據。海保尚以未得應永（1394—1427）、永禄（1558—1569）鈔本爲憾，島田氏所認定的時間大永處於二者之間。東京大學總合圖書館藏《周易校勘記舉正》鈔本，書寫者及書寫時代不明，使用存誠塾紙型，鈐「島田鈞一收藏圖書」等印記，知其乃島田翰長兄鈞一藏本。島田翰所校貞和鈔本，今不知所在，據其行款及避諱可推知當出自宋刻單疏本。

民國三年（1914），劉承幹（1882—1963）據楊守敬影鈔日系古鈔單疏本《周易正義》翻刻，收入《嘉業堂叢書》（以下簡稱「嘉業堂本」），並校以嘉慶二十年阮元校刻南昌府學本《周易兼義》（以下簡稱「阮本」）及其《校勘記》，撰成《周易單疏校勘記》二卷，「庶可彌阮本之缺憾，於《易》家不無小補云」。據卷末劉氏跋，知其迄未見宋刻單疏本，「《周易》單疏，初見於歙縣程春海侍郎《遺集》，云宋本藏徐星伯先生家。陳東之《筆記》亦云雍熙二年官槧，末葉上有吕蒙正等十餘人銜名，後歸道州何氏，今歸臨清徐梧生監丞」，此即前揭傅本，先後經徐松（星伯）、徐坊（梧生）遞藏。劉氏注意到「日鈔本譌字、破體觸目皆

〔一〕《周易校勘記舉正》卷末跋，《儒林雜纂》本，第25頁。對於海保校記的評騭和討論，詳參拙作《海保漁村〈周易校勘記舉正〉舉正》，《饒宗頤國學院院刊》第三期，香港浸會大學饒宗頤國學院編，香港：中華書局（香港）有限公司，2016年5月。

〔二〕《古文舊書考》卷一，北京圖書館出版社影印明治三十七年東京民友社聚珍排印本（題作《漢籍善本考》），2003年，第72—73頁。

是，重文均空格，悉爲改正、補足，不得奉日鈔爲金科玉律，諒原本決不如是也。深惜宋本錮藏，未能詳攷，實爲憾事」。〔一〕在宋刻單疏本未被世人所識之時，劉氏刊行單疏本，使國人初識單疏本舊式，具有重要的學術意義。至於嘉業堂本所從出之底本，劉氏曰：「此本爲宜都楊惺吾舍人從日本鈔出，歸予插架，真海内驚人秘笈，故首刊此以餉學人。」傅增湘先生稱「楊君惺吾使東邦，曾收一本，歸國後贈繆藝風」；〔二〕柳詒徵先生則稱「楊惺吾氏自東瀛得傳寫本，歸之江陰繆藝風先生，先生以授劉翰怡京卿」。〔三〕三人説法不盡相同，但傅、柳二人都提及其中的關鍵人物——繆荃孫（1844—1919）。事實上，繆氏明確地記述了此事，「《周易正義》十四卷，影寫東洋單疏本。宜都楊惺吾同年守敬遺予，爲阮文達公所未見，真驚人秘笈也」。由此可知，此本並非古鈔本原本，而是影寫本（或即出自楊氏之手）；楊氏贈予繆氏在先，歸劉氏插架並據以翻刻在後，劉氏跋省略了這個環節。繆氏還提及宋刻本，「此書宋本先藏徐星伯先生家，見《程侍郎遺集》詩注。陳東之《筆記》亦云雍熙二年官槧，末葉銜名有吕蒙正等十餘人。（原注：此本無官銜。）近聞由長沙何氏歸吾友徐梧生户部，惜南北隔絶，未能借校異同也」。〔四〕不難看出，其内容與劉氏跋語基本相同，所以一般認爲劉氏校記及跋文皆出自繆氏之手，良有以也。

1935年，長澤規矩也先生在《書誌學》第五卷第四號發表《周易校勘記補遺（一）》，以静嘉堂文庫所藏元龜天正間鈔單疏本《周易正義》殘卷（存卷二至四、八至十，有闕葉。以下簡稱「静嘉堂本」）校勘阮元《校勘記》及海保、劉氏校記，同時參校嘉業堂本和静嘉堂文庫藏元刻明前期修補十行本。他認爲古鈔單疏本不屬於宋刻本系統，而是「李唐傳鈔本」系統。〔五〕

1934年，前揭宋刻單疏本《周易正義》歸傅增湘先生插架，翌歲郵至日本用珂羅版影印，這樣宋刻本纔真正進入中國學界的視野。傅氏手書跋文，歷述此書遞藏源流，尤其是入藏藏園的經過，「一旦異寶來歸，遂巋然爲群經之弁冕，私衷榮幸，如膺九錫」，念及「若復私諸帳秘，使昔賢留貽之經訓，前代守護之遺編，將自我而沉霾，何以對古人，更何以慰來者」，所以纔影印行世。他指出前人侈言此本乃北宋本非是，從避諱、刻工及相關史料記載推斷，刊刻時間當在紹興九年至二十一年之間。至於此本的文獻價值，主要是校勘文本和考訂卷次，傅氏也注意到「日本所傳鈔本尚多」，嘉業堂本「第以展轉傳鈔，舛誤觸目，深以宋本錮藏不得校訂異同爲恨。……源出舊鈔，又經藝風手勘，宜正定可傳，今開卷籤題大書『周

〔一〕《嘉業堂叢書·周易正義》卷末劉承幹跋，民國中吴興劉氏嘉業堂刊本。

〔二〕藏園傅氏1935年影印宋刻單疏本《周易正義》書後傅增湘跋，《師顧堂叢書》本《景宋單疏本〈周易正義〉》，杭州：浙江古籍出版社，2017年，第455頁。

〔三〕柳詒徵：《〈周易正義〉校勘記》，《江蘇省立圖書館學刊》第十年刊，1937年，第22頁。

〔四〕繆荃孫：《藝風藏書記》卷一，上海古籍出版社，2007年，第4—5頁。

〔五〕該文後收入《長澤規矩也著作集》第一卷《書誌學論考》，第352—353頁。

易正義十卷』，已爲巨謬，而跋尾叙述各卷編次又復與宋本差違，殊難索解」。〔一〕

1937年，柳詒徵先生校勘宋刻單疏本（影印本）和嘉業堂本，發表《〈周易正義〉校勘記》一文。他肯定「（宋刻本）其爲珍異，自遠過于根據傳寫本而重雕者（嘉業堂本），傅氏自詡爲奇中之奇，寶中之寶，亦非溢量之詞」，但對傅氏「手寫跋語抑劉刻而揚宋槧，往往有過分語……似但憑記憶，未及細檢宋槧，故隨筆臚舉，迥非事實」提出批評，並具體指出傅氏謬誤所在，如遯卦、艮卦是否脱文，嘉業堂本籤題《周易正義》卷數之爲十卷抑或十四卷，劉氏堂名之爲嘉業堂抑或嘉惠堂等，旁及二本文字異同「互有短長」「抑揚軒輊，正自難言」，質疑傅氏「何以不經意若是」「校勘專家不應疏忽若此」。〔二〕

1941年，向宗魯先生校勘宋刻單疏本（影印本），並撰寫《〈周易疏〉校後記》。據屈守元先生跋，此文旨在總結單疏本（宋刻本和古鈔本）和注疏合刻本（八行本、十行本、阮本）文本之淵源及其從違。向先生以單疏本校十行本，「知其大謬有六」，分别是改易卷第、分割疏文、文理不貫、多所脱漏、以注爲疏、妄改標題，批評阮元未能假盧文弨和陳鱣所藏之本（即前揭錢本和宋刻宋元遞修八行本），以作刊印之資，「擇本不善，負兹盛舉，致堪惋惜」。他還注意到「惟日本亦自宋刊鈔出，而妄有改易」，且不同日鈔本自有異同（海保本和嘉業堂本），所以劉氏倡言不得奉日鈔爲金科玉律「信通人之言也」；「権而論之，同一單疏也，則日鈔本不如宋刊本；（原注：日鈔源出宋刊，故所標起止，無不吻合。而日鈔劉刻本，其第十卷涣卦以下輒齵差不合，蓋鈔者所據宋刊，此卷脱爛，以意補綴也。如謂别出一源，何以他卷皆合，而此半卷獨否耶？此足爲日鈔不盡可據之切證。）同一注疏合刻也，則十行本不如八行本」。對於晚近出現的劉氏、傅氏二本，他認爲劉氏嘉業堂本「其中足正阮刻之脱誤者固多，獨惜劉氏校刻時，並其足證異同者而亦改之，其所刻有與所爲校記不相應者」，其校記亦多襲用海保《舉正》，「其所刊乃屢與《舉正》相背，不得謂劉氏之本即日鈔之舊，更不得謂即沖遠之舊矣」。至於傅氏影印本，「使吾人得據以觀沖遠之真，正俗本之誤。《易疏》之傳於今者，蓋莫善於此矣。傅君傳古之功，夫豈可忘？第觀其所作跋文，頗多疏舛，蓋由率爾爲之也」「傅君雖有小誤，不掩其大功；猶宋刊雖有譌字，不害其爲最佳之本也」。〔三〕較之柳氏，向氏評論更爲客觀公允，可謂不刊之論。

昭和十三年（1938），富岡謙藏（1873—1918）舊藏室町鈔單疏本《周易正義》十四卷（七册）入藏京都大學人文科學研究

〔一〕傅增湘跋，《師顧堂叢書》本《景宋單疏本〈周易正義〉》，第453—458頁。
〔二〕《江蘇省立圖書館學刊》第十年刊，1937年，第1—23頁。
〔三〕原發表在《華西學報》第六、七期合刊本，1941年，第1—17頁。後經屈守元先生整理，重刊於《中國歷史文獻研究集刊》第三集，長沙：岳麓書社，1983年，第90—99頁。

所(以下簡稱「京文研本」)。此本無邊框,無界欄,十五行二十字。鈐有「桃華庵珍藏印」,知爲富岡氏印記。書後有狩野直喜先生同年四月所撰跋文,其文略曰:

> 我國所存舊鈔本《周易正義》,除《經籍訪古志》所著録,尚數種,此其一也。檢書體不出一手,然卷五以外,殆足利時代物。今校以刊本,異同迭見,有足以正刊本誤者,有疏引經文合於山井《考文》所謂「古本」「足利本」者,有旁注印本作某字、一本有作某字者。顧當時刊本之舶載我國者,不止一種,即使此書,亦出於刊本可知,與傳本淵源不同。但作字拙陋,誤奪百出,甚有扱入朱子《本義》者,是則舊鈔《論語集解》增録皇《疏》之類,一時風氣令然,未得以之掩其長矣。此書舊爲亡友富岡桃華所藏,獲之書肆,今捐東方文化研究所,以資所員校勘《正義》之用。桃華有靈,其亦喜物得所歸也。

狩野先生通過校勘認定日系古鈔單疏本出自刻本系統,與古鈔經注本(所謂「傳本」)並不同源。

昭和五十一年(1976),水府明德會(彰考館)藏金澤文庫舊藏鎌倉中期鈔單疏本《周易正義》殘卷列爲重要文化財,阿部隆一先生撰寫《關於金澤文庫舊藏鎌倉鈔本〈周易正義〉和宋槧單疏本》一文,進行研究,並探究其與宋刻單疏本之間的關係。此殘卷存五卷(五至九),卷子裝,是日本現存最古的古鈔《周易》單疏本。書衣爲散金箔香色厚手表紙(三十一點五釐米×二十六釐米),中央題籤「金澤本《周易正義》幾」。烏絲欄,界高二十二點八釐米,界幅二點二釐米。見開一紙廿二行,每半折十一行,行十七字。每卷首尾鈐「金澤文庫」「彰考館」印記。每卷首題「周易正義卷第幾」,次行、三行分別低五字署「國子祭酒上護軍曲阜縣開國子臣孔穎達奉/勑撰」(出以小字)。正文後間一行尾題(與首題同),提行附記「計幾字」。疏文與標示起止語之間空二格,冠以「《正義》曰」,皆單行大字,與宋刻單疏本體式保持一致。此本不避唐諱(世、民等),敬、殷、竟、恒、貞、完等北宋諸帝諱缺末筆,加之行款、字體也忠實於宋本,所以阿部先生稱其底本爲宋國子監刻單疏本這一點是明確的,但究竟是北宋版還是南宋版,頗難斷定。[一]阿部先生另編有日本現存古寫本目録,凡著録古鈔單疏本《周易正義》十五通,除金澤文庫本外,餘者皆爲室町鈔本,包括京大本(室町末。說詳下文)、京文研本(室町末近世初)、廣大本(室町末天文中。說詳下文)、林家本(室町末。說詳下文)等。[二]

1995年,野間文史先生校勘廣島大學附屬圖書館藏天文

[一]《阿部隆一遺稿集》第一卷《宋元版篇》,第493—499頁。
[二]《阿部隆一遺稿集》第一卷《宋元版篇·本邦現存漢籍古寫本類所在略目録》,第212—213頁。

舊鈔單疏本《周易正義》十四卷（以下簡稱「廣大本」），撰成《廣島大學藏舊鈔本〈周易正義〉考附校勘記》。廣大本係室町末期天文十二年（1543）寫成，凡八册，另附《周易要事記》和《周易命期略秘傳》各一册。卷一末識語云：「天文十二癸卯曆九月十八日，一條烏丸於柳原亭書之訖。　□□□□經　春秋三十二才。（花押）」由此可以考知抄寫者及抄寫時間等相關信息。此本四周單邊，有界欄，卷首和卷一十行十七字，卷二以下十二行二十字。通過對廣大本進行全面校勘和研究，野間先生認爲日系古鈔本屬宋版以前的李唐鈔本系統。〔一〕而在野間先生之前，户田豐三郎先生也曾對廣大本進行過研究，不過他認爲「我邦舊鈔本的基礎是北宋刊本還是李唐傳鈔本，能够下定論的資料目前尚不完備」。〔二〕

除前揭静嘉堂本、廣大本、海保本、京文研本、嘉業堂本外，本文據以參校的日系古鈔《周易》單疏本尚有二本：一爲京都大學附屬圖書館清家文庫藏本（以下簡稱「京大本」），分裝天、地、人三册。此本無邊框，無界欄，卷首和卷一十行十七字，卷二以下十四行二十一字。每册首鈐「船橋藏書」長方印記和「京大　昭和27.3.31」橢圓形印記，知其爲舟橋家傳來清原家舊物，1952年入藏京大圖書館。一爲國立公文書館藏林羅山舊藏本（以下簡稱「林家本」），凡七册。此本四周單邊，有界欄，十一行二十字。行格疏朗，字畫嚴整，不同於其他古鈔本。卷二、卷十、卷十四末題「大明國人王氏月軒（謹）書」，卷六末題「月軒書」。卷十四末識語云：「持主修養道人永好齋永雲之□特□□□年（原注：壬午。）孟冬吉月吉日，在武州川越郡抄書也。」鈐有「江雲渭樹」「林氏藏書」「昌平坂學問所」「大學藏書」「書籍館印」「淺草文庫」等印記。《經籍訪古志》所著録之昌平學舊藏元龜天正間鈔本即此本。據其解題，知「年」上三字爲「天正十」（壬午，1582），當爲確切的抄寫時間：抄寫者「王氏月軒，蓋歸化明人……豈月軒以傭書爲生與？」〔三〕

日本學者對於古鈔單疏本《周易正義》的關注和研究始於十八世紀，吉田篁墩肇端，以下綿延不絶，不斷深入。近藤守重和長澤規矩也、野間文史先生明確地認定古鈔本的文本來源是唐寫本，島田翰、狩野直喜、阿部隆一先生則認定爲宋刻本。《經籍訪古志》著録兩種體式的古鈔本，以爲分别源出唐寫本和北宋刻本。中國學者最早接觸、蒐集並研究日系古鈔本的是楊守敬，他受到森立之的影響，認爲古鈔本的祖本是唐寫本。其後劉承幹據楊氏影寫本翻刻古鈔本，日系古鈔單疏本這纔廣爲國人所知。今存南宋刻單疏本（傳本），宋元以降傳承有緒，直至民國間爲傳增湘先生所得並加以影印，也纔真

〔一〕〔日〕野間文史：《廣島大學藏舊鈔本〈周易正義〉考附校勘記》，《廣島大學文學部紀要》特輯號，1995年，第53頁。後收入氏著《五經正義之研究》（研文出版，1998年）。

〔二〕〔日〕户田豐三郎：《〈周易〉注疏諸本考》，《東洋文化》復刊第九號，1964年，第29頁。後收入氏著《易經註釋史綱》（風間書房，1968年）。

〔三〕《經籍訪古志》卷一經部上，第10頁。

正地爲中日學界所利用。柳詒徵、向宗魯先生先後校勘劉氏翻刻本和傅氏影印本（向先生兼及海保本），對於二者的優劣、得失都有評騭、探討。

二、古鈔本與敦煌本、宋刻單疏本體式異同

我們考察日系古鈔單疏本《周易正義》的基本參照系有二，一爲敦煌本，一爲宋刻單疏本。

如上所述，敦煌本《周易正義》殘卷每行四十字不等，宋刻本行款則是十五行二十六字，而古鈔本行數、字數更是頗多參差。那麼，究竟哪一種行款於古有徵，淵源有自呢？蘇瑩輝先生注意到英藏《毛詩正義》（斯 498，行二十二字不等）、法藏《春秋正義》（伯 3635，行二十一字不等）兩種敦煌卷子，認爲「就敦煌本《毛詩》《春秋正義》兩殘卷的體裁」和行款、字數（每行二十幾字）、朱墨分書等特徵看來，其接近《正義》原書的可能性較寫本《周易正義》殘卷爲大。[一]事實上，王國維先生早已指出群經單疏本每行二十幾字至三十字不等乃「六朝以來義疏舊式」，「其餘唐人所書佛經疏，亦無不然」。[二]他如日本京都市藏唐寫本《毛詩正義・秦風》每行二十二字不等，東洋文庫藏唐寫本《禮記正義・曲禮》每行二十五至二十九字不等，行款亦皆如是。由此推知敦煌本《周易正義》每行四十字不等絶非單疏本舊式，或根據紙張規格而改造每行字數歟？傅本每半葉十五行（宋刻群經單疏本悉同），行二十六字不等，當如王先生所云，係沿襲六朝以來舊式。至於古鈔本，由於開本和字體大小不同而導致行款容有不同，但前揭各本大多數還是每行二十字不等，雖然與敦煌本和傅本皆有所不同，不過與六朝以來每行二十幾字的傳統相去不遠（尤其是島田翰所校之貞和鈔本十五行二十四字，京文研本十五行二十字，與宋刻本的親緣關係更爲顯見）。

敦煌本和宋刻本《周易正義》體式相同，疏文連同經傳、注文起止語盡皆大書，本文所參校之古鈔諸本莫不皆然，並無《經籍訪古志》所著録之經文大書、疏文小字雙行的體式（如上所述，臺北故宫楊氏觀海堂舊藏本中有兩通係這種體式）。揆之其他各經唐寫本（諸如前揭敦煌卷子本《毛詩正義》《春秋正義》以及日藏唐寫本《毛詩正義》《禮記正義》殘卷體式悉同）和宋刻本亦莫不如是。故可推知，森立之等所謂經文與疏文大、小字分注者乃唐本舊式、經文與疏文皆大書者從北宋本出的說法是完全不能成立的，單疏本體式，無論是唐寫本還是宋刻本，標示經傳、注文起止語和疏文悉皆大書，分注者當爲日人抄寫之時據經注本體式進行了改造。

[一] 蘇瑩輝：《略論「五經正義」的原本格式及其標記經、傳、注文起訖情形》，《敦煌論集續編》，第 57—84 頁。

[二] 《王國維手定觀堂集林》卷一七《史林九・宋刊本〈爾雅疏〉跋》，杭州：浙江教育出版社，2014 年，第 433—434 頁。

宋刻本和古鈔本《周易正義》卷數相同，均爲十四卷，卷次分合和内容構成亦全同。傳本卷首爲《進表》《孔序》，《孔序》後另葉正文起，卷端首行頂格大題「周易正義卷第一」，次行、三行分别低五字署「國子祭酒上護軍曲阜縣開國子臣孔穎達奉/勅撰定」，四行低三字題「自此下分爲八段」，五行至十二行分别低五字題「八論」篇目。前揭古鈔諸本卷首皆無《進表》（如上所述，近藤守重舊藏大永永禄鈔本、清家傳本和求古樓舊藏元龜天正間鈔本卷首有《進表》），衹有《孔序》；卷一爲「八論」，各本卷端行款與傳本略有異同：林家本、京文研本序後另葉正文起，卷端首行頂格大題，次行（或次行、三行）結銜，三行（或四行）題「自此下分爲八段」，以下平書「八論」篇目，分列四行，上下兩排，與傳本八行單排不同。嘉業堂本序後提行頂格大題，次兩行分别低二字結銜，「勅撰定」下空三字題「自此下分爲八段」，以下四行臚列篇目。京大本序後提行題「八論（空三字）自此下分爲八段」，無大題及銜名。廣大本與上述諸本皆不盡相同，序後另葉正文起，卷端首行頂格大題，次行低一字結銜，三行題「八論」，四行題「自此下分爲八段」，但無「八論」篇目。卷二上、下經六十四卦正文起，傳本首行頂格題「周易正義卷第二」，次行、三行分别低五字署「國子祭酒上護軍曲阜縣開國子臣孔穎達奉/勅撰」，廣大本、林家本、京大本、京文研本略同（結銜或一行或兩行，廣大本奪「勅撰」二字）。嘉業堂本顯係經過改造，雜糅經注本和單疏本題名，首行小題「周易上經乾傳第一」，次行大題「周易正義卷第二」，三行低一字結銜，四行正文起（卷三以下與諸本同）。

宋刻本和古鈔本《周易正義》各卷卷末多有尾題，但並不完全一致。傳本卷一末尾題作「周易正義卷第一」，間一行低十二字記本卷字數「（計）幾萬幾千幾百幾十幾字」（除卷八、十三、十四有尾題而無字數外，餘卷皆如是，標記字數或有尾題後提行者，或有尾題下空數字連寫者）。古鈔諸本卷一末尾題有所不同，海保本作「周易正義八論終」（廣大本、林家本、京文研本、嘉業堂本略同，終上有「之」字），京大本作「周易序并八論」。傳本卷九末尾題「周易正義卷第九」，林家本、嘉業堂本同，京大本、京文研本作「周易疏卷第九」，不同於其餘各卷。值得注意的是，除金澤文庫本外，古鈔諸本尾題後一般不記字數（市野光彦和伏原家舊藏室町鈔單疏本卷十二、卷三尾題下分别記字數〔一〕），這一點與傳本有所不同。我們認爲，鎌倉鈔本尚保留字數，而室町鈔本偶有記字數者，之所以出現這種狀況，或可以後世抄寫者趨簡取便來解釋。

傳本每卦自爲起訖，首卦形及其所示下、上體名、卦名及卦辭，提行冠以「《正義》曰」疏文起（卷二、三、五、六、七、九提行，卷四、八、十不提行），以下分釋《彖傳》《大象傳》、各爻爻辭和《小象傳》及相應王注（乾卦《彖傳》《象傳》整體次於卦、爻辭

〔一〕〔日〕阿部隆一《中國訪書志·楊氏觀海堂善本解題》其書解題，第15—16頁。

後，不同於他卦），經傳、注文標示起止語（文句較短者則逕引全文）及其疏文均連寫（二者之間及其上、下並空二格）。卷十一、十二《繫辭上》、十四《説卦》《序卦》《雜卦》十分整飭，每章節（篇）自爲起訖，均連寫（卷十一小題「周易繫辭上第七」及卷十二首第六章標示起止語「聖人有以至如蘭」獨立成行，提行疏文起）；卷十三《繫辭下》則頗不規律，小題「周易繫辭下第八」不獨立成行，下空二格疏文起，以下各章標示起止語或提行另起，或與上一條疏文連寫（中間空二格），並無一定之規。敦煌本僅存賁卦殘卷，經傳、注文標示起止語及其疏文均連寫（二者之間及其上、下並空一格）。古鈔本每卦自爲起訖這一點與傳本是一致的，但具體的行款則更加不規則，這也是古鈔本的個性化特徵所決定的。廣大本、林家本、京文研本乾卦卦名及卦辭低二或三字書寫，獨立成行（廣大本有卦形而無下、上體名，林家本、京文研本二者皆無），提行疏文起（冠以「《正義》曰」）。以下解釋各爻爻辭、《彖傳》《象傳》《文言》及相應注文，或提行另起，或接續上一條疏文連寫（上、下並空一、二乃至多格不等），並不十分規律。京大本全書標示經傳、注文起止語及其疏文均連寫，不另提行，二者之間及其上、下並空一格，頗有規律。嘉業堂本則更加有規律，經傳、注文標示起止語均提行，顯係劉氏在刊刻過程中進行了改造。

綜上所述，古鈔本的基本體式（經傳、注文與疏文大、小字分注者爲變體）與敦煌本和宋刻本是相同的，即疏文連同經傳、注文標示起止語盡皆大書。古鈔本卷次分合和内容構成悉同宋刻本，雖然各本具體行款容有不同，但卷首題名和卷末尾題，以至每卦（章節）自爲起訖，分釋其經、傳及相應注文之疏文基本上都連寫、上下並空一、二格等特徵，亦皆約略相同，足見古鈔本與宋刻本整體上並無二致。

三、古鈔本與敦煌本、宋刻本標示經傳、注文起止語異同

六朝以降群經通行本均爲經注本，唐代單疏本出，與經注本各自别行，故須標示所釋經傳、注文起止。考察《周易正義》標示起止之異同，着眼點舉凡有三：一是疏文所出位置異同，二是由於位置不同而造成的内容分合之不同，三是標示起止語文字異同。無論是古鈔本還是敦煌本、宋刻本，前兩者蓋無不同，標示起止語則繁簡或異同有别。

黄彰健先生發現敦煌本《周易正義》殘卷標示經、注文起止用字多較傳本爲繁，進而推斷孔穎達原本對經、注文應未省略，乃是遵循六朝義疏舊式，如《論語義疏》《禮記子本疏義》然。至於後來省略經、注文，僅標明起止的做法可能是受到佛教經疏、論疏的影響。[一] 蘇瑩輝先生注意到敦煌本《毛詩正義》《春秋正義》以朱書標經、注文起止，疏文空一格，墨書連書

[一] 黄彰健：《唐寫本〈周易正義〉殘卷跋》，《經學理學文存》第 241—248 頁。

其下。因此，他認爲「正經注語，皆標起止，而列疏其下」、朱墨分書者，其式最古。[一]

標示起止語之異同是考察從唐寫本過渡到宋刻本，以及古鈔本與敦煌本、宋刻本關係的標誌性特徵。敦煌本標示經傳、注文起止語不規則，文字多寡不一；傳本則是比較規則的，經傳、注文多取首尾各二三至四五字（文句較短者則逕引全文）以爲起訖，中間出以「至」字。李霖教授比對唐寫本和宋刻單疏本標示起止語，《周易》無一全同，《毛詩》幾乎全同，《春秋》多不相同，《禮記》格式相對鬆散，多不相同。[二]我們以傳本爲底本，校以敦煌本和古鈔本（林家本、京大本、京文研本、嘉業堂本），臚列異文如下：

「注『坤之上六』至『之義也』」，林家本、京大本、京文研本、嘉業堂本同；敦煌本作「坤之上六，來居二位，是『柔來文剛』也。乾之九二，分居上位，『分剛上而文柔』之義也」。新案：此乃《彖傳》王注之疏文標示注文起止，敦煌本係節略王注而成。[三]其中「是『柔來文剛』也」，通行刻本作「『柔來文剛』之義也」，表達方式略有變化。

「『《象》曰山下』至『折獄』」，林家本、京大本、京文研本、嘉業堂本同；敦煌本作「『山下有火，賁』至『無敢折獄』」。新案：此乃《大象》之疏文標示傳文起止，敦煌本起止句並爲完整的意義單元（分句）。

「『初九賁其趾』至『弗乘也』」，林家本、京大本、京文研本、嘉業堂本同；敦煌本作「『初九賁其趾』至『義弗乘』」。新案：此乃初九爻辭及《小象》之疏文標示經、傳文起止，敦煌本起始語（爻辭）同於傳本，終止語（《小象》末句「義弗乘也」）爲完整的分句（無「也」字）。

「『六二賁其須』至『上興也』」，林家本、京大本、京文研本、嘉業堂本同；敦煌本作「『六二賁其須』至『与上興』」。新案：同上例，《小象》末句「與上興也」，無「也」字。

「『九三賁如濡』至『之陵也』」，林家本、京大本、京文研本同，嘉業堂本濡下有如字；敦煌本作「『九三賁如』至『終莫之陵』」。新案：此乃九三爻辭及《小象》之疏文標示經、傳文起止，敦煌本起始語（爻辭）不同於傳本，蓋以爻辭爲「賁如濡如」，故「賁如」「濡如」分别爲一意義單元，終止語（《小象》末句「終莫之陵也」）爲完整的分句（無「也」字）。

「『六四賁如』至『无尤也』」，林家本（无誤元，尤作尢）、京大本、京文研本（尤作尢）、嘉業堂本同；敦煌本作「『六四

[一] 蘇瑩輝：《略論「五經正義」的原本格式及其標記經、傳、注文起訖情形》，《敦煌論集續編》，第 57—84 頁。

[二] 李霖：《宋本群經義疏的編校與刊印》第二章「北宋官校《五經正義》管窺」結論《五經正義》的唐宋差異」，北京：中華書局，2019 年，第 215—216 頁。

[三] 賁卦《彖傳》王注原文：「剛柔不分，文何由生？故坤之上六，來居二位，『柔來文剛』之義也。柔來文剛，居位得中，是以亨。乾之九二，分居上位，『分剛上而文柔』之義也。剛上文柔，不得中位，不若柔來文剛，故『小利有攸往』。」（據《四部叢刊》影印季振宜舊藏南宋淳熙撫州公使庫刻遞修本録文）

賁如』至『終有尤也』」。新案：此乃六四爻辭及《小象》之疏文標示經、傳文起止，敦煌本起始語同於傳本，終止語（《小象》末句「終无尤也」）爲完整的分句（「无」誤「有」，「尤」字字形與古鈔本略同）。

「『六五賁于』至『有喜也』」，林家本、京大本、京文研本、嘉業堂本同；敦煌本作「『六五賁於丘園』至『有憙』」。新案：此乃六五爻辭及《小象》之疏文標示經、傳文起止，敦煌本起始語不同於傳本（爻辭「賁于丘園」，所截取者並非完整的意義單元），爲完整的分句（「于」作「於」）；終止語略同於傳本（《小象》末句「有喜也」，「喜」作「憙」，無「也」字）。

「注『處得』至『終吉也』」，林家本、京大本、京文研本、嘉業堂本同；敦煌本作「注『處得尊位』至『終吉』」。新案：同上例，王注末句爲「乃得終吉也」，不取「乃得」二字，且無「也」字。

分析上述標示起止語之異文，古鈔本悉同傳本（個別異體字、誤字除外，嘉業堂本「九三賁如濡」下有「如」字，顯係據爻辭改造而成），而不同於敦煌本，知其源出宋刻本系統殆無疑義；而敦煌本與宋刻本、古鈔本表現出明顯的系統性差異，其中除《象傳》王注疏文標示起止語係節略王注而成外，餘者皆表現出十分明確的特徵，那就是起始語和終止語着意於擷取相對完整的意義單元，更具體地説，就是完整的分句（不含句末「也」字），這與傳本衹着眼於形式，截取首尾各二、三字，唯字數論，不及意義的做法有着本質的差異。因此，我們認爲，敦煌本看似没有規律，實則有規律可尋，至於《象傳》王注疏文標示起止語節略王注衹是個例，迥異於其餘各條（下文六五王注疏文標示起止語即分别擷取首末句若干字而成「注『處得尊位』至『終吉』」，仍是通例），並不影響整體規律性。

我們還注意到，與標示起止語相關的還有提示語（即疏文解説某句經傳、注文，冠首往往引述原文領起，多綴以「者」字）和總括語（解説已畢，往往再引述原文作結，多冠以「故」或「故曰」），提示語和總括語直接關聯，往往是成對出現的，以提示語開頭，以總括語收尾，構成一個完整的闡釋單元。敦煌本與傳本、古鈔本提示語和總括語也都存在着異文，並且也表現出一定的規律性，如下所示：

「『分剛上而文柔，故小利有攸往』者」，林家本、京大本、京文研本、嘉業堂本同，敦煌本脱「文」字。

「『山下有火，賁』者」，林家本、京大本、京文研本、嘉業堂本同，敦煌本「山」上有「云」字，且無「賁」字。

「『无敢折獄』者」，敦煌本、林家本、京文研本、嘉業堂本同，京大本「者」誤「言」，敦煌本「无」作「無」。

「『匪寇婚媾』者」，林家本、京大本、京文研本、嘉業堂本同，敦煌本「婚」作「娇」。

「《象》曰『六四當位疑』者」，林家本、京大本、京文研本、嘉業堂本同，敦煌本無「象曰」二字。

「『匪寇婚媾，終无尤』者」，林家本、京大本、京文研本、嘉業堂本同，敦煌本無「終」字。

「『施飾丘園，盛莫大焉』者」，林家本、京大本、京文研本、嘉業堂本同，敦煌本「施」上有「云」字。

「『故賁于束帛，丘園乃落』者」，林家本、京大本、京文研本、嘉業堂本同，敦煌本「故」上有「云」字，且脱「丘園乃落者，束帛，財物也，舉束帛」十三字。

「『爲飾之主，飾之盛』者」，林家本、京大本、京文研本、嘉業堂本同，敦煌本衍「爲」字，且上有「云」字。

以上爲提示語異文。

「故《象》云『與上興』也」，林家本、京大本、京文研本、嘉業堂本同，敦煌本無「象」字。

「故《象》云『六五之吉，有喜也』」，林家本、京大本、京文研本、嘉業堂本同，敦煌本無「象」字。

「釋『小利有攸往』義」，林家本、京大本、京文研本、嘉業堂本同，敦煌本無「有」字。

「故云『山下有火，賁』也」，林家本、京大本、京文研本、嘉業堂本同，敦煌本無「賁」字（與前揭提示語可以相互印證）。

以上爲總括語異文。

分析上述提示語和總括語異文，不難看出一個具有標誌性的現象，敦煌本除脱衍、譌誤文字外，提示語多冠以「云」字（至於敦煌本與傳本無異文者則未出校，並無「云」字），而且提示語和總括語引述經傳、注文原文多有簡省，或删省「象」或「象曰」，或删省非意義單元所必需的文字如「賁」字、「終」字、「有」字，也呈現出一定的規律性。因此，我們推測，敦煌本反映了孔穎達《正義》原本樣貌，至北宋國子監校刻「五經正義」單疏本，集中地做了整齊劃一的工作，故提示語「云」字一并删省，引述原文亦補齊。上述諸例古鈔本基本上都與傳本相同而不同於敦煌本，由此亦可證明古鈔本出自宋刻本，絶無疑義。

我們通校敦煌本，除前揭標示起止語和提示語、總括語之異同外，其他異文尚有50餘例。值得注意的是，這些異文呈現出一邊倒的特徵，那就是古鈔本（林家本、京大本、京文研本、嘉業堂本）與傳本相同，而不同於敦煌本，除了寫本（敦煌本）的個性化和不穩定性所造成的脱衍譌誤之外，另有如下六種情形：

1. 句末增減虚字，如「所以亨下不得重結賁字」，下有「也」字；「是天文也」，下無「也」字；「故《象》云『永貞之吉，終莫之陵』也」，下無「也」字；「則質素之道乃隕落」，下有「也」字。

2. 删省句中起連接或指代作用的虚字，如「天之爲體」，無「之」字；「聖人用之以治於物也」，無「之」字；「而從有義之徒步」，無「之」字；「何須欲往而致遲疑也」，無「而」字（脱「遲」字）；「故是其吝也」，無「故」字。

3. 增減句中實詞，如「當法此教而化成天下也」，「此」下有「爲」字；「若非九三爲己寇害」，「非」下有「有」字。

4. 同義或近義詞切換，如「何因分剛向上」，「因」作「由」；「用此文明之道」，「用」作「同」。

5. 單音節詞和雙音節詞切換，如「用此文章明達以治理庶政也」，無「治」字；「丘，謂丘墟」，無下「丘」字；「園，謂園圃」，無下「園」字；「則丘園之士乃落也」，「落」上有「彫」字。

6. 義可兩通或敦煌本於義爲長，如「未敢輒進也」，「輒」作「趣」；「二象剛柔，剛柔交錯成文」，「剛柔」二字不重；「言聖人觀察人文」，上「人」字作「王」，「察」下有「天文」二字；「折斷訟獄」，「訟獄」作「獄訟」；「乃棄於不義之車」作「弃於不義，舍其不義之車」；「或以文飾」，「以」作「欲」；「若賁飾丘園之士與之」，「士」下有「束帛」二字。

上述異文古鈔本皆同於傅本而不同於敦煌本，亦足以確切無疑地證明古鈔本源出宋刻本，而非出自唐寫本也。

四、古鈔本與宋刻本的關係

上文以敦煌本爲參照系，通過比對體式行款、標示起止以及異文等，判定古鈔本與宋刻本同屬一個系統，不出於敦煌本。下面，我們進一步探討古鈔本與傅本之間的關係，具體地說，就是判明古鈔本所從出之祖本是南宋刻單疏本還是北宋刻單疏本。今通校《周易正義》乾坤二卦，以日本足利學校遺迹圖書館藏南宋初兩浙東路茶鹽司刻本《周易注疏》（採用1973年汲古書院影印本，以下簡稱「足利八行本」）爲底本，校以傅本及林家本、京大本、京文研本、嘉業堂本，並據前揭海保、長澤、野間校記分别迻録海保本、静嘉堂本、廣大本異文信息，列表於下：

《周易》乾坤二卦《正義》異文一覽表

序號	足利八行本	傅本	静嘉堂本	廣大本	海保本	林家本	京大本	京文研本	嘉業堂本	備註
1	言懸掛物象	同				同	同	同	懸作縣。	阮本作縣。
2	體用之稱	同		體用誤作用。		體用誤作用。	同	同	同	
3	雖取物象	同		雖誤難。		同	同	同	同	
4	以長萬物，物得生存。	同			物字不重。	同	同	同	同	
5	比「潛龍」始起	同	比作此。	比作此。	比作此。	比作此。	比作此。	比作此。	比作此。	日本學者以爲作此是，恐非。
6	他皆放此	同		放作效。		放作効。	放作效。	放誤敢。	同	《要義》同。阮本放作倣。

續表

序號	足利八行本	傳本	静嘉堂本	廣大本	海保本	林家本	京大本	京文研本	嘉業堂本	備註
7	仍有陽在	同	在作存。	在作存。	在作存。	在作存。	在作存。	在作存。	在作存。	《要義》同。
8	處於地	同				地下有上字。	地下有上字。	地下有上字。	地下有上字。	
9	二爲大夫	同		夫作人。		夫作人。	夫作人。	夫作人。	夫作人。	
10	可與幾也	同	與下有言字。	與下有言字。	與下有言字。	與下有言字。	與下有言字。	與下有言字。	同	阮本同。
11	猶疑或也	同	或作惑。	或作惑。	或作惑。	或作惑。	或作惑。	同	同	
12	持疑猶豫（疏引注文）	持作遲	持作遲（旁注持字）。		同	持作遲。	同	持作遲。	持作特遲二字。	
13	若周西伯内執王心	同				同	同	同	作「若周文王西伯事」。	
14	上下皆无定位所處也	位誤住。		同		同	同	同	同	
15	但逼迫於下	於誤在。		同		同	同	同	同	
16	用心存公	同				同	存作在。	存作在。	存作在。	
17	純陽進極	進作雖。	同	同	同	同	同	同	同	《要義》同。
18	其悔若无	同		无誤亢。		同	同	同	同	
19	若復卦初九「不遠復，无祇悔」之類是也	悔下空兩格。	悔下有元吉二字。	悔下有元吉二字。	悔下有元吉二字。	悔下有元吉二字。	悔下有元吉二字。	悔下有元吉二字。	悔下有元吉二字。	《要義》悔下有元吉二字（無之類二字）。
20	則見群龍之義	同		見誤是。		同	同	同	同	
21	非是一爻之九	九誤凡。		同		同	同	同	同	
22	所以名爲象也	名誤明。		同		同	同	同	同	
23	又以元大始生萬物	大誤犬。				同	同	同	同	
24	恐學者之徒勞心不曉也	學誤牽。		同		同	學作斈。	學作斈。	同	
25	但萬物之體	但萬作釋爲。		同		同	同	同	同	
26	今夫子釋此卦之所象	此作其。		同		同	同	同	同	
27	君子以自彊不息（疏引注文）	同				彊作疆。	彊作疆。	彊作疆。	同	阮本彊作强。

續表

序號	足利八行本	傅本	静嘉堂本	廣大本	海保本	林家本	京大本	京文研本	嘉業堂本	備註
28	於時配夏	時誤是。				同	時誤是。	同	時誤是。	
29	土則分王四季	土誤士。		同		同	同	同	同	
30	更陳餘事	同	下有於下二字。	下有於下二字。	下有於下二字。	下有於下二字。	下有於下二字。	下有於下二字。	同	《要義》同。阮本同。
31	隨時曲變	同	曲作由。	曲作由。		曲作由。	曲作由。	曲作由。	同	
32	利是利益也	同	利益乙作益利（上利字誤作剥）。	利益乙作益利。		利益乙作益利。	利益乙作益利。	利益乙作益利。	利益乙作益利。	
33	潛隱避世，心守道。	心下一字不可辨。	心下有志字。	心下有志字。	心下有志字。	心下有志字。	心下有志字。	心下有志字。	心下有志字。	《要義》心下有志字。
34	可與幾者	同	與下有言字。	與下有言字。	與下有言字。	與下有言字。	與下有言字。	與下有言字。	同	阮本同。
35	謂居下體之上位而不驕也	同	驕下有「者謂居下體之上位而不驕」十一字。	驕下有「者謂居下體之上位而不驕」十一字，旁註：「自是十一字衍文。」		同	同	同	驕下有「者謂居下體之上位而不驕」十一字。	劉氏《校記》以爲阮本脱十一字，恐非。
36	「同聲相應」已下，至「各從其類也」。	同				同	同	同	無同聲至類也十二字。	阮本無此十二字。
37	銅山崩而洛鐘應	同				同	鐘誤鍾。	同	同	
38	貌恭心恨	同	恨作狠。	恨作狠。		恨作狠。	恨作狠。	同	恨作狠。	
39	明龍潛、龍見之義	脱此七字。		脱下龍字。		脱下龍字。	同	脱下龍字。	同	
40	初、末雖無正位	同	同	正誤丕。		同	同	同	同	
41	以辯決於疑也	同				同	同	辯作辨。	同	
42	周氏云上第六節	同	六作五。	六作五。	六作五。	六作五。	六作五。	六作五。	六作五。	
43	所以今日潛者	同	日作曰。	日作曰。	日作曰。	日作曰。	日作曰。	日作曰。	日作曰。	
44	故心惑之也	同	同	惑作或。		同	同	惑作或。	同	
45	是疑惑之辭	同	惑作或。	惑作或。		同	惑作或。	惑作或。	惑作或。	

序號	足利八行本	傳本	静嘉堂本	廣大本	海保本	林家本	京大本	京文研本	嘉業堂本	備註
46	言地之爲體	同				地誤坤。	同	地誤坤。	地誤坤。	
47	此假象以明人事	同				此誤是。	同	此誤是。	此誤是。	
48	是得朋	同				同	同	是作更。	同	
49	包含弘厚	弘字漫漶不可辨。	同			同	同	同	同	
50	不敢干亂先聖正經之辭	干誤于。	干誤于。	干誤于。		干誤于。	干誤于。	干誤于。	同	《要義》同。
51	故分爻之《象》辭	爻誤文。	同	同		同	同	同	同	
52	不可不制其節度	節誤尊。		同		同	同	同	同	
53	與傳相附	同	傳下有年字（年作秊）。	相作年。	傳下有年字。	傳下有年字。	傳下有年字。	傳下有年字。	同	《要義》同。阮本同
54	故曰「于野」	同	于上有戰字。	于上有戰字。	于上有戰字。	于上有戰字。	同	于上有戰字。	于上有戰字。	
55	則是柔而又圓	同	無是字。	無是字。		無是字。	同	無是字。	無是字。	
56	六爻皆陰	爻誤又。				同	同	同	同	
57	則上云「履霜堅冰」是也	同	冰下有至字。	冰下有至字。		冰下有至字。	冰下有至字。	冰下有至字。	冰下有至字。	
58	又地能生物	又誤爻。				同	同	同	同	
59	「含萬物而化光」者	含誤舍。				同	同	同	同	
60	即不敢爲物之先	物誤如。		同		同	同	同	同	
61	由辯之不早辯者	同	辯並作辨。	辯並作辨。		從「積善之家」疏「來者漸矣」至「陰雖有美含之以從王事」疏「若或從王事，不」缺。	辯並作弁。	上辯作辨，下辯作弁。	辯並作辨。	
62	乃終至禍亂	同	脱乃字。	同		缺	同	同	同	《要義》同。
63	義則與物无競	无誤元。				缺	同	同	同	
64	互而相通	同				同	同	同	互誤反。	

我們所擇取的異文都是單疏各本互有異同者，包括古鈔本與傳本之間，也包括古鈔本系統内部各本。通過對異文進行量化分析，不難看出，古鈔本系統内部除一本顯誤或迥異於其他各本者十四例（№ 1、3、4、13、18、20、36、37、40、41、48、50、62、64），以及各本異文明顯呈現出兩種不同傾向者六例（№ 2、12、28、35、44、61），餘者四十四例皆爲古鈔本與傳本不同者（古鈔本系統内部或略有異同，所謂「不同」係指傳本與大多數古鈔本存在着異文），佔全部異文總數的68.75%，足見在單疏各本異文之中二者之間的差異是根本性的。其中，傳本非而古鈔本是者凡二十一例：№ 14、15、17、19、21、22、23、24、25、26、29、33、39、49、51、52、56、58、59、60、63；古鈔本非而傳本是或義可兩通者凡二十三例：№ 5、6、7、8、9、10、11、16、27、30、31、32、34、38、42、43、45、46、47、53、54、55、57。總之，古鈔本與傳本的差異是系統性、整體性的；二者互有優劣，顯誤者和優長者約略相當，傳本顯誤者古鈔本並未因襲，反之亦然，由此亦可證明二者並無直接的承繼關係。

當然，古鈔本自身的個性化和不穩定性特徵也是十分明顯的，所以纔會出現系統内部的差異性，除一本顯誤或迥異於其他各本者十四例，尚有六例系統内部各本之間的異文，其中№ 2「體用之稱」，廣大本、林家本「體用」誤作「用」；№ 28「於時配夏」，林家本、京文研本同，京大本、嘉業堂本「時」誤「是」；№ 35「謂居下體之上位而不驕也」，林家本、京大本、京文研本同，靜嘉堂本、廣大本「驕」下有「者謂居下體之上位而不驕」十一字衍文。除此之外，餘者三例爲「或」與「惑」、「辨」與「辯」、「遲疑」與「持疑」等古鈔本經常通用或譌混的字詞。這些整體性的特徵説明古鈔本系統具有一定的封閉性，呈現出高度的一致性和同源性，故可推知各本當有共同的祖本（當然，即便是古鈔本與傳本不同的四十四例異文之中也有一小部分各本不盡相同，這也是古鈔本的個性化特徵所決定的）。

至於古鈔諸本之間的源流關係則不甚明晰，根據異文尚找不出十分顯彰的規律性，無法做出判斷。其中嘉業堂本是最爲特殊的，因爲它是重新翻刻的，不但改易行款，而且文字亦有據阮元校刻南昌府學本修訂者，所以相對於其他古鈔本，更加接近於通行刻本，個性化異文更多，而這些異文多爲通行刻本尤其是阮本所有。如№ 1「言懸掛物象」，嘉業堂本同於阮本「懸」作「縣」，其他古鈔本皆作「懸」；№ 10「可與幾也」，阮本、嘉業堂本同，其他古鈔本「與」下皆有「言」字；№ 34「可與幾者」，阮本、嘉業堂本同，其他古鈔本「與」下皆有「言」字；№ 36『同聲相應』已下，至『各從其類也』」，嘉業堂本同於阮本無此十二字，而其他古鈔本皆有。№ 53「與傳相附」，阮本、嘉業堂本同，其他古鈔本「傳」下多有「年」字。以上五例嘉業堂本迥異於其他古鈔本，而同於阮本，至少可以説明存在着嘉業堂本據阮本改訂的可能性。

如果排除嘉業堂本來考察古鈔本系統内部的源流，那麽相對而言林家本和京文研本較爲接近（我們注意到林家本和京文研本「八論」尾題前都迻録雙行小字「《禮記・經解篇》云云「温柔敦厚」至「《春秋》教也」」，文字全同，這或許可以從一個側面説明二者具有共同底本或直接承繼關係），而京大本的個性化特徵略顯突出，如№ 28「於時配夏」，林家本、京文研本同，京大本和傅本「時」誤「是」；№ 37「銅山崩而洛鐘應」，傅本、林家本、京文研本同，京大本「鐘」誤「鍾」；№ 39「明龍潛、龍見之義」，京大本同，廣大本、林家本、京文研本脱下「龍」字，傅本脱此七字；№ 46「言地之爲體」，傅本、京大本同，林家本、京文研本「地」誤「坤」；№ 47「此假象以明人事」，傅本、京大本同，林家本、京文研本「此」誤「是」；№ 54「故曰『于野』」，傅本、京大本同，静嘉堂本、廣大本、海保本、林家本、京文研本「于」上有「戰」字；№ 55「則是柔而又圓」，傅本、京大本同，静嘉堂本、廣大本、林家本、京文研本無「是」字。上述諸例皆爲京大本不同於其他古鈔本，而多與傅本乃至十行本、明刻諸本同。這是一個有意思的現象，反映出京大本在抄寫過程中可能曾據通行刻本做過修訂，[一]這或許揭示出古鈔本形成的一般規律？當然也存在着另外一種可能性，那就是京大本淵源至早，更接近於祖本（宋刻單疏本），所以古鈔本系統所特有的一些異文尚未呈現出來。

我們還注意到，在古鈔本非而傅本是或義可兩通的二十三例異文之中，除去古鈔本顯誤者十五例，其餘義可兩通者八例基本上都是受到日系古鈔經注本的影響加以改造而成。如№ 10「可與幾也」（疏文引述《文言》），古鈔本「與」下有「言」字，同於古鈔經注本乾卦《文言》傳文；№ 34「『可與幾』者」係疏文提示語，同上例。又如№ 11「猶疑或也」，古鈔本「或」多作「惑」；№ 44「故心惑之也」、№ 45「是疑惑之辭」，古鈔本「惑」多作「或」，這和古鈔經注本「四則或躍」「或躍在淵」「故或之」「或之者」或、惑二字多通用是一致的。№ 57「履霜堅冰」，古鈔本冰下均有「至」字，這與坤卦初六《小象》「履霜堅冰，陰始凝也」古鈔經注本冰下均有「至」字也是完全一致的。其餘二例則爲據他書或經文臆補，№ 53「與傳相附」，傅本同，古鈔本「傳」下多有「年」字（杜預《春秋序》傳下有「之年」二字）；№ 54「故曰『于野』」，傅本同，古鈔本「于」上多有戰字（爻辭「龍戰于野」）。這説明古鈔本不同於傅本的異文除了無意造成的譌誤，大多是根據本國明經博士清原家傳承有緒的古鈔經注本（山井鼎稱之爲「古本」）改訂的，也就是説從根本上講並不存在超出古本和通行刻本系統之外的異文。

如上所述，古鈔本絶無可能出自唐寫本（敦煌本），而是源出宋刻單疏本系統，但其異文又與南宋刻單疏本（傅本）有着

[一] 我們發現京大本個别異文衹同於明刻諸本，如《周易》同人上九疏文「楚得之」，傅本、京文研本、嘉業堂本以及八行本、十行本皆同，唯京大本同於閩本、監本、毛本「楚」下有「人」字。我們認爲，這種現象恐非偶然。

整體性的差異，所以，祇能推導出源自北宋刻單疏本這一種可能性。爲了論證這一問題，我們試以足利八行本爲參照系（以其據以重構的單疏本之爲北宋刻單疏本抑或南宋刻單疏本爲考察對象），通過分析異文來實現。前揭古鈔本不同於傳本的異文之中，傳本非而古鈔本是者二十一例，除№ 19、33 兩例外，餘者十九例八行本皆同於古鈔本；古鈔本非而傳本是或義可兩通者二十三例，八行本均與傳本同。由此可推知，無論是傳本還是古鈔本與八行本所從出之單疏本皆無直接的對應關係，二者不同於八行本的異文基本上都是錯誤的，而皆同於八行本的異文基本上都是正確或優長的（當然也有個别反例，如乾卦上九疏文「天而極盛」，傳本同於古鈔本、魏了翁《周易要義》，[一]「天」下有「上」字，而八行本奪「上」字。又如前揭№ 33「潛隱避世，心守道」，古鈔本和《要義》「心」下有「志」字，傳本「心」下有一字，漫漶不可辨，八行本奪「志」字），這説明八行本據以重構的單疏本的異文較之傳本或古鈔本皆爲優長，祇可能是北宋刻單疏本，爲傳本和古鈔本正確或優長的異文所從出，而二者脱衍誤倒的異文尚未出現（當然，傳本的部分譌誤出現在修、補版之中，原刻版葉當不誤）。總之，我們認爲八行本所據單疏本當爲北宋刻單疏本。[二]傳本無疑是據北宋刻單疏本翻刻的，但在刊刻或修補版過程中産生了上述二十一例譌誤（如№ 39「明龍潛、龍見之義」，古鈔本略同，或脱下「龍」字，傳本「明」下逕脱此六字，且無空格）；古鈔本亦源出北宋刻單疏本，但在輾轉傳抄過程中産生了上述二十三例異文。

爲了更加具體地説明傳本、古鈔本與八行本所從出之北宋刻單疏本的關係，我們選取具有特異性的傳本版面空白進行研究。對於版面空白而言，須區分兩種情形，一種是版片的自然缺損造成的，包括書版經反覆刷印不斷磨損而致版面漫漶、殘缺、刓損，或者由於版片斷裂而出現版裂或斷版等，總之都是無意造成的版面空白；另一種是人爲地剜改造成的空白，版片刊刻完成之後，尚須校對，對於發現的譌誤進行局部剜改，如有文字脱漏，則增補文字擠排；如有文字冗餘、重複，則逕删削，留下空白。修版當亦有類似操作。傳本版面空白大致有以下兩種情形：一是空白始出於南宋本，如恒卦《象傳》王注之疏文「咸明感應」，傳本「咸」下有二字空格，林家本、京大本、京文研本、嘉業堂本及《要義》皆無空格。又如謙卦

[一]〔宋〕魏了翁：《周易要義》十卷，《中華再造善本》影印國圖藏南宋淳祐十二年（1252）魏克愚刻本，前揭異文表及下文簡稱《要義》。

[二] 張麗娟教授認爲南宋初高宗紹興九年（1139）、十五、二十一年分别有詔重刻北宋監本，重新編輯注疏合刻本當更在其後。所以，她傾向於認爲南宋刻單疏本刊於紹興九年之後、二十一年之前（《師顧堂叢書》本《景宋單疏本〈周易正義〉》卷首《影印説明》，第 2 頁），八行本的刊刻時間當在紹興後期（《宋代經書注疏刊刻研究》第五章「越州刻八行注疏本」，北京大學出版社，2013 年，第 327 頁）。橋本秀美教授和李霖教授則認爲八行本刊行在先，單疏本在後，也不排除二者幾乎同時刊刻的可能性（《影印南宋官版〈周易正義〉》書後《編後記》，北京大學出版社，2017 年，第 347—349 頁）。

《彖傳・正義》「廣説謙德之美，以結君子能終之義也」，廣大本、林家本、京大本、京文研本、嘉業堂本及《要義》作「君子」同，傳本「君子」二字爲空格。此二例可證古鈔本和八行本所據單疏本皆爲北宋本，必然早於傳本。前揭№ 19「若復卦初九『不遠復，无祇悔』之類是也」，古鈔本和《要義》「悔」下有「元吉」二字，傳本「悔」下有二字空格。八行本逕刪「元吉」二字，取意當與傳本剜去二字留白相同。二是空格始出於北宋本，如「八論」之一「論《易》之三名」疏文，「崔覲、劉貞簡等並用此義」，京大本同，傳本和廣大本、京文研本、嘉業堂本「貞」下有一字空格，林家本「簡」上有「周」字。〔一〕又如履卦九五疏文「以其位正當」，八行本下有一字空格，傳本下有二字空格，廣大本「當」下有「也」字，林家本、京大本、京文研本、嘉業堂本「當」下既無空格亦無「也」字。再如同人上九疏文標示注文起止「注『郊者』至『其志』」，林家本、京大本、嘉業堂本同，傳本和廣大本、京文研本「注」下有一字空格。〔二〕此三例可以説明，對於北宋本已存在之空格，南宋本一仍其舊，八行本則多予以刪削；而古鈔本或有分歧，有因仍者亦有改訂者，知其抄寫過程中有一定的隨意性，這也是寫本的個性化特徵所決定的。

綜上所述，我們以敦煌本和傳本爲參照系來考察日系古鈔《周易》單疏本，可以證明古鈔本並非唐寫本之遺，而是屬於宋刻本系統，更確切地説源出北宋刻單疏本。本文所參校之古鈔本與敦煌本、傳本的基本體式都是相同的，即疏文連同經傳、注文標示起止語盡皆大書。古鈔本卷次分合和内容構成悉同傳本，雖然各本具體行款容有不同，但卷首題名、卷末尾題以及每卦（章節）自爲起訖、分釋經、傳及相應注文之疏文連寫等特徵，亦皆約略相同，整體上並無二致。疏文行文有相對固定的格式，即冠以標示起止語，起首有提示語，結尾有總括語，通過比勘古鈔本標示起止語及提示語、總括語與敦煌本、傳本，可見古鈔本的這些標誌性特徵同於傳本而不同於敦煌本，由此亦可明確地認定古鈔本出自宋刻本，並非唐寫本。除了體式方面的特徵，最有説服力的就是異文。通過引入疏文出自北宋刻單疏本的八行本，校勘乾坤二卦《正義》，可見古鈔本與傳本表現出明確的整體性差異，二者不同於八行本的異文基本上都是錯誤的，而皆同於八行本的異文基本上都是正確或優長的，也就是説古鈔本的祖本絕非南宋刻單疏本（傳

〔一〕日本山井鼎考文、物觀補遺《七經孟子考文補遺》：「（古本）『簡』上有『周』字。」（國立公文書館藏昌平坂學問所舊藏享保十六年初刻本）清汪文臺《十三經注疏校勘記識語》：「案《孝經疏》亦云今文『劉貞簡』有説，即劉瓛也，謚貞簡先生。依寫本，即是二人，唐以前説《易》者無劉貞、周簡名。」（《續修四庫全書》影印清嘉慶中阮氏文選樓刻本，第 183 册，第 549 頁）汪説是也。山井氏據以參校之足利學校舊藏古鈔本（古本）和林家本「周」字蓋後人據下文「周簡子」（周弘正）云云臆補。

〔二〕上九爻辭王注：「郊者，外之極也。……亦未得其志。」是以知「郊」字上不得有其他文字，空格當爲刪削冗餘文字後留下的。

本)，而是北宋刻單疏本，古鈔本和傳本在抄寫或刊刻過程中分別都産生了一定數量的譌誤，爲北宋刻單疏本所無。

（原載《歷史文獻研究》總第45輯，2020年，廣陵書社。原附圖有删減）

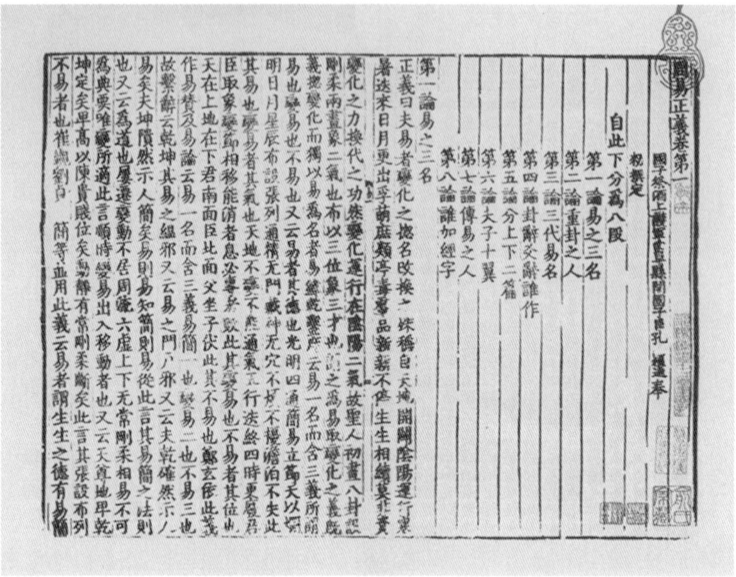

中國國家圖書館藏宋刻遞修單疏本《周易正義》卷端

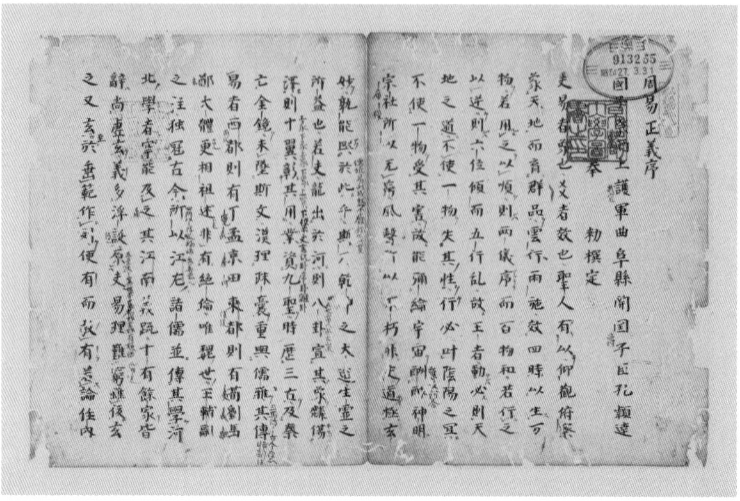

京都大學附屬圖書館清家文庫藏古鈔單疏本《周易正義》卷首《周易正義序》

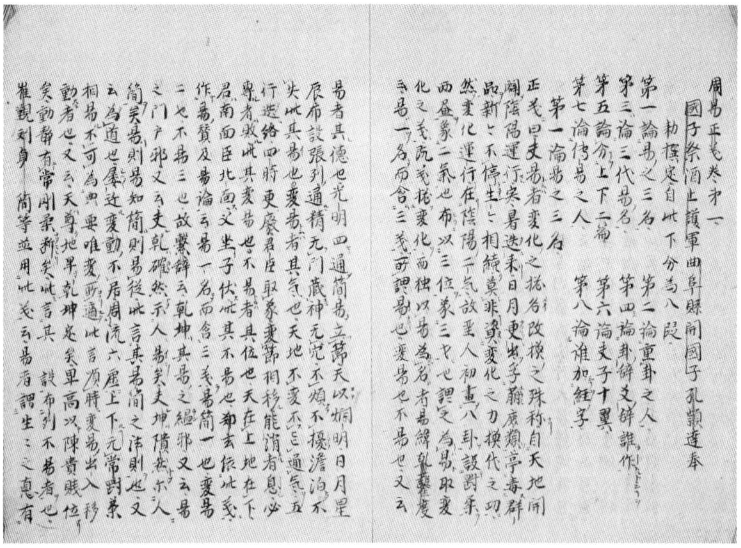

京都大學人文科學研究所藏古鈔單疏本《周易正義》卷端

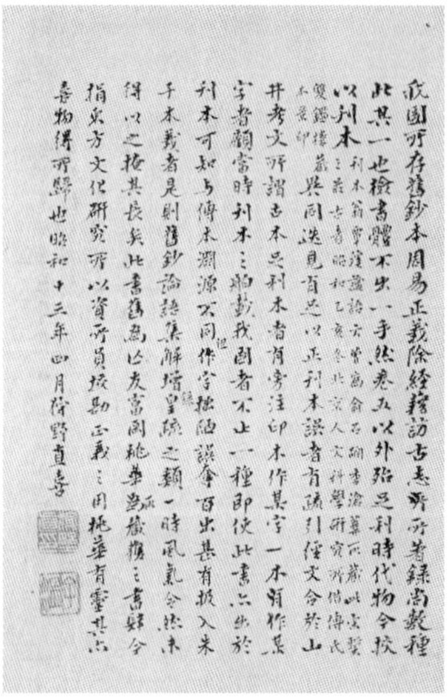

京都大學人文科學研究所藏古鈔單疏本《周易正義》書後狩野直喜跋

圖書在版編目(CIP)數據
周易正義 / (唐) 孔穎達撰 ; 朱瑞澤解題. -- 上海 : 上海古籍出版社, 2024. 12. -- (群經單疏古鈔本叢刊 / 劉玉才主編). -- ISBN 978-7-5732-1470-6
Ⅰ. B221.2
中國國家版本館 CIP 數據核字第 20240QN034 號

本書圖版原書藏日本廣島大學圖書館

責任編輯:郭　沖
美術編輯:阮　娟
技術編輯:耿瑩禕

群經單疏古鈔本叢刊
劉玉才 主編
周易正義(全三册)
[唐]孔穎達 撰
朱瑞澤 解題

上海古籍出版社出版發行
(上海市閔行區號景路 159 弄 1-5 號 A 座 5F　郵政編碼 201101)
(1) 網址: www.guji.com.cn
(2) E-mail: guji1@guji.com.cn
(3) 易文網網址: www.ewen.co

上海雅昌藝術印刷有限公司印刷

開本 889×1194　1/16　印張 62　插頁 8　字數 119,000
2024 年 12 月第 1 版　2024 年 12 月第 1 次印刷
ISBN 978-7-5732-1470-6/B·1440
定價: 1,200.00 圓
如有質量問題,請與承印公司聯繫